FICHES
détachables
out-en-un

NOUVEAU BAC

T[le]

Objectif BAC

MES 4 ÉPREUVES DU BAC

Maths
Dominique Dejean

Philosophie
Mikaël Garandeau
Éric Marquer

SES
Olivier Thierry

Grand Oral
Sylvie Beauthier
Isabelle de Lisle

hach
ÉDUCATION

Pour réviser efficacement mes 4 épreuves !

Des fiches synthétiques et complètes

Des fiches pratiques à emporter partout.

Le cours, clairement présenté.

Un plan clair et efficace

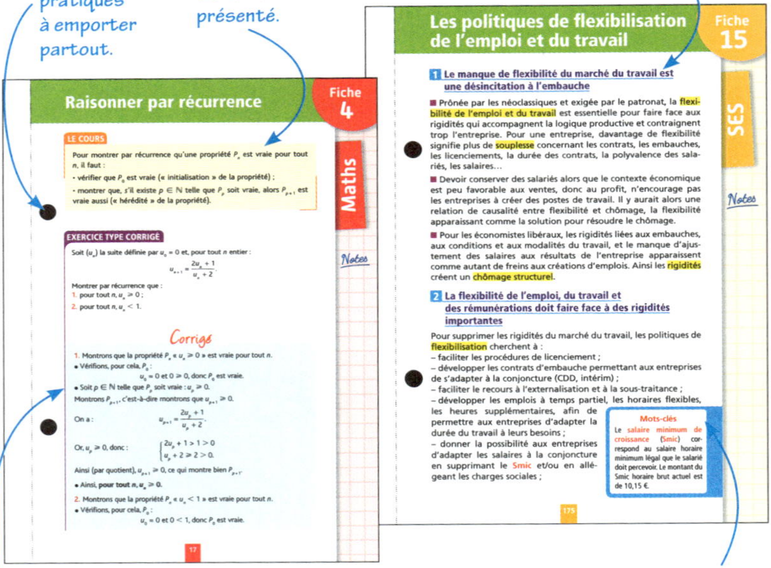

Fiche 4 — Maths

Raisonner par récurrence

LE COURS

Pour montrer par récurrence qu'une propriété P_n est vraie pour tout n, il faut :
- vérifier que P_0 est vraie (« initialisation » de la propriété) ;
- montrer que, s'il existe $p \in \mathbb{N}$ telle que P_p soit vraie, alors P_{p+1} est vraie aussi (« hérédité » de la propriété).

EXERCICE TYPE CORRIGÉ

Soit (u_n) la suite définie par $u_0 = 0$ et, pour tout n entier :

$$u_{n+1} = \frac{2u_n + 1}{u_n + 2}.$$

Montrer par récurrence que :
1. pour tout n, $u_n \geqslant 0$;
2. pour tout n, $u_n < 1$.

Corrigé

1. Montrons que la propriété P_n « $u_n \geqslant 0$ » est vraie pour tout n.
- Vérifions, pour cela, P_0 :
$u_0 = 0$ et $0 \geqslant 0$, donc P_0 est vraie.
- Soit $p \in \mathbb{N}$ telle que P_p soit vraie : $u_p \geqslant 0$.
Montrons P_{p+1}, c'est-à-dire montrons que $u_{p+1} \geqslant 0$.

On a : $u_{p+1} = \frac{2u_p + 1}{u_p + 2}$.

Or, $u_p \geqslant 0$, donc : $\begin{cases} 2u_p + 1 > 1 > 0 \\ u_p + 2 \geqslant 2 > 0 \end{cases}$

Ainsi (par quotient), $u_{p+1} \geqslant 0$, ce qui montre bien P_{p+1}.
- Ainsi, **pour tout n, $u_n \geqslant 0$.**

2. Montrons que la propriété P_n « $u_n < 1$ » est vraie pour tout n.
- Vérifions, pour cela, P_0 :
$u_0 = 0$ et $0 < 1$, donc P_0 est vraie.

Notes

17

Fiche 15 — SES

Les politiques de flexibilisation de l'emploi et du travail

1 Le manque de flexibilité du marché du travail est une désincitation à l'embauche

■ Prônée par les néoclassiques et exigée par le patronat, la flexibilité de l'emploi et du travail est essentielle pour faire face aux rigidités qui accompagnent la logique productive et contraignent trop l'entreprise. Pour une entreprise, davantage de flexibilité signifie plus de souplesse concernant les contrats, les embauches, les licenciements, la durée des contrats, la polyvalence des salariés, les salaires…

■ Devoir conserver des salariés alors que le contexte économique est peu favorable aux ventes, donc au profit, n'encourage pas les entreprises à créer des postes de travail. Il y aurait alors une relation de causalité entre flexibilité et chômage, la flexibilité apparaissant comme la solution pour résoudre le chômage.

■ Pour les économistes libéraux, les rigidités liées aux embauches, aux conditions et aux modalités du travail, et le manque d'ajustement des salaires aux résultats de l'entreprise apparaissent comme autant de freins aux créations d'emplois. Ainsi les rigidités créent un chômage structurel.

2 La flexibilité de l'emploi, du travail et des rémunérations doit faire face à des rigidités importantes

Pour supprimer les rigidités du marché du travail, les politiques de flexibilisation cherchent à :
– faciliter les procédures de licenciement ;
– développer les contrats d'embauche permettant aux entreprises de s'adapter à la conjoncture (CDD, intérim) ;
– faciliter le recours à l'externalisation et à la sous-traitance ;
– développer les emplois à temps partiel, les horaires flexibles, les heures supplémentaires, afin de permettre aux entreprises d'adapter la durée du travail à leurs besoins ;
– donner la possibilité aux entreprises d'adapter les salaires à la conjoncture en supprimant le Smic et/ou en allégeant les charges sociales ;

Mots-clés
Le salaire minimum de croissance (Smic) correspond au salaire horaire minimum légal que le salarié doit percevoir. Le montant du Smic horaire brut actuel est de 10,15 €.

Notes

175

Des exercices corrigés types pour s'entraîner.

Les mots-clés définis.

www.parascolaire.hachette-education.com
ISBN : 978-2-01-714882-1

Achevé d'imprimer en Novembre 2020 en Slovaquie par Polygraf
Dépôt légal : Janvier 2021 - Édition 01
17/7395/7

Sommaire général

MATHS

SCIENCES ÉCONOMIQUES ET SOCIALES

PHILOSOPHIE

GRAND ORAL

Conception graphique
Couverture : Stéphanie Benoit
Intérieur : Mélissa Chalot-Manon Guérin
Dépliant : Manon Guérin

Réalisation
Couverture : Stéphanie Benoit
Mise en pages : Grafatom
Schémas : Grafatom
Illustration du Grand oral : Julien Flamand

Crédits photographiques
© Photothèque Hachette : pp. 257, 258, 259, 260, 261 (bas), 263 (haut et bas), 264, 265, 266 (haut et bas), 267 (haut et bas), 271 (haut), 274 (haut), 275, 277, 278 (haut et bas), 280, 281, 282, 283, 284, 286 (haut et bas), 287, 288, 289, 290, 292 (bas), 294. © Albert Harlingue/Roger-Viollet : pp. 261 (haut), 262, 270, 273, 276, 291, 292 (haut), 293. © Bridgeman : p. 256 (bas) : © Louis Monier/Bridgeman Images. © D.R. : pp. 256 (haut), 277 (bas), 280. © Getty Images : p. 274 (bas). © Image Forum : p. 279. © Keystone, Eyedea : p. 271. © Shutterstock : p. 268.

Maths

Notes

Sommaire

* Notions non évaluées lors de l'épreuve écrite de Spécialité Maths

ANALYSE

Suites

Problèmes de limites

Dérivées et convexité

Maths

Notes

Notes

GÉOMETRIE DANS L'ESPACE

Vecteurs dans l'espace

Produit scalaire, orthogonalité et distances

PROBABILITÉS

Combinatoire et dénombrement

Loi Binomiale

Somme de variables aléatoires – Loi des grands nombres

Descriptif de l'épreuve

1 L'épreuve écrite

Durée	Cœfficient
4 heures	16

■ Organisation

L'épreuve comporte de trois à cinq exercices. Ces exercices sont indépendants les uns des autres. Ils portent sur la totalité du programme de spécialité de Terminale (à l'exception des chapitres fonctions trigonométriques, intégrales, lois des grands nombres), mais peuvent aussi faire appel à des notions du programme de spécialité de Première qui n'auront pas nécessairement été revues en Terminale.

■ Barème

Le barème des points attribués aux exercices est indiqué sur le sujet : chaque exercice est noté sur 4 à 8 points.

■ Calculatrice et formulaire

L'usage de la calculatrice est autorisé.

Si une question fait appel de façon explicite à la calculatrice, il sera demandé d'expliquer ce qui apparaît à l'affichage et de rédiger une réponse distincte de la simple copie d'écran.

2 L'épreuve orale de contrôle

Sa durée est de 20 minutes et le temps de préparation est également de 20 minutes.

Le candidat est interrogé sur au moins deux questions portant sur des parties différentes du programme de spécialité de Terminale.

Comme à l'écrit, l'usage de la calculatrice est autorisé.

Notes

Notes

Conseils pour l'épreuve

1 Gestion du temps

Vous ne pouvez espérer avoir une note correcte si vous renoncez à traiter l'un des exercices : il est donc impératif que vous répartissiez bien votre temps sur l'ensemble du sujet (pour avoir un ordre d'idée, vous pouvez compter un peu plus de 45 minutes pour un exercice à 5 points).

2 Traitement des questions et vérification des réponses

Lisez attentivement tout le sujet. Choisissez de commencer par les questions que vous préférez : c'est souvent celles qui paraissent les plus faciles.

Attention ensuite de bien en vérifier les résultats : parfois, de ces questions « faciles » dépendent les suivantes.

Une erreur au début en entraînerait inévitablement d'autres.

Avant même de relire vos réponses, lisez à nouveau la question pour vous assurer que vous y avez complètement répondu.

Bien entendu, n'oubliez pas de justifier vos résultats en énonçant les théorèmes utilisés et vérifiez leur cohérence. Si vous constatez une incohérence et que vous ne pouvez pas la résoudre, signalez-la sur la copie, votre correcteur en tiendra compte.

Si vous « bloquez » sur une question, relisez votre énoncé depuis le début, très lentement, relisez aussi les réponses déjà données. La clé s'y trouve forcément.

Les figures et schémas sont à réaliser sur une feuille à part (à ne pas oublier de rendre avec la copie !) dans le respect des unités graphiques demandées.

3 Utilisation de la calculatrice

Votre calculatrice ne vous sera utile que si vous en maîtrisez les usages envisagés et si vous en connaissez les données emmagasinées (il est donc risqué d'en changer en cours d'année...).

Elle vous est indispensable pour calculer, bien sûr, et très précieuse pour vérifier des résultats obtenus par calculs (solutions d'équations, limites, etc.) ou pour vous assurer de la cohérence entre un tableau de variations de fonction et sa représentation graphique.

Elle est aussi nécessaire pour vérifier la syntaxe de vos scripts Python le jour de l'épreuve. Vérifiez donc, en programmant régulièrement votre calculatrice, que vous maîtrisez bien les algorithmes classiques sur les suites (algorithmes de calcul avec les boucles "for" et "while" et algorithmes de seuil) ainsi que l'utilisation des fonctions et des listes en langage Python.

En revanche, elle risque de vous nuire si vous l'utilisez pour anticiper des résultats : vous serez alors ensuite obligé(e) de tâtonner dans vos calculs pour les retrouver.

Utiliser les suites arithmétiques

Fiche 1

Maths

Notes

LE COURS

Suite arithmétique de raison r, de premier terme u_0

- Relation de récurrence :

$$u_{n+1} = u_n + r, \text{ pour tout } n \in \mathbb{N}.$$

- Formule explicite :

$$u_n = u_0 + nr, \text{ pour tout } n \in \mathbb{N}.$$

- Relation entre u_n et u_p :

$$u_n = u_p + (n-p)r, \text{ pour tout } n, p \in \mathbb{N}\,;$$

en particulier :

$$u_n = u_1 + (n-1)r, \text{ pour tout } n \in \mathbb{N}^*.$$

Somme S de N termes consécutifs d'une suite arithmétique

$$S = N \times \frac{\text{1}^{\text{er}} \text{ terme} + \text{dernier terme}}{2}.$$

En particulier :

$$u_0 + u_1 + \ldots + u_{n-1} = n \times \frac{u_0 + u_{n-1}}{2}, \text{ pour tout } n \geqslant 1\,;$$

$$1 + 2 + \ldots + n = \frac{n(n+1)}{2} \text{ pour tout } n \geqslant 1.$$

Limites en $+\infty$ du terme général d'une suite arithmétique

- Si $r > 0$, $\lim\limits_{n \to +\infty} u_n = +\infty$.
- Si $r < 0$, $\lim\limits_{n \to +\infty} u_n = -\infty$.

Notes

EXERCICE TYPE CORRIGÉ

Soit (u_n) la suite définie par $u_0 = \frac{1}{2}$ et, pour tout $n \geqslant 0$:

$$u_{n+1} = \frac{u_n}{1+u_n}.$$

Soit (v_n) la suite définie par $v_n = \frac{1}{u_n} + 1$.

1. Montrer que (v_n) est une suite arithmétique, dont on précisera son premier terme et sa raison.
2. En déduire u_n en fonction de n.

Corrigé

1. Pour montrer qu'une suite est une suite arithmétique, on conjecture sur les premiers termes la valeur de la raison r, puis on vérifie que $u_{n+1} = u_n + r$ pour tout n.

On a : $u_0 = \frac{1}{2}$ et $v_0 = \frac{1}{u_0} + 1 = 3$;

$u_1 = \frac{\frac{1}{2}}{1+\frac{1}{2}} = \frac{1}{3}$ et $v_1 = \frac{1}{u_1} + 1 = 4$.

Ainsi, (v_n) semble être une suite arithmétique de raison 1.
Vérifions-le.

Pour tout $n \geqslant 0$:

$$v_{n+1} = \frac{1}{u_{n+1}} + 1 = \frac{1+u_n}{u_n} + 1 = \frac{1+2u_n}{u_n}$$

$$v_{n+1} = \frac{1}{u_n} + 2 = \left(\frac{1}{u_n} + 1\right) + 1$$

et $$v_{n+1} = v_n + 1.$$

Ainsi, (v_n) est la suite arithmétique de premier terme $v_0 = 3$ et de raison 1.

2. D'après 1., pour tout $n \geqslant 0$, $v_n = v_0 + nr = 3 + n$.

Pour exprimer u_n en fonction de v_n, on « inverse » la relation $v_n = \frac{1}{u_n} + 1$ $\Leftrightarrow v_n - 1 = \frac{1}{u_n}$.

Ainsi, pour tout n, $v_n - 1 = n + 2 \neq 0$ et :

$$\boldsymbol{u_n = \frac{1}{v_n - 1} = \frac{1}{n+2}} \textbf{ pour tout } \boldsymbol{n \geqslant 0.}$$

N.B. : on vérifie que l'expression de u_n en fonction de n est bien cohérente avec les premiers termes calculés au 1. :

$$u_0 = \frac{1}{0+2} = \frac{1}{2} \text{ et } u_1 = \frac{1}{1+2} = \frac{1}{3}.$$

Utiliser les suites géométriques

Fiche 2

Maths

Notes

LE COURS

Suite géométrique de raison q ($q \neq 0$), de premier terme v_0

- Relation de récurrence :

$$v_{n+1} = q v_n \text{, pour tout } n \in \mathbb{N}.$$

- Formule explicite :

$$v_n = v_0 \times q^n \text{, pour tout } n \in \mathbb{N}.$$

- Relation entre v_n et v_p :

$$v_n = v_p \times q^{n-p} \text{ pour tout } n, p \in \mathbb{N} \text{ ;}$$

en particulier :

$$v_n = v_1 \times q^{n-1} \text{, pour tout } n \in \mathbb{N}^*.$$

Somme S de N termes consécutifs d'une suite géométrique ($q \neq 1$)

$$S = 1^{\text{er}} \text{ terme} \times \frac{1 - q^N}{1 - q}.$$

En particulier : $v_0 + v_1 + ... + v_{n-1} = v_0 \times \dfrac{1 - q^n}{1 - q}$ pour tout $n \geqslant 1$;

$$1 + q + ... + q^n = \frac{1 - q^{n+1}}{1 - q} \text{, pour tout } n \geqslant 1.$$

N.B. : si $q = 1$, alors, pour tout n,

$$v_n = v_0 \text{ et } v_0 + ... + v_n = v_0 (n + 1).$$

Limites en $+\infty$ du terme général d'une suite géométrique

- Si $q \in]-1 ; 1[$, $\lim\limits_{n \to +\infty} q^n = 0$.
- Si $q \in]-\infty ; -1]$, (q^n) n'admet pas de limite.
- Si $q > 1$, $\lim\limits_{n \to +\infty} q^n = +\infty$.
- Si $q = 1$, $\lim\limits_{n \to +\infty} q^n = 1$.

Notes

EXERCICE TYPE CORRIGÉ

Soit (u_n) la suite définie par $u_0 = 2$ et $u_{n+1} = 2u_n - \frac{1}{3}$ pour tout n.

Soit (v_n) la suite définie par $v_n = u_n - \frac{1}{3}$ pour tout n.

1. Montrer que (v_n) est une suite géométrique.
2. En déduire u_n en fonction de n.
3. Calculer $S_n = u_0 + \ldots + u_n = \sum_{k=0}^{n} u_k$.

Corrigé

1. Pour montrer qu'une suite est une suite géométrique, on conjecture sur les premiers termes la valeur de q, puis on vérifie que $v_{n+1} = q \times v_n$ pour tout n.

On a : $u_0 = 2$ et $v_0 = u_0 - \frac{1}{3} = \frac{5}{3}$;

$u_1 = 2u_0 - \frac{1}{3} = \frac{11}{3}$ et $v_1 = u_1 - \frac{1}{3} = \frac{10}{3}$.

Ainsi, (v_n) semble être une suite géométrique de raison 2.
Vérifions-le.

Pour tout $n \geqslant 0$:

$$v_{n+1} = u_{n+1} - \frac{1}{3} = 2u_n - \frac{2}{3} = 2\left(u_n - \frac{1}{3}\right) = 2v_n.$$

Ainsi, (v_n) est la suite géométrique de premier terme $v_0 = \frac{5}{3}$ et de raison 2.

2. D'après 1., pour tout n, $v_n = v_0 \times q^n = \frac{5}{3} \times 2^n$

et $$u_n = v_n + \frac{1}{3} = \frac{5}{3} \times 2^n + \frac{1}{3}.$$

N.B. : on vérifie bien que :

$u_0 = \frac{5}{3} \times 2^0 + \frac{1}{3} = 2$ et $u_1 = \frac{5}{3} \times 2^1 + \frac{1}{3} = \frac{11}{3}$.

3. $S_n = u_0 + \ldots + u_n = (v_0 + \ldots + v_n) + \left(\frac{1}{3} + \ldots + \frac{1}{3}\right)$

où (v_n) est la suite géométrique de raison 2 et de premier terme $v_0 = \frac{5}{3}$.

Ainsi, $S_n = v_0 \times \frac{1 - 2^{n+1}}{1 - 2} + \frac{1}{3}(n + 1)$ (Il y a $(n + 1)$ termes au sein de chaque parenthèse.)

$$\mathbf{S_n = \frac{5}{3}(2^{n+1} - 1) + \frac{1}{3}(n + 1).}$$

Utiliser Python pour calculer les termes d'une suite

Fiche 3

Maths

Notes

EXERCICES TYPES CORRIGÉS

EXERCICE 1 Soit (u_n) la suite définie par $u_0 = 2$ et $u_{n+1} = 2u_n - \frac{1}{3}$ pour tout n de $\mathbb{N}$.

1. Écrire une fonction Python nommée « terme » d'argument N, qui renvoie le terme de rang N de la suite (u_n).
2. En déduire une fonction nommée « liste_suite » d'argument N, qui affiche tous les termes de la suite (u_n) dans une liste en compréhension de u_0 à u_N.
3. Compléter l'algorithme écrit en langage Python suivant, qui permet d'obtenir la liste des $N+1$ premiers termes de la suite (u_n).

```
def liste_terme(N):
    U=[ ]
    for i in range(1,  ):
        U.append(            )
    return
```

EXERCICE 2 Soit (u_n) la suite définie par $u_0 = 1$ et pour tout entier naturel n, $u_{n+1} = -3u_n + 2n + 4$.
Lequel de ces deux algorithmes renvoie le terme de rang n de la suite (u_n) ? Justifier.

```
def u(n):
    u=1
    for i in range (1,n+1):
        u=-3*u+2*i+4
    return (u)
```

Script 1

```
def u(n):
    u=1
    for i in range (1,n+1):
        u=-3*u+2*(i-1)+4
    return (u)
```

Script 2

Corrigé

1 1. Comme on connaît N, le nombre d'itérations nécessaires, on utilise la boucle « pour ».

```
def terme(N):
    u=2
    for i in range(1,N+1):
        u=2*u-1/3
    return u
```

ou

```
def Terme(N):
    u=2
    for i in range(N):
        u=2*u-1/3
    return u
```

On obtient dans la console :

```
>>> terme(5)
53.666666666666664
```

N.B. : attention au compteur :
Pour l'instruction « for i in range $(1, N+1)$ », i va de 1 à N !
Pour l'instruction « for i in range (N) », i va de 0 à $N-1$!

Notes

2. On utilise la fonction « terme » d'argument N écrite à la question 1 pour définir la liste en compréhension :

```
def liste_suite(N):
    U=[terme(k) for k in range (0,N+1)]
    return U
```

On obtient :

```
>>> liste_suite(5)
[2, 3.6666666666666665, 7.0, 13.666666666666666, 27.0, 53.666666666666664]
```

N.B. : on aurait pu aussi utiliser la définition explicite de la suite (*cf. fiche* 2) pour définir une liste en compréhension :

```
def suite(N):
        U=[5/3*2**i+1/3 for i in range(0,N+1)]
        return U
```

3.

```
def liste_terme(N):
    U=[2]
    for i in range(1,N+1):
        U.append(2*U[-1]-1/3)
    return U
```

N.B. : l'instruction U.append permet de rajouter un terme à la fin de la liste U et l'instruction U[−1] appelle le dernier terme de la liste U.

2 C'est le Script 2 qui convient.

Pour le vérifier, on fait un tableau :

On choisit $n = 2$ (en tapant $u(2)$ dans la console, on obtient 3).

	Étape 0	Boucle 1	Boucle 2	Étape finale
i		1	2	
u	1	$-3\times 1+2\times 0+4 = 1 = u_1$	$-3\times 1+2\times 1+4 = 3 = u_2$	
Sortie				3

N.B. : toujours vérifier en utilisant la calculatrice en mode « récur » (*cf. fiche* 8).

$u_1 = u_{1+0} = -3u_0 + 2\times 0 + 4 = -3 + 4 = 1$ (relation de récurrence pour $n = 0$).

Le script 1 ne convient donc pas.

	Étape 0	Boucle 1
i		1
u	1	$-3\times 1 + 2\times 1 + 4 = 3 \neq u_1$
Sortie		

Raisonner par récurrence

Fiche 4

Maths

Notes

LE COURS

Pour montrer par récurrence qu'une propriété P_n est vraie pour tout n, il faut :

- vérifier que P_0 est vraie (« initialisation » de la propriété) ;
- montrer que, *s*'il existe $p \in \mathbb{N}$ telle que P_p soit vraie, alors P_{p+1} est vraie aussi (« hérédité » de la propriété).

EXERCICE TYPE CORRIGÉ

Soit (u_n) la suite définie par $u_0 = 0$ et, pour tout n entier :

$$u_{n+1} = \frac{2u_n + 1}{u_n + 2}.$$

Montrer par récurrence que :

1. pour tout n, $u_n \geqslant 0$;
2. pour tout n, $u_n < 1$.

Corrigé

1. Montrons que la propriété P_n « $u_n \geqslant 0$ » est vraie pour tout n.

- Vérifions, pour cela, P_0 :

$$u_0 = 0 \text{ et } 0 \geqslant 0, \text{ donc } P_0 \text{ est vraie.}$$

- Soit $p \in \mathbb{N}$ telle que P_p soit vraie : $u_p \geqslant 0$.

Montrons P_{p+1}, c'est-à-dire montrons que $u_{p+1} \geqslant 0$.

On a :

$$u_{p+1} = \frac{2u_p + 1}{u_p + 2}.$$

Or, $u_p \geqslant 0$, donc :

$$\begin{cases} 2u_p + 1 > 1 > 0 \\ u_p + 2 \geqslant 2 > 0. \end{cases}$$

Ainsi (par quotient), $u_{p+1} \geqslant 0$, ce qui montre bien P_{p+1}.

- Ainsi, **pour tout n, $u_n \geqslant 0$.**

2. Montrons que la propriété P_n « $u_n < 1$ » est vraie pour tout n.

- Vérifions, pour cela, P_0 :

$$u_0 = 0 \text{ et } 0 < 1, \text{ donc } P_0 \text{ est vraie.}$$

Notes

• Soit $p \in \mathbb{N}$ telle que P_p soit vraie : $u_p < 1$.

Montrons P_{p+1}, c'est-à-dire montrons que $u_{p+1} < 1$.

Pour cela, comme il s'agit de comparer deux réels, étudions le signe de la différence $u_{p+1} - 1$.

On a :
$$u_{p+1} - 1 = \frac{2u_p + 1}{u_p + 2} - 1 = \frac{2u_p + 1 - u_p - 2}{u_p + 2} = \frac{u_p - 1}{u_p + 2}.$$

Or :
$$\begin{cases} u_p < 1 \text{ d'après } P_p \text{, donc } u_p - 1 < 0 \\ u_p \geqslant 0 \text{ d'après 1., donc } u_p + 2 > 0. \end{cases}$$

Donc (par quotient), $u_{p+1} - 1 < 0$ et $u_{p+1} < 1$ (P_{p+1}).

• Ainsi, **pour tout n, $u_n < 1$.**

N.B. : on aurait aussi pu utiliser les variations de la fonction f définie sur $[0 ; +\infty[$ par $f(x) = \dfrac{2x+1}{x+2}$ pour montrer P_n « $0 < u_n < 1$ » (pour tout n).

En effet, en tant que fonction rationnelle, f est dérivable sur son ensemble de définition, soit sur $[0 ; +\infty[$ et $f'(x) = \dfrac{3}{(x+2)^2} > 0$, ce qui montre que f est strictement croissante sur $[0 ; +\infty[$.

Montrons que P_n « $0 \leqslant u_n < 1$ » est vraie pour tout n :

• P_0 est clair : $u_0 = 0$ et $0 \in [0 ; 1[$.

• Soit $p \in \mathbb{N}$ tel que P_p soit vraie : $0 \leqslant u_p < 1$

alors $f(0) \leqslant f(u_p) < f(1)$ par stricte croissance de f sur $[0 ; +\infty[$

soit $\dfrac{1}{2} \leqslant u_{p+1} < 1$

et $0 \leqslant u_{p+1} < 1$,

ce qui montre P_{p+1}.

• D'où $u_n \in [0 ; 1[$ pour tout n.

En revanche, on ne peut pas utiliser les opérations sur les inégalités car on ne peut pas diviser membre à membre des inégalités

$$\left(2 < 3 \text{ et } \frac{1}{3} < 3\text{, mais } \frac{2}{\frac{1}{3}} = 6 \text{ n'est pas inférieur à } \frac{3}{3} = 1\text{ !}\right).$$

Étudier les variations d'une suite

Fiche 5

Maths

Notes

LE COURS

Représentation des termes d'une suite $u_{n+1} = f(u_n)$

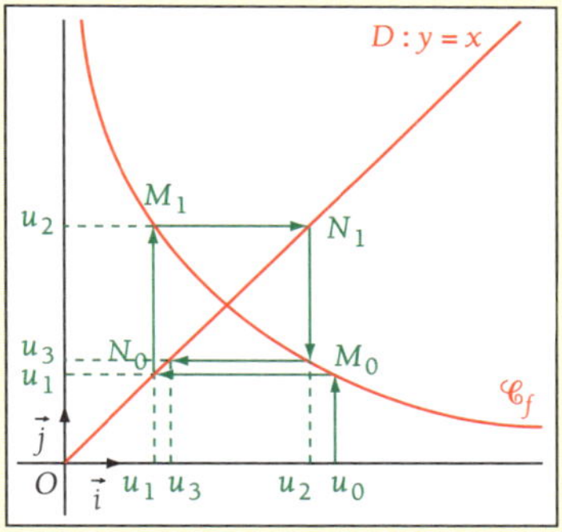

- On a $M_0(u_0\,;f(u_0))$ car $M_0 \in (\mathscr{C}_f)$, d'où la construction de u_1 sur (Oy).
- On a $N_0(u_1\,;u_1)$ car $N_0 \in (D)$, d'où la construction de u_1 sur (Ox).

Suites monotones

(u_n) est croissante si, pour tout $n \in \mathbb{N}$, $u_n \leqslant u_{n+1}$.

(u_n) est décroissante si, pour tout $n \in \mathbb{N}$, $u_n \geqslant u_{n+1}$.

EXERCICES TYPES CORRIGÉS

EXERCICE 1 Soit (u_n) la suite définie par $u_0 = 0$ et $u_{n+1} = \dfrac{2u_n + 1}{u_n + 2}$.

On admet que, pour tout n, $u_n \in [0\,;1[$ (*cf. fiche* 4).

Montrer que (u_n) est monotone.

EXERCICE 2 Soit (u_n) définie par $u_n = \dfrac{n(n+2)}{(n+1)^2}$ pour tout n.

Montrer que (u_n) est strictement croissante.

Notes

Corrigé

1 Pour étudier les variations d'une suite (u_n), il suffit généralement d'étudier le signe de $u_{n+1} - u_n$ pour tout n.

Pour tout n, on a :

$$u_{n+1} - u_n = \frac{2u_n + 1}{u_n + 2} - u_n = \frac{1 - u_n^2}{u_n + 2} = \frac{(1 - u_n)(1 + u_n)}{u_n + 2}.$$

Or, pour tout n : $\begin{cases} u_n \geqslant 0, \text{ donc } 1 + u_n \geqslant 1 > 0 \text{ et } u_n + 2 \geqslant 2 > 0 \\ u_n < 1, \text{ donc } 1 - u_n > 0. \end{cases}$

Ainsi, pour tout n, $u_{n+1} - u_n > 0$, soit $u_{n+1} > u_n$.

La suite (u_n) est donc strictement croissante.

N.B. : on aurait pu aussi raisonner par récurrence en utilisant les variations de la fonction f définie sur $[0 ; +\infty[$ par $f(x) = \dfrac{2x + 1}{x + 2}$ (*cf. fiche* 4).

Montrons par récurrence que P_n « $u_n < u_{n+1}$ » est vraie pour tout n de $\mathbb{N}$.

- Vérifions P_0 : $u_0 = 0$ et $u_1 = \dfrac{1}{2}$. Ainsi, $u_0 < u_1$.
- Soit $p \geqslant 0$ tel que P_p soit vraie : $u_p < u_{p+1}$.

Montrons P_{p+1}.

Comme f est strictement croissante sur $[0 ; +\infty[$ (*cf. fiche* 4), d'après P_p, $f(u_p) < f(u_{p+1})$ soit $u_{p+1} < u_{p+2}$, d'où P_{p+1}.

- Ainsi, pour tout n, $u_n < u_{n+1}$ et (u_n) est strictement croissante.

2 Dans le cas particulier des suites définies de façon explicite par $u_n = f(n)$, pour étudier les variations de (u_n), il suffit d'étudier les variations de f.

Pour cela, étudions les variations de la fonction f définie sur $[0 ; +\infty[$ par $f(x) = \dfrac{x(x + 2)}{(x + 1)^2}$.

f, en tant que fonction rationnelle, est dérivable sur son ensemble de définition, soit sur $[0 ; +\infty[$ et, pour tout $x > 0$, $f'(x) = \dfrac{2}{(x + 1)^3}$.

$\left(f = \dfrac{u}{v}, \text{ avec } u : x \mapsto x^2 + 2x \text{ et } v : x \mapsto x^2 + 2x + 1.\right)$

Or, pour tout $x \geqslant 0$, $x + 1 > 0$ et $f'(x) > 0$.

Ainsi, f est strictement croissante sur $[0 ; +\infty[$.

Les variations de (u_n) sont donc les mêmes que celles de f.

Pour tout n, $n < n + 1$, donc $f(n) < f(n + 1)$ par stricte croissance de f sur $[0 ; +\infty[$ et $u_n < u_{n+1}$, ce qui prouve que **(u_n) est strictement croissante.**

Déterminer la limite éventuelle d'une suite explicite

Fiche 6

Maths

Notes

LE COURS

Suites convergentes – Suites divergentes

- (u_n) est convergente si elle admet une limite finie ℓ.
- (u_n) est divergente si elle n'admet pas de limite ou si elle admet une limite infinie.

Suites $u_n = f(n)$

Si $\lim\limits_{x \to +\infty} f(x) = a$, alors $\lim\limits_{n \to +\infty} u_n = a$ (a fini ou non).

Suites $u_{n+1} = f(u_n)$

Si $u_{n+1} = f(u_n)$ pour tout $n \in \mathbb{N}$
Si $\lim\limits_{n \to +\infty} u_n = \ell$ (ℓ fini)
Si f est continue en ℓ

alors $\ell = f(\ell)$.
(théorème du point fixe)

Limites par opérations et par comparaison

Les théorèmes sont les mêmes que pour les fonctions (*cf. fiches* 13 à 16).
En particulier, si ℓ est fini :

	hypothèse 1 (à partir d'un certain rang)	hypothèse 2	conclusion
suite convergente	si $v_n \leqslant u_n \leqslant w_n$	si $\lim\limits_{n \to +\infty} v_n = \lim\limits_{n \to +\infty} w_n = \ell$	alors $\lim\limits_{n \to +\infty} u_n = \ell$ (théorème des « gendarmes »)
suite divergente	si $v_n \leqslant u_n$	si $\lim\limits_{n \to +\infty} v_n = +\infty$	alors $\lim\limits_{n \to +\infty} u_n = +\infty$
	si $u_n \leqslant v_n$	si $\lim\limits_{n \to +\infty} v_n = -\infty$	alors $\lim\limits_{n \to +\infty} u_n = -\infty$

Notes

EXERCICES TYPES CORRIGÉS

EXERCICE 1 Soit $(u_n)_{n \geqslant 1}$ la suite définie par $u_n = n\left(e^{\frac{1}{n}} - 1\right)$.

Déterminer $\lim\limits_{n \to +\infty} u_n$.

EXERCICE 2 Soit (v_n) la suite définie par $v_n = \dfrac{(-1)^n + \cos n}{5^n}$.

Déterminer $\lim\limits_{n \to +\infty} v_n$.

Corrigé

1 Pour déterminer la limite d'une suite du type $u_n = f(n)$, on cherche à appliquer les théorèmes sur les limites par opérations (les formes indéterminées se levant comme pour les fonctions).

$$\lim_{n \to +\infty} n = +\infty \text{ et } \lim_{n \to +\infty} \frac{1}{n} = 0.$$

Or, $\lim\limits_{X \to 0} e^X = 1$, donc, par composition, $\lim\limits_{n \to +\infty} e^{\frac{1}{n}} = 1$.

C'est donc la FI « $\infty \times 0$ ».

Pour la lever, on cherche à faire apparaître $\dfrac{e^X - 1}{X}$.

Pour tout n, $u_n = \dfrac{e^{\frac{1}{n}} - 1}{\frac{1}{n}}$.

Or, $\lim\limits_{n \to +\infty} \dfrac{1}{n} = 0$

et $\lim\limits_{X \to 0} \dfrac{e^X - 1}{X} = 1$.

Donc, par composition, $\mathbf{\lim\limits_{n \to +\infty} u_n = 1}$.

2 Les théorèmes généraux sur les limites ne s'appliquant pas, on cherche à majorer v_n par une suite de limite connue.

Comme pour tout n, $-1 \leqslant \cos n \leqslant 1$ et $-1 \leqslant (-1)^n \leqslant 1$

$\dfrac{-2}{5^n} \leqslant v_n \leqslant \dfrac{2}{5^n}$.

Or, $\lim\limits_{n \to +\infty} \left(\dfrac{1}{5}\right)^n = 0$ car $\dfrac{1}{5} \in]-1\,;1[$.

Donc $\lim\limits_{n \to +\infty} \dfrac{2}{5^n} = 0$ et $\lim\limits_{n \to +\infty} \dfrac{-2}{5^n} = 0$.

Ainsi, $\mathbf{\lim\limits_{n \to +\infty} v_n = 0}$ d'après le théorème des « gendarmes ».

N.B. : comme pour les fonctions, on n'oubliera pas de vérifier la cohérence de ses résultats avec la calculatrice.

Étudier la convergence d'une suite monotone bornée

Fiche 7

Maths

LE COURS

- Toute suite croissante majorée par M converge vers $\ell \leqslant M$.
- Toute suite décroissante minorée par m converge vers $\ell \geqslant m$.

EXERCICE TYPE CORRIGÉ

Notes

Soit (u_n) définie par $u_0 = 1$ et, pour tout $n \in \mathbb{N}$, $u_{n+1} = \sqrt{u_n + 6}$.

1. Montrer par récurrence que, pour tout $n \in \mathbb{N}$, $0 \leqslant u_n \leqslant 3$.
2. Étudier le sens de variations de (u_n).
3. En déduire que (u_n) converge vers ℓ.
4. Représenter les premiers termes de la suite (u_n).
Conjecturer la valeur de ℓ.
5. Montrer que ℓ est la solution positive de $x = \sqrt{x + 6}$.
En déduire ℓ.

Corrigé

1. Montrons par récurrence que, pour tout $n \in \mathbb{N}$, $0 \leqslant u_n \leqslant 3$ (P_n).

- Vérifions P_0 : $u_0 = 1$ et $1 \in [0\,;3]$.
- Soit $p \geqslant 0$ tel que P_p soit vraie : $0 \leqslant u_p \leqslant 3$.

Montrons P_{p+1}, c'est-à-dire que $0 \leqslant u_{p+1} \leqslant 3$.

Par hypothèse, $0 \leqslant u_p \leqslant 3$ (+ 6)

donc $6 \leqslant u_p + 6 \leqslant 9$

et $0 \leqslant \sqrt{6} \leqslant \sqrt{u_p + 6} \leqslant \sqrt{9}$

car $x \mapsto \sqrt{x}$ est croissante sur $[0\,;+\infty[$

soit $0 \leqslant u_{p+1} \leqslant 3$

d'où P_{p+1}.

- Ainsi, **pour tout $n \in \mathbb{N}$, $0 \leqslant u_n \leqslant 3$.**

2. Conjecturons les variations de (u_n) en calculant ses premiers termes :

$$u_0 = 1$$
$$u_1 = \sqrt{1+6} = \sqrt{7} : u_1 > u_0.$$

La suite (u_n) semble être croissante.

Pour le montrer, comme le raisonnement direct ne paraît pas simple (il faudrait étudier le signe de $\sqrt{u_n + 6} - u_n$ pour tout n), on utilise la récurrence.

Notes

Montrons par récurrence que, pour tout $n \in \mathbb{N}$, $u_n \leqslant u_{n+1}$ (P_n).

- Vérifions P_0 : on a $u_0 = 1$ et $u_1 = \sqrt{7}$, donc $u_0 \leqslant u_1$.
- Soit $p \geqslant 0$ tel que P_p soit vraie : $u_p \leqslant u_{p+1}$.

Montrons P_{p+1}, c'est-à-dire que $u_{p+1} \leqslant u_{p+2}$.

Par hypothèse, $u_p \leqslant u_{p+1}$ $\quad$ + 6

donc $u_p + 6 \leqslant u_{p+1} + 6$

et $\sqrt{u_p + 6} \leqslant \sqrt{u_{p+1} + 6}$ par croissance de $x \mapsto \sqrt{x}$

soit $u_{p+1} \leqslant u_{p+2}$ sur $[0\,;+\infty[$.

d'où P_{p+1}.

- Ainsi, **pour tout $n \in \mathbb{N}$, $u_n \leqslant u_{n+1}$ et (u_n) est croissante.**

3. D'après 1. et 2., (u_n) est une suite croissante majorée par 3 :

(u_n) converge donc vers $\ell \leqslant 3$.

4. Pour représenter les premiers termes de la suite (u_n), on utilise la représentation graphique de la fonction f définie sur $[0\,;3]$ par $f(x) = \sqrt{x+6}$ (*cf. fiche* 5).

f est strictement croissante sur $[0\,;3]$ $\left(f'(x) = \dfrac{1}{2\sqrt{x+6}} > 0\right)$.

Graphiquement, on voit que **(u_n) semble converger vers 3.**

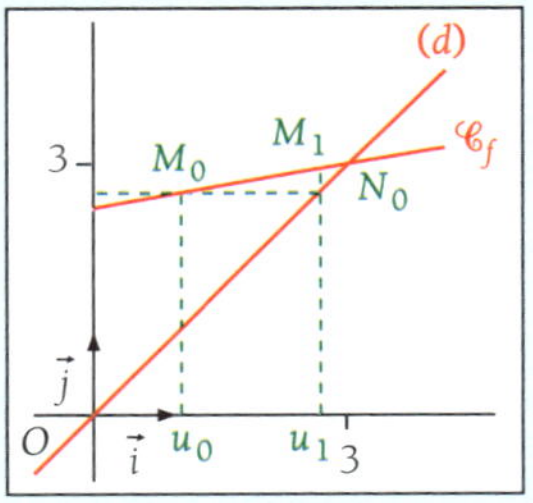

5. Pour déterminer ℓ, on utilise le théorème du point fixe (*cf. fiche* 6).

On sait, d'après 1., que $\ell \in [0\,;3]$ car $0 \leqslant u_n \leqslant 3$ pour tout n.

De plus, $u_{n+1} = \sqrt{u_n + 6}$ (1) et $x \mapsto \sqrt{x+6}$ est continue sur $[0\,;3]$, donc continue en $\ell \in [0\,;3]$.

Ainsi, $\ell = \sqrt{\ell + 6}$ (par passage à la limite dans (1)).

Et ℓ **est bien la solution positive de l'équation $x = \sqrt{x+6}$.**

Déterminons ℓ par le calcul en résolvant l'équation $\ell = \sqrt{\ell + 6}$.

$$\begin{cases} \ell = \sqrt{\ell+6} \\ \ell \in [0\,;3] \end{cases} \Leftrightarrow \begin{cases} \ell^2 - \ell - 6 = 0 \\ \ell \in [0\,;3] \end{cases} \Leftrightarrow \begin{cases} \ell = -2 \text{ ou } \ell = 3\ (\Delta = 25) \\ \ell \in [0\,;3]. \end{cases}$$

Comme $-2 \notin [0\,;3]$, nécessairement $\ell = 3$.

(u_n) converge donc vers 3.

Montrer la divergence d'une suite monotone non bornée

Fiche 8

Maths

LE COURS

- Toute suite (u_n) croissante non majorée diverge vers $+\infty$.
- Toute suite (u_n) décroissante non minorée diverge vers $-\infty$.

EXERCICE TYPE CORRIGÉ

Soit f la fonction définie sur $[0\,;+\infty[$ par $f(x) = \ln(x+1) + \frac{1}{2}x^2$.

On admet que la fonction f est croissante sur $[0\,;+\infty[$ et que pour tout $x > 0$, $f(x) > x$.

On définit la suite (u_n) par :

$$u_0 = 0{,}5 \text{ et pour tout } n \in \mathbb{N},\ u_{n+1} = f(u_n).$$

On admet que pour tout n, $u_n \geqslant 0{,}5 > 0$.

1. Soit $N \in \mathbb{N}$. Écrire un algorithme qui permette de calculer u_N. Donner à l'aide de la calculatrice u_{10} et u_{20}.

2. Montrer que (u_n) est strictement croissante.

3. Montrer que (u_n) n'est pas majorée.

4. En déduire $\lim\limits_{n \to +\infty} u_n$.

Notes

Corrigé

• Pour montrer que f est croissante sur $[0\,;+\infty[$, il suffit d'étudier le signe de $f'(x) = \frac{1}{x+1} + x \geqslant 0$ sur $[0\,;+\infty[$ (somme de réels positifs).

• Pour montrer que pour tout $x > 0$, $f(x) > x$, on étudie le signe de la différence $d(x) = f(x) - x$ sur $[0\,;+\infty[$; pour cela, on étudie les variations de d sur $[0\,;+\infty[$: $d'(x) = \frac{x^2}{x+1} > 0$ sur $]0\,;+\infty[$; d est strictement croissante sur $[0\,;+\infty[$, et comme $d(0) = 0$, on a bien $d(x) > 0$ pour tout $x > 0$.

• Pour montrer que pour tout n, $u_n \geqslant 0{,}5$, on raisonne par récurrence en prenant comme hypothèse P_n, $u_n \geqslant 0{,}5$.

1. Comme on connaît N le nombre de boucles nécessaires, on peut utiliser l'instruction « pour i variant de 1 à N » :

Notes

$u \leftarrow u_0$
Pour i allant de 1 à N
$u \leftarrow \ln(u+1) + \frac{1}{2}u^2$
Fin Pour
Afficher u

En Python

```
def u(N):
    u=0.5
    for i in range(N):
        u=log(1+u)+0.5*u**2
##en langage Python, la fonction ln est désignée par log
    return u
```

Texas	Casio
• Sélectionner (MODE) Seq.	• Sélectionner le menu (RECUR).
• Taper (Y =) pour saisir l'expression de $u(n)$, $v(n)$ en fonction de $u(n-1)$ et de $v(n-1)$.	• Saisir le (TYPE) d'expression (touche F2 pour une récurrence) puis l'expression de a_{n+1} et b_{n+1}.
• Pour obtenir la lettre n, on utilise la touche (X,T,n).	• Pour obtenir n, a_n, b_n, on utilise la touche (n, an) (F4).
• Saisir aussi nMin (rang initial), $u(n\text{Min})$ et $v(n\text{Min})$.	• Saisir Start, End, a_0 et b_0 en appuyant sur (SET) (F5).
• Pour obtenir le tableau de valeurs, on utilise les touches (TABLE) et (TblSet).	• Pour obtenir le tableau de valeurs, on utilise la touche (TABL) (F6).

On obtient $\boldsymbol{u_{10} \approx 1{,}7}$ et $\boldsymbol{u_{20} \approx 1{,}1 \times 10^{93}}$.

2. Pour cela, on étudie le signe de $u_{n+1} - u_n$ (*cf. fiche* 5) :
pour tout n, $u_{n+1} - u_n = f(u_n) - u_n$ et $u_n > 0$.
Or, pour tout $x > 0$, $f(x) > x$, soit $f(x) - x > 0$.
Ainsi, pour tout n, $\boldsymbol{u_{n+1} - u_n > 0}$,
(u_n) est strictement croissante.

3. Le plus simple consiste à raisonner par l'absurde :
on suppose que (u_n) est majorée. Alors, comme (u_n) est aussi croissante, cela signifie que (u_n) converge vers un réel ℓ.
Comme pour tout $n \in \mathbb{N}$, $u_n \geqslant 0{,}5$, $\ell \geqslant 0{,}5$.
Or, pour tout $n \in \mathbb{N}$, $u_{n+1} = f(u_n)$ et f est continue sur $[0\,;+\infty[$ (car dérivable), donc f est continue en $\ell \geqslant 0{,}5$.
Par passage à la limite (théorème du point fixe, *cf. fiche* 6), ℓ est tel que :
$\ell = f(\ell)$ et $\ell \geqslant 0\ 5$.
Or, par hypothèse, pour tout $x > 0$, $f(x) > x$.
L'égalité $f(\ell) = \ell$ avec $\ell \geqslant 0{,}5$ est donc impossible.
Ainsi, **la suite (u_n) n'est pas majorée.**

4. (u_n) est une suite croissante non majorée.
Ainsi, (u_n) diverge vers $+\infty$.

Utiliser des algorithmes pour étudier une suite

Fiche 9

Maths

Notes

EXERCICE TYPE CORRIGÉ

On injecte dans le sang d'un malade une dose d'un médicament M.
On note c_0 la concentration (en mg/L) du médicament injecté et c_n la concentration (en mg/L) du médicament dans le sang au bout de n heures.
On a $c_0 = 4$ et $c_1 = 2,8$.
On suppose que le pourcentage de diminution horaire est constant.

1. Déterminer le pourcentage de diminution horaire.
2. Exprimer c_{n+1} en fonction de c_n. En déduire la nature de (c_n).
3. Exprimer c_n en fonction de n. Quelle est la limite de (c_n) en $+\infty$?
4. On estime que le médicament est totalement éliminé quand $c_n \leqslant 0,05$.
Écrire un algorithme en langage Python qui permette de trouver au bout de combien d'heures le médicament est éliminé.
5. On a constaté que M entraîne des effets secondaires lorsque la concentration cumulée de M au bout de n heures ($c_0 + c_1 + ... + c_n$) dépasse 15mg/L. Observera-t-on des effets secondaires avant l'élimination du médicament ?

Corrigé

1. On détermine le coefficient multiplicateur CM que l'on interprète ensuite en terme de pourcentage d'évolution :

$CM = \dfrac{c_1}{c_0} = 0,7$ et multiplier par 0,7 revient à diminuer de 30 %.

Le pourcentage de diminution horaire est de 30 %.

2. Par hypothèse, chaque heure la concentration diminue de 30 % et est donc multipliée par 0,70.
Ainsi, pour tout n, $\mathbf{c_{n+1} = 0,7c_n}$:

(c_n) est une suite géométrique de raison 0,7 et de premier terme $c_0 = 4$.

3. Pour tout n, $\mathbf{c_n = 4 \times 0,7^n}$ (*cf. fiche* 2).
Comme $0,7 \in]-1\,;1[$, $\lim\limits_{n \to +\infty} 0,7^n = 0$ (*cf. fiche* 2) et $\mathbf{\lim\limits_{n \to +\infty} c_n = 0}$.

4. On utilise l'instruction « tant que » (on ne connaît pas n) :

```
def seuil():
    c=4
    n=0
    while c>0.05:
        c=c*0.7
        n=n+1
    return n
```

On trouve : ***n* = 13 : le médicament est éliminé après 13 heures.**

N.B. : on peut retrouver ce résultat par le calcul (*cf. fiche* 22) :

$4 \times 0{,}7^n \leqslant 0{,}05 \Leftrightarrow 0{,}7^n < 0{,}0125 \Leftrightarrow n \ln 0{,}7 \leqslant \ln 0{,}0125$

$$\Leftrightarrow n \geqslant \frac{\ln 0{,}0125}{\ln 0{,}7} \text{(car } \ln 0{,}7 < 0\text{)}.$$

Or, $\frac{\ln 0{,}0125}{\ln 0{,}7} \approx 12{,}3$ et $4 \times 0{,}7^n < 0{,}05 \Leftrightarrow n \geqslant 13$.

5. On cherche si pour tout $n \leqslant 13$, $c_0 + c_1 + \ldots + c_n \leqslant 15$.

Pour cela, le plus simple c'est d'utiliser un algorithme :

on écrit d'abord une fonction Python somme d'argument *N*, qui renvoie la somme $S_N = c_0 + c_1 + \ldots. + c_N$.

On complète ensuite une liste *S* qui contient les différents termes S_N, tant que $S_N \leqslant 15$: si cette liste contient tous les termes de S_0 à S_{13} (longueur 14), alors il n'y a pas d'effet secondaire avant l'élimination de *M*.

```
def somme(N):
    c=4
    s=4
    for i in range(1,N+1):
        c=c*0.7
        s=s+c
    return s

## la fonction somme permet de calculer la somme
## des N+1 premiers termes de la suite c

S=[4]
for k in range(1,14):
    if somme(k)<= 15:
        S.append(somme(k))
    else:
        a=k
        break
## l'instruction break permet de stopper la boucle for
## et de sortir de la boucle for

if len(S)==14:
    print("pas d'effet secondaire avant l'élimination de M")
else :
    print("effet secondaire observé au bout de",a,"heures")
```

Il *s*'affiche **« pas d'effet secondaire avant l'élimination de *M* ».**

N.B. : on aurait pu aussi calculer directement $S_{13} = c_0 + c_1 + \ldots. + c_{13}$ (somme de 14 termes consécutifs de la suite géométrique (c_n), *cf. fiche* 2) :

$$S_{13} = c_0 \times \frac{1-q^{14}}{1-q} = 4 \times \frac{1-0{,}7^{14}}{1-0{,}7} \approx 13{,}2 \text{ et } S_{13} < 15.$$

Ainsi, pour tout $n \leqslant 13$, $S_n \leqslant S_{13} < 15$: il n'y a pas d'effet secondaire avant l'élimination de *M*.

Étudier sur un exemple une suite arithmético-géométrique

Fiche 10

Maths

Notes

EXERCICE TYPE CORRIGÉ

Une observation faite sur la fréquentation d'un stade a permis de constater pour chaque année une baisse de 20 % du nombre d'abonnés, ainsi que l'apparition de 4 000 nouveaux abonnés.
On note a_n le nombre d'abonnés à la fin de la n^e année et on précise que $a_0 = 7\,000$.

1. Déterminer a_1 et a_2. La suite (a_n) est-elle arithmétique ou géométrique ? Justifier.
2. Montrer que, pour tout n, $a_{n+1} = 0{,}8a_n + 4\,000$.
3. À l'aide d'une fonction Python que l'on précisera, déterminer le nombre d'années nécessaires pour obtenir au moins 18 000 abonnés.
4. Soit (u_n) définie par $u_n = 20\,000 - a_n$, pour tout entier n.
Montrer que (u_n) est une suite géométrique dont on précisera la raison et le premier terme.
5. Exprimer u_n en fonction de n. En déduire que, pour tout entier n, $a_n = 20\,000 - 13\,000 \times 0{,}8^n$.
6. Retrouver le résultat de la question 3. par le calcul.

Corrigé

1. Diminuer de 20 % revient à multiplier par 0,8, soit par 80 %.
À la fin de la première année, 80 % des abonnés de l'année 0 se réabonnent, auxquels s'ajoutent les 4 000 nouveaux abonnés.
Ainsi, $\mathbf{a_1 = 0{,}8a_0 + 4\,000 = 9\,600}$.
De même, $\mathbf{a_2 = 0{,}8a_1 + 4\,000 = 11\,680}$.

Pour savoir si la suite est arithmétique, on regarde si l'on passe d'un terme à son suivant en ajoutant toujours le même nombre (*cf. fiche* 1).
$a_1 - a_0 = 2\,600 \neq a_2 - a_1 = 2\,080$.
On ne passe pas d'un terme à son suivant en ajoutant le même nombre : **(a_n) n'est pas arithmétique.**

De même, pour savoir si la suite est géométrique, on regarde si l'on passe d'un terme à son suivant en multipliant toujours par le même nombre (*cf. fiche* 2).
$\frac{a_1}{a_0} = \frac{48}{35} \neq \frac{a_2}{a_1} = \frac{73}{60}$.
On ne passe pas d'un terme à son suivant en multipliant toujours par le même nombre : **(a_n) n'est pas géométrique.**

2. À la fin de la $(n + 1)^e$ année, 80 % des abonnés de l'année n se réabonnent, auxquels s'ajoutent les 4 000 nouveaux abonnés.
Ainsi, $\mathbf{a_{n+1} = 0{,}8a_n + 4\,000}$.

3. On cherche $n_0 \in \mathbb{N}$ tel que $\forall n \geqslant n_0, a_n \geqslant 18\,000$.
On raisonne comme à la *fiche* 9 :

```
def seuil (  ):
        a = 7 000
        n = 0
        while a <18 000 :
        a = 0.8*a + 4 000
        n = n + 1
        return n
```

On trouve **$n = 9$: il y a au moins 18 000 abonnés au bout de 9 ans.**

4. On raisonne comme à la *fiche* 2 :
on conjecture q sur les premiers termes :
$u_0 = 20\,000 - 7\,000 = 13\,000$
$u_1 = 10\,400$ et $u_2 = 8\,320$.
$u_1/u_0 = u_2/u_1 = 0{,}8$.
On montre que pour tout n, $u_{n+1} = 0{,}8u_n$ (en factorisant par 0,8) :
Pour tout entier n, on a :

$$\begin{aligned} u_{n+1} &= 20\,000 - a_{n+1} \\ &= 16\,000 - 0{,}8a_n \\ &= 0{,}8\,(20\,000 - a_n) \\ &= 0{,}8u_n \end{aligned}$$

soit **$u_{n+1} = 0{,}8u_n$.**
Ainsi, **(u_n) est une suite géométrique de raison $q = 0{,}8$ et de premier terme $u_0 = 20\,000 - 7\,000 = 13\,000$.**

5. D'après la question **4.**, pour tout entier n, $u_n = 13\,000 \times 0{,}8^n$.
Ainsi, **$a_n = 20\,000 - u_n = 20\,000 - 13\,000 \times 0{,}8^n$.**

N.B. : toujours vérifier les formules sur les premiers termes :
$13\,000 \times 0{,}8 = 10\,400 = u_1$ et $20\,000 - 13\,000 \times 0{,}8 = 9\,600 = a_1$
$13\,000 \times 0{,}8^2 = 8\,320 = u_2$ et $20\,000 - 13\,000 \times 0{,}8^2 = 11\,680 = a_2$.

6. On cherche n tel que $a_n \geqslant 18\,000$

$\Leftrightarrow \quad 20\,000 - 13\,000 \times 0{,}8^n \geqslant 18\,000$

$\Leftrightarrow \quad -13\,000 \times 0{,}8^n \geqslant -2\,000$

$\Leftrightarrow \quad 0{,}8^n \leqslant 2/13$ (on divise par un réel négatif)

$\Leftrightarrow \quad n \ln 0{,}8 \leqslant \ln (2/13)$ (par stricte croissance de ln sur $]0\,; +\infty[$; *cf. fiche* 22)

$\Leftrightarrow \quad n \geqslant \ln (2/13)/\ln 0{,}8$ (car $\ln 0{,}8 < 0$)

Or, $\ln (2/13)/\ln 0{,}8 \approx 8{,}39$.
Ainsi, **$a_n \geqslant 18\,000 \Leftrightarrow n \geqslant 9$.**
On retrouve bien qu'**il faut attendre 9 ans pour qu'il y ait au moins 18 000 abonnés.**

Étudier des suites définies à l'aide des probabilités

Fiche 11

Maths

Notes

EXERCICE TYPE CORRIGÉ

Un jardinier dispose de deux lots 1 et 2 contenant chacun de très nombreux bulbes donnant des tulipes de couleurs variées.
Un bulbe du lot 1 donne une tulipe jaune avec la probabilité 0,25 ;
un bulbe du lot 2 donne une tulipe jaune avec la probabilité 0,5.

Ce jardinier choisit au hasard un lot et plante 50 bulbes de tulipes.
Soit n un entier naturel tel que $0 \leqslant n \leqslant 50$.
Soit les événements :

A : « le jardinier a choisi le lot 1 » ;
B : « le jardinier a choisi le lot 2 » ;
J_n : « le jardinier obtient n tulipes jaunes » ;

1. Dans cette question, on suppose que le jardinier choisit le lot 1.
Déterminer la probabilité que le jardinier obtienne n tulipes jaunes.

2. On admet que $P_B(J_n) = \binom{50}{n} 2^{-50}$.
En déduire $P(J_n)$.

3. On note $p_n = P_{J_n}(A)$. Montrer que $p_n = \dfrac{3^{50-n}}{3^{50-n} + 2^{50}}$.

4. Pour quelles valeurs de n a-t-on $p_n \geqslant 0{,}9$?

Corrigé

1. On reconnaît un schéma de Bernoulli, répétition de 50 épreuves identiques et indépendantes, de succès S « le jardinier obtient une tulipe jaune », avec la probabilité $p = 0{,}25$ (*cf. fiche* 60).

Soit X la variable aléatoire égale au nombre de tulipes jaunes obtenues en plantant 50 bulbes du lot 1.
Soit l'épreuve « le jardinier choisit au hasard un bulbe ».
Il n'y a que 2 issues possibles :
- le succès S : « le jardinier obtient une tulipe jaune », de probabilité $p = 0{,}25$;
- $\overline{S}$.

C'est donc une épreuve de Bernoulli.

On répète de façon identique et indépendante $n = 50$ fois cette même épreuve de Bernoulli. X comptant le nombre de succès, X suit la loi binomiale de paramètres :

$$n = 50 \text{ et } p = 0{,}25.$$

On cherche $\mathbf{P_A(J_n) = P(X = n) = \binom{50}{n} \left(\frac{1}{4}\right)^n \left(\frac{3}{4}\right)^{50-n}}$.

Notes

2. Pour déterminer $P(J_n)$, on construit un arbre pondéré (*cf. fiche* 58) :
comme on suppose que le jardinier choisit au hasard un lot, cela signifie que

$P(A) = P(B) = \frac{1}{2}$.

On utilise ensuite la formule des probabilités totales :
$P(J_n) = P(A)P_A(J_n) + P(B)P_B(J_n)$.

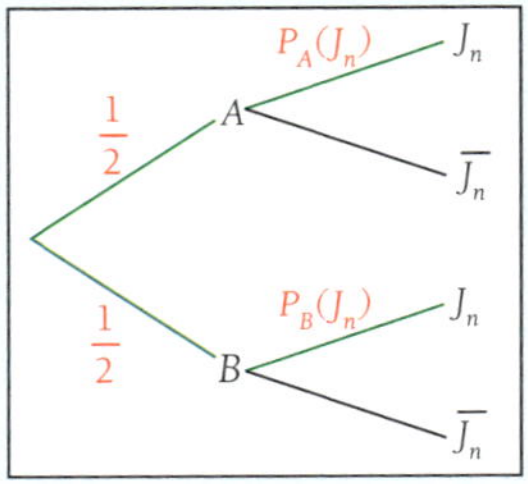

Comme A et B forment une partition de l'univers, on a donc :

$$P(J_n) = P(A)P_A(J_n) + P(B)P_B(J_n)$$

$$P(J_n) = \frac{1}{2}\binom{50}{n}\left(\frac{1}{4}\right)^n\left(\frac{3}{4}\right)^{50-n} + \frac{1}{2}\binom{50}{n}2^{-50}$$

$$\mathbf{P(J_n) = \frac{1}{2}\binom{50}{n}\left[\left(\frac{1}{4}\right)^n\left(\frac{3}{4}\right)^{50-n} + \frac{1}{2^{50}}\right] = \frac{1}{2}\binom{50}{n}\left[\frac{3^{50-n}}{4^{50}} + \frac{1}{2^{50}}\right]}.$$

3. On a $p_n = \dfrac{P(A \cap J_n)}{P(J_n)} = \dfrac{P(A)P_A(J_n)}{P(J_n)} = \dfrac{\frac{1}{2}\binom{50}{n}\left(\frac{1}{4}\right)^n\left(\frac{3}{4}\right)^{50-n}}{\frac{1}{2}\binom{50}{n}\left[\frac{3^{50-n}}{4^{50}} + \frac{1}{2^{50}}\right]}$.

Pour conclure, on utilise $2^{50} \times 2^{50} = 2^{100} = 2^{2 \times 50} = (2^2)^{50} = 4^{50}$.

Soit $p_n = \dfrac{3^{50-n}}{4^{50}\left[\frac{3^{50-n}}{4^{50}} + \frac{1 \times 2^{50}}{2^{50} \times 2^{50}}\right]} = \mathbf{\dfrac{3^{50-n}}{3^{50-n} + 2^{50}}}$.

4. $p_n \geqslant 0,9 \Leftrightarrow \dfrac{3^{50-n}}{3^{50-n} + 2^{50}} \geqslant 0,9 \Leftrightarrow 3^{50-n} \geqslant 0,9(3^{50-n} + 2^{50})$

$p_n \geqslant 0,9 \Leftrightarrow 0,1 \times 3^{50-n} \geqslant 0,9 \times 2^{50} \Leftrightarrow 3^{50-n} \geqslant 9 \times 2^{50}$

On utilise la fonction ln sachant que $\ln a^m = m \ln a$ (*cf. fiche* 22).

$p_n \geqslant 0,9 \Leftrightarrow (50 - n) \ln 3 \geqslant \ln(9 \times 2^{50})$

par stricte croissance de la fonction ln sur $]0 ; +\infty[$ (*cf. fiche* 22).

Ainsi, $p_n \geqslant 0,9 \Leftrightarrow n \leqslant \dfrac{50 \ln 3 - \ln(9 \times 2^{50})}{\ln 3}$ car $\ln 3 > 0$.

Or, $\dfrac{50 \ln 3 - \ln(9 \times 2^{50})}{\ln 3} \approx 16,4$.

Ainsi, $p_n \geqslant 0,9 \Leftrightarrow \mathbf{n \leqslant 16}$.

Étudier des suites définies par des intégrales

EXERCICES TYPES CORRIGÉS

EXERCICE 1 Soit (u_n) la suite définie par $u_n = \int_e^n x^2 \ln(1+x)\,dx$.

1. Donner une interprétation géométrique de u_n.
2. Étudier les variations de (u_n).
3. Montrer que, pour tout n, $u_n \geqslant \frac{1}{3}(n^3 - e^3)$.

En déduire $\lim\limits_{n \to +\infty} u_n$.

EXERCICE 2 Pour tout entier n, on pose $u_n = \int_0^1 \frac{1}{1+x^n}\,dx$.

1. Étudier les variations de (u_n).
2. On admet que pour tout n, $0 \leqslant u_n \leqslant 1$ (*cf. fiche* 40).

Montrer que (u_n) converge.

Notes

Corrigé

1 1. Pour interpréter une intégrale, en terme d'aire, il faut vérifier que la fonction $f : x \mapsto x^2 \ln(1+x)$ est continue et positive sur $[e\,;n]$ (*cf. fiche* 35).

Soit $n \in \mathbb{N}$.

Pour tout $x \in [e\,;n]$, $1 + x > 1$ et $\ln(1+x) > 0$ par stricte croissance de $x \mapsto \ln x$ sur $]0\,;+\infty[$.

De plus, $x^2 > 0$ sur $[e\,;n]$.

Donc, pour tout $x \in [e\,;n]$, $x^2 \ln(1+x) > 0$.

Par ailleurs, $f : x \mapsto x^2 \ln(1+x)$ est continue sur $[e\,;n]$.

Ainsi, $u_n = \int_e^n f(x)\,dx$ où f est continue et positive sur $[e\,;n]$.

u_n est donc l'aire, en unités d'aires, du domaine $\mathcal{D}$ délimité par la courbe d'équation $y = x^2 \ln(1+x)$, l'axe (Ox), les droites d'équations $x = e$ et $x = n$.

2. Pour cela, on étudie le signe de $u_{n+1} - u_n$ (*cf. fiche* 5).

Pour tout n,
$$u_{n+1} - u_n = \int_e^{n+1} f(x)\,dx - \int_e^n f(x)\,dx$$
$$= \int_e^n f(x)\,dx + \int_n^{n+1} f(x)\,dx - \int_e^n f(x)\,dx \text{ (Chasles)}$$
$$= \int_n^{n+1} f(x)\,dx.$$

Notes

Par intégration d'une fonction continue et positive sur $[n\,;n+1]$,

$\int_n^{n+1} f(x)\,dx \geqslant 0$.

Ainsi, $u_{n+1} - u_n \geqslant 0$, soit $u_{n+1} \geqslant u_n$.

La suite (u_n) est donc croissante.

3. Pour minorer une intégrale, on minore l'expression à intégrer (*cf. fiche* 40).

Soit $n \in \mathbb{N}$.

Pour tout $x \in [\mathrm{e}\,;n]$ $\quad 1 + x \geqslant 1 + \mathrm{e} > \mathrm{e}$

$\ln(1+x) > \ln \mathrm{e}$ par croissance de $x \mapsto \ln x$ sur $]0\,;+\infty[$.

Soit, comme $x^2 \geqslant 0$, $\quad x^2 \ln(1+x) \geqslant x^2$.

Par intégration de fonctions continues sur $[\mathrm{e}\,;n]$,

$$\int_{\mathrm{e}}^{n} x^2 \ln(1+x)\,dx \geqslant \int_{\mathrm{e}}^{n} x^2\,dx.$$

Soit $$u_n \geqslant \left[\frac{1}{3}x^3\right]_{\mathrm{e}}^{n}$$

et $$\boldsymbol{u_n \geqslant \frac{1}{3}(n^3 - \mathrm{e}^3)} \text{ pour tout } n.$$

Or, $\lim\limits_{n\to+\infty} \frac{1}{3}(n^3 - \mathrm{e}^3) = +\infty$.

Donc, par comparaison, $\boldsymbol{\lim\limits_{n\to+\infty} u_n = +\infty}$.

2 **1.** Pour cela, on étudie le signe de $u_{n+1} - u_n$: soit $n \in \mathbb{N}$:

$$u_{n+1} - u_n = \int_0^1 \left(\frac{1}{1+x^{n+1}} - \frac{1}{1+x^n}\right) dx$$

$$u_{n+1} - u_n = \int_0^1 \frac{x^n - x^{n+1}}{(1+x^{n+1})(1+x^n)}\,dx$$

$$u_{n+1} - u_n = \int_0^1 \frac{x^n(1-x)}{(1+x^{n+1})(1+x^n)}\,dx.$$

Or, pour tout $x \in [0\,;1]$, $x \geqslant 0$

$x^n \geqslant 0$ et $x^{n+1} \geqslant 0$

$1 + x^n \geqslant 1 > 0$ et $1 + x^{n+1} \geqslant 1 > 0$, soit $(1+x^n)(1+x^{n+1}) > 0$.

De plus, pour tout $x \in [0\,;1]$, $x \leqslant 1$ et $1 - x \geqslant 0$.

Donc $\dfrac{x^n(1-x)}{(1+x^{n+1})(1+x^n)} \geqslant 0$.

Ainsi, par intégration d'une fonction continue et positive sur $[0\,;1]$,

$u_{n+1} - u_n \geqslant 0$ soit $u_{n+1} \geqslant u_n$:

(u_n) est croissante.

2. (u_n) est croissante et majorée par 1 : elle converge vers $\ell \leqslant 1$.

Déterminer une limite par opérations

Fiche 13

Maths

Notes

LE COURS

Limite d'une somme $f(x) + g(x)$ en a (a fini ou non)

$\lim_{x \to a} g(x)$ \ $\lim_{x \to a} f(x)$	ℓ	$+\infty$	$-\infty$
ℓ'	$\ell + \ell'$	$+\infty$	$-\infty$
$+\infty$	$+\infty$	$+\infty$	FI
$-\infty$	$-\infty$	FI	$-\infty$

FI : forme indéterminée. ℓ, ℓ' finis

Limite d'un produit $f(x) \times g(x)$ en a (a fini ou non)

$\lim_{x \to a} g(x)$ \ $\lim_{x \to a} f(x)$	$\ell \neq 0$	0	$+\infty$	$-\infty$
$\ell' \neq 0$	$\ell\ell'$	0	$\pm\infty$	$\pm\infty$
0	0	0	FI	FI
$+\infty$	$\pm\infty$	FI	$+\infty$	$-\infty$
$-\infty$	$\pm\infty$	FI	$-\infty$	$+\infty$

FI : forme indéterminée. ℓ, ℓ' finis

Limite d'un quotient $\dfrac{f(x)}{g(x)}$ en a (a fini ou non)

$\lim_{x \to a} g(x)$ \ $\lim_{x \to a} f(x)$	$\ell \neq 0$	0	$+\infty$	$-\infty$
$\ell' \neq 0$	$\dfrac{\ell}{\ell'}$	0	$\pm\infty$	$\pm\infty$
0	$\pm\infty$	FI	$\pm\infty$	$\pm\infty$
$+\infty$	0	0	FI	FI
$-\infty$	0	0	FI	FI

FI : forme indéterminée. ℓ, ℓ' finis

Pour déterminer la limite de l'inverse $\dfrac{1}{g(x)}$ en a, prendre $f(x) = 1$ ($\ell \neq 0$) dans le théorème précédent.

Pour lever une FI, voir *fiches* 16 et 17.

Notes

EXERCICES TYPES CORRIGÉS

EXERCICE 1 Étudier la limite de $x \mapsto \dfrac{e^{-x}}{2(1-x)}$ quand x tend vers 1.

EXERCICE 2 Déterminer $\lim\limits_{x \overset{>}{\to} 0} \left(1 + \dfrac{\ln x}{x}\right)$.

Corrigé

1 On a $\lim\limits_{x \to 1} e^{-x} = e^{-1} = \dfrac{1}{e}$ et $\lim\limits_{x \to 1} 2(1-x) = 0$.

Il s'agit donc d'une limite du type « $\dfrac{1}{0}$ ».

Pour la déterminer, il faut étudier le signe du dénominateur au voisinage de 1 :

x	$-\infty$		1		$+\infty$
$2(1-x)$		+	0	−	

Ainsi :

$\lim\limits_{x \overset{<}{\to} 1} 2(1-x) = 0^+$ et $\lim\limits_{x \overset{<}{\to} 1} e^{-x} = \dfrac{1}{e}$.

Par quotient $\lim\limits_{x \overset{<}{\to} 1} \dfrac{e^{-x}}{2(1-x)} = +\infty$.

$\lim\limits_{x \overset{>}{\to} 1} 2(1-x) = 0^-$ et $\lim\limits_{x \overset{>}{\to} 1} e^{-x} = \dfrac{1}{e}$.

Par quotient $\lim\limits_{x \overset{>}{\to} 1} \dfrac{e^{-x}}{2(1-x)} = -\infty$.

2 On a $\lim\limits_{x \overset{>}{\to} 0} \ln x = -\infty$ et $\lim\limits_{x \overset{>}{\to} 0} \dfrac{1}{x} = +\infty$.

Par produit, $\lim\limits_{x \overset{>}{\to} 0} \dfrac{\ln x}{x} = -\infty$.

Par somme, $\lim\limits_{x \overset{>}{\to} 0} \left(1 + \dfrac{\ln x}{x}\right) = -\infty$.

N.B. : ne pas oublier de vérifier la cohérence de vos résultats avec la calculatrice.

Déterminer une limite par composition

Fiche 14

Maths

LE COURS

Limite d'une fonction composée

Si $\lim\limits_{x\to a} f(x) = b$
Si $\lim\limits_{X\to b} g(X) = \ell$
, alors $\lim\limits_{x\to a} g(f(x)) = \ell$, avec a, b, ℓ finis ou non.

Cela revient à faire un changement de variable en posant $X = f(x)$.

EXERCICES TYPES CORRIGÉS

Notes

EXERCICE 1 Déterminer $\lim\limits_{x \overset{>}{\to} 3} \sqrt{\dfrac{4+x}{x-3}}$.

EXERCICE 2 Soit $A(\lambda) = \dfrac{1}{2}\,\mathrm{e}\,(1 + \mathrm{e}^{-\lambda^2})$.
Déterminer $\lim\limits_{\lambda\to+\infty} A(\lambda)$.

EXERCICE 3 Soit f définie sur $\mathbb{R}$ par $f(x) = \ln(1 + \mathrm{e}^x)$.
Étudier les limites de f aux bornes de $\mathcal{D}_f = \mathbb{R}$.

EXERCICE 4 Soit g la fonction définie sur $]-3\,;3[$ par $g(x) = \ln\left(\dfrac{3+x}{3-x}\right)$.
Étudier la limite de g en -3.

Corrigé

1 $\lim\limits_{x \overset{>}{\to} 3} (4 + x) = 7$ et $\lim\limits_{x \overset{>}{\to} 3} (x - 3) = 0$.

Il s'agit d'une limite du type « $\dfrac{1}{0}$ ». Pour la déterminer, il faut étudier le signe du dénominateur (*cf. fiche* 13).

x	$-\infty$		3		$+\infty$
$x-3$		$-$	0	$+$	

Ainsi, $\lim\limits_{x \overset{>}{\to} 3} (x - 3) = 0^+$.

Par quotient, $\lim\limits_{x \overset{>}{\to} 3} \dfrac{4+x}{x-3} = +\infty$.

Notes

Or, $\lim\limits_{X \to +\infty} \sqrt{X} = +\infty$.

Par composition, $\mathbf{\lim\limits_{x \overset{>}{\to} 3} \sqrt{\dfrac{4+x}{x-3}} = +\infty}$.

2 $\left.\begin{array}{l} \lim\limits_{\lambda \to +\infty} (-\lambda^2) = -\infty \\ \lim\limits_{X \to -\infty} e^X = 0. \end{array}\right\}$, donc par composition, $\lim\limits_{\lambda \to +\infty} e^{-\lambda^2} = 0$.

Ainsi, $\lim\limits_{\lambda \to +\infty} A(\lambda) = \dfrac{1}{2} e\,(1+0)$,

soit $\mathbf{\lim\limits_{\lambda \to +\infty} A(\lambda) = \dfrac{1}{2} e}$.

3 • Étudions la limite de $f(x)$ quand x tend vers $-\infty$:

$\left.\begin{array}{l} \lim\limits_{x \to -\infty} e^x = 0 \text{ et } \lim\limits_{x \to -\infty} (1+e^x) = 1 \\ \text{or, } \lim\limits_{X \to 1} \ln X = 0. \end{array}\right\}$

Par composition, $\mathbf{\lim\limits_{x \to -\infty} \ln(1+e^x) = 0}$.

• Étudions la limite de $f(x)$ quand x tend vers $+\infty$:

$\left.\begin{array}{l} \lim\limits_{x \to +\infty} e^x = +\infty \text{ et } \lim\limits_{x \to +\infty} (1+e^x) = +\infty \\ \text{or, } \lim\limits_{X \to +\infty} \ln X = +\infty. \end{array}\right\}$

Par composition, $\mathbf{\lim\limits_{x \to +\infty} \ln(1+e^x) = +\infty}$.

4 On n'étudie que la limite par valeur supérieure puisque g est définie pour $x > -3$.

$\lim\limits_{x \overset{>}{\to} -3} (3+x) = 0^+$ et $\lim\limits_{x \overset{>}{\to} -3} (3-x) = 6$.

$\left.\begin{array}{l} \text{Par quotient, } \lim\limits_{x \overset{>}{\to} -3} \left(\dfrac{3+x}{3-x}\right) = 0^+. \\ \text{Or, } \lim\limits_{x \overset{>}{\to} 0} \ln X = -\infty. \end{array}\right\}$

Par composition, $\mathbf{\lim\limits_{x \overset{>}{\to} -3} \ln\left(\dfrac{3+x}{3-x}\right) = -\infty}$.

Déterminer une limite par comparaison

Fiche 15

Maths

LE COURS

Théorème de comparaison de limites en *a* (fini ou non)

si pour *x* « proche » de *a*	et si de plus	alors
$g(x) \leqslant f(x)$	$\lim\limits_{x \to a} g(x) = +\infty$	$\lim\limits_{x \to a} f(x) = +\infty$
$f(x) \leqslant g(x)$	$\lim\limits_{x \to a} g(x) = -\infty$	$\lim\limits_{x \to a} f(x) = -\infty$
$g(x) \leqslant f(x) \leqslant h(x)$	$\lim\limits_{x \to a} g(x) = \lim\limits_{x \to a} h(x) = \ell$ ℓ fini	$\lim\limits_{x \to a} f(x) = \ell$ théorème des « gendarmes »

Notes

EXERCICES TYPES CORRIGÉS

EXERCICE 1 Soit f définie sur $\mathbb{R}$ par $f(x) = e^{-x} \sin x$.

1. Montrer que, pour tout x, $-e^{-x} \leqslant f(x) \leqslant e^{-x}$.
2. En déduire $\lim\limits_{x \to +\infty} f(x)$.

EXERCICE 2 Soit g la fonction définie sur $\mathbb{R}$ par $g(x) = \cos x + x$.
Étudier les limites de g en $+\infty$ et en $-\infty$.

EXERCICE 3 Soit h définie sur $\mathbb{R}\backslash\{0\}$ par $h(x) = \dfrac{1}{x^2} \sin x$.
Étudier la limite de h quand x tend vers $+\infty$.

Corrigé

1 1. Pour tout $x \in \mathbb{R}$, $-1 \leqslant \sin x \leqslant 1$.
De plus, pour tout x, $e^{-x} > 0$.
En multipliant membre à membre par e^{-x}, on en déduit donc que :

pour tout x, $-e^{-x} \leqslant f(x) \leqslant e^{-x}$.

2. La fontion $x \mapsto \sin x$ n'admet pas de limite en $+\infty$. Comme suggéré dans l'énoncé, on utilise le théorème des « gendarmes » pour conclure.

Notes

$\lim\limits_{x \to +\infty} e^x = +\infty$, donc $\lim\limits_{x \to +\infty} e^{-x} = \lim\limits_{x \to +\infty} \dfrac{1}{e^x} = 0$,

et $\lim\limits_{x \to +\infty} (-e^{-x}) = \lim\limits_{x \to +\infty} e^{-x} = 0$.

De plus, $-e^{-x} \leqslant f(x) \leqslant e^{-x}$.

Ainsi, d'après le théorème des « gendarmes », $\boldsymbol{\lim\limits_{x \to +\infty} f(x) = 0}$.

2 $x \mapsto \cos x$ n'admet pas de limite en $+\infty$ ou en $-\infty$. Donc, on ne peut pas conclure directement en appliquant les théorèmes généraux sur les limites. Comme souvent avec les fonctions trigonométriques, une simple majoration par 1 (ou minoration par -1) suffit pour conclure.

- Limite de g en $-\infty$:

À l'aide de la calculatrice, on devine que cette limite est $-\infty$. Majorons donc g par une fonction simple qui tend vers $-\infty$ quand x tend vers $-\infty$.

Pour tout x $\begin{cases} \cos x \leqslant 1 \\ x + \cos x \leqslant x + 1. \end{cases}$

Or, $\lim\limits_{x \to -\infty} (x + 1) = -\infty$.

Ainsi, par comparaison, $\boldsymbol{\lim\limits_{x \to -\infty} (x + \cos x) = -\infty}$.

- Limite de g en $+\infty$:

On devine de même que cette limite est $+\infty$. Minorons donc g par une fonction simple qui tend vers $+\infty$ quand x tend vers $+\infty$.

Pour tout x $\begin{cases} \cos x \geqslant -1 \\ x + \cos x \geqslant x - 1. \end{cases}$

Or, $\lim\limits_{x \to +\infty} (x - 1) = +\infty$.

Ainsi, par comparaison, $\boldsymbol{\lim\limits_{x \to +\infty} (x + \cos x) = +\infty}$.

3 La fonction $x \mapsto \sin x$ n'admet pas de limite en $+\infty$. À nouveau, on ne peut pas conclure en utilisant les théorèmes classiques. À l'aide de la calculatrice, on devine que cette limite est 0 : on raisonne par comparaison en déterminant d'abord un encadrement de $h(x)$.

Pour tout $x \neq 0$, on a : $-1 \leqslant \sin x \leqslant 1$.

De plus, pour tout $x \neq 0$, $\dfrac{1}{x^2} > 0$, donc :

$$-\frac{1}{x^2} \leqslant \frac{1}{x^2}\sin x \leqslant \frac{1}{x^2}.$$

Or, $\lim\limits_{x \to +\infty} -\dfrac{1}{x^2} = \lim\limits_{x \to +\infty} \dfrac{1}{x^2} = 0$.

D'après le théorème des « gendarmes », on a donc $\lim\limits_{x \to +\infty} h(x) = 0$.

Déterminer une limite par transformation d'écriture

Fiche 16

Maths

LE COURS

Limite d'un polynôme en l'infini

En l'infini, un polynôme a la même limite que son terme de plus haut degré.

Limite d'une fonction rationnelle $\frac{P}{Q}$ en l'infini

En l'infini, $\frac{P}{Q}$ a la même limite que le quotient du terme de plus haut degré de P par celui de Q.

⚠ Ces théorèmes ne sont valables que lorsque x tend vers l'infini.

Notes

EXERCICES TYPES CORRIGÉS

EXERCICE 1 Déterminer la limite en $+\infty$ de $f : x \mapsto e^x - x^2$.

EXERCICE 2 Déterminer la limite en $+\infty$ de $g : x \mapsto \frac{\sqrt{x}+x}{x^2+1}$.

EXERCICE 3 Déterminer la limite en 0 de $h : x \mapsto \frac{\sqrt{x+1}-1}{x}$.

Corrigé

1 $\lim\limits_{x \to +\infty} e^x = +\infty$ et $\lim\limits_{x \to +\infty} x^2 = +\infty$. Il s'agit donc d'une FI « $\infty - \infty$ ».

Pour lever ce type de FI, toujours factoriser par le terme prépondérant. Ici, on factorise par e^x (en l'infini, e^x impose sa limite à x^n).

Pour tout x, $f(x) = e^x\left(1 - \frac{x^2}{e^x}\right)$.

Or, $\lim\limits_{x \to +\infty} e^x = +\infty$.

De plus, $\lim\limits_{x \to +\infty} \frac{x^2}{e^x} = \lim\limits_{x \to +\infty} x^2 e^{-x} = 0$ (croissances comparées)

et $\lim\limits_{x \to +\infty} \left(1 - \frac{x^2}{e^x}\right) = 1$.

Par produit, $\mathbf{\lim\limits_{x \to +\infty} f(x) = +\infty}$.

Notes

2 $\lim_{x\to+\infty} \sqrt{x} = +\infty$ et $\lim_{x\to+\infty} x = +\infty$. Par somme, $\lim_{x\to+\infty} (\sqrt{x} + x) = +\infty$.

$\lim_{x\to+\infty} (x^2 + 1) = \lim_{x\to+\infty} x^2 = +\infty$.

Il s'agit donc d'une FI « $\frac{\infty}{\infty}$ ». Pour la lever, il suffit de factoriser numérateur et dénominateur par leur terme prépondérant.
Ici, on factorise par x au numérateur et par x^2 au dénominateur.

Pour tout x, $g(x) = \dfrac{x\left(\dfrac{\sqrt{x}}{x} + 1\right)}{x^2\left(1 + \dfrac{1}{x^2}\right)} = \dfrac{1}{x} \times \dfrac{\dfrac{\sqrt{x}}{x} + 1}{1 + \dfrac{1}{x^2}}$.

Or, $\begin{cases} \lim_{x\to+\infty} \dfrac{\sqrt{x}}{x} = \lim_{x\to+\infty} \dfrac{1}{\sqrt{x}} = 0 \text{ et } \lim_{x\to+\infty} \left(\dfrac{\sqrt{x}}{x} + 1\right) = 1 \\ \lim_{x\to+\infty} \dfrac{1}{x^2} = 0 \text{ et } \lim_{x\to+\infty} \left(1 + \dfrac{1}{x^2}\right) = 1. \end{cases}$

De plus, $\lim_{x\to+\infty} \dfrac{1}{x} = 0$.

Ainsi, $\mathbf{\lim_{x\to+\infty} g(x) = 0 \times 1 = 0}$.

3 $\lim_{x\to0} (\sqrt{x+1} - 1) = 0$ et $\lim_{x\to0} x = 0$. Il s'agit donc d'une FI « $\frac{0}{0}$ ».

Pour la lever, comme il s'agit d'une fonction avec radical, on utilise l'expression conjuguée de $(\sqrt{x+1} - 1)$ qui est $(\sqrt{x+1} + 1) \neq 0$.

Pour tout $x \neq 0$, $h(x) = \dfrac{(\sqrt{x+1} - 1)(\sqrt{x+1} + 1)}{x(\sqrt{x+1} + 1)} = \dfrac{(\sqrt{x+1})^2 - 1^2}{x(\sqrt{x+1} + 1)}$.

Soit $h(x) = \dfrac{x}{x(\sqrt{x+1} + 1)} = \dfrac{1}{\sqrt{x+1} + 1}$.

Or, $\lim_{x\to0} (\sqrt{x+1} + 1) = 2$,

d'où $\mathbf{\lim_{x\to0} h(x) = \dfrac{1}{2}}$.

N.B. : pour lever une FI « $\frac{0}{0}$ » en a fini, on peut aussi chercher à faire apparaître $\dfrac{f(x) - f(a)}{x - a}$ qui tend vers $f'(a)$ quand x tend vers a (*cf. fiche* 17).

Étudier la dérivabilité en *a* Lire $f'(a)$

Fiche 17

Maths

Notes

LE COURS

Nombre dérivé en *a*

Soit f définie sur I. Soit $a \in I$.

f est dérivable en a, de nombre dérivé $f'(a)$ signifie :

la fonction $h \mapsto \dfrac{f(a+h)-f(a)}{h}$ a pour limite finie $f'(a)$ en 0

ou la fonction $x \mapsto \dfrac{f(x)-f(a)}{x-a}$ a pour limite finie $f'(a)$ en a.

Point de vue graphique : tangente à la courbe représentative de f, $(\mathscr{C}_f)$

- $f'(a)$ est le coefficient directeur de la tangente à $(\mathscr{C}_f)$ au point $A(a\,;f(a))$.
- L'équation de la tangente à $(\mathscr{C}_f)$ au point $A(a\,;f(a))$ est :

$$y = f'(a)(x-a)+f(a)$$

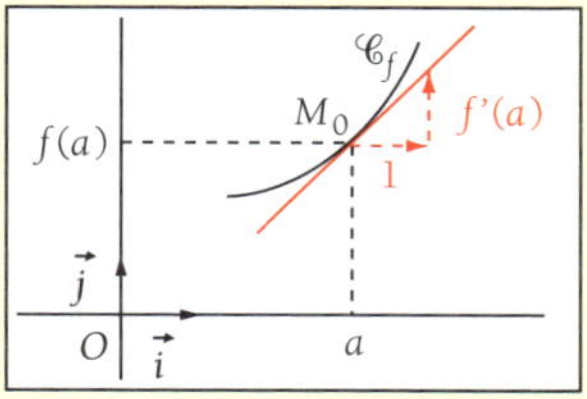

EXERCICES TYPES CORRIGÉS

EXERCICE 1 Soit F la fonction définie par $\begin{cases} F(0)=0 \\ F(x)=x^2\ln x-3x \text{ si } x>0. \end{cases}$

Montrer que F est dérivable en 0 et préciser $F'(0)$.

EXERCICE 2 Étudier la dérivabilité de $f : x \mapsto \sqrt{x+1}$ en -1^+.

EXERCICE 3 Soit f une fonction définie et dérivable sur l'intervalle $[-2\,;4{,}25]$ dont la représentation $\mathscr{C}_f$ graphique est donnée ci-dessous.

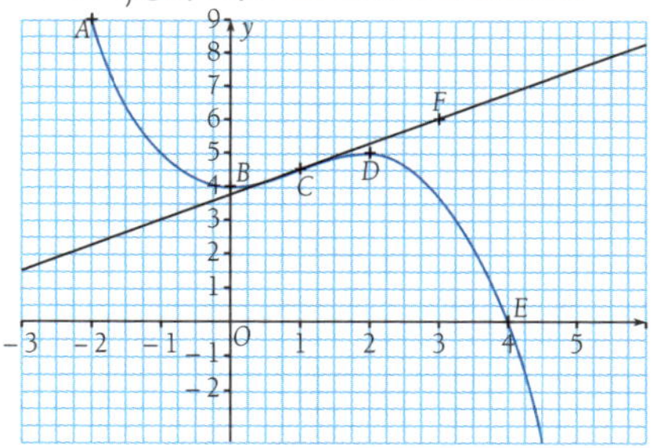

Notes

1. Lire $f'(1)$.
2. Donner une équation de la tangente $(\mathcal{T})$ à $(\mathcal{C}_f)$ au point d'abscisse 1.
3. Combien l'équation $f'(x) = 0$ admet-elle de solutions sur $[-2 ; 4{,}25]$?

Corrigé

1 Les théorèmes généraux ne s'appliquant pas en 0, revenons à la définition du nombre dérivé.

Pour tout $h > 0$, $\dfrac{F(0+h)-F(0)}{h} = h \ln h - 3$.

Or, $\lim\limits_{h \to 0} h \ln h = 0$ (*cf. fiche* 23), donc $\lim\limits_{h \to 0} \dfrac{F(0+h)-F(0)}{h} = -3$.

Ainsi, F est dérivable en 0 et $F'(0) = -3$.

2 D'après les théorèmes généraux, f est *a priori* dérivable sur $]-1 ; +\infty[$. Étudions la dérivabilité de f en -1^+, en revenant à la définition du nombre dérivé.

Pour tout $h > 0$, $\dfrac{f(-1+h)-f(-1)}{h} = \dfrac{\sqrt{h}}{h} = \dfrac{1}{\sqrt{h}}$. Or, $\lim\limits_{h \overset{>}{\to} 0} \dfrac{1}{\sqrt{h}} = +\infty$.

Donc **f n'est pas dérivable en -1**. Graphiquement, $(\mathcal{C}_f)$ admet une tangente verticale en $A(-1 ; 0)$ (d'équation $x = -1$).

3 1. $f'(1)$ est le coefficient directeur de la tangente à la courbe au point d'abscisse 1, soit de la droite (CF). Or, $C\left(1 ; \dfrac{9}{2}\right)$ et $F(3 ; 6)$.

Donc $\boldsymbol{f'(1) = \dfrac{6 - \frac{9}{2}}{3-1} = \dfrac{3}{4}}$.

2. Une équation de la tangente $(\mathcal{T})$ à $(\mathcal{C}_f)$ au point d'abscisse 1 est :
$y = f'(1)(x-1) + f(1)$.
Or, $f'(1) = \dfrac{3}{4}$ et $f(1) = \dfrac{9}{2}$.
Donc **$(\mathcal{T})$ a pour équation** $y = \dfrac{3}{4}(x-1) + \dfrac{9}{2}$, soit $\boldsymbol{y = \dfrac{3}{4}x + \dfrac{15}{4}}$.

3. Résoudre $f'(x) = 0$ revient à déterminer les abscisses des points de $(\mathcal{C}_f)$ en lesquels la tangente est horizontale (coefficient directeur nul).

$f'(x) = 0$ admet donc 2 solutions dans $[-2 ; 4{,}25]$: ($S = \{0 ; 2\}$).

Déterminer la dérivée d'une fonction

Notes

LE COURS

Fonction dérivée – Dérivée seconde

- Soit f une fonction dérivable en tout a de I : on dit que f est dérivable sur I. Sa fonction dérivée, notée f', est la fonction $f' : a \mapsto f'(a)$.
- Soit f une fonction dérivable sur I, de dérivée f'.

Si f' est dérivable sur I, sa dérivée notée f'', s'appelle **dérivée seconde**, $(f')' = f''$.

Dérivées des fonctions usuelles

fonction	dérivée	ensemble de dérivabilité
$x \mapsto \sin x$	$x \mapsto \cos x$	$\mathbb{R}$
$x \mapsto \cos x$	$x \mapsto -\sin x$	$\mathbb{R}$
$x \mapsto k$ $k \in \mathbb{R}$	$x \mapsto 0$	$\mathbb{R}$
$x \mapsto x^n$ $n \in \mathbb{Z}^*$	$x \mapsto nx^{n-1}$	si $n > 0$ $\mathbb{R}$ si $n < 0$ $]-\infty\,;0[$ ou $]0\,;+\infty[$
$x \mapsto \sqrt{x}$	$x \mapsto \dfrac{1}{2\sqrt{x}}$	$]0\,;+\infty[$
$x \mapsto \ln x$	$x \mapsto \dfrac{1}{x}$	$]0\,;+\infty[$
$x \mapsto e^x$	$x \mapsto e^x$	$\mathbb{R}$

Dérivées et opérations

Soit u et v deux fonctions dérivables sur I. Soit w une fonction dérivable sur J.

fonction	dérivée	hypothèse supplémentaire
$u + v$	$u' + v'$	
ku	ku'	k constante réelle
uv	$u'v + uv'$	

Notes

fonction	dérivée	hypothèse supplémentaire
$\frac{1}{v}$	$-\frac{v'}{v^2}$	si $v(x) \neq 0$ sur I
$\frac{u}{v}$	$\frac{u'v - uv'}{v^2}$	si $v(x) \neq 0$ sur I
$x \mapsto w(u(x))$	$x \mapsto u'(x) \times w'(u(x))$	$\forall x \in I, u(x) \in J$
$x \mapsto [u(x)]^n$ $n \in \mathbb{Z}^*$	$x \mapsto nu'(x)\,[u(x)]^{n-1}$	pour $n < 0$ si $u(x) \neq 0$ sur I
$x \mapsto \sqrt{u(x)}$	$x \mapsto \frac{u'(x)}{2\sqrt{u(x)}}$	si $u(x) > 0$ sur I
$x \mapsto \ln u(x)$	$x \mapsto \frac{u'(x)}{u(x)}$	si $u(x) > 0$ sur I
$x \mapsto e^{u(x)}$	$x \mapsto u'(x)\, e^{u(x)}$	
$x \mapsto \sin u(x)$	$x \mapsto u'(x) \cos u(x)$	
$x \mapsto \cos u(x)$	$x \mapsto -u'(x) \sin u(x)$	

EXERCICE TYPE CORRIGÉ

Étudier la dérivabilité de f_k définie sur $\mathbb{R}$ par $f_k(x) = (x + 1)\, e^{-kx}$ $(k \in \mathbb{R})$.

Corrigé

f_k est le produit de deux fonctions $h : x \mapsto x + 1$ et $g_k : x \mapsto e^{-kx}$.

Commençons donc par étudier la dérivabilité de $g_k : x \mapsto e^{-kx}$.

$g_k : x \mapsto e^{-kx}$ est de la forme $x \mapsto e^{u(x)}$, où $u : x \mapsto -kx$.

u est dérivable sur $\mathbb{R}$ et $u'(x) = -k$.

g_k est donc dérivable sur $\mathbb{R}$ et, pour tout $x \in \mathbb{R}$:

$$g'_k(x) = u'(x)\, e^{u(x)} = -k\, e^{-kx}.$$

Ainsi, **f_k est dérivable sur** $\mathbb{R}$ et, pour tout $x \in \mathbb{R}$:

$$f'_k(x) = h'(x)\, g_k(x) + h(x)\, g'_k(x)$$

$$f'_k(x) = 1 \times e^{-kx} + (x + 1)(-k e^{-kx}).$$

Soit $\boldsymbol{f'_k(x) = e^{-kx}\,(1 - k(x + 1))}$.

Caractériser des fonctions convexes ou concaves

Notes

LE COURS

Soit f une fonction définie sur un intervalle I de $\mathbb{R}$

f est convexe sur $I \Leftrightarrow f(\lambda a + (1 - \lambda)b) \leqslant \lambda f(a) + (1 - \lambda)f(b)$,
pour tout $a, b \in I$ et tout $\lambda \in [0 ; 1]$.

f est concave sur $I \Leftrightarrow -f$ est convexe sur I.

Caractérisations graphiques

- Avec les sécantes (AB) :

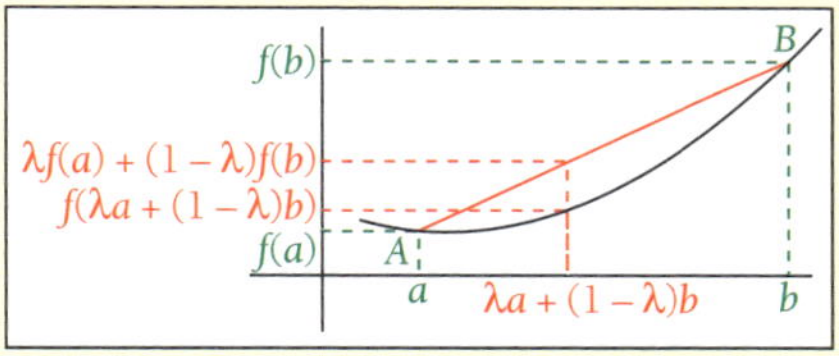

f convexe sur $I \Leftrightarrow \mathscr{C}_f$ en dessous de toute corde (AB)

(« courbure vers le haut »)

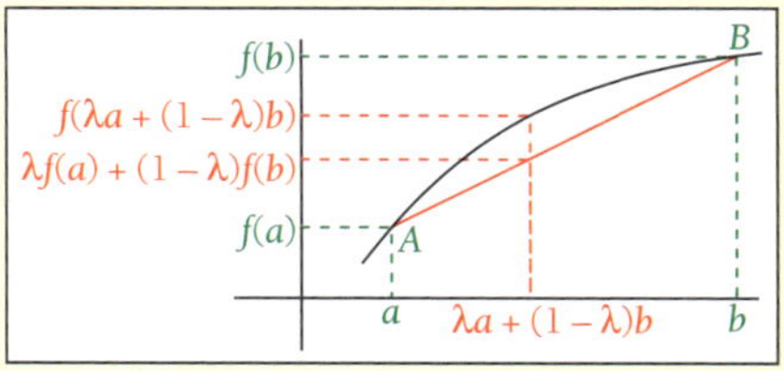

f concave sur $I \Leftrightarrow \mathscr{C}_f$ au-dessus de (AB)

(« courbure vers le bas »)

- Avec les tangentes

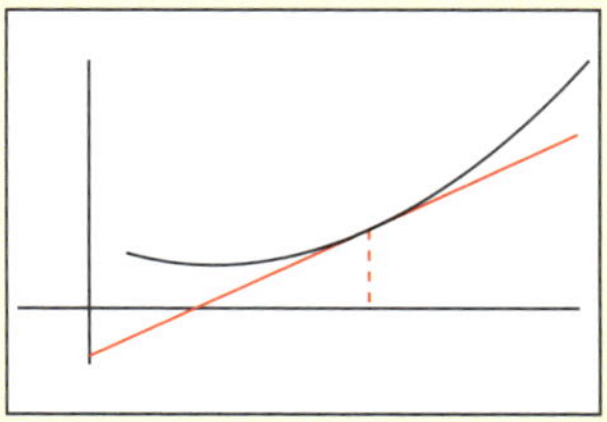

f convexe sur $I \Leftrightarrow \mathscr{C}_f$ au-dessus de toute tangente

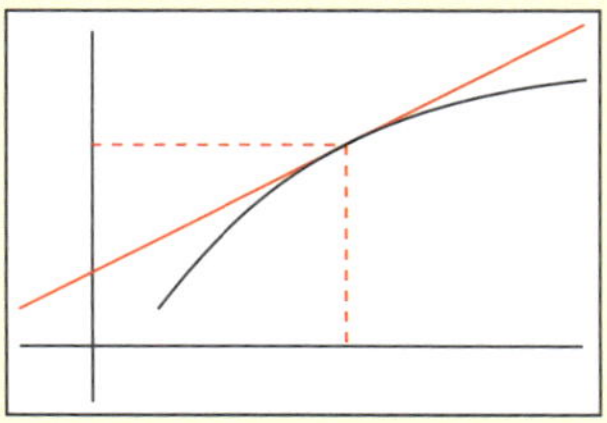

f concave sur $I \Leftrightarrow \mathscr{C}_f$ en dessous de toute tangente

Convexité de f et sens de variation de f'

Soit f une fonction dérivable sur un intervalle I de $\mathbb{R}$.

f est convexe sur $I \Leftrightarrow f'$ est croissante sur I.
Si, de plus, f' est dérivable sur I,
f est convexe sur $I \Leftrightarrow f'' \geqslant 0$ sur I.

Cas particuliers importants

Les fonctions $x \mapsto e^x$ et $x \mapsto x^2$ sont convexes sur $\mathbb{R}$.
La fonction $x \mapsto \ln x$ ($x \mapsto \sqrt{x}$) est concave sur $]0 ; +\infty[$ (sur $[0 ; +\infty[$).

EXERCICES TYPES CORRIGÉS

EXERCICE 1 On donne ci-après les représentations graphiques $(\mathscr{C}_f)$ et $(\mathscr{C}_g)$ des fonctions f et g définies respectivement sur $\mathscr{D}_f$ et $\mathscr{D}_g$.
f, g sont-elles convexes, concaves sur $\mathscr{D}_f$? $\mathscr{D}_g$?

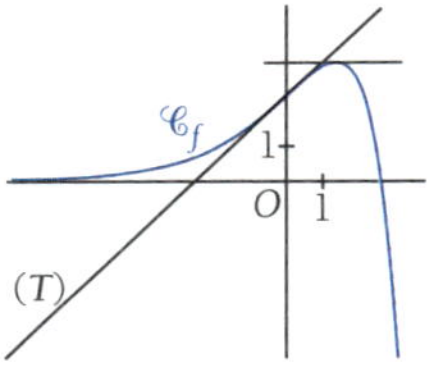

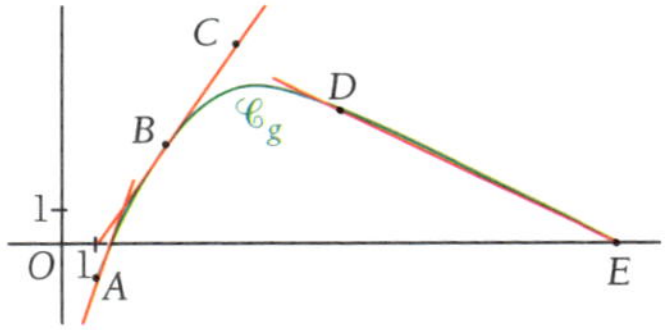

EXERCICE 2 Montrer que $f : x \mapsto 17\,280e^{-0{,}024x}$ est convexe sur $[11 ; +\infty[$.

Corrigé

1 On observe la courbure de la courbe.
$\mathscr{C}_f$ change de courbure : f n'est ni convexe, ni concave et admet un point d'inflexion (*cf. fiche* 20) : le point $(0 ; 2)$.
$\mathscr{C}_g$ a une courbure vers le bas : g est concave.

f n'est ni convexe, ni concave sur $\mathscr{D}_f = [-5 ; 2{,}5]$. g est concave sur $\mathscr{D}_g$.

2 Pour cela, on détermine f', puis $f'' = (f')'$ sur $I = [11 ; +\infty[$.
$f = 17\,280e^u$, avec u dérivable sur I et $u'(x) = -0{,}024$.
Ainsi, f est dérivable sur I et $f'(x) = 17\,280u'(x)e^{u(x)}$,
soit $f'(x) = -414{,}72e^{-0{,}024x}$.

De même, f' est dérivable sur I et $f''(x) = -414{,}72u'(x)e^{u(x)}$,
soit $f''(x) = 9{,}953\,28e^{-0{,}024x}$.
On étudie ensuite le signe de f'' sur I :
Comme pour tout réel X, $e^X > 0$, $\boldsymbol{f''(x) > 0}$ pour tout $x \in I$.

f est donc convexe sur I.

N.B. : toujours vérifier avec la calculatrice que la courbe tracée est bien cohérente avec les calculs (courbure vers le haut).

Reconnaître un point d'inflexion

Notes

LE COURS

Caractérisation graphique

Le point d'inflexion est le point où il y a changement de courbure sur la courbe.

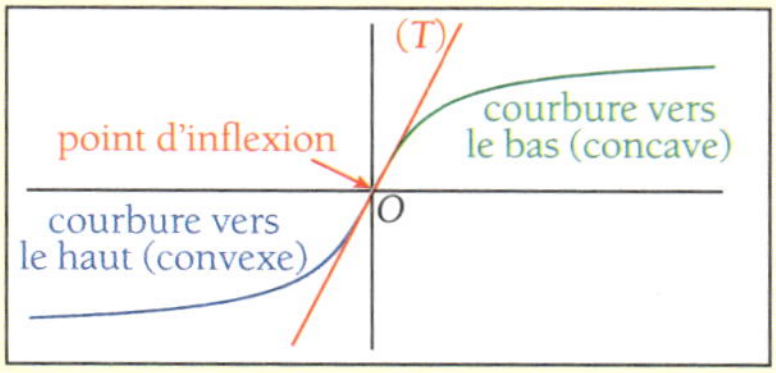

Au point d'inflexion, la courbe traverse la tangente.

Point d'inflexion et dérivée seconde

Soit f une fonction deux fois dérivable sur un intervalle I de $\mathbb{R}$ (f est telle que f'' existe, soit telle que f' soit dérivable sur I). Soit $a \in I$.
f admet un point d'inflexion $(a\ ;\ f(a)) \Leftrightarrow f''$ s'annule en changeant de signe en a.

Connaître les points d'inflexion éventuels d'une fonction permet de déterminer les changements de courbure de la courbe et donc de la tracer avec plus de précision.

EXERCICES TYPES CORRIGÉS

EXERCICE 1 La courbe (Γ) représentative d'une fonction f définie sur $[-2\ ;5]$ est tracée ci-contre dans le plan muni d'un repère orthogonal.
Elle passe par $A(-2\ ;\ 9)$, $B(0\ ;\ 4)$, $C(1\ ;\ 4{,}5)$, $D(2\ ;\ 5)$ et $E(4\ ;\ 0)$.
Soit $F(3\ ;\ 6)$. La droite (CF) est la tangente à la courbe (Γ) au point C.
f admet-elle un point d'inflexion sur $I = [-2\ ;\ 5]$?

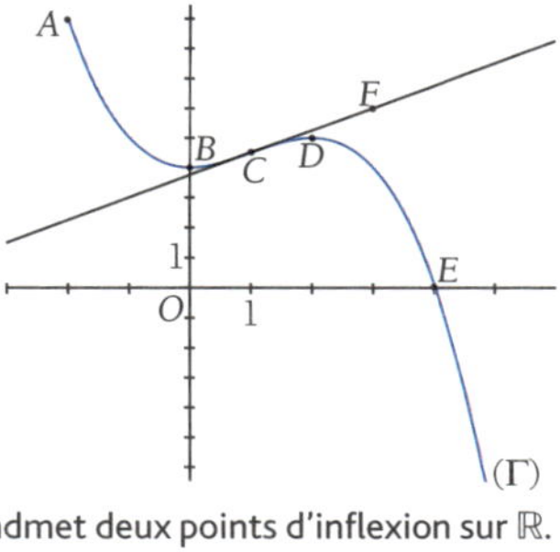

EXERCICE 2 Montrer que $f : x \mapsto e^{-0{,}5x^2}$ admet deux points d'inflexion sur $\mathbb{R}$.

Notes

Corrigé

1 On utilise la caractérisation graphique en repérant les changements éventuels de courbure de la courbe.

La fonction f est convexe sur $[-2 ; 1]$ (courbure vers le haut), puis concave sur $[1 ; 5]$ (courbure vers le bas) ; la courbe (Γ) traverse la tangente (CF) en C. Ainsi, **$C(1 ; 4{,}5)$ est bien le point d'inflexion de f.**

2 Pour cela, comme on ne connaît pas la représentation graphique de f, on détermine f', puis $f'' = (f')'$ sur $\mathbb{R}$.

$f = e^u$, avec u dérivable sur $\mathbb{R}$ et $u'(x) = -x$.
Ainsi, f est dérivable sur $\mathbb{R}$ et $f'(x) = u'(x)e^{u(x)}$,
soit $f'(x) = -xe^{-0,5x^2}$.

De même, $f' = gf$, avec g dérivable sur $\mathbb{R}$ et $g'(x) = -1$.
Ainsi, f' est dérivable sur $\mathbb{R}$ et $f''(x) = g'(x)f(x) + g(x)f'(x)$,
soit $f''(x) = -e^{-0,5x^2} - x(-xe^{-0,5x^2}) = e^{-0,5x^2}(x^2 - 1)$.
On résout ensuite $f''(x) = 0$ et on étudie le signe de f'' sur $\mathbb{R}$.

Comme pour tout réel X, $e^X > 0$, $f''(x) = 0 \Leftrightarrow x^2 - 1 = 0$
$\Leftrightarrow (x-1)(x+1) = 0$
$\Leftrightarrow x = 1$ ou $x = -1$.

De plus, $f''(x)$ est du signe du trinôme $x^2 - 1$, soit du signe de $a = 1$ à l'extérieur des racines et du signe de $-a$ entre les racines.

f'' s'annule donc en changeant de signe pour $x = -1$ et pour $x = 1$.

Les points de coordonnées $A(-1 ; e^{-0,5})$ et $B(1 ; e^{-0,5})$ sont deux points d'inflexion de la fonction f.

N.B. : toujours vérifier avec la calculatrice que la courbe tracée est bien cohérente avec les calculs.

x	$-\infty$		-1		1		$+\infty$
$f''(x)$		+	0	−	0	+	
$f(x)$		∪	point $(-1 ; e^{-0,5})$ d'inflexion	∩	point $(1 ; e^{-0,5})$ d'inflexion	∪	

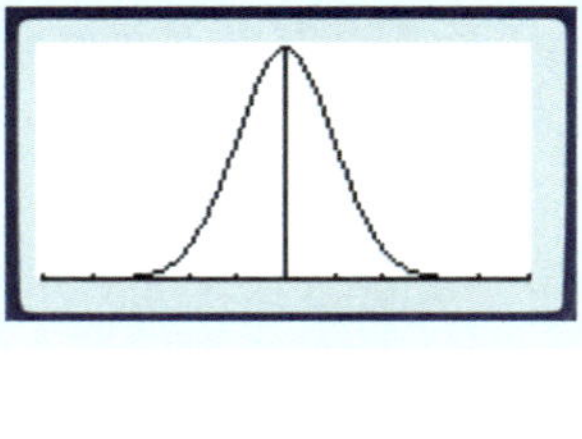

Utiliser la convexité d'une fonction pour montrer des inégalités

Fiche 21

Maths

Notes

EXERCICES TYPES CORRIGÉS

EXERCICE 1 On étudie la propagation d'une maladie lors d'une épidémie. Des relevés statistiques ont permis de modéliser, par une fonction f, le nombre de malades durant l'épidémie. Cette fonction f est définie sur $[1\,;26]$ par : $f(t) = 24t\ln t - 3t^2 + 10$ où t est le nombre de semaines écoulées depuis le premier cas constaté et $f(t)$ est le nombre de milliers de malades comptabilisés après t semaines.

1. Étudier la convexité de f sur $[1\,;26]$.
2. Le réel $f'(t)$ représente la vitesse de propagation de la maladie au bout de t semaines. Au bout de combien de semaines la vitesse de propagation diminue-t-elle ? Justifier.
3. Donner l'équation de la tangente à la courbe au point d'abscisse 4.

En déduire que pour tout $t \in [4\,;26]$, $f(t) \leqslant 24\ln 4\; t - 38$.

EXERCICE 2 Soit f définie sur $\mathbb{R}$ par $f(x) = e^{-2x}$.
Étudier la convexité de f sur $\mathbb{R}$.
En déduire que pour tout x réel, $e^{-2x} \geqslant -2x + 1$.

EXERCICE 3 Montrer que pour tout $x \in [0\,;+\infty[$, $\sqrt{1+x} \leqslant \frac{1}{2}x + 1$.

Corrigé

1 1. On raisonne comme à la fiche 20 en étudiant le signe de f''.

Pour étudier la convexité de f sur $I = [1\,;26]$, on étudie le signe de f'' sur I.
f, en tant que somme/produit de fonctions dérivables sur I, est dérivable sur I et, pour tout t de I :

$$f'(t) = 24\ln t + 24t \times \frac{1}{t} - 6t = 24\ln t - 6t + 24.$$

De même, f', en tant que somme/produit de fonctions dérivables sur I, est dérivable sur I et, pour tout t de I :

$$\boldsymbol{f''(t) = 24 \times \frac{1}{t} - 6 = \frac{24 - 6t}{t}}.$$

D'où le tableau de signes de $f''(t)$ sur I :

t	1		4		26
$24 - 6t$		+	0	−	
t		+		+	
$f''(t)$		+	0	−	

Ainsi, pour tout t de $[1\,;4]$, $f''(t) \geqslant 0$: f est convexe sur $[1\,;4]$.
Et pour tout t de $[4\,;26]$, $f''(t) \leqslant 0$: f est concave sur $[4\,;26]$.

Notes

2. D'après 1., f' est croissante sur $[1;4]$ et décroissante sur $[4;26]$: **la vitesse de propagation de la maladie diminue donc au bout de 4 semaines.**

3. **L'équation de la tangente à la courbe au point d'abscisse 4 est** :
$y = f'(4)(x-4) + f(4)$ où $f'(4) = 24\ln 4$ et $f(4) = 96\ln 4 - 38$,
soit $\boldsymbol{y = 24\ln 4\, x - 38}$.

Pour montrer une inégalité à l'aide de la convexité, il suffit généralement d'utiliser la caractérisation graphique avec les tangentes :
f est convexe sur $I \Leftrightarrow (\mathscr{C}_f)$ est au-dessus de toute tangente ;
f est concave sur $I \Leftrightarrow (\mathscr{C}_f)$ est en dessous de toute tangente.

D'après 1., f est concave sur $[4;26]$ et $(\mathscr{C}_f)$ est en dessous de toute tangente sur $[4;26]$, donc en particulier $(\mathscr{C}_f)$ est en dessous de la tangente au point d'abscisse 4.

Ainsi, **pour tout** $\boldsymbol{t \in [4;26],\ f(t) \leqslant 24\ln 4\, t - 38}$.

2 Pour étudier la convexité de f sur $\mathbb{R}$, on étudie le signe de f'' sur $\mathbb{R}$.
$f = e^u$ avec u dérivable sur $\mathbb{R}$ et $u'(x) = -2$ pour tout réel x.
f est dérivable sur $\mathbb{R}$ et pour tout x, $f'(x) = u'(x)e^{u(x)} = -2e^{-2x}$.
De même, f' est dérivable sur $\mathbb{R}$ et pour tout x, $f''(x) = (-2)^2 e^{-2x}$.
Comme pour tout réel X, $e^X > 0$, $\boldsymbol{f''(x) > 0}$ **pour tout** $\boldsymbol{x \in \mathbb{R}}$.
$\boldsymbol{f}$ **est donc convexe sur** $\boldsymbol{\mathbb{R}}$.

Ainsi, $(\mathscr{C}_f)$ est au-dessus de toute tangente sur $\mathbb{R}$, donc en particulier $(\mathscr{C}_f)$ est au-dessus de la tangente au point d'abscisse 0, qui a pour équation :
$y = f'(0)(x-0) + f(0)$, soit $y = -2x + 1$.
Et **pour tout** $\boldsymbol{x}$ **réel,** $\boldsymbol{e^{-2x} \geqslant -2x + 1}$.

3 Comme on ne peut pas raisonner facilement en utilisant les opérations sur les inégalités ou en étudiant le signe de la différence, on pense à utiliser la convexité des fonctions.

- Soit f définie sur $[0;+\infty[$ par $f(x) = \sqrt{x+1}$.

On a $f = \sqrt{u}$ avec $u : x \mapsto x + 1$
- u est dérivable sur $[0;+\infty[$ et $u'(x) = 1$
- $\forall x \in [0;+\infty[,\ u(x) > 0$ ($x > 0$, donc $x + 1 \geqslant 1 > 0$).

Ainsi, f est dérivable sur $[0;+\infty[$ et $\forall x \in [0;+\infty[$,

$$f'(x) = \frac{u'(x)}{2\sqrt{u(x)}} = \frac{1}{2\sqrt{x+1}} = \frac{1}{2} \times \frac{1}{f(x)}.$$

De même, f' est dérivable sur $[0;+\infty[$ ($f \neq 0$) et $\forall x \in [0;+\infty[$,

$$\boldsymbol{f''(x)} = \frac{1}{2} \times \frac{-f'(x)}{f^2(x)} = \frac{1}{2} \times \frac{-1}{2\sqrt{x+1}} \times \frac{1}{x+1} = -\frac{\boldsymbol{1}}{\boldsymbol{4(x+1)\sqrt{x+1}}}.$$

$\boldsymbol{f''(x) < 0}$ **et** $\boldsymbol{f}$ **est concave sur** $\boldsymbol{[0;+\infty[}$.

- $\mathscr{C}_f$ est donc en dessous de toute tangente et, en particulier, de la tangente au point d'abscisse 0, qui a pour équation $y = f'(0)(x-0) + f(0)$,

soit $y = \frac{1}{2}x + 1$. Ainsi, $\boldsymbol{\forall x \in [0;+\infty[,\ f(x) \leqslant \frac{1}{2}x + 1}$.

Utiliser les propriétés algébriques de la fonction ln

Notes

LE COURS

Étude de la fonction $f : x \mapsto \ln x$

x	0		1		e		$+\infty$
$f'(x) = \dfrac{1}{x}$	‖	$+$	1	$+$		$+$	
$f(x) = \ln x$	‖ $-\infty$	↗	0	↗	1	↗	$+\infty$
signe de $\ln x$	‖	$-$	0		$+$		

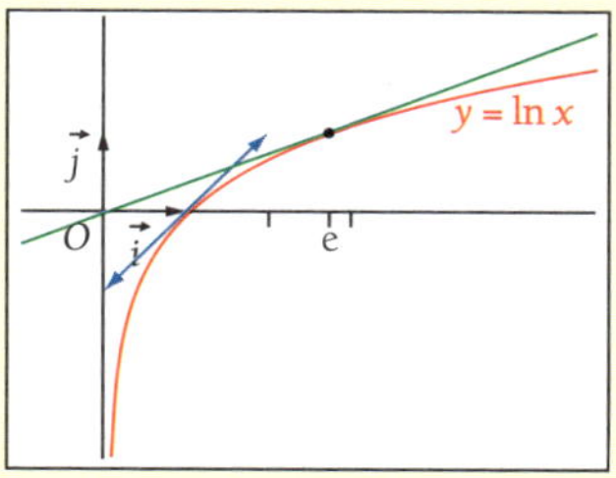

$x \mapsto \ln x$ est une bijection strictement croissante de $]0\,;+\infty[$ vers $\mathbb{R}$:

pour tout $a, b > 0$ $\begin{cases} \ln a = \ln b \Leftrightarrow a = b \\ \ln a < \ln b \Leftrightarrow a < b. \end{cases}$

Lien avec la fonction exponentielle

Pour tout réel x et pour tout $y > 0$,

$$y = e^x \Leftrightarrow \ln y = x.$$

Propriétés algébriques

Pour tout réel $a, b > 0$:

- $\ln(ab) = \ln a + \ln b$
- $\ln \dfrac{a}{b} = \ln a - \ln b$
- $\ln \dfrac{1}{b} = -\ln b$
- $\ln a^n = n \ln a \quad (n \in \mathbb{Z})$
- $\ln \sqrt{a} = \dfrac{1}{2} \ln a$

Notes

EXERCICES TYPES CORRIGÉS

EXERCICE 1 Déterminer le plus petit entier n tel que $\left(\frac{3}{5}\right)^n \leqslant 10^{-3}$.

EXERCICE 2 Résoudre dans $\mathbb{R}$: $1 - 6 \ln (x + 1) > 0$.

Corrigé

1 Il s'agit d'une inéquation avec l'inconnue en exposant. Pour la résoudre, on utilise la fonction ln pour se ramener à une inéquation de degré 1.

$\left(\frac{3}{5}\right)^n \leqslant 10^{-3} \Leftrightarrow \ln\left(\frac{3}{5}\right)^n \leqslant \ln 10^{-3}$ car ln est strictement croissante sur $]0 ; +\infty[$

$$\Leftrightarrow n \ln \frac{3}{5} \leqslant -3 \ln 10$$

$$\Leftrightarrow n \geqslant \frac{-3 \ln 10}{\ln \frac{3}{5}} \text{ car } \ln \frac{3}{5} < 0 \quad \left(\frac{3}{5} < 1\right).$$

Or, $\dfrac{-3 \ln 10}{\ln \frac{3}{5}} \approx 13{,}52$.

Le plus petit entier n_0 recherché est $n_0 = 14$.

N.B. : ne pas oublier de vérifier le signe de $\ln a$ (en comparant a à 1) avant de diviser membre à membre par $\ln a$.

2 On commence par déterminer $E = \{x \in \mathbb{R}$ tels que l'inéquation ait un sens$\}$.

$\ln (x + 1)$ existe $\Leftrightarrow x + 1 > 0 \Leftrightarrow x > -1$. Donc $E =]-1 ; +\infty[$.

On résout l'inéquation dans E en se ramenant à $\ln a < \ln b$ ($\Leftrightarrow a < b$).

$1 - 6 \ln (x + 1) > 0 \Leftrightarrow 1 > 6 \ln (x + 1)$

$$\Leftrightarrow \frac{1}{6} > \ln (x + 1)$$

$$\Leftrightarrow \begin{cases} e^{\frac{1}{6}} > x + 1 \text{ (car } x \mapsto e^x \text{ est strictement croissante sur } \mathbb{R}) \\ x \in E \end{cases}$$

$$\Leftrightarrow \begin{cases} x < e^{\frac{1}{6}} - 1. \\ x \in E \end{cases}$$

Or, $e^{\frac{1}{6}} - 1 > -1$ (on ne retient que les x dans E).

Donc $\mathbf{S =]-1 ; e^{\frac{1}{6}} - 1[}$.

Utiliser les limites de la fonction ln

Fiche 23

Maths

LE COURS

Limites

- $\lim\limits_{x \to +\infty} \ln x = +\infty$
- $\lim\limits_{x \overset{>}{\to} 0} \ln x = -\infty$
- $\lim\limits_{x \to +\infty} \dfrac{\ln x}{x} = 0$
- $\lim\limits_{x \overset{>}{\to} 0} x \ln x = 0$
- $\lim\limits_{h \to 0} \dfrac{\ln(1+h)}{h} = 1$
- $\lim\limits_{x \to 1} \dfrac{\ln x}{x-1} = 1$

Croissances comparées (CC)

Soit $n \in \mathbb{N}^*$.

- $\lim\limits_{x \to +\infty} \dfrac{\ln x}{x^n} = 0$
- $\lim\limits_{x \overset{>}{\to} 0} x^n \ln x = 0$

N.B. : en $+\infty$ et en 0, x^n impose sa limite à $\ln x$: $\lim\limits_{x \to +\infty} \dfrac{x^n}{\ln x} = +\infty$.

x^n est prépondérant devant $\ln x$.

Notes

EXERCICES TYPES CORRIGÉS

EXERCICE 1 Soit f définie sur $]-3\,;+\infty[$ par $f(x) = x - \ln(x+3)$.
Déterminer les limites aux bornes de $\mathcal{D}_f$.

EXERCICE 2 Déterminer $\lim\limits_{x \to +\infty} \dfrac{2\ln x - x^2}{\ln x + 1}$.

EXERCICE 3 Soit f définie sur $\mathbb{R}$ par $f(x) = e^{-x} \ln(1 + e^x)$.
Déterminer la limite de $f(x)$ quand x tend vers $-\infty$.

Corrigé

1 • Étudions d'abord la limite de f en -3 :

$$\lim_{x \overset{>}{\to} -3} (x+3) = 0^+ \quad \text{et} \quad \lim_{X \overset{>}{\to} 0} \ln X = -\infty.$$

Par composition, $\lim\limits_{x \overset{>}{\to} -3} \ln(x+3) = -\infty$.

Comme $\lim\limits_{x \overset{>}{\to} -3} x = -3$, par somme :

$$\lim_{x \overset{>}{\to} -3} f(x) = +\infty.$$

Notes

• Étudions la limite de $f(x)$ quand x tend vers $+\infty$:

En $+\infty$, on a la FI « $\infty - \infty$ ». Pour la lever, on factorise par le terme prépondérant $(x+3)$ pour faire apparaître $\frac{\ln(x+3)}{x+3} = \frac{\ln X}{X}$.

Pour tout $x > -3$, $f(x) = (x+3)\left[\frac{x}{x+3} - \frac{\ln(x+3)}{x+3}\right]$.

Or, $\lim\limits_{x \to +\infty} (x+3) = +\infty$ et $\lim\limits_{X \to +\infty} \frac{\ln X}{X} = 0$.

Par composition, $\lim\limits_{x \to +\infty} \frac{\ln(x+3)}{x+3} = 0$.

De plus, $\lim\limits_{x \to +\infty} \frac{x}{x+3} = \lim\limits_{x \to +\infty} \frac{1}{1+\frac{3}{x}} = 1$ car $\lim\limits_{x \to +\infty} \frac{1}{x} = 0$

$$\lim_{x \to +\infty} \left(\frac{x}{x+3} - \frac{\ln(x+3)}{x+3}\right) = 1.$$

Ainsi, comme $\lim\limits_{x \to +\infty} (x+3) = +\infty$, $\boldsymbol{\lim\limits_{x \to +\infty} f(x) = +\infty}$.

2 Il s'agit de la FI « $\frac{\infty}{\infty}$ ». Pour la lever, on factorise numérateur et dénominateur par le terme prépondérant pour utiliser les CC.

$$\frac{2\ln x - x^2}{\ln x + 1} = \frac{x^2\left(2\frac{\ln x}{x^2} - 1\right)}{\ln x\left(1 + \frac{1}{\ln x}\right)} = \frac{x^2}{\ln x} \times \frac{2\frac{\ln x}{x^2} - 1}{1 + \frac{1}{\ln x}}.$$

Or, $\lim\limits_{x \to +\infty} \frac{\ln x}{x^2} = 0$ et $\lim\limits_{x \to +\infty} \frac{1}{\ln x} = 0$, donc $\lim\limits_{x \to +\infty} \frac{2\frac{\ln x}{x^2} - 1}{1 + \frac{1}{\ln x}} = -1$.

De plus, $\lim\limits_{x \to +\infty} \frac{x^2}{\ln x} = +\infty$, donc $\boldsymbol{\lim\limits_{x \to +\infty} \frac{2\ln x - x^2}{\ln x + 1} = -\infty}$.

3 En $-\infty$, on a la FI « $\infty \times 0$ ». Pour la lever, on fait apparaître $\frac{\ln(1+X)}{X}$.

Pour tout x, $f(x) = \frac{\ln(1+e^x)}{e^x}$.

Or, $\lim\limits_{x \to -\infty} e^x = 0$ et $\lim\limits_{X \to 0} \frac{\ln(1+X)}{X} = 1$.

Par composition, $\boldsymbol{\lim\limits_{x \to -\infty} f(x) = 1}$.

Étudier une fonction définie à partir de la fonction ln

Fiche 24

Maths

Notes

EXERCICE TYPE CORRIGÉ

Soit f définie sur $]0\,;1]$ par $f(x) = x(1 - \ln x)^2$.

1. Montrer que f est dérivable sur $I =]0\,;1]$ et que pour tout x de I, $f'(x) = (\ln x + 1)(\ln x - 1)$.

2. On admet que $\lim\limits_{x \overset{>}{\to} 0} f(x) = 0$. Étudier les variations de f sur I.

3. Soit Γ la courbe représentative de la fonction g définie sur I par $g(x) = \ln x$. Soit $a \in]0\,;1]$.
Soit M_a le point de Γ d'abscisse a et (d_a) la tangente à la courbe Γ au point M_a. (d_a) coupe l'axe (Ox) en N_a et l'axe (Oy) en P_a.

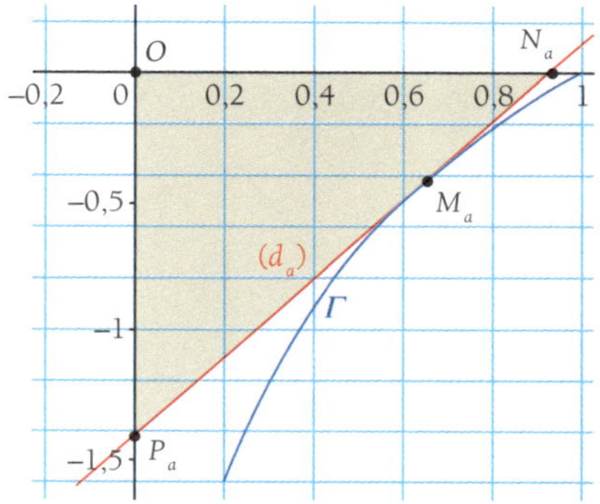

a) Déterminer une équation de (d_a).

b) En déduire les coordonnées de N_a.

c) On admet que l'aire en u.a. du triangle ON_aP_a est

$$\mathcal{A}(a) = \frac{1}{2}a(1 - \ln a)^2.$$

Quelle est l'aire maximale du triangle ON_aP_a ?

Corrigé

1. $f = v \times u^2$ où $\begin{cases} v \text{ est dérivable sur } I \text{ et } v'(x) = 1 \\ u \text{ est dérivable sur } I \text{ et } u'(x) = -\dfrac{1}{x} \end{cases}$

Ainsi, u^2 est dérivable sur I, et par produit, **f est dérivable sur I.**

Notes

Pour tout x de I, on a donc :

$$f'(x) = 1\times(1-\ln x)^2 + x\times 2\times\left(\frac{-1}{x}\right)\times(1-\ln x)\ \left(\left(u^2\right)' = 2uu'\right),$$

soit $f'(x) = 1-2\ln x + \ln^2 x - 2 + 2\ln x = \ln^2 x - 1$

et $\boldsymbol{f'(x) = (\ln x + 1)(\ln x - 1)}$ **.**

2. Pour étudier les variations de f sur I, on étudie le signe de $f'(x)$:

- Signe de $\ln x + 1$ sur I :

$\ln x + 1 > 0 \Leftrightarrow \ln x > -1 \Leftrightarrow x > e^{-1}$ et $x \in I$ $\left(e^{-1} \approx 0{,}4, e^{-1} \in I\right)$

- Signe de $\ln x - 1$ sur I :

$\ln x - 1 > 0 \Leftrightarrow \ln x > 1 \Leftrightarrow x > e$ et $x \in I$ $(e \approx 2{,}7, e \notin I)$

D'où le tableau :

x	0		e^{-1}		1
$\ln x + 1$	‖	$-$	0	$+$	
$\ln x - 1$	‖	$-$		$-$	
$f'(x)$	‖	$+$	0	$-$	
f	‖ 0	↗	$4e^{-1}$	↘	1

3. a) g est dérivable sur I et, pour tout $x \in I, g'(x) = \dfrac{1}{x}$.

Une équation de (d_a) est donc $y = g'(a)(x-a) + g(a)$,

soit $y = \dfrac{1}{a}x - 1 + \ln a$.

b) Les coordonnées de N_a sont solutions de :

$$\begin{cases} y = \dfrac{1}{a}x - 1 + \ln a \\ y = 0 \ \left(N_a \in (Ox)\right) \end{cases} \Leftrightarrow \begin{cases} 0 = \dfrac{1}{a}x - 1 + \ln a \\ y = 0 \end{cases} \Leftrightarrow \begin{cases} a(1-\ln a) = x \\ y = 0 \end{cases} \quad (a \neq 0)$$

Et $\boldsymbol{N_a(a(1-\ln a)\,;0)}$.

b) On remarque que pour tout $a \in I$, $\mathscr{A}(a) = \dfrac{1}{2}f(a)$. Donc $\mathscr{A}(a)$ est maximale lorsque $f(a)$ est maximale.

D'après 2., l'aire est maximale si $a = e^{-1}$ et cette aire maximale est en *u.a.* $\mathscr{A}\left(e^{-1}\right) = \dfrac{1}{2}f\left(e^{-1}\right) = 2e^{-1}$.

N.B. : pour déterminer l'aire du triangle ON_aP_a, on calcule d'abord

$P_a(x\,;y)$ telles que : $\begin{cases} y = \dfrac{1}{a}x - 1 + \ln a \\ x = 0 \ \left(P_a \in (Oy)\right) \end{cases}$ $\boldsymbol{P_a(0\,;-1+\ln a)}$.

Puis, comme ON_aP_a est rectangle en O :

$$\mathscr{A}(a) = \frac{ON_a \times OP_a}{2} = \frac{|a(1-\ln a)||-1+\ln a|}{2} = \frac{a(1-\ln a)(1-\ln a)}{2}.$$

$(1-\ln a \geqslant 0$ d'après 2.$)$

Utiliser les propriétés algébriques de la fonction exponentielle

Notes

LE COURS

Étude de la fonction $f : x \mapsto e^x$

x	$-\infty$		0		$+\infty$
$f'(x) = e^x$		+	1	+	
$f(x) = e^x$	0	↗	1	↗	$+\infty$
signe de e^x		+		+	

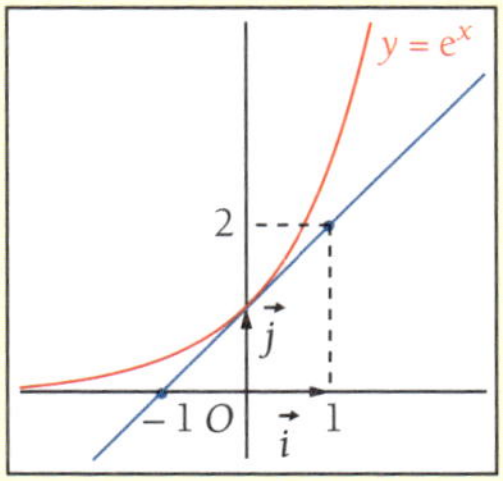

$x \mapsto e^x$ est une bijection strictement croissante de $\mathbb{R}$ vers $]0\,;+\infty[$,

pour tout $a, b \in \mathbb{R}$, $\begin{cases} e^a = e^b \Leftrightarrow a = b \\ e^a < e^b \Leftrightarrow a < b. \end{cases}$

Propriétés algébriques

Pour tout réel a, b :

- $e^{a+b} = e^a \times e^b$
- $e^{-b} = \dfrac{1}{e^b}$
- $e^{a-b} = \dfrac{e^a}{e^b}$
- $(e^a)^n = e^{an}$ $(n \in \mathbb{Z})$

Lien avec la fonction ln

Pour tout réel x et pour tout $y > 0$,
$y = e^x \Leftrightarrow \ln y = x$.

Notes

EXERCICES TYPES CORRIGÉS

EXERCICE 1 Résoudre, dans $\mathbb{R}$, $e^{-x^2+1} = 1$.

EXERCICE 2 Étudier le signe de $f(x) = e^x - e$ sur $\mathbb{R}$.

Corrigé

1 Pour résoudre une équation qui comporte des exponentielles, on se ramène à $e^a = e^b$.

$e^{-x^2+1} = 1 \Leftrightarrow e^{-x^2+1} = e^0$

$\Leftrightarrow -x^2 + 1 = 0$ par stricte croissance de exp sur $\mathbb{R}$

$\Leftrightarrow x^2 = 1$

$\Leftrightarrow x = 1$ ou $x = -1$.

S = {– 1 ; 1}.

N.B. : on vérifie bien que les solutions trouvées conviennent :

$$e^{-1^2+1} = e^0 = 1 \text{ et } e^{-(-1)^2+1} = e^0 = 1.$$

2 Pour cela, il suffit de résoudre l'inéquation $f(x) > 0$.
Comme toujours, pour résoudre une inéquation qui comporte des exponentielles, on se ramène à $e^a \leqslant e^b$.

$f(x) > 0 \Leftrightarrow e^x - e > 0$

$\Leftrightarrow e^x > e$

$\Leftrightarrow e^x > e^1$

$\Leftrightarrow x > 1$ par stricte croissance de exp sur $\mathbb{R}$.

D'où le tableau de signes de $f(x)$ sur $\mathbb{R}$:

x	$-\infty$		1		$+\infty$
$f(x)$		$-$	0	$+$	

N.B. : ① Toujours vérifier le tableau de signes pour une valeur particulière de x (pour $x = 0$, $f(0) = e^0 - e = 1 - e < 0$, ce qui est cohérent avec le tableau).

② On peut aussi utiliser la stricte croissance de la fonction ln sur $]0\,;+\infty[$ et conclure plus directement :

$$(e^x > e \Leftrightarrow \ln e^x > \ln e \Leftrightarrow x > 1).$$

③ Comme pour les fonctions ln, résoudre une inéquation comportant des exponentielles permet d'étudier les variations de fonctions comportant des exponentielles (*cf. fiche* 42).

Utiliser les limites de la fonction exponentielle

Fiche 26

Maths

Notes

LE COURS

Limites

- $\lim_{x \to -\infty} e^x = +\infty$
- $\lim_{x \to -\infty} e^x = 0$
- $\lim_{x \to +\infty} \frac{e^x}{x} = +\infty$
- $\lim_{x \to -\infty} xe^x = 0$
- $\lim_{h \to 0} \frac{e^h - 1}{h} = 1$

Croissances comparées (CC)

Soit $n \in \mathbb{N}^*$.

- $\lim_{x \to +\infty} \frac{e^x}{x^n} = +\infty$
- $\lim_{x \to -\infty} x^n e^x = 0$

N.B. : en $+\infty$, e^x impose sa limite à x^n, donc à ln x.

En particulier, $\lim_{x \to +\infty} \frac{e^x}{\ln x} = \lim_{x \to +\infty} \left(\frac{e^x}{x} \times \frac{x}{\ln x}\right) = +\infty$.

EXERCICES TYPES CORRIGÉS

EXERCICE 1 Soit f définie sur $\mathbb{R}$ par $f(x) = e^{x^2} - e^x$.
Déterminer les limites de f aux bornes de $\mathcal{D}_f$.

EXERCICE 2 Soit f définie sur $\mathbb{R}$ par $f(x) = \frac{2e^x + x}{e^x + 1}$.
Déterminer les limites aux bornes de $\mathcal{D}_f$.

EXERCICE 3 Déterminer $\lim_{x \to +\infty} x\left(e^{\frac{2}{x}} - 1\right)$.

Corrigé

1 • Étudions la limite de $f(x)$ quand x tend vers $-\infty$:

$$\lim_{x \to -\infty} x^2 = +\infty \quad \text{et} \quad \lim_{X \to +\infty} e^X = +\infty.$$

Par composition, $\lim_{x \to -\infty} e^{x^2} = +\infty$.

De plus, $\lim_{x \to -\infty} e^x = 0$.

Ainsi, $\mathbf{\lim_{x \to -\infty} f(x) = +\infty}$.

Notes

• Étudions la limite de $f(x)$ quand x tend vers $+\infty$:

En $+\infty$, on a la FI « $\infty - \infty$ ». Pour la lever, on factorise par le terme prépondérant e^{x^2}.

Pour tout x, $f(x) = e^{x^2}(1 - e^{x-x^2})$.

Or, $\lim\limits_{x \to +\infty} (x - x^2) = \lim\limits_{x \to +\infty} (-x^2) = -\infty$ et $\lim\limits_{X \to -\infty} e^X = 0$.

Par composition, $\lim\limits_{x \to +\infty} e^{x-x^2} = 0$ et $\lim\limits_{x \to +\infty} (1 - e^{x-x^2}) = 1$.

De plus, $\lim\limits_{x \to +\infty} x^2 = +\infty$ et $\lim\limits_{X \to +\infty} e^X = +\infty$.

Par composition, $\lim\limits_{x \to +\infty} e^{x^2} = +\infty$.

Ainsi, $\boldsymbol{\lim\limits_{x \to +\infty} f(x) = +\infty}$.

2 • Étudions la limite de $f(x)$ quand x tend vers $-\infty$:

On sait que $\lim\limits_{x \to -\infty} e^x = 0$.

Donc $\left.\begin{array}{l} \lim\limits_{x \to -\infty} (2e^x + x) = -\infty \\ \lim\limits_{x \to -\infty} (e^x + 1) = 1 \end{array}\right\} \boldsymbol{\lim\limits_{x \to -\infty} f(x) = -\infty}$.

• Étudions la limite de $f(x)$ quand x tend vers $+\infty$:

En $+\infty$, on a la FI « $\dfrac{\infty}{\infty}$ ». Pour la lever, on factorise par le terme prépondérant e^x pour utiliser les croissances comparées.

$$f(x) = \frac{e^x(2 + xe^{-x})}{e^x(1 + e^{-x})} = \frac{2 + xe^{-x}}{1 + e^{-x}}.$$

Comme $\lim\limits_{x \to +\infty} e^{-x} = \lim\limits_{x \to +\infty} xe^{-x} = 0$, $\boldsymbol{\lim\limits_{x \to +\infty} f(x) = 2}$.

3 Il s'agit de la FI « $\infty \times 0$ ». Pour la lever, on fait apparaître $\dfrac{e^X - 1}{X}$.

(e^X ne tend ni vers 0 ni vers $+\infty$, on ne peut pas utiliser les CC).

$$x\left(e^{\frac{2}{x}} - 1\right) = 2\frac{e^{\frac{2}{x}} - 1}{\frac{2}{x}}.$$

Or, $\lim\limits_{x \to +\infty} \dfrac{2}{x} = 0$ et $\lim\limits_{X \to 0} \dfrac{e^X - 1}{X} = 1$.

Par composition, $\lim\limits_{x \to +\infty} \dfrac{e^{\frac{2}{x}} - 1}{\frac{2}{x}} = 1$ et $\boldsymbol{\lim\limits_{x \to +\infty} x\left(e^{\frac{2}{x}} - 1\right) = 2 \times 1 = 2}$.

Étudier une fonction définie à partir d'une exponentielle

Fiche 27

Maths

Notes

EXERCICE TYPE CORRIGÉ

On a tracé sur le graphique ci-dessous la courbe représentative ($\mathscr{C}_f$) d'une fonction f définie sur $[0\,;+\infty[$ par $f(x) = (ax + b)e^{-0,1x^2}$ où a et b sont deux nombres réels. On a représenté également sa tangente (Γ) au point $A(0;\,0)$. (Γ) passe par le point $B(2\,;8)$.

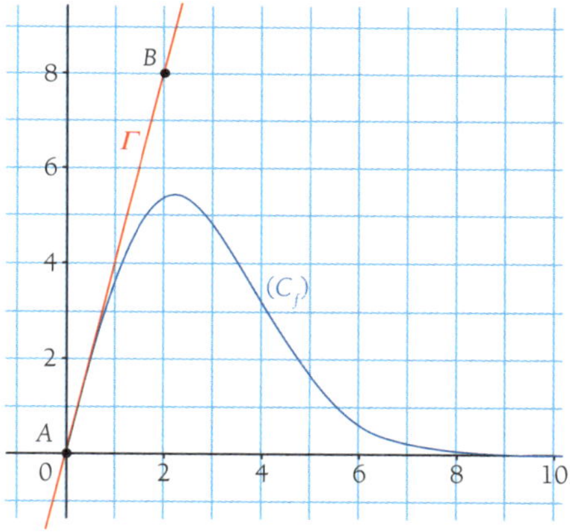

1. a) Exprimer, pour tout $x \in [0\,;+\infty[$, $f'(x)$ en fonction de a et de b.

b) En déduire la valeur de a et de b.

2. On admet que pour tout $x \in [0\,;+\infty[$, $f(x) = 4xe^{-0,1x^2}$.

Étudier les variations de f définie sur $I = [0\,;+\infty[$. (On admettra que $\lim\limits_{x \to +\infty} f(x) = 0$.)

3. En Europe, les observateurs d'une maladie M nécessitant une hospitalisation considèrent qu'ils peuvent modéliser par cette fonction f l'évolution du nombre de lits occupés par des malades entre début janvier et fin juin.
Pour tout x appartenant à l'intervalle $[0\,;\,6]$, $f(x)$ représente le nombre de lits occupés, exprimé en millions, à l'instant x, exprimé en mois ($x = 1$ correspond à fin janvier).
Après fin janvier, à partir de quelle date (arrondie en jour) y aura-t-il moins de 100 000 personnes hospitalisées du fait de la maladie M en Europe ?

Notes

Corrigé

1. a) Par produit de fonctions dérivables sur $[0\,;+\infty[$, **f est dérivable sur $[0\,;+\infty[$.**

Et pour tout x de $[0\,;+\infty[$, on a :

$f'(x) = ae^{-0,1x^2} + (ax+b)(-0,2x)e^{-0,1x^2}$, $\quad \left((e^u)' = u'e^u\right)$

soit $\boldsymbol{f'(x) = e^{-0,1x^2}(-0,2ax^2 - 0,2bx + a)}$.

b) $A(0\,;0) \in (C_f)$, donc $f(0) = 0$.

De plus, $f'(0)$ est le coefficient directeur de la tangente à $(\mathcal{C}_f)$ au point A, c'est-à-dire de (AB) : $f'(0) = \dfrac{y_B - y_A}{x_B - x_A} = \dfrac{8}{2} = 4$.

Ainsi, a et b sont solutions de $\begin{cases} be^{-0.1\times 0} = 0 \ (f(0)=0) \\ ae^{-0.1\times 0} = 4 \ (f'(0)=4) \end{cases} \Leftrightarrow \begin{cases} \boldsymbol{b = 0} \\ \boldsymbol{a = 4} \end{cases}$

2. Pour étudier les variations de f sur I, on étudie le signe de $f'(x)$.

D'après **1.**, pour tout $x \in I$, $f'(x) = 4e^{-0,1x^2}(1 - 0,2x^2)$.

$1 - 0,2x^2 = 0,2(5 - x^2) = 0,2(\sqrt{5} - x)(\sqrt{5} + x)$ admet 2 racines évidentes et est du signe de $-0,2$, sauf entre les racines.

D'où le tableau :

x	0	1	$\sqrt{5}$	5	$+\infty$
$4e^{-0,1x^2}$		+	|	+	
$1-0,2x^2$		+	0	−	
$f'(x)$		+	0	−	
f	0 ↗	$f(1)$	$4\sqrt{5}e^{-0,5} \approx 5,42$	$f(5)$	↘ 0

3. Le problème revient à résoudre $f(x) \leqslant 0,1$ sur $[1;6]$.

On ne peut pas résoudre par le calcul cette inéquation. On raisonne soit graphiquement, soit en utilisant un algorithme.

On remarque que $f(1) \approx 3,6$ et $f(5) \approx 1,6$.

f admet donc comme minimum $f(5) > 0,1$ sur $[1;5]$.

On utilise l'algorithme ci-contre pour trouver une valeur approchée de x :

```
x ← 5
y ← 4xe^(-0.1x²)
Tant que  y > 0.1
    x ← x + 0.1
    y ← 4xe^(-0.1x²)
```

On obtient ainsi **$x \approx 5,6$: à partir du 24 juin, il y aura moins de 100 000 hospitalisations du fait de M en Europe.**

Résoudre des inéquations trigonométriques

LE COURS

Cercle trigonométrique - Valeurs remarquables

Pour tout réel $x \in \mathbb{R}$.

x	0	$\frac{\pi}{6}$	$\frac{\pi}{4}$	$\frac{\pi}{3}$	$\frac{\pi}{2}$
$\cos x$	1	$\frac{\sqrt{3}}{2}$	$\frac{\sqrt{2}}{2}$	$\frac{1}{2}$	0
$\sin x$	0	$\frac{1}{2}$	$\frac{\sqrt{2}}{2}$	$\frac{\sqrt{3}}{2}$	1

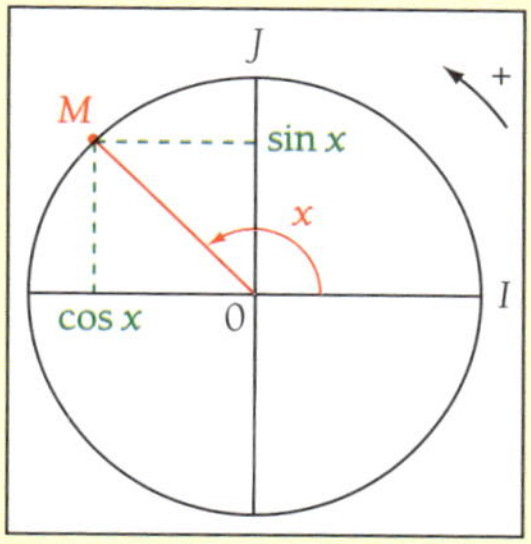

$M(\cos x\ ;\ \sin x)$ dans $(O\ ;\ \overrightarrow{OI}, \overrightarrow{OJ})$.

N.B. : toujours tracer le cercle trigonométrique pour résoudre des équations ou des inéquations trigonométriques.

Configuration du rectangle et angles associés

Pour tout réel $x \in \mathbb{R}$:

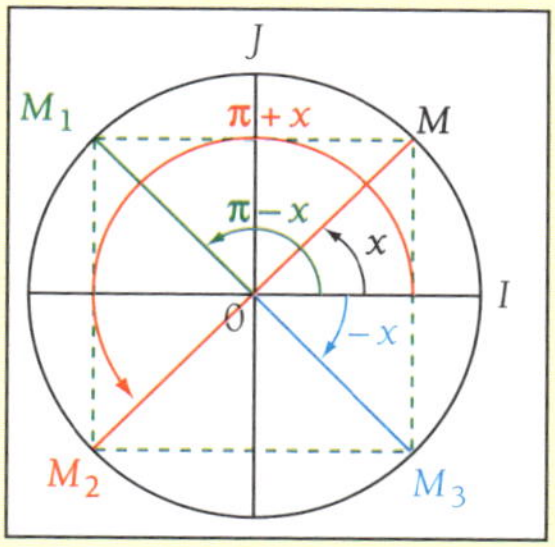

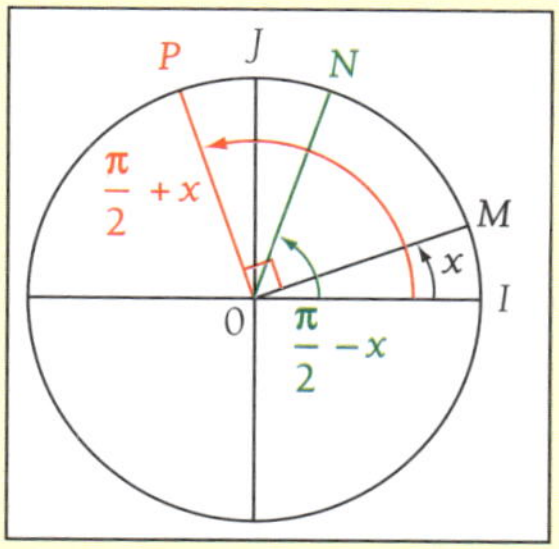

- $\cos(-x) = \cos x$
  $\sin(-x) = -\sin x$
- $\cos(\pi - x) = -\cos x$
  $\sin(\pi - x) = \sin x$
- $\cos(\pi + x) = -\cos x$
  $\sin(\pi + x) = -\sin x$
- $\cos(\pi/2 - x) = \sin x$
  $\sin(\pi/2 - x) = \cos x$
- $\cos(\pi/2 + x) = -\sin x$
  $\sin(\pi/2 + x) = \cos x$

Notes

Notes

Résolution de $\cos x = \cos a$

$$\cos x = \cos a \Leftrightarrow \begin{cases} x = a + 2k\pi \\ \text{ou} \\ x = -a + 2k\pi \end{cases}$$

$k \in \mathbb{Z}$

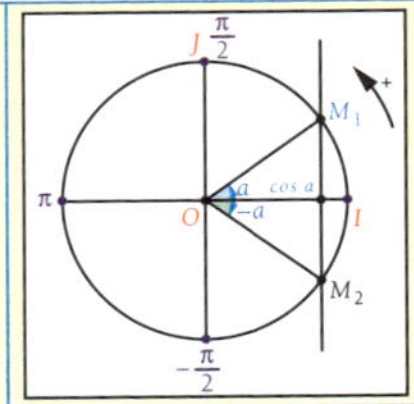

Résolution de $\cos x \leqslant \cos a$

$$\cos x \leqslant \cos a \Leftrightarrow \begin{cases} -\pi + 2k\pi \leqslant x \leqslant -a + 2k\pi \\ \text{ou} \\ a + 2k\pi \leqslant x \leqslant \pi + 2k\pi \end{cases}$$

$k \in \mathbb{Z}$

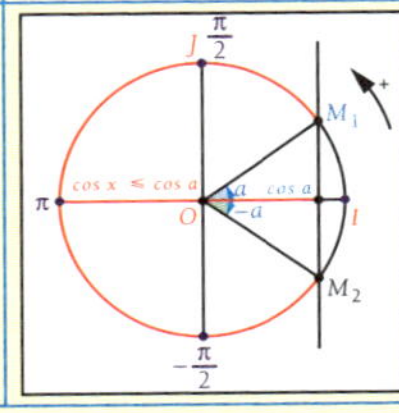

EXERCICE TYPE CORRIGÉ

Résoudre dans $[0\,;\pi[$, $\sin\left(3x + \dfrac{\pi}{3}\right) \geqslant -\dfrac{1}{2}$.

Corrigé

On effectue un changement de variables en posant $X = 3x + \dfrac{\pi}{3}$.

Dans $\mathbb{R}$ $\sin X \geqslant -\dfrac{1}{2}$

$\Leftrightarrow -\dfrac{\pi}{6} + 2k\pi \leqslant X \leqslant \dfrac{7\pi}{6} + 2k\pi.$

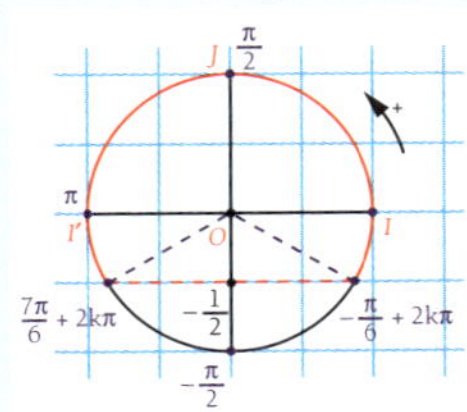

Donc $\sin\left(3x + \dfrac{\pi}{3}\right) \geqslant \dfrac{-1}{2}$

$\Leftrightarrow -\dfrac{\pi}{6} + 2k\pi \leqslant 3x + \dfrac{\pi}{3} \leqslant \dfrac{7\pi}{6} + 2k\pi$

$\Leftrightarrow -\dfrac{\pi}{6} - \dfrac{\pi}{3} + 2k\pi \leqslant 3x \leqslant \dfrac{7\pi}{6} - \dfrac{\pi}{3} + 2k\pi$

$\Leftrightarrow -\dfrac{\pi}{2} + 2k\pi \leqslant 3x \leqslant \dfrac{5\pi}{6} + 2k\pi$

$\Leftrightarrow -\dfrac{\pi}{6} + \dfrac{2k\pi}{3} \leqslant x \leqslant \dfrac{5\pi}{18} + \dfrac{2k\pi}{3}, k \in \mathbb{Z}$

On ne garde que les valeurs dans $[0;\pi[$:

si $k = -1, -\dfrac{5\pi}{6} \leqslant x \leqslant \dfrac{-7\pi}{18}$; si $k = 0, -\dfrac{\pi}{6} \leqslant x \leqslant \dfrac{5\pi}{18}$;

si $k = 1, \dfrac{\pi}{2} \leqslant x \leqslant \dfrac{17\pi}{18}$; si $k = 2, \dfrac{7\pi}{6} \leqslant x \leqslant \dfrac{29\pi}{18}$.

Dans $[0\,;\pi[$, $\mathcal{S} = \left[0\,;\dfrac{5\pi}{18}\right] \cup \left[\dfrac{\pi}{2};\dfrac{17\pi}{18}\right]$.

Étudier des fonctions trigonométriques

Fiche 29

Maths

Notes

LE COURS

Étude de la fonction $x \mapsto \cos x$

Pour tout x,

$\begin{cases} \cos(-x) = \cos x : \text{la fonction cosinus est paire} \\ \cos(x + 2\pi) = \cos x : \text{la fonction cosinus est } 2\pi \text{ périodique.} \end{cases}$

x	0	$\frac{\pi}{2}$	π
$\cos' x = -\sin x$	0	$-$	0
$\cos x$	1 ↘	0 ↘	-1

Étude de la fonction $x \mapsto \sin x$

Pour tout x,

$\begin{cases} \sin(-x) = -\sin x : \text{la fonction sinus est impaire} \\ \sin(x + 2\pi) = \sin x : \text{la fonction sinus est } 2\pi \text{ périodique.} \end{cases}$

x	0		$\frac{\pi}{2}$		π
$\sin' x = \cos x$		$+$	0	$-$	
$\sin x$	0	↗	1	↘	0

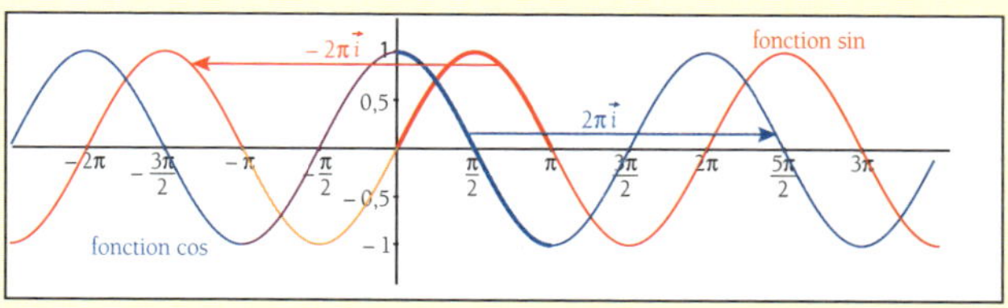

N.B. : les fonctions sinus et cosinus n'admettent pas de limite en $\pm\infty$.

Mais $\lim\limits_{x \to 0} \dfrac{\cos x - 1}{x} = 0$ et $\lim\limits_{x \to 0} \dfrac{\sin x}{x} = 1$.

Notes

EXERCICE TYPE CORRIGÉ

Soit f définie sur $\mathbb{R}$ par $f(x) = 2\cos^2 x - 2\cos x - 1$.
1. Montrer que f est paire et 2π périodique.
2. Étudier les variations de f sur $[0 ; \pi]$.

Corrigé

1. Pour tout x, $f(-x) = 2\cos^2(-x) - 2\cos(-x) - 1$.
Or, pour tout x, $\cos(-x) = \cos(x)$.
Ainsi, pour tout x, **$f(-x) = f(x)$: f est paire et sa courbe C_f est symétrique par rapport à l'axe (Oy).**
Pour tout x, $f(x + 2\pi) = 2\cos^2(x + 2\pi) - 2\cos(x + 2\pi) - 1$.
Or, pour tout x, $\cos(x + 2\pi) = \cos x$.
Et, $f(x + 2\pi) = 2\cos^2 x - 2\cos x - 1 = \boldsymbol{f(x)}$.
f est 2π périodique et C_f est invariante par la translation de vecteur $2k\pi\vec{i}$ ($k \in \mathbb{Z}$).

2. Pour cela, on détermine d'abord f' sur $[0 ; \pi]$:
f, en tant que somme/produit de fonctions dérivables sur $[0 ; \pi]$, est dérivable sur $[0 ; \pi]$ et pour tout x de $[0 ; \pi]$
$f'(x) = 2 \times 2 \times (-\sin x)\cos x - 2(-\sin x)$ $\left((u^2)' = 2uu'\right)$
$\boldsymbol{f'(x) = 2\sin x(-2\cos x + 1)}$.

Puis on étudie le signe de $f'(x)$ sur $[0 ; \pi]$:
pour tout $x \in [0 ; \pi]$, $\sin x \geqslant 0$ et $f'(x)$ est du signe de $(1 - 2\cos x)$.
Or, $1 - 2\cos x \geqslant 0 \Leftrightarrow 1 \geqslant 2\cos x$
$\Leftrightarrow \cos x \leqslant \dfrac{1}{2} \Leftrightarrow \dfrac{\pi}{3} \leqslant x \leqslant \pi$ dans $[0 ; \pi]$.

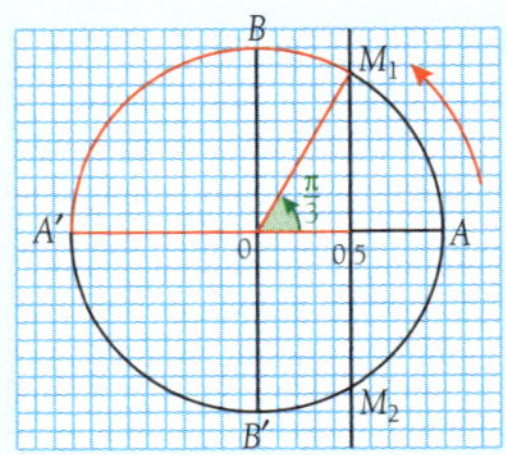

D'où le tableau de variations de f :

x	0		$\frac{\pi}{3}$		π
$f'(x)$		$-$	0	$+$	
$f(x)$	-1	↘	$\frac{-3}{2}$	↗	3

Définir les primitives d'une fonction continue

Fiche 30

Maths

Notes

LE COURS

Primitive d'une fonction

On appelle primitive de f sur I toute fonction F dérivable sur I telle que $F' = f$.

Existence et unicité des primitives

- Toute fonction continue sur I admet des primitives sur I.
- Si f admet une primitive F sur I, alors :

$\begin{cases} \text{pour tout réel } C,\ G : x \mapsto F(x) + C \text{ est aussi une primitive de } f \text{ sur } I, \\ \text{toute primitive de } f \text{ est de la forme } G : x \mapsto F(x) + C\ (C \in \mathbb{R}). \end{cases}$

- Soit f admettant des primitives sur I. Soit $x_0 \in I$ et $y_0 \in \mathbb{R}$. Il existe alors une unique primitive F de f sur I telle que $F(x_0) = y_0$.

On la détermine en utilisant généralement les intégrales (*cf. fiche* 39).

Propriété de linéarité des primitives

- Si $\begin{cases} F \text{ est une primitive de } f \text{ sur } I, \\ G \text{ est une primitive de } g \text{ sur } I, \end{cases}$

alors $(F + G)$ est une primitive de $(f + g)$ sur I.

- Si F est une primitive de f sur I, alors αF est une primitive de αf sur I ($\alpha \in \mathbb{R}$).

EXERCICES TYPES CORRIGÉS

EXERCICE 1 Montrer que $F : x \mapsto x \ln x - x$ est une primitive de $f : x \mapsto \ln x$ sur $]0 ; +\infty[$.

EXERCICE 2 Soit la fonction f définie sur $\mathbb{R}$ par $f(x) = (x^2 + 2)e^{-x}$. Trouver trois réels a, b, c tels que la fonction F définie sur $\mathbb{R}$ par $F(x) = (ax^2 + bx + c)\, e^{-x}$ soit une primitive de f sur $\mathbb{R}$.

Corrigé

1 Pour cela, il suffit de revenir à la définition d'une primitive, de montrer que F est dérivable sur $]0 ; +\infty[$, puis que $F' = f$.

Notes

$x \mapsto x \ln x$, en tant que produit de fonctions dérivables sur $]0\,;+\infty[$,

est dérivable sur $]0\,;+\infty[$, de dérivée $x \mapsto 1 \times \ln x + x \times \dfrac{1}{x}$.

De plus, $x \mapsto -x$ est dérivable sur $]0\,;+\infty[$, de dérivée $x \mapsto -1$.
Ainsi, F est dérivable sur $]0\,;+\infty[$ et, pour tout $x > 0$:

$$F'(x) = 1 \times \ln x + x \times \frac{1}{x} - 1 = \ln x = f(x).$$

F est donc bien une primitive de f sur $]0\,;+\infty[$.

2 Pour cela, raisonnons par condition nécessaire et suffisante et utilisons le fait que $F' = f$.

- Déterminons d'abord F' en fonction de a, b et c : F est le produit de deux fonctions :

$$\begin{cases} g : x \mapsto ax^2 + bx + c \\ h : x \mapsto \mathrm{e}^{-x} = \mathrm{e}^{u(x)}, \text{ avec } u(x) = -x. \end{cases}$$

g est dérivable sur $\mathbb{R}$ et, pour tout x, $g'(x) = 2ax + b$.
Comme u est dérivable sur $\mathbb{R}$, h est dérivable sur $\mathbb{R}$ et, pour tout x,
$h'(x) = u'(x)\mathrm{e}^{u(x)} = -\mathrm{e}^{-x}$.
Par produit, F est dérivable sur $\mathbb{R}$ et, pour tout x,

$$\begin{aligned} F'(x) &= g'(x)h(x) + g(x)h'(x) \\ &= (2ax + b)\mathrm{e}^{-x} + (ax^2 + bx + c)(-\mathrm{e}^{-x}) \\ &= (-ax^2 + (2a - b)x + b - c)\mathrm{e}^{-x}. \end{aligned}$$

- Comme F est une primitive de f sur $\mathbb{R}$, $F' = f$ et, pour tout x,

$$(-ax^2 + (2a - b)x + b - c)\mathrm{e}^{-x} = (x^2 + 2)\mathrm{e}^{-x}.$$

Soit encore, comme $\mathrm{e}^{-x} \neq 0$ pour tout x,

$$(-ax^2 + (2a - b)x + b - c) = (x^2 + 2).$$

Par identification des coefficients du polynôme, on a donc :

$$\begin{cases} -a = 1 \\ 2a - b = 0 \\ b - c = 2 \end{cases} \quad \text{soit encore} \quad \begin{cases} \mathbf{a = -1} \\ \mathbf{b = -2}\,. \\ \mathbf{c = -4} \end{cases}$$

- On vérifie alors que la dérivée de $x \mapsto (-x^2 - 2x - 4)\mathrm{e}^{-x}$ *est bien* f.
$(F'(x) = (-2x - 2)\mathrm{e}^{-x} - (-x^2 - 2x - 4)\mathrm{e}^{-x} = f(x))$.

La fonction F recherchée est la fonction définie sur $\mathbb{R}$ par :

$F(x) = (-x^2 - 2x - 4)\mathrm{e}^{-x}$.

N.B. : ce type de questions permet généralement de déterminer des intégrales quand on ne sait pas exprimer directement une primitive à partir de f.

Déterminer des primitives en reconnaissant les fonctions usuelles

Fiche 31

Maths

Notes

LE COURS

Par lecture inverse du tableau des dérivées des fonctions usuelles, on obtient le tableau des primitives des fonctions usuelles ($C \in \mathbb{R}$).

fonction f	primitives F	sur ...
$x \mapsto \sin x$	$x \mapsto -\cos x + C$	$\mathbb{R}$
$x \mapsto \cos x$	$x \mapsto \sin x + C$	$\mathbb{R}$
$x \mapsto k$ $k \in \mathbb{R}$	$x \mapsto kx + C$	$\mathbb{R}$
$x \mapsto x^n$ $n \in \mathbb{Z} \setminus \{-1\}$	$x \mapsto \dfrac{1}{n+1}x^{n+1} + C$	si $n \geqslant 0$ $\mathbb{R}$ si $n \leqslant -2$ $]-\infty\,;0[$ ou $]0\,;+\infty[$
$x \mapsto \dfrac{1}{x}$	$x \mapsto \ln x + C$	$]0\,;+\infty[$
$x \mapsto \sqrt{x}$	$x \mapsto \dfrac{2}{3}x\sqrt{x} + C$	$[0\,;+\infty[$
$x \mapsto e^x$	$x \mapsto e^x + C$	$\mathbb{R}$

⚠ Ne pas confondre une primitive de $x \mapsto \dfrac{1}{x}$ avec la dérivée de $x \mapsto \dfrac{1}{x}$.

EXERCICES TYPES CORRIGÉS

EXERCICE 1 Déterminer une primitive de $f : x \mapsto 3e^x - 4x + 1$ sur $\mathbb{R}$.

EXERCICE 2 Déterminer une primitive de $f : x \mapsto 3x^2 - 7x - \dfrac{5}{x} + \dfrac{4}{x^2} - \dfrac{3}{x^3}$ sur $]0\,;+\infty[$.

Notes

Corrigé

1 Pour cela, on utilise la propriété de linéarité des primitives pour se ramener aux primitives usuelles.

Une primitive de $x \mapsto e^x$ sur $\mathbb{R}$ est $x \mapsto e^x$.

Et une primitive de $x \mapsto 3e^x$ sur $\mathbb{R}$ est $x \mapsto 3e^x$.

De même, une primitive de $x \mapsto x$ sur $\mathbb{R}$ est $x \mapsto \frac{1}{2}x^2$ et une primitive de $x \mapsto -4x$ sur $\mathbb{R}$ est $x \mapsto -2x^2$.

Enfin, une primitive de $x \mapsto 1$ sur $\mathbb{R}$ est $x \mapsto x$.

Ainsi, **une primitive de f sur $\mathbb{R}$ est F : $x \mapsto 3e^x - 2x^2 + x$.**

N.B. : toujours vérifier les calculs en redérivant F pour montrer que $F' = f$ ($F'(x) = 3e^x - 2 \times 2x + 1 = 3e^x - 4x + 1 = f(x)$).

2 On se ramène de même aux primitives usuelles en remarquant que $\frac{1}{x^m} = x^{-m}$ ($m \geqslant 2$), dont une primitive est $x \mapsto \frac{1}{-m+1}x^{-m+1}$.

Une primitive sur $]0\,;+\infty[$ de :

$$\begin{cases} x \mapsto x^n \text{ est } x \mapsto \dfrac{1}{n+1}x^{n+1} \text{ pour } n \neq -1 \ (n \in \mathbb{Z}) \\ x \mapsto \dfrac{1}{x} \text{ est } x \mapsto \ln x. \end{cases}$$

Or, pour tout $x > 0$:

$$f(x) = 3 \times x^2 - 7 \times x - 5 \times \frac{1}{x} + 4 \times x^{-2} - 3 \times x^{-3}.$$

Donc une primitive de f sur $]0\,;+\infty[$ est F définie par :

$$F(x) = 3 \times \left(\frac{x^3}{3}\right) - 7 \times \left(\frac{x^2}{2}\right) - 5 \times \ln x + 4 \times \left(\frac{1}{-2+1}x^{-1}\right) - 3 \times \left(\frac{1}{-3+1}x^{-3+1}\right).$$

Soit $\boldsymbol{F(x) = x^3 - \frac{7}{2}x^2 - 5\ln x - \frac{4}{x} + \frac{3}{2x^2}}$.

N.B. : on vérifie bien que $F'(x) = 3x^2 - 7x - \frac{5}{x} + \frac{4}{x^2} - \frac{3}{x^3} = f(x)$.

Déterminer des primitives en reconnaissant les dérivées de fonctions composées

Fiche 32

Maths

Notes

LE COURS

Par lecture inverse des dérivées de fonctions composées, on obtient le tableau ci-dessous.

Soit u une fonction dérivable sur I.

fonction f	primitives F	hypothèse supplémentaire
$u'u^n$ $n \in \mathbb{Z} \setminus \{-1\}$	$\frac{1}{n+1}u^{n+1}$	pour $n \leqslant -2$ si $u(x) \neq 0$ sur I
$\frac{u'}{\sqrt{u}} = u'u^{-\frac{1}{2}}$	$2\sqrt{u}$	si $u(x) > 0$ sur I
$\frac{u'}{u}$	$\ln u$	si $u(x) > 0$ sur I
$u'e^u$	e^u	
$u'\cos u$	$\sin u$	
$u'\sin u$	$-\cos u$	

⚠ Toujours vérifier les hypothèses supplémentaires avant d'appliquer les théorèmes.

EXERCICES TYPES CORRIGÉS

EXERCICE 1 Déterminer une primitive de $f : x \mapsto \frac{e^x - 1}{e^x - x}$ sur $[0 ; +\infty[$ (on admettra que, pour tout $x \geqslant 0$, $e^x - x > 0$).

EXERCICE 2 Déterminer une primitive de $g : x \mapsto x^2 e^{x^3+1}$ sur $\mathbb{R}$.

EXERCICE 3 Déterminer une primitive de $h : x \mapsto \frac{x+2}{(x^2+4x+5)^3}$ sur $\mathbb{R}$.

Notes

Corrigé

1 f apparaît comme un quotient $\frac{A}{B}$. On cherche donc à écrire f sous la forme $\frac{u'}{u}$ ou $u'u^n$ s'il y a des radicaux ou des puissances au dénominateur.

Posons $u(x) = e^x - x$ sur $[0 ; +\infty[$.

u est dérivable sur $[0 ; +\infty[$ et, pour tout $x \geqslant 0$, $u'(x) = e^x - 1$.

Ainsi, $f(x) = \frac{u'(x)}{u(x)}$ pour tout $x \in [0 ; +\infty[$ avec $u(x) > 0$ sur $[0 ; +\infty[$.

f admet donc une primitive F sur $[0 ; +\infty[$ définie par :

$$F(x) = \ln(e^x - x).$$

N.B. : on vérifie bien que $F' = f$.

$F'(x) = \frac{e^x - 1}{e^x - x} = f(x)$.

2 La présence d'une exponentielle nous incite à écrire g sous la forme $u'e^u$.

Posons $u(x) = x^3 + 1$ sur $\mathbb{R}$. u est dérivable sur $\mathbb{R}$ et $u'(x) = 3x^2$.

Ainsi, pour tout x, $g(x) = \frac{1}{3} \times 3x^2 e^{x^3+1} = \frac{1}{3} u'(x) e^{u(x)}$.

Une primitive de g sur $\mathbb{R}$ est donc G définie par :

$\boldsymbol{G : x \mapsto \frac{1}{3} e^{u(x)} = \frac{1}{3} e^{x^3+1}}$.

N.B. : on vérifie bien que $G'(x) = \frac{1}{3} \times 3x^2 e^{x^3+1}$

$= x^2 e^{x^3+1} = g(x)$.

3 La présence d'exposant au dénominateur nous incite à écrire h sous la forme $u'u^n$ (avec $n < 0$).

Posons $u(x) = x^2 + 4x + 5$ sur $\mathbb{R}$.

u est dérivable sur $\mathbb{R}$ et $u'(x) = 2x + 4$.

De plus, pour tout réel x, $u(x) \neq 0$ ($\Delta_{x^2+4x+5} = 16 - 20 = -4$ et $\Delta < 0$).

Ainsi, pour tout x :

$$h(x) = \frac{1}{2}(2x + 4)(x^2 + 4x + 5)^{-3} = \frac{1}{2} u'(x) [u(x)]^{-3}.$$

Une primitive de h sur $\mathbb{R}$ est donc H définie par :

$$H(x) = x \mapsto \frac{1}{2} \times \frac{1}{-3+1} [u(x)]^{-3+1}$$

soit $\boldsymbol{H(x) = -\frac{1}{4} \times \frac{1}{(x^2 + 4x + 5)^2}}$.

Résoudre une équation différentielle du type $y' = ay + f$

Fiche 33

Maths

Notes

LE COURS

Résolution de l'équation $y' = ay$ avec $a \neq 0$

- Les solutions de l'équation $y' = ay$ $(a \neq 0)$ sont les fonctions définies sur $\mathbb{R}$ par : $x \mapsto Ce^{ax}$, $C \in \mathbb{R}$.
- Pour tout $(x_0\,;\,y_0)$ réels, $y' = ay$ $(a \neq 0)$ admet une unique solution f définie sur $\mathbb{R}$ telle que $f(x_0) = y_0$.

Résolution de l'équation $y' = ay + b$ avec $a \neq 0$

- Les solutions de l'équation $y' = ay + b$ $(a \neq 0)$ sont les fonctions définies sur $\mathbb{R}$ par : $x \mapsto Ce^{ax} - \frac{b}{a}$, $C \in \mathbb{R}$.
- Pour tout $(x_0\,;\,y_0)$ réels, $y' = ay + b$ $(a \neq 0)$ admet une unique solution f définie sur $\mathbb{R}$ telle que $f(x_0) = y_0$.

Résolution de l'équation (E) $y' = ay + f$ avec $a \neq 0$ et f définie sur un intervalle I de $\mathbb{R}$

Les solutions de l'équation $y' = ay + f$ $(a \neq 0)$ sont les fonctions définies sur I par : $x \mapsto Ce^{ax} + g(x)$, $C \in \mathbb{R}$ où g est une solution particulière de (E) sur I.

EXERCICES TYPES CORRIGÉS

EXERCICE 1 Déterminer la solution f de (E) $5y' + 4y = 20$ telle que $f(0) = 6$.

EXERCICE 2 On considère l'équation différentielle (E) $2y' + y = (x+1)e^{-\frac{x}{2}}$.

1. Déterminer les réels m et p tels que la fonction g définie sur $\mathbb{R}$ par $g(x) = (mx^2 + px)e^{-\frac{x}{2}}$ soit solution particulière de (E).
2. En déduire les solutions de (E).

Notes

Corrigé

1 On écrit (E) sous la forme du théorème $y' = ay + b$.

$5y' + 4y = 20 \Leftrightarrow y' = -\frac{4}{5}y + 4$.

Les solutions de (E) sont donc les fonctions y définies sur $\mathbb{R}$ par

$$y(x) = Ce^{-\frac{4}{5}x} - \frac{4}{-\frac{4}{5}} = Ce^{-\frac{4}{5}x} + 5, C \in \mathbb{R}.$$

N.B. : ① Les solutions de l'équation $y' = ay + b$ $(a \neq 0)$ sont les fonctions définies sur I par $x \Leftrightarrow Ce^{ax} + k$, $(C \in \mathbb{R})$ où $x \mapsto k$ est une solution particulière constante de (E) (k est solution de $4k = 20$).
② Toujours vérifier que y convient bien :

$$5y'(x) + 4y(x) = 5 \times \frac{-4}{5}Ce^{-\frac{4}{5}x} + 4Ce^{-\frac{4}{5}x} + 20 = 20.$$

On cherche donc $C \in \mathbb{R}$ telle que $f(0) = 6 \Leftrightarrow Ce^{-\frac{4}{5}\times 0} + 5 = 6 \Leftrightarrow C = 1$.

La fonction f recherchée est donc définie sur $\mathbb{R}$ par $f(x) = e^{-\frac{4}{5}x} + 5$.

2 1. On détermine m et p en exprimant le fait que g est solution de (E), soit que, pour tout réel x, $2g'(x) + g(x) = (x+1)e^{-\frac{x}{2}}$.

g en tant que produit de fonctions dérivables sur $\mathbb{R}$ est dérivable sur $\mathbb{R}$ et pour tout x réel :

$$g'(x) = (2mx + p)e^{-\frac{x}{2}} + (mx^2 + px)\left(-\frac{1}{2}\right)e^{-\frac{x}{2}} \qquad \left((e^u)' = u'e^u\right)$$

g est solution de $(E) \Leftrightarrow \forall x \in \mathbb{R}\ \ 2g'(x) + g(x) = (x+1)e^{-\frac{x}{2}}$

$\Leftrightarrow \forall x \in \mathbb{R}\ (4mx + 2p - \cancel{mx^2} - \cancel{px} + \cancel{mx^2} + \cancel{px})e^{-\frac{x}{2}} = (x+1)e^{-\frac{x}{2}}$

$\Leftrightarrow \forall x \in \mathbb{R} (4mx + 2p) = (x+1)$. $\quad (e^{-\frac{x}{2}} \neq 0)$

Par identification, $\begin{cases} 4m = 1 \\ 2p = 1 \end{cases} \Leftrightarrow \begin{cases} m = \frac{1}{4} \\ p = \frac{1}{2} \end{cases}$

Et $g : x \mapsto \left(\frac{1}{4}x^2 + \frac{1}{2}x\right)e^{-\frac{x}{2}}$ est solution particulière de (E).

2. (E) $2y' + y = (x+1)e^{-\frac{x}{2}} \Leftrightarrow y' = -\frac{1}{2}y + \frac{1}{2}(x+1)e^{-\frac{x}{2}}$.

Les solutions de (E) sont donc les fonctions y définies sur $\mathbb{R}$ par :

$$\boldsymbol{y(x) = Ce^{-\frac{1}{2}x} + g(x) = Ce^{-\frac{1}{2}x} + \left(\frac{1}{4}x^2 + \frac{1}{2}x\right)e^{-\frac{x}{2}}, C \in \mathbb{R}}.$$

Utiliser la méthode d'Euler pour résoudre une équation différentielle

Fiche 34

Maths

Notes

LE COURS

Principe de la méthode d'Euler

Soit f une fonction dérivable sur un intervalle I telle que $f(x_0) = y_0$ et f solution sur I de l'équation différentielle $y' = ay + b$.

On veut construire de façon approchée la courbe $(\mathscr{C}_f)$ de la fonction f.

Pour cela, on « remplace » la courbe $(\mathscr{C}_f)$ en un point A par sa tangente en A en utilisant l'approximation d'Euler suivante :

pour h suffisamment petit,

$$f'(a) \approx \frac{f(a+h) - f(a)}{h} \text{ et } f(a+h) \approx hf'(a) + f(a)$$ (*cf. fiche* 17)

- On subdivise I en n intervalles de même longueur h.
- On construit la suite de réels $x_k = x_0 + kh$, pour $k = 0$ à $k = n$.
- Puis on construit la suite de réels y_k de proche en proche en utilisant l'approximation d'Euler :

$$y_1 = f(x_1) = f(x_0 + h) \approx hf'(x_0) + f(x_0) \approx h(af(x_0) + b) + f(x_0)$$

...

$$y_n = f(x_n) = f(x_{n-1} + h) \approx hf'(x_{n-1}) + f(x_{n-1}) \approx h(af(x_{n-1}) + b) + f(x_n).$$

- Enfin, on construit et relie entre eux par un segment les points $A_0(x_0 ; y_0)$, $A_1(x_1 ; y_1)$, $A_2(x_2 ; y_2)$, ..., $A_{n-1}(x_{n-1} ; y_{n-1})$ et $A_n(x_n ; y_n)$.

N.B : on peut utiliser la méthode d'Euler pour construire de façon approchée une solution d'une équation différentielle non linéaire du type $y' = F(y)$, mais elle génère plus d'erreurs que la méthode vue *fiche* 38.

EXERCICE TYPE CORRIGÉ

On étudie une épidémie dans une population.

Au début de l'épidémie on constate que 0,01 % de la population est contaminé. Pour $t \in [0 ; 30]$, on note $y(t)$ le pourcentage de personnes touchées par la maladie après t jours.

On a donc $y(0) = 0{,}01$.

On admet que la fonction y ainsi définie sur $[0 ; 30]$ est dérivable, strictement positive et vérifie : $y' = 0{,}05y(10 - y)$ (E).

En utilisant la méthode d'Euler, écrire une fonction Python appelée « Euler » d'argument n qui construit une approximation de y sur $[0 ; 30]$.

Corrigé

On construit de proche en proche les suites de réels :

$x_k = x_0 + kh = x_{k-1} + h$

$y_k = y(x_k) = y(x_{k-1} + h) \approx y(x_{k-1}) + hy'(x_{k-1})$

$y_k \approx y_{k-1} + h \times 0{,}05 \times y_{k-1}(10 - y_{k-1})$

```
from matplotlib.pylab import *

def Euler(n):
    h=30/n
##on effectue une subdivision de [0;30] en n intervalles
## de même longueur h
    X=[0]
    Y=[0.01]
    plot (X,Y,'r')
## L'instruction plot(X,Y) affiche le point de coordonnées (X,Y)
##Si X et Y sont des listes,plot(X,Y) affiche et relie les points dont les
##abscisses sont des éléments de X et les ordonnées des éléments de Y
##la chaine de caractère 'r' définit la couleur rouge des points à relier
    for i in range (1,n+1):
        X.append(X[-1]+h)
        Y.append(Y[-1]+0.05*h*Y[-1]*(10-Y[-1]))
        plot(X,Y,'r')
    axis([0,30,0,100])
##affiche un repère gradué de 0 à 30 sur (Ox) et de 0 à 100 sur (Oy)
    show()
##l'instruction show() affiche la courbe à l'écran
    return
```

On obtient en tapant « Euler(100) » dans la console :

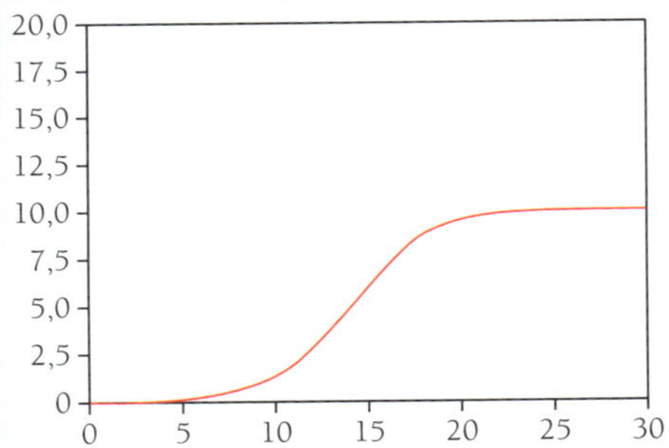

N.B. : on peut résoudre (E) par le calcul en effectuant un changement de variables : on pose $z = \dfrac{1}{y}$ (z existe car $y > 0$ sur $I = [0 ; 30]$, donc $y \neq 0$ sur I).

En remarquant que $z' = -\dfrac{y'}{y^2}$, on montre que y est solution de (E) si et seulement si z est solution de $z' = -0{,}5z + 0{,}05$, puis que, pour tout $t \in [0 ; 30]$, $z(t) = Ce^{-0{,}5t} + 0{,}1$ (*cf. fiche* 33).

Or, $y(0) = 0{,}01 \Leftrightarrow z(0) = 100 \Leftrightarrow C + 0{,}1 = 100 \Leftrightarrow C = 99{,}9$.

Et, pour tout $t \in [0 ; 30]$, $y(t) = \dfrac{1}{z(t)} = \dfrac{1}{99{,}9e^{-0{,}5t} + 0{,}1}$

$(99{,}9e^{-0{,}5t} + 0{,}1 > 0$, donc $99{,}9e^{-0{,}5t} + 0{,}1 \neq 0)$.

Définir l'intégrale d'une fonction continue – Déterminer une aire

Fiche 35

Maths

Notes

LE COURS

Unité d'aire

Le plan est muni d'un repère $(O; \vec{i}, \vec{j})$ orthogonal.
Soit I, J, K tels que $\overrightarrow{OI} = \vec{i}$, $\overrightarrow{OJ} = \vec{j}$ et $OIKJ$ rectangle.
L'unité d'aire (u.a.) est l'aire du rectangle $OIKJ$.

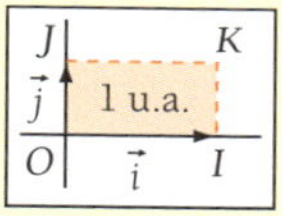

Intégrale d'une fonction continue positive f sur $[a ; b]$

$\int_a^b f(x)\,dx$ est l'aire, en u.a., du domaine $\mathcal{D}$ délimité par :

- $\mathcal{C}$ la courbe représentative de f dans $(O; \vec{i}, \vec{j})$,
- l'axe des abscisses,
- les droites d'équations $x = a$ et $x = b$.

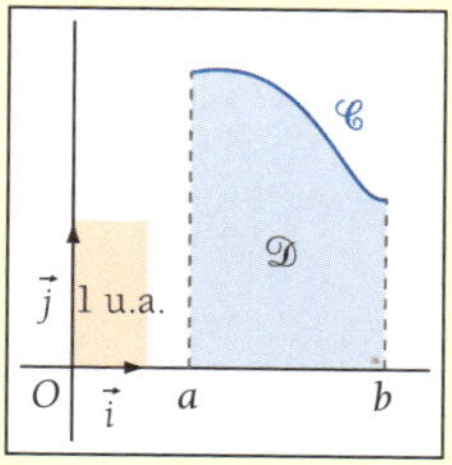

$$\int_a^b f(x)\,dx = \mathcal{A}\text{(u.a.)}$$

Intégrale d'une fonction continue négative f sur $[a ; b]$

$\int_a^b f(x)\,dx$ est l'opposée de l'aire, en u.a., du domaine $\mathcal{D}$ défini ci-dessus.

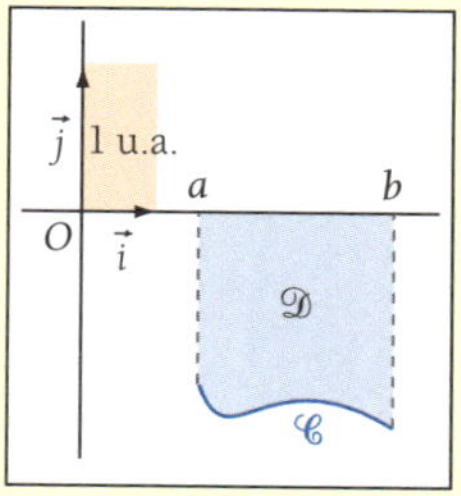

$$\int_a^b f(x)\,dx = -\,\mathcal{A}\text{(u.a.)}$$

Intégrale d'une fonction continue f sur $[a ; b]$

Si f change de signe sur $[a ; b]$, on découpe $[a ; b]$ en sous-intervalles sur lesquels f garde un signe constant, et on applique les définitions développées ci-dessus.

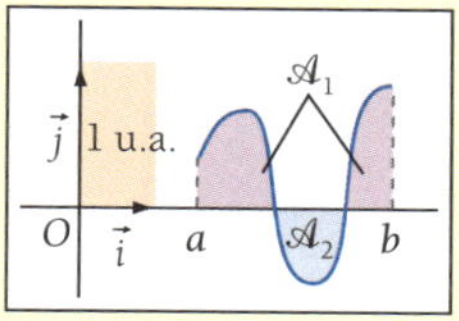

$$\int_a^b f(x)\,dx = \mathcal{A}_1 - \mathcal{A}_2 \quad \text{(u.a.)}$$

Notes

Aire d'un domaine délimité par deux courbes

Soit f et g continues sur $[a\,;b]$ telles que $f(x) \geqslant g(x)$ pour tout $x \in [a\,;b]$.
L'aire du domaine $\mathcal{G}$ défini par :

$$\mathcal{G} = \{M(x\,;y)\ /\ a \leqslant x \leqslant b \text{ et } g(x) \leqslant y \leqslant f(x)\}$$

est, en u.a., $\mathcal{A} = \int_a^b (f(x) - g(x))\,\mathrm{d}x$.

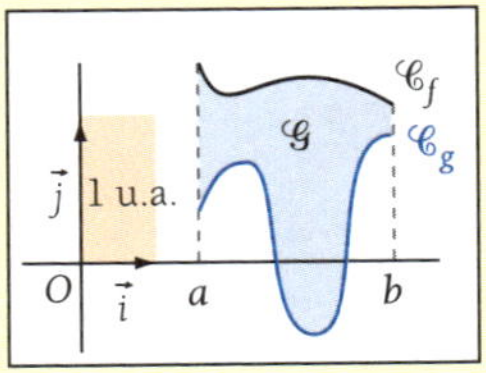

EXERCICE TYPE CORRIGÉ

Le plan étant muni d'un repère orthogonal $(O\,;\vec{i},\vec{j})$ (unité 5 cm), calculer l'aire en cm² de $\mathcal{D}$ délimitée par la courbe d'équation $y = x\mathrm{e}^{-x^2+1}$, l'axe (Ox), les droites d'équations $x = 1$ et $x = 3$.

Corrigé

Avant tout calcul, il faut toujours vérifier que la fonction $f : x \mapsto x\mathrm{e}^{-x^2+1}$ considérée est bien continue et *positive* sur $[1\,;3]$.

Pour tout $x \in [1\,;3]$, $x > 0$ et $\mathrm{e}^{-x^2+1} > 0$.
Ainsi, $f : x \mapsto x\mathrm{e}^{-x^2+1}$ est bien continue et positive sur $[1\,;3]$.
L'aire en u.a. de $\mathcal{D}$ est donc $\mathcal{A} = \int_1^3 x\mathrm{e}^{-x^2+1}\,\mathrm{d}x$.

On calcule ensuite l'intégrale en utilisant les primitives (*cf. fiches* 31, 32 et 36). La présence d'exponentielle nous incite à faire apparaître $u'\mathrm{e}^u$.

$$\mathcal{A} = -\frac{1}{2}\int_1^3 -2x\mathrm{e}^{-x^2+1}\,\mathrm{d}x = -\frac{1}{2}\left[\mathrm{e}^{-x^2+1}\right]_1^3 = \frac{1}{2}(1 - \mathrm{e}^{-8}).$$

On conclut enfin en exprimant 1 u.a. en cm². 1 u.a. = 5 × 5 cm².

Ainsi, l'aire recherchée en cm² est $\mathbf{A} = \mathcal{A} \times 5^2 = \dfrac{25}{2}(1 - \mathrm{e}^{-8})$.

N.B. : toujours vérifier que $\mathcal{A} > 0$; si $\mathcal{A} \leqslant 0$, soit il y a une erreur dans le calcul de l'intégrale, soit il y a une erreur dans l'expression même de l'intégrale (liée au fait que f ou $(f - g)$ ne garde pas un signe constant sur $[a\,;b]$).

Déterminer une intégrale en utilisant les primitives

Fiche 36

Maths

Notes

LE COURS

Intégrales et primitives

Soit f une fonction continue sur $[a ; b]$.

$$\int_a^b f(x)\,dx = [F(x)]_a^b = F(b) - F(a)$$

où F est une primitive quelconque de f sur $[a ; b]$.

Linéarité – Relation de Chasles

Soit f et g deux fonctions continues sur $[a ; b]$. Soit $\alpha \in \mathbb{R}$.

- $\int_b^a f(x)\,dx = -\int_a^b f(x)\,dx$.
- $\int_a^b f(x)\,dx = \int_a^c f(x)\,dx + \int_c^b f(x)\,dx$ pour tout $c \in [a ; b]$. (relation de Chasles)
- $\int_a^b (f+g)(x)\,dx = \int_a^b f(x)\,dx + \int_a^b g(x)\,dx$ (linéarité de l'intégrale)

  $\int_a^b (\alpha f)(x)\,dx = \alpha \int_a^b f(x)\,dx$.

EXERCICES TYPES CORRIGÉS

EXERCICE 1 Calculer $I = \int_2^4 \frac{x^3 - 4x^2 + x + 3}{x^2}\,dx$.

EXERCICE 2 Calculer $I = \int_e^{e^2} \frac{dx}{x \ln x}$.

EXERCICE 3 Calculer $A = \int_0^{\ln 2} (4e^{-x} - e^{2x} + 10x - 3)\,dx$.

Corrigé

1 $I = \int_2^4 \left(x - 4 + \frac{1}{x} + \frac{3}{x^2}\right) dx = \int_2^4 x\,dx - 4\int_2^4 dx + \int_2^4 \frac{dx}{x} + 3\int_2^4 \frac{dx}{x^2}$

par linéarité.

Ainsi, $\boldsymbol{I} = \left[\frac{x^2}{2}\right]_2^4 - 4\,[x]_2^4 + [\ln x]_2^4 + 3\left[-\frac{1}{x}\right]_2^4 = \mathbf{\ln 2 - \frac{5}{4}}$.

Notes

2 Il s'agit de déterminer une primitive de $f : x \mapsto \frac{1}{x \ln x}$ sur $[e ; e^2]$. Comme on ne reconnaît pas une dérivée usuelle, on cherche à faire apparaître la dérivée d'une fonction composée. La présence d'un quotient nous incite à écrire f sous la forme $\frac{u'}{u}$ (de primitive $\ln u$, si $u > 0$).

Posons $u(x) = \ln x$.

u est dérivable sur $[e ; e^2]$ et, pour tout $x \in [e ; e^2]$, $u'(x) = \frac{1}{x}$.

De plus, pour tout $x > e$, $\ln x > \ln e > 0$ (par stricte croissance de $x \mapsto \ln x$ sur $]0 ; +\infty[$). Ainsi, $u(x) > 0$ pour tout $x \in [e ; e^2]$ et $\frac{u'}{u}$ a bien pour primitive $\ln u$ sur $[e ; e^2]$.

Donc $I = \int_e^{e^2} \frac{u'(x)}{u(x)}\, dx = [\ln u(x)]_e^{e^2} = \ln(\ln e^2) - \ln(\ln e)$

et $\mathbf{I = \ln(2 \ln e) - \ln 1 = \ln 2}$.

N.B. : toujours vérifier ses calculs avec la calculatrice :

• Casio = menu (RUN) puis calc (OPTN) (F4) et ∫dx (F2)

• Texas : (MATH) puis intégr Fonct (9)

intégr Fonct (fonction, variable, borne inf, borne sup).

3 On utilise la linéarité de l'intégrale pour se ramener aux primitives usuelles ou à l'une des formes $u'u^n$ (avec $n \neq -1$), $\frac{u'}{u}$, $\frac{u'}{\sqrt{u}}$ et $u'e^u$.

$A = 4\int_0^{\ln 2} e^{-x}\, dx - \int_0^{\ln 2} e^{2x}\, dx + 10\int_0^{\ln 2} x\, dx - 3\int_0^{\ln 2} dx.$

La présence d'exponentielle dans les deux premières intégrales nous incite à faire apparaître $u'e^u$.

$A = -4\int_0^{\ln 2} (-e^{-x})\, dx - \frac{1}{2}\int_0^{\ln 2} 2e^{2x}\, dx + 5\int_0^{\ln 2} 2x\, dx - 3\int_0^{\ln 2} dx.$

$A = -4\,[e^{-x}]_0^{\ln 2} - \frac{1}{2}\,[e^{2x}]_0^{\ln 2} + 5\,[x^2]_0^{\ln 2} - 3\,[x]_0^{\ln 2}$

$A = -4\,(e^{-\ln 2} - 1) - \frac{1}{2}(e^{2\ln 2} - 1) + 5\,(\ln 2)^2 - 3\ln 2$

$A = -4\left(-\frac{1}{2}\right) - \frac{1}{2}(4 - 1) + 5\,(\ln 2)^2 - 3\ln 2$

$\mathbf{A = \frac{1}{2} + 5\,(\ln 2)^2 - 3\ln 2.}$

Déterminer une intégrale en utilisant une intégration par parties

Fiche 37

Maths

Notes

LE COURS

Théorème d'intégration par parties (IPP)

Soit u et v dérivables sur un intervalle I de $\mathbb{R}$, telles que u' et v' soient continues sur I. Soient a et b de I. Alors :

$$\int_a^b u'(x)v(x)\,\mathrm{d}x = \left[u(x)v(x)\right]_a^b - \int_a^b u(x)v'(x)\,\mathrm{d}x$$

EXERCICES TYPES CORRIGÉS

EXERCICE 1 Calculer $I = \int_0^1 xe^{-x}\,\mathrm{d}x$.

EXERCICE 2 Calculer $I = \int_1^2 \frac{\ln t}{t^2}\,\mathrm{d}t$.

EXERCICE 3 Déterminer une primitive de $f : x \mapsto \ln(x) = 1 \times \ln(x)$ sur $I = \left]0 ; +\infty\right[$.

EXERCICE 4 Soit $n \in \mathbb{N}^*$ et $I_n = \int_0^1 x^n \mathrm{e}^{1-x}\,\mathrm{d}x$.
Montrer que $I_{n+1} = (n+1)I_n - 1$.

Corrigé

1 On ne reconnaît ni une dérivée usuelle, ni une dérivée d'une fonction composée (f ne peut s'écrire sous la forme $u'\mathrm{e}^u$).
On est donc amené à utiliser une intégration par parties.
Généralement, on choisit pour u' le facteur dont on connaît une primitive.
Ici, il y a 2 possibilités pour u' : comme toujours avec les fonctions à intégrer du type $P(x)\mathrm{e}^{ax+b}$ (P polynôme), on choisit $u'(x) = \mathrm{e}^{-x}$.
Cela permet de se ramener au calcul d'une intégrale plus simple (puisque $v'(x) = 1$).

Posons $\begin{cases} u'(x) = \mathrm{e}^{-x} \\ v(x) = x \end{cases}$ et $\begin{cases} u(x) = -\mathrm{e}^{-x} \\ v'(x) = 1 \end{cases}$

Toujours vérifier à ce niveau les calculs en redérivant les primitives :
$u(x) = -\mathrm{e}^{-x} = -\mathrm{e}^{w(x)}$ et $u'(x) = -w'(x)\mathrm{e}^{w(x)} = -(-1)\mathrm{e}^{-x} = \mathrm{e}^{-x}$.

u et v sont dérivables de dérivées continues sur $[0 ; 1]$, donc par intégration par parties :

$$I = \int_0^1 x\mathrm{e}^{-x}\,\mathrm{d}x = \left[-x\mathrm{e}^{-x}\right]_0^1 - \int_0^1 (-\mathrm{e}^{-x})\,\mathrm{d}x = -\mathrm{e}^{-1} - \left[\mathrm{e}^{-x}\right]_0^1.$$

Soit $\boldsymbol{I = 1 - \frac{2}{\mathrm{e}}}$.

Notes

2 f ne peut pas s'écrire sous la forme $\frac{u'}{u}$ ou $\frac{u'}{u^n}$:
on utilise une intégration par parties.

Posons $\begin{cases} u'(t) = \frac{1}{t^2} = t^{-2} \\ v(t) = \ln t \end{cases}$ et $\begin{cases} u(t) = -t^{-1} = -\frac{1}{t} \\ v'(t) = \frac{1}{t} \end{cases}$

u et v sont dérivables de dérivées continues sur $[1\,;2]$, donc par intégration par parties :

$$I = \int_1^2 \frac{\ln t}{t^2}\,dt = \left[-\frac{\ln t}{t}\right]_1^2 - \int_1^2 \left(-\frac{1}{t^2}\right)dt = -\frac{\ln 2}{2} - \left[\frac{1}{t}\right]_1^2.$$

Soit $\boldsymbol{I = \frac{1 - \ln 2}{2}}$.

3 $f : x \mapsto \ln(x)$ est continue sur $I =]0\,;+\infty[$ et admet donc bien des primitives sur $]0\,;+\infty[$.

On ne peut pas déterminer directement une primitive par lecture inverse du tableau des dérivées. D'où l'idée de calculer une intégrale par intégration par parties.

$x \mapsto F(x) = \int_1^x f(t)\,dt$ est la primitive de f sur I qui s'annule en 1.

Soit $x \in I$. Posons $\begin{cases} u'(t) = 1 \\ v(t) = \ln t \end{cases}$ et $\begin{cases} u(t) = t \\ v'(t) = \frac{1}{t} \end{cases}$

u et v sont dérivables de dérivées continues sur I, donc par intégration par parties :

$$F(x) = \int_1^x \ln t\,dt = [t \ln t]_1^x - \int_1^x 1\,dt = x\ln x - [t]_1^x = x\ln x - x + 1.$$

Ainsi, une primitive de $f : x \mapsto \ln x$ sur I est $x \mapsto x\ln x - x + 1$.

4 Soit $n \in \mathbb{N}^*$ et $I_{n+1} = \int_0^1 x^{n+1}e^{1-x}\,dx$.

Posons $\begin{cases} u'(x) = e^{1-x} \\ v(x) = x^{n+1} \end{cases}$ et $\begin{cases} u(x) = -e^{1-x} \\ v'(x) = (n+1)x^n \end{cases}$

u et v sont dérivables de dérivées continues sur $[0\,;1]$,
donc, par intégration par parties :

$$I_{n+1} = \int_0^1 x^{n+1}e^{1-x}dx = [-x^{n+1}e^{1-x}]_0^1 - \int_0^1 -e^{1-x}(n+1)x^n\,dx.$$

Soit $I_{n+1} = -1e^0 + 0 + (n+1)\int_0^1 x^n e^{1-x}dx$ (par linéarité)

et $\boldsymbol{I_{n+1} = (n+1)I_n - 1}$.

N.B. : ce type de questions permet généralement d'établir une relation de récurrence pour la suite (I_n) et d'étudier ensuite plus facilement les variations et le comportement asymptotique de la suite.

Utiliser un algorithme pour déterminer une intégrale

Fiche 38

Maths

Notes

LE COURS

■ Principe : soit f une fonction continue positive strictement monotone sur $[a ; b]$

Quand on ne connaît pas de primitive de f sur $[a ; b]$, on cherche alors une valeur approchée de $I = \int_a^b f(t)\,dt$. C'est l'aire en u.a. de $\mathcal{D} = \{M(x ; y)$ tels que $a \leqslant x \leqslant b$ et $0 \leqslant y \leqslant f(x)\}$.

On approche cette aire par des sommes d'aires de rectangles :

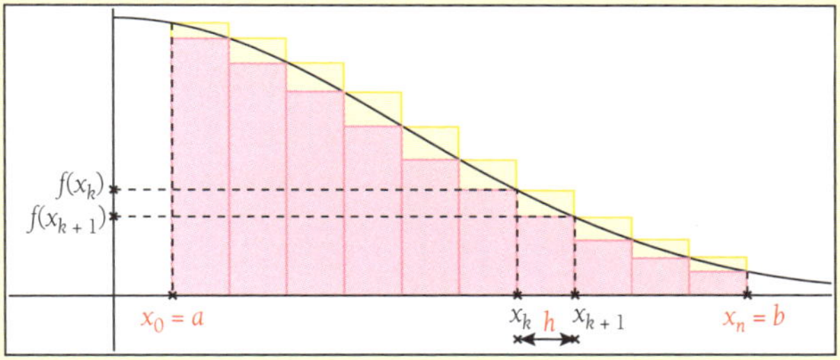

On partage $[a ; b]$ en n intervalles de même longueur $h = \dfrac{b-a}{n}$.

On considère les réels $x_k = a + kh$ définis pour $k = 0$ à $k = n$.

On construit alors les rectangles « supérieurs » de largeur h et de hauteur $f(x_k)$, et les rectangles « inférieurs » de largeur h et de hauteur $f(x_{k+1})$.

On note $v_n = hf(x_1) + hf(x_2) + \ldots + hf(x_n) = h \displaystyle\sum_{k=0}^{k=n-1} f(x_{k+1})$

et $u_n = hf(x_0) + hf(x_1) + \ldots + hf(x_{n-1}) = h \displaystyle\sum_{k=0}^{k=n-1} f(x_k)$.

On a $v_n \leqslant I \leqslant u_n$:

v_n et u_n sont des valeurs approchées de I.

L'erreur commise est majorée par $u_n - v_n = h(f(a) - f(b))$.

N.B. : si f est croissante, on a $u_n \leqslant I \leqslant v_n$ et l'erreur est alors majorée par $v_n - u_n = h(f(b) - f(a))$.

Notes

EXERCICE TYPE CORRIGÉ

On considère l'algorithme suivant (méthode des rectangles) :

```
inf ← 0
sup ← 0
x ← a
h ← (b − a)/n
Pour i allant de 1 à n
    sup ← sup + hf(x)
    x ← x + h
    inf ← inf + hf(x)
Fin Pour
Afficher inf,sup
```

1. On cherche en utilisant la méthode des rectangles un encadrement de $\int_0^1 e^{-\frac{t^2}{2}}\,dt$ d'amplitude 10^{-2}. Trouver n le nombre de subdivisions de l'intervalle [0; 1] qui convienne. En déduire la valeur de h.

2. Écrire cet algorithme en langage Python correspondant. Qu'affiche-t-il pour $n = 40$?

Corrigé

1. En utilisant la méthode des rectangles, on a $v_n \leqslant \int_0^1 e^{-\frac{t^2}{2}}\,dt \leqslant u_n$

avec $u_n - v_n = h(f(a) - f(b)) = \frac{1}{n}\left(1 - e^{-\frac{1}{2}}\right)$ (f décroissante).

On cherche donc n tel que : $\frac{1}{n}\left(1 - e^{-\frac{1}{2}}\right) \leqslant 10^{-2}$

soit tel que $n \geqslant 100\left(1 - e^{-\frac{1}{2}}\right)$.

Comme $100\left(1 - e^{-\frac{1}{2}}\right) \approx 39{,}35$, $\boldsymbol{n = 40}$ et $\boldsymbol{h = \frac{1}{n} = 0{,}025}$.

2.

```python
from math import*

def rectangle(a,b,n):
    inf=0
    sup=0
    x=a
    h=(b-a)/n
    for i in range(1,n+1):
        sup=sup+h*exp(-x**2/2)
        x=x+h
        inf=inf+h*exp(-x**2/2)
    return(inf,sup)
```

On obtient :

```
>>> rectangle(0,1,40)
(0.8506744343418727, 0.860511167849057)
```

Définir une fonction à l'aide d'une intégrale

Fiche 39

Maths

LE COURS

Primitive de f continue sur $[a\,;b]$

Soit f une fonction continue sur $[a\,;b]$.

$F : x \mapsto \int_a^x f(t)\,dt$ est la primitive de f sur $[a\,;b]$ telle que $F(a) = 0$.

En particulier, F est dérivable sur $[a\,;b]$ et $F' = f$ sur $[a\,;b]$.

Notes

EXERCICES TYPES CORRIGÉS

EXERCICE 1 Soit F la fonction définie sur $\mathbb{R}$ par $F(x) = \int_0^x t\mathrm{e}^{-t}\,dt$.

1. Soit G la fonction définie sur $\mathbb{R}$ par $G(x) = F(x) + x\mathrm{e}^{-x}$.
Montrer que G est dérivable et déterminer G'.
2. En déduire l'expression de $F(x)$ en fonction de x.

EXERCICE 2 Soit F la fonction définie sur $\mathbb{R}$ par $F(x) = \int_0^x \frac{-1}{\sqrt{1+t^2}}\,dt$.

1. Étudier les variations de F sur $\mathbb{R}$.
2. En déduire le signe de $F(x)$ sur $\mathbb{R}$.
3. Déterminer une équation de la droite (T) tangente à la courbe représentative de F au point d'abscisse 0.

Corrigé

1 La fonction $x \mapsto x\mathrm{e}^{-x}$ est continue sur $\mathbb{R}$: elle admet bien des primitives sur $\mathbb{R}$ et F est bien définie sur $\mathbb{R}$.

1. G est la somme de deux fonctions, la fonction F et la fonction $g = uv$ avec $u(x) = x$ et $v(x) = \mathrm{e}^{-x} = \mathrm{e}^{w(x)}$.

F est une primitive de $x \mapsto x\mathrm{e}^{-x}$ sur $\mathbb{R}$, donc F est dérivable sur $\mathbb{R}$ et, pour tout x, $F'(x) = x\mathrm{e}^{-x}$.

v est dérivable sur $\mathbb{R}$ et, pour tout x, $v'(x) = w'(x)\mathrm{e}^{w(x)} = -\,\mathrm{e}^{-x}$.
Donc g est dérivable sur $\mathbb{R}$ et, pour tout x,
$g'(x) = u'(x)v(x) + u(x)v'(x) = \mathrm{e}^{-x} - x\mathrm{e}^{-x}$.

Ainsi, G est dérivable sur $\mathbb{R}$ et, pour tout x,
$\mathbf{G'(x) = x\mathrm{e}^{-x} + \mathrm{e}^{-x} - x\mathrm{e}^{-x} = \mathrm{e}^{-x}}$.

Notes

2. Pour cela, on détermine d'abord $G(x)$ en fonction de x.

D'après 1., G est une primitive de $x \mapsto e^{-x}$ sur $\mathbb{R}$.

De plus, comme F est la primitive de $x \mapsto xe^{-x}$ qui s'annule en 0, $F(0) = 0$, et $G(0) = F(0) + 0 \times e^0 = 0$.

Ainsi, $G(x) = \int_0^x e^{-t}\,dt$.

La présence d'une exponentielle nous incite à faire $u'e^U$.

$G(x) = -\int_0^x -e^{-t}\,dt = -\left[e^{-t}\right]_0^x = 1 - e^{-x}$.

Et $\boldsymbol{F(x) = G(x) - xe^{-x} = 1 - e^{-x} - xe^{-x}}$ pour tout x.

N.B.: on vérifie bien que $F'(x) = xe^{-x}$.

On aurait pu déterminer $F(x)$ en fonction de x en utilisant une intégration par parties (*cf. fiche* 37).

2 1. F est la primitive de $f : x \mapsto \dfrac{-1}{\sqrt{1+x^2}}$ (fonction continue sur $\mathbb{R}$) sur $\mathbb{R}$ qui s'annule pour $x = 0$.

Ainsi, F est dérivable sur $\mathbb{R}$ et, pour tout x, $F'(x) = \dfrac{-1}{\sqrt{1+x^2}}$, $\boldsymbol{F'(x) < 0}$ sur $\mathbb{R}$.

De plus, $F(0) = 0$. D'où le tableau de variations de F sur $\mathbb{R}$:

x	$-\infty$	0	$+\infty$
$F(x)$	↘	0	↘

2. Comme F est continue et strictement décroissante sur $\mathbb{R}$, et comme $F(0) = 0$, on en déduit immédiatement le tableau de signes de $F(x)$ sur $\mathbb{R}$:

x	$-\infty$		0		$+\infty$
$F(x)$		$+$	0	$-$	

3. On sait que $F(0) = 0$. De plus, d'après 1., $F'(0) = \dfrac{-1}{\sqrt{1+0^2}} = -1$.

Ainsi, une équation de (T) est :

$$y = F'(0)(x-0) + F(0),$$

soit $\boldsymbol{y = -x}$.

N.B.: on peut déterminer directement le signe de $F(x)$ sur $\mathbb{R}$ en utilisant la propriété de positivité de l'intégrale (*cf. fiche* 40).

Comme $f(t) < 0$ sur $\mathbb{R}$ et f est continue sur $\mathbb{R}$:

$$\begin{cases} \text{pour } x \geqslant 0,\ \displaystyle\int_0^x \frac{-1}{\sqrt{1+t^2}}\,dt \leqslant 0 \\ \text{pour } x \leqslant 0,\ \displaystyle\int_0^x \frac{-1}{\sqrt{1+t^2}}\,dt = -\int_x^0 \frac{-1}{\sqrt{1+t^2}}\,dt \geqslant 0. \end{cases}$$

Encadrer une intégrale

Fiche 40

Maths

Notes

LE COURS

Intégration d'une inégalité

Soit f, g continues sur $[a\,;b]$ $(a \leqslant b)$.

- Si $f \geqslant 0$ sur $[a\,;b]$, alors :

$$\int_a^b f(t)\,\mathrm{d}t \geqslant 0.$$

- Si $f \geqslant g$ sur $[a\,;b]$, alors :

$$\int_a^b f(t)\,\mathrm{d}t \geqslant \int_a^b g(t)\,\mathrm{d}t.$$

Inégalité de la moyenne Valeur moyenne d'une fonction

Soit f continue sur $[a\,;b]$ $(a \leqslant b)$.

- La valeur moyenne de f sur $[a\,;b]$ est :

$$\mu = \frac{1}{b-a}\int_a^b f(t)\,\mathrm{d}t \quad (a \neq b).$$

- Si $m \leqslant f \leqslant M$ sur $[a\,;b]$, alors $m(b-a) \leqslant \int_a^b f(t)\,\mathrm{d}t \leqslant M(b-a)$.
- Si $|f| \leqslant M$ sur $[a\,;b]$ ou $[b\,;a]$, alors $\left|\int_a^b f(t)\,\mathrm{d}t\right| \leqslant M|b-a|$.

⚠ Ne pas utiliser « $f \geqslant g$ implique $\int_a^b f(t)\,\mathrm{d}t \geqslant \int_a^b g(t)\,\mathrm{d}t$ » sans vérifier au préalable que $a \leqslant b$.

EXERCICES TYPES CORRIGÉS

EXERCICE 1 Pour tout entier naturel n, on pose $u_n = \int_0^1 \frac{1}{1+x^n}\,\mathrm{d}x$.

Montrer que pour tout $n \in \mathbb{N}$, $u_n \geqslant 0$, puis que $u_n \leqslant 1$.

EXERCICE 2 Soit $I_n = \int_0^1 \frac{x^n}{1+x}\,\mathrm{d}x$ pour tout $n \in \mathbb{N}$. Montrer que, pour tout $n \in \mathbb{N}$, $\frac{1}{2(n+1)} \leqslant I_n \leqslant \frac{1}{n+1}$ (on pourra remarquer que $1 \leqslant 1+x \leqslant 2$ sur $[0\,;1]$).

Notes

Corrigé

1 Il suffit de vérifier la positivité de $f_n(x) = \dfrac{1}{1+x^n}$ sur $[0;\ 1]$.

Soit $n \in \mathbb{N}$; pour tout $x \in [0 ; 1]$,
$x^n \geqslant 0, x^n + 1 \geqslant 1 > 0$
et $\dfrac{1}{1+x^n} > 0$.

De plus, $f_n : x \mapsto \dfrac{1}{1+x^n}$, en tant que fonction rationnelle, est continue sur son ensemble de définition, soit sur $[0 ; 1]$.
Ainsi, par intégration d'une fonction continue et positive sur $[0;\ 1]$,
$\boldsymbol{u_n \geqslant 0}$.
De plus, pour tout $x \in [0 ; 1]$,
$x^n \geqslant 0$
$x^n + 1 \geqslant 1$.
Ainsi, par passage à l'inverse, $\dfrac{1}{1+x^n} \leqslant 1$

et par intégration de fonctions continues sur $[0;\ 1]$, $\displaystyle\int_0^1 \frac{1}{1+x^n}\,\mathrm{d}x \leqslant \int_0^1 \mathrm{d}x$.

Soit $\boldsymbol{u_n \leqslant 1}$.

2 Pour tout $x \in [0 ; 1]$,
$1 \leqslant 1 + x \leqslant 2$

et $\dfrac{1}{2} \leqslant \dfrac{1}{1+x} \leqslant 1$ (car $x \mapsto \dfrac{1}{x}$ est décroissante strictement sur $]0 ; +\infty[$).

Comme $x^n \geqslant 0$ sur $[0;\ 1]$, $\dfrac{x^n}{2} \leqslant \dfrac{x^n}{1+x} \leqslant x^n$ pour tout n.

Ainsi, par intégration de fonctions continues sur $[0;\ 1]$,

$$\int_0^1 \frac{x^n}{2}\,\mathrm{d}x \leqslant \int_0^1 \frac{x^n}{1+x}\,\mathrm{d}x \leqslant \int_0^1 x^n\,\mathrm{d}x,$$

soit
$$\frac{1}{2}\left[\frac{x^{n+1}}{n+1}\right]_0^1 \leqslant I_n \leqslant \left[\frac{x^{n+1}}{n+1}\right]_0^1$$

et
$$\boldsymbol{\frac{1}{2(n+1)} \leqslant I_n \leqslant \frac{1}{n+1}} \text{ pour tout } n.$$

N.B. : si on peut interpréter facilement l'intégrale à encadrer comme une aire, alors un graphique peut permettre de conjecturer un encadrement.

Déterminer les asymptotes horizontales et verticales à une courbe

Fiche 41

Maths

LE COURS

Asymptote horizontale

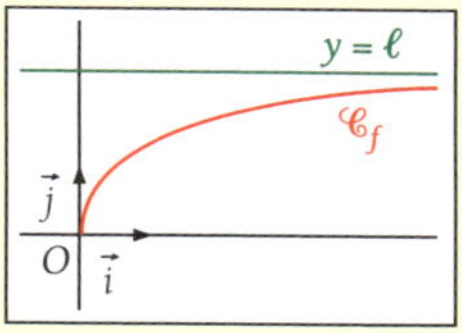

Soit $\ell \in \mathbb{R}$.

Si $\lim\limits_{x \to +\infty} f(x) = \ell$, alors la droite d'équation $y = \ell$ est asymptote horizontale à $\mathscr{C}_f$ au voisinage de $+\infty$.

N.B. : on a les mêmes définitions pour les asymptotes horizontales en $-\infty$.

Asymptote verticale

Soit $a \in \mathbb{R}$.

Si $\lim\limits_{x \to a} f(x) = \pm\infty$, alors la droite d'équation $x = a$ est asymptote verticale à $\mathscr{C}_f$.

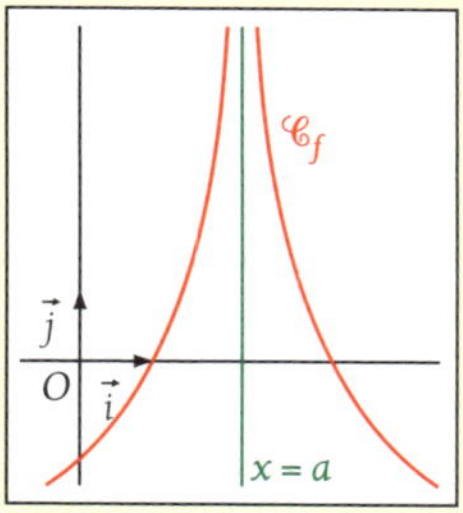

Notes

EXERCICES TYPES CORRIGÉS

EXERCICE 1 Soit f définie sur $]0\,;+\infty[$ par $f(x) = -4 + \dfrac{\ln x}{x}$.

Calculer les limites aux bornes de $\mathscr{D}_f$.

Que peut-on en déduire pour $\mathscr{C}_f$?

EXERCICE 2 Soit f définie sur $\mathbb{R}$ par $f(x) = \dfrac{e^x}{e^x + 1}$ de courbe représentative $\mathscr{C}$.

Déterminer les limites de f en $-\infty$ et en $+\infty$.

En déduire que $\mathscr{C}$ admet deux asymptotes.

Notes

Corrigé

1 • Étudions la limite de $f(x)$ quand x tend vers 0^+ :

$$\lim_{\substack{x \to 0 \\ >}} \ln x = -\infty \quad \text{et} \quad \lim_{\substack{x \to 0 \\ >}} \frac{1}{x} = +\infty.$$

Par produit, $\lim\limits_{\substack{x \to 0 \\ >}} \dfrac{\ln x}{x} = -\infty$.

Ainsi, $\mathbf{\lim\limits_{\substack{x \to 0 \\ >}} f(x) = -\infty}$ **:**

$\mathscr{C}_f$ admet une asymptote verticale d'équation $x = 0$.

• Étudions la limite de $f(x)$ quand x tend vers $+\infty$:

$$\lim_{x \to +\infty} \frac{\ln x}{x} = 0$$ (croissances comparées, *cf. fiche* 23).

Donc, $\mathbf{\lim\limits_{x \to +\infty} f(x) = -4 + 0 = -4}$ **:**

$\mathscr{C}_f$ admet une asymptote horizontale en $+\infty$ d'équation $y = -4$.

N.B. : toujours chercher à interpréter les limites en termes d'asymptote, même si cela n'est pas demandé dans l'énoncé. Cela permet en effet d'affiner le tracé de la courbe $\mathscr{C}_f$ en précisant ce qui se passe aux bornes de $\mathscr{D}_f$.

2 • Étudions la limite de $f(x)$ quand x tend vers $-\infty$:

$$\lim_{x \to -\infty} e^x = 0.$$

Donc, $\mathbf{\lim\limits_{x \to -\infty} f(x) = \dfrac{0}{0+1} = 0}$ **:**

$\mathscr{C}$ admet une asymptote horizontale en $-\infty$ d'équation $y = 0$.

• Étudions la limite de $f(x)$ quand x tend vers $+\infty$:

$\lim\limits_{x \to +\infty} e^x = \lim\limits_{x \to +\infty} (e^x + 1) = +\infty$. On a donc la FI « $\dfrac{\infty}{\infty}$ ». Pour la lever, factorisons numérateur et dénominateur par le terme prépondérant e^x.

Pour tout x, $f(x) = \dfrac{e^x}{e^x(1+e^{-x})} = \dfrac{1}{1+e^{-x}}$.

Or, $\lim\limits_{x \to +\infty} e^x = +\infty$ et $\lim\limits_{x \to +\infty} e^{-x} = \lim\limits_{x \to +\infty} \dfrac{1}{e^x} = 0$.

Ainsi, $\mathbf{\lim\limits_{x \to +\infty} f(x) = \dfrac{1}{1+0} = 1}$ **:**

$\mathscr{C}$ admet une asymptote horizontale en $+\infty$ d'équation $y = 1$.

Étudier les variations d'une fonction

Fiche 42

Maths

Notes

LE COURS

Fonction croissante – Fonction décroissante

Soit f définie sur I.

f croissante sur I signifie que, pour tout x_1, x_2 de I :

$$\text{si } x_1 \leqslant x_2, \text{ alors } f(x_1) \leqslant f(x_2)\ ;$$

f décroissante sur I signifie que, pour tout x_1, x_2 de I :

$$\text{si } x_1 \leqslant x_2, \text{ alors } f(x_1) \geqslant f(x_2).$$

N.B. : connaître les variations d'une fonction f peut permettre d'en déterminer son signe ou un encadrement.

Dérivée et variations

Soit f dérivable sur $[a\ ;b]$.
Si $f' > 0$ sur $[a\ ;b]$, alors f est strictement croissante sur $[a\ ;b]$.
Si $f' < 0$ sur $[a\ ;b]$, alors f est strictement décroissante sur $[a\ ;b]$.

Dérivée et extremum

Soit f dérivable sur $]a\ ;b[$. Soit $c \in\ ]a\ ;b[$.
Si $f(c)$ est un extremum local, alors $f'(c) = 0$; si f' s'annule en c en changeant de signe, alors $f(c)$ est un extremum local.

EXERCICES TYPES CORRIGÉS

EXERCICE 1 Soit f définie sur $[0\ ;+\infty[$ par $f(x) = \ln(1+x) - x$.

1. Étudier le sens de variation de f.
2. En déduire que, pour tout $x \geqslant 0$, $\ln(1+x) \leqslant x$.

EXERCICE 2 Soit g la fonction définie sur $]-1\ ;+\infty[$ par $g(x) = \dfrac{e^x}{1+x}$.

1. Étudier le sens de variation de g dans $[1\ ;2]$.
2. Montrer que, pour tout x appartenant à $[1\ ;2]$, on a :

$$1 \leqslant g(x) \leqslant 2{,}5.$$

Corrigé

1 1. Pour étudier les variations de f, on étudie le signe de f' sur $[0\ ;+\infty[$.

En tant que fonction rationnelle, f est dérivable sur son ensemble de définition, soit sur $[0\ ;+\infty[$ et, pour tout $x \geqslant 0$:

$$f'(x) = \frac{1}{1+x} - 1 = \frac{1-(1+x)}{1+x} = \frac{-x}{1+x} \quad \left((\ln u)' = \frac{u'}{u}\right).$$

Notes

D'où le tableau de variations de f sur $[0 ; +\infty[$:

x	0	$+\infty$
$-x$	0	$-$
$1+x$		$+$
$f'(x)$	0	$-$
$f(x)$	0 ↘	$-\infty$

N.B. : pour que le tableau de variations soit complet, il faut déterminer $\lim\limits_{x \to +\infty} f(x)$ (*cf. fiches* 13, 14, 15, 16, 23 et 26) : comme il y a une FI « $\infty - \infty$ », on factorise par le terme prépondérant $x+1$:

$$f(x) = (x+1)\left[\frac{\ln(1+x)}{x+1} - \frac{x}{x+1}\right] \text{ pour tout } x \geqslant 0.$$

Or, $\lim\limits_{x \to +\infty} (x+1) = +\infty$ et $\lim\limits_{X \to +\infty} \frac{\ln X}{X} = 0$.

Par composition, $\lim\limits_{x \to +\infty} \frac{\ln(1+x)}{x+1} = 0$.

De plus, $\lim\limits_{x \to +\infty} \frac{x}{x+1} = \lim\limits_{x \to +\infty} \frac{x}{x} = 1$. Ainsi, $\lim\limits_{x \to +\infty} f(x) = -\infty$.

2. Pour comparer ces deux fonctions, on étudie le signe de leur différence ($f(x)$) en utilisant les variations de f établies ci-dessus.

D'après le tableau de variations, 0 est le maximum de f sur $[0 ; +\infty[$ et, pour tout $x \geqslant 0$, $f(x) \leqslant 0$.
Ainsi, **pour tout $x \geqslant 0$, $\ln(1+x) \leqslant x$.**

2 **1.** Pour étudier les variations de g, on étudie le signe de g' sur $[1 ; 2]$.
g est dérivable sur $[1 ; 2]$ et, pour tout $x \in [1 ; 2]$:

$$g'(x) = \frac{e^x(1+x) - e^x \times 1}{(1+x)^2} \quad \left(\left(\frac{u}{v}\right)' = \frac{u'v - uv'}{v^2}\right),$$

soit $g'(x) = \frac{xe^x}{(1+x)^2}$.

Or, pour tout $x \in [1 ; 2]$, $xe^x > 0$ et $(1+x)^2 > 0$.
Donc $g'(x) > 0$ sur $[1 ; 2]$.
Ainsi, ***g* est strictement croissante sur [1 ; 2].**

2. D'après le **1.**, pour tout $x \in [1 ; 2]$, comme $1 \leqslant x \leqslant 2$, alors $g(1) \leqslant g(x) \leqslant g(2)$.
Or, $g(1) \approx 1{,}36$ à 10^{-2} près et $g(1) \geqslant 1$;
$g(2) \approx 2{,}46$ à 10^{-2} près et $g(2) \leqslant 2{,}5$.
Ainsi, **pour tout $x \in [1 ; 2]$, $1 \leqslant g(x) \leqslant 2{,}5$.**

Déterminer une tangente – Étudier sa position par rapport à la courbe

Fiche 43

Maths

Notes

LE COURS

Équation d'une tangente à $\mathscr{C}_f$

Soit f dérivable sur I et $a \in I$.

L'équation de la tangente à $\mathscr{C}_f$ en $A(a\,;f(a))$ est :

$$y = f'(a)(x - a) + f(a).$$

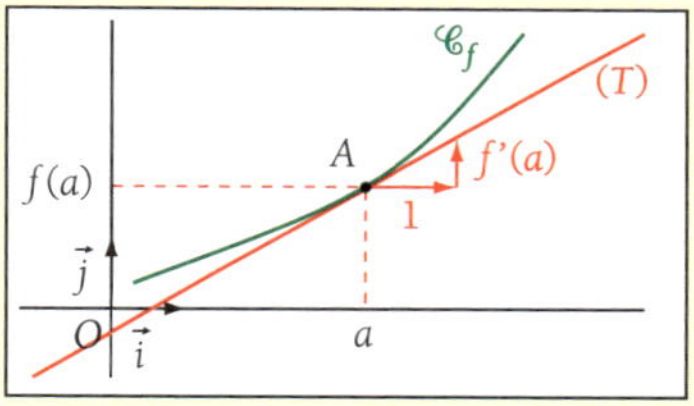

EXERCICES TYPES CORRIGÉS

EXERCICE 1 Soit (Γ) la courbe d'équation $y = e^x$ et $t \in \mathbb{R}$.
La tangente (T) à (Γ) au point M_t d'abscisse t coupe l'axe des ordonnées au point N_t.
Déterminer les coordonnées de N_t.

EXERCICE 2 Soit f définie sur $\mathbb{R}$ par $f(x) = (x + 1)^2 e^{-x}$.
1. Déterminer une équation de la tangente (T) à $\mathscr{C}_f$ en $A(0\,;1)$.
2. Étudier la position de $\mathscr{C}_f$ par rapport à (T) (on pourra étudier les variations de $k : x \mapsto x + 1 - e^x$).

Corrigé

1 Pour cela, on détermine l'équation de (T), puis on exprime le fait que N_t est sur l'axe (Oy) et sur (T).

Soit f la fonction définie sur $\mathbb{R}$ par $f(x) = e^x$.
f est dérivable sur $\mathbb{R}$ et, pour tout x, $f'(x) = e^x$.
(T) a donc pour équation $y = f'(t)(x - t) + f(t)$
soit $y = e^t(x - t) + e^t$.

Les coordonnées de N_t sont donc solutions du système :

$$\begin{cases} x = 0 & (N_t \in (Oy)) \\ y = e^t(x - t) + e^t & (N_t \in (T)). \end{cases}$$

Ainsi, **N_t a pour coordonnées $N_t(0\,;e^t(1 - t))$.**

Notes

2 1. f est dérivable sur $\mathbb{R}$ et, pour tout x :

$$f'(x) = 2(x+1)\,e^{-x} + (x+1)^2\,(-1)\,e^{-x} = e^{-x}\,(1 - x^2)$$
$$((uv)' = u'v + uv').$$

L'équation de (T) est donc $y = f'(0)(x-0) + f(0)$,

soit $\qquad$ $\boldsymbol{y = x + 1}$.

2. Pour étudier la position de $\mathscr{C}_f$ par rapport à (T), on étudie le signe de :
$\varphi(x) = f(x) - (f'(a)(x-a) + f(a))$.
Si $\varphi > 0$, alors $\mathscr{C}_f$ est au-dessus strictement de (T) ;
si $\varphi < 0$, alors $\mathscr{C}_f$ est au-dessous strictement de (T).

Étudions le signe de $\varphi(x) = f(x) - (x+1) = (x+1)\,e^{-x}\,(x + 1 - e^{x})$
$= (x+1)\,e^{-x}\,k(x)$.

On ne peut pas étudier le signe de $k(x)$ en utilisant les propriétés sur les inégalités ou en résolvant l'inéquation $k(x) > 0$. En dernier recours, on étudie les variations de k pour en déduire le signe de $k(x)$ sur $\mathbb{R}$.

• Étudions d'abord les variations de k pour en connaître le signe :
k est dérivable sur $\mathbb{R}$ et, pour tout x, $k'(x) = 1 - e^{x}$.
Or, $1 - e^{x} > 0 \Leftrightarrow e^{0} > e^{x}$
$\Leftrightarrow 0 > x$ (par stricte croissance de $x \mapsto e^{x}$ sur $\mathbb{R}$).

D'où le tableau de variations de k :

x	$-\infty$		0		$+\infty$
$k'(x)$		$+$	0	$-$	
$k(x)$		↗	0	↘	

Ainsi, 0 est le maximum de k sur $\mathbb{R}$ et, **pour tout x, $k(x) \leqslant 0$.**

• De plus, pour tout x, $e^{-x} > 0$.

• D'où le tableau de signes de $\varphi(x)$ sur $\mathbb{R}$:

x	$-\infty$		-1		0		$+\infty$
$x+1$		$-$	0	$+$	|	$+$	
e^{-x}		$+$	|	$+$	|	$+$	
$k(x)$		$-$	|	$-$	0	$-$	
$\varphi(x)$		$+$	0	$-$	0	$-$	

Ainsi, $\begin{cases} \textbf{sur }]-\infty\,;-1],\ \varphi(x) \geqslant 0 : \mathscr{C}_f \textbf{ est au-dessus de } (T)\,; \\ \textbf{sur } [-1\,;+\infty[,\ \varphi(x) \leqslant 0 ; \mathscr{C}_f \textbf{ est en dessous de } (T). \\ \mathscr{C}_f \textbf{ et } (T) \textbf{ sont sécantes aux points d'abscisses } -1 \textbf{ et } 0. \end{cases}$

Résoudre une équation du type $f(x) = \lambda$

Fiche 44

Maths

LE COURS

Fonction continue strictement monotone sur $[a ; b]$

Soit f continue et strictement croissante (décroissante) sur $[a ; b]$.

Alors, pour tout λ de $[f(a) ; f(b)]$ (ou $[f(b) ; f(a)]$, l'équation $f(x) = \lambda$ admet une unique solution α dans $[a ; b]$.

Cas particulier : existence et localisation des solutions de $f(x) = 0$

Soit f continue et strictement monotone sur $[a ; b]$ telle que $f(a)$ et $f(b)$ soient de signes contraires.

Alors l'équation $f(x) = 0$ admet une unique solution dans $[a ; b]$.

N.B. : ces deux théorèmes se généralisent aux intervalles de la forme $]a ; b]$ ou $[a ; b[$ ou $]a ; b[$ (a et b finis ou non).

Notes

EXERCICES TYPES CORRIGÉS

EXERCICE 1 Soit g définie sur $\mathbb{R}$ par $g(x) = x\mathrm{e}^x - 1$.

1. Étudier les variations de g.
2. Montrer qu'il existe un unique réel α tel que $\alpha \mathrm{e}^\alpha = 1$.

EXERCICE 2 Pour tout entier n non nul, on considère la fonction f_n définie sur $]0 ; +\infty[$ par $f_n(x) = \ln x + \dfrac{x}{n} - 1$.

Montrer que l'équation $f_n(x) = 0$ admet une unique solution α_n dans $]0 ; +\infty[$.

Corrigé

1 1. Pour étudier les variations de g sur $\mathbb{R}$, on étudie le signe de g'.

g est dérivable sur $\mathbb{R}$ et, pour tout x :

$$g'(x) = x\mathrm{e}^x + 1 \times \mathrm{e}^x - 0, \text{ soit } g'(x) = \mathrm{e}^x (x + 1).$$

Or, pour tout x, $\mathrm{e}^x > 0$ et $g'(x)$ est du signe de $(x + 1)$ sur $\mathbb{R}$:

Notes

x	$-\infty$		-1		0		α		1		$+\infty$
$g'(x)$		$-$	0	$+$							
$g(x)$	-1	$\searrow$	$-\frac{1}{e}-1$	$\nearrow$	$-1<0$	$\nearrow$	0	$\nearrow$	$e-1>0$	$\nearrow$	$+\infty$

De plus, $\lim\limits_{x \to -\infty} x e^{x} = 0$ (croissances comparées : *cf. fiche* 26) et $\lim\limits_{x \to -\infty} g(x) = -1$.

Par ailleurs, $\lim\limits_{x \to +\infty} x = \lim\limits_{x \to +\infty} e^{x} = +\infty$ et $\lim\limits_{x \to +\infty} g(x) = +\infty$.

2. • Sur $]-\infty\,;0]$: le maximum de g est -1 et $g(x) \leqslant -1 < 0$; l'équation $g(x) = 0$ n'admet pas de solution sur $]-\infty\,;0]$.

• Sur $]0\,;+\infty[$: g est continue (car dérivable), g est strictement croissante et 0 est dans l'intervalle image $]-1\,;+\infty[$: l'équation $g(x) = 0$ admet une unique solution sur $]0\,;+\infty[$.

Ainsi, l'équation $g(x) = 0$ admet une unique solution α dans $\mathbb{R}$ et il existe bien un unique réel α tel que $g(\alpha) = 0$ soit tel que $\alpha e^{\alpha} = 1$.

2 On étudie les variations de f_n pour déterminer les intervalles sur lesquels f_n est continue et strictement monotone.

Soit $n \in \mathbb{N}^*$: f_n est dérivable sur $]0\,;+\infty[$ et, pour tout $x > 0$:

$$f_n'(x) = \frac{1}{x} + \frac{1}{n}.$$

Or, pour tout $x > 0$, $\frac{1}{x} > 0$ et $\frac{1}{n} > 0$.

Ainsi, $f_n' > 0$ sur $]0\,;+\infty[$ et **f_n est strictement croissante sur $]0\,;+\infty[$.**

De plus, $\begin{cases} \lim\limits_{x \to 0^+} \left(\ln x + \dfrac{x}{n} - 1\right) = -\infty \text{ car } \lim\limits_{x \to 0^+} \ln x = -\infty \\ \lim\limits_{x \to +\infty} \left(\ln x + \dfrac{x}{n} - 1\right) = +\infty \text{ car } \lim\limits_{x \to +\infty} \ln x = \lim\limits_{x \to +\infty} \dfrac{x}{n} = +\infty. \end{cases}$

D'où :

x	0		1		α_n		e		$+\infty$
$f_n(x)$	$\Vert$ $-\infty$	$\nearrow$	$\frac{1-n}{n} \leqslant 0$	$\nearrow$	0	$\nearrow$	$\frac{e}{n} > 0$	$\nearrow$	$+\infty$

f_n est continue et strictement croissante sur $]0\,;+\infty[$.
De plus, 0 est dans l'intervalle image $]0\,;+\infty[$.
Ainsi, l'équation $f_n(x) = 0$ admet une unique solution α_n dans $]0\,;+\infty[$.

Utiliser un algorithme pour résoudre $f(x) = k$

Fiche 45

Maths

LE COURS

■ Principe : soit f une fonction continue et strictement monotone sur I

On cherche un encadrement d'une solution de l'équation $f(x) = 0$.

Soit a et $b \in I$ tels que $f(a) \times f(b) < 0$. Alors, d'après le théorème des valeurs intermédiaires, l'équation $f(x) = 0$ admet une solution unique $\alpha \in [a\,;b]$ (α s'appelle aussi **racine** de l'équation $f(x) = 0$; l'**amplitude** de $[a\,;b]$ est $b - a$).

La méthode de dichotomie consiste, en choisissant à chaque fois la valeur m située au milieu de l'intervalle en cours, à réduire de moitié l'amplitude de l'intervalle dans lequel se trouve la solution :

soit $m = \dfrac{a+b}{2}$.

On considère les deux intervalles $I_1 = [a\,;m]$ et $I_2 = [m\,;b]$. On cherche parmi ces deux intervalles lequel contient α. Pour cela, on calcule $f(m)$:

- soit $f(m) = 0$ et $\alpha = m$: m est la solution recherchée et l'algorithme s'arrête ;
- soit $f(m) > 0$ et $\alpha \in I_1 = [a\,;m]$;

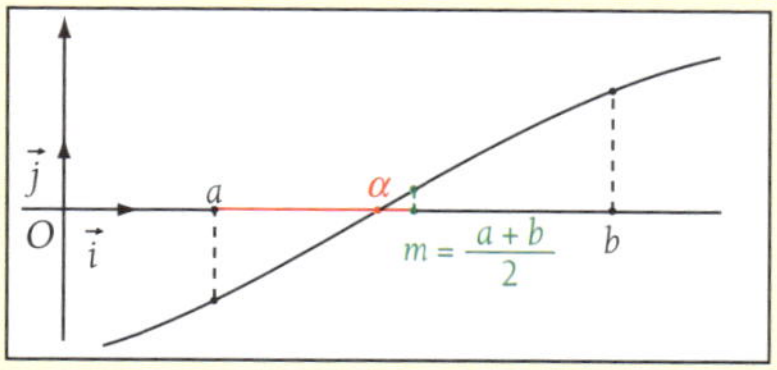

- soit $f(m) < 0$ et $\alpha \in I_2 = [m\,;b]$.

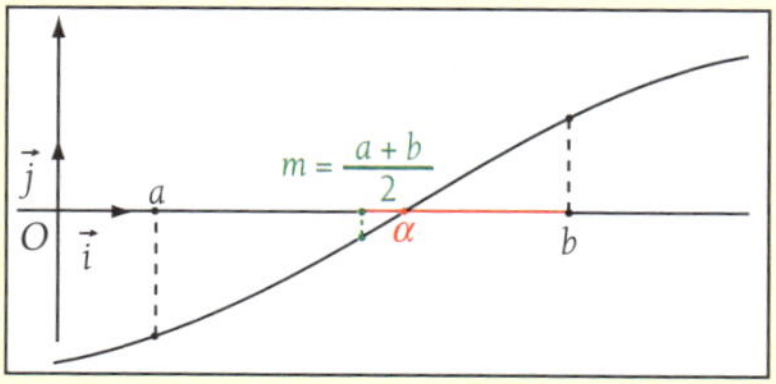

Puis, à partir de I_1 ou de I_2 (celui qui contient α), on réitère la méthode : partage en deux de l'intervalle, localisation de α,...

Notes

Notes

EXERCICE TYPE CORRIGÉ

On admet que l'équation $xe^x = 1$ admet une unique solution α sur $\mathbb{R}$ (*cf. fiche* 44).
Écrire un algorithme en langage Python permettant d'obtenir un encadrement de α d'amplitude 10^{-3}.
Programmer la calculatrice pour donner cet encadrement.

Corrigé

```
from math import*

def dicho(a,b,e):

    while (b-a)>e:
        m=(a+b)/2
        if (m*exp(m)-1)>0:
            b=m
        else:
            a=m
    return(a,b)
```

On ne connaît pas le nombre d'itérations nécessaires, donc on utilise l'instruction « tant que » :

On obtient :

```
>>>
>>> dicho(0,1,0.0001)
(0.567138671875, 0.56719970703125)
>>>
```

Et $0{,}567 < \alpha < 0{,}568$.

N.B. : on peut vérifier le programme en utilisant le tableur de la calculatrice pour obtenir un encadrement de α d'amplitude 0,1, puis d'amplitude 0,01 et enfin d'amplitude 0,001 :

Texas	Casio
• Appuyer sur la touche (Y =) • Sur la ligne Y_1 =, saisir l'expression de $f(x)$, puis valider en appuyant sur la touche (ENTER).	• Sélectionner le menu (TABLE). • Sur la ligne Y_1 =, saisir l'expression de $f(x)$, puis valider en appuyant sur la touche (EXE).

Ici $f(x) = xe^x - 1$

<table>
<tr>
<td>• Utiliser (def table) pour configurer le tableau.
• Prendre DébutTbl = 0 et ΔTbl = 0,1.
• Utiliser (TABLE) pour obtenir le tableau :
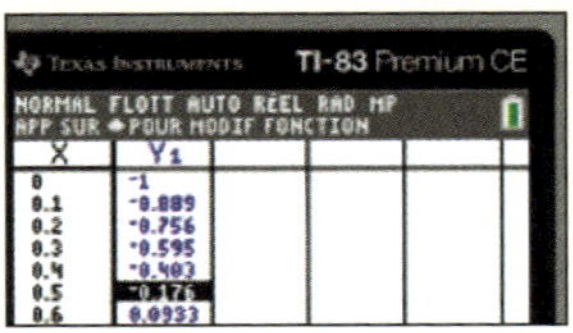
</td>
<td>• Utiliser (SET) pour configurer le tableau.
• Prendre Start = 0 End = 1.
Pas = 0,1.
• Utiliser (TABLE) pour obtenir le tableau :
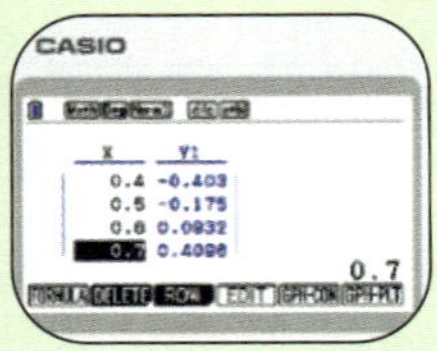
</td>
</tr>
</table>

On obtient **$0{,}567 < \alpha < 0{,}568$.**

Utiliser les vecteurs dans l'espace

Fiche 46

Maths

Notes

LE COURS

Les définitions et opérations sur les vecteurs du plan (addition, soustraction, multiplication par un réel) s'étendent à l'espace.

Caractérisation vectorielle de certaines figures clés

$ABDC$ est un parallélogramme $\Leftrightarrow \overrightarrow{AB} = \overrightarrow{CD} \Leftrightarrow \overrightarrow{AC} = \overrightarrow{BD}$
$\Leftrightarrow \overrightarrow{AD} = \overrightarrow{AB} + \overrightarrow{AC}$.

I milieu de $[AB] \Leftrightarrow \overrightarrow{AI} = \overrightarrow{IB} \Leftrightarrow \overrightarrow{AI} = \frac{1}{2}\overrightarrow{AB}$.

$(AB) \mathbin{/\mkern-6mu/} (CD) \Leftrightarrow \overrightarrow{AB}$ et $\overrightarrow{CD}$ colinéaires $\Leftrightarrow \overrightarrow{CD} = k\overrightarrow{AB}$, $k \in \mathbb{R}$.

A, B et C sont alignés $\Leftrightarrow \overrightarrow{AB}$ et $\overrightarrow{AC}$ colinéaires $\Leftrightarrow \overrightarrow{AC} = k\overrightarrow{AB}$, $k \in \mathbb{R}$.

Vecteurs coplanaires : soit $\vec{u}$, $\vec{v}$ et $\vec{w}$ tels que $\vec{u}$ et $\vec{v}$ ne sont pas colinéaires

Soit O, A, B et C tels que $\vec{u} = \overrightarrow{OA}$, $\vec{v} = \overrightarrow{OB}$ et $\vec{w} = \overrightarrow{OC}$.
$\vec{u}$, $\vec{v}$ et $\vec{w}$ sont coplanaires
$\Leftrightarrow$ O, A, B et C sont dans le même plan
$\Leftrightarrow$ il existe deux réels a et b tels que $\overrightarrow{OC} = a\overrightarrow{OA} + b\overrightarrow{OB}$.

EXERCICE TYPE CORRIGÉ

$ABCDEFGH$ est un cube. Soit $a \in \mathbb{R}$.
I et J sont tels que $\overrightarrow{BI} = a\overrightarrow{BA}$ et $\overrightarrow{BJ} = a\overrightarrow{BC}$.

1. Montrer que $\overrightarrow{IJ} = a\overrightarrow{AC}$.

2. Montrer que les points I, E, J et G sont coplanaires.

3. Soit K et L tels que $\overrightarrow{HK} = a\overrightarrow{HE}$ et $\overrightarrow{HL} = a\overrightarrow{HG}$.
Montrer que $IJLK$ est un parallélogramme.

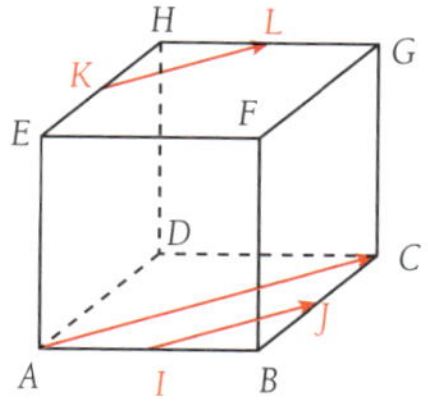

Corrigé

1. On commence par noter les hypothèses :

(H_1) $ABCDEFGH$ cube
(H_2) $\overrightarrow{BI} = a\overrightarrow{BA}$
(H_3) $\overrightarrow{BJ} = a\overrightarrow{BC}$

Notes

Le problème se ramène à exprimer un vecteur en fonction d'un autre : pour cela, on utilise Chasles en faisant apparaître les vecteurs des hypothèses.

$$\overrightarrow{IJ} = \overrightarrow{IB} + \overrightarrow{BJ} = -\overrightarrow{BI} + a\overrightarrow{BC} = -a\overrightarrow{BA} + a\overrightarrow{BC} = a(\overrightarrow{AB} + \overrightarrow{BC})$$

(le passage $-\overrightarrow{BI} + a\overrightarrow{BC}$ utilise (H_3) ; le passage $-a\overrightarrow{BA}$ utilise (H_2))

Et $\boldsymbol{\overrightarrow{IJ} = a\overrightarrow{AC}}$.

2. Pour cela, on exprime $\overrightarrow{IG}$ en fonction de $\overrightarrow{IE}$ et $\overrightarrow{IJ}$.

On utilise à nouveau Chasles en s'aidant de la figure. Le plus simple consiste à faire apparaître le point E en remarquant que :
$\overrightarrow{EG} = \overrightarrow{AC}$, puis en utilisant $\overrightarrow{IJ} = a\overrightarrow{AC}$.
$\overrightarrow{IG} = \overrightarrow{IE} + \overrightarrow{EG}$
$ABCDEFGH$ est un cube et $AEGC$ est un rectangle :
$\overrightarrow{EG} = \overrightarrow{AC}$. (H_1).

En effet, (AE) est orthogonale à deux droites sécantes (AB) et (AD) du plan $ABCD$ et est donc orthogonale à toute droite de ce plan (*cf. fiche* 49), en particulier à (AC).

On montrerait de même que $(AE) \perp (EG)$ et $(GC) \perp (EG)$: $AEGC$, quadrilatère ayant 3 angles droits, est donc un rectangle et $\overrightarrow{EG} = \overrightarrow{AC}$.

Ainsi, $\boldsymbol{\overrightarrow{IG} = \overrightarrow{IE} + \overrightarrow{AC} = \overrightarrow{IE} + \frac{1}{a}\overrightarrow{IJ}}$ d'après 1..

Et les points I, E, J et G sont bien coplanaires.

3. On note les nouvelles hypothèses :

(H_4) $\overrightarrow{IJ} = a\overrightarrow{AC}$
(H_5) $\overrightarrow{HK} = a\overrightarrow{HE}$
(H_6) $\overrightarrow{HL} = a\overrightarrow{HG}$

Il s'agit de montrer que $\overrightarrow{IJ} = \overrightarrow{KL}$: on utilise comme toujours Chasles.

$$\overrightarrow{KL} = \overrightarrow{KH} + \overrightarrow{HL} = -\overrightarrow{HK} + a\overrightarrow{HG} = -a\overrightarrow{HE} + a\overrightarrow{HG} = a(\overrightarrow{EH} + \overrightarrow{HG})$$

(le passage $-\overrightarrow{HK} + a\overrightarrow{HG}$ utilise (H_6) ; le passage $-a\overrightarrow{HE}$ utilise (H_5))

Et $\overrightarrow{KL} = a\overrightarrow{EG} = a\overrightarrow{AC}$, d'après 2..

Or, $\overrightarrow{IJ} = a\overrightarrow{AC}$ ((H_4)),
donc $\boldsymbol{\overrightarrow{IJ} = \overrightarrow{KL}}$ et **$IJLK$ est un parallélogramme.**

Utiliser les coordonnées dans l'espace

Fiche 47

Maths

Notes

LE COURS

Repère de l'espace – Coordonnées dans l'espace

$(O; \vec{i}, \vec{j}, \vec{k})$ est un repère de l'espace $\Leftrightarrow$ $\vec{i}, \vec{j}$ et $\vec{k}$ sont non coplanaires.

$(O; \vec{i}, \vec{j}, \vec{k})$ est un repère orthonormé de l'espace $\Leftrightarrow$ $\vec{i}, \vec{j}$ et $\vec{k}$ sont deux à deux orthogonaux et $\|\vec{i}\| = \|\vec{j}\| = \|\vec{k}\| = 1$.

Coordonnées dans l'espace

M a pour coordonnées $(x\,;\,y\,;\,z)$ dans le repère $(O; \vec{i}, \vec{j}, \vec{k})$ signifie $\overrightarrow{OM} = x\vec{i} + y\vec{j} + z\vec{k}$.
Les coordonnées sont uniques.

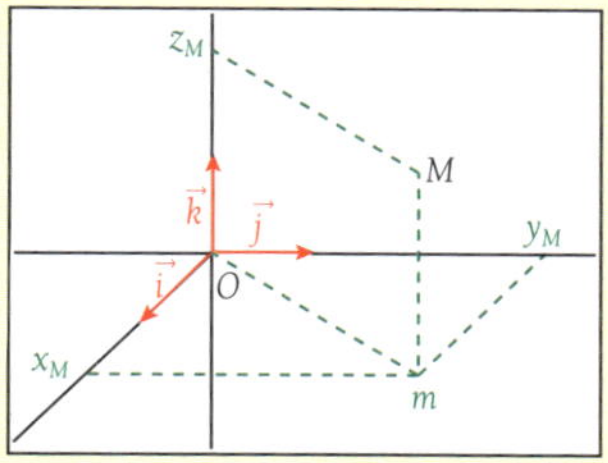

Les propriétés de calcul sont les mêmes que dans le plan avec une coordonnée supplémentaire, la cote (z).

Si $A\begin{pmatrix} x_A \\ y_A \\ z_A \end{pmatrix}$ et $B\begin{pmatrix} x_B \\ y_B \\ z_B \end{pmatrix}$, alors $\overrightarrow{AB}\begin{pmatrix} x_B - x_A \\ y_B - y_A \\ z_B - z_A \end{pmatrix}$

$I\begin{pmatrix} \dfrac{x_A + x_B}{2} \\ \dfrac{y_A + y_B}{2} \\ \dfrac{z_A + z_B}{2} \end{pmatrix}$ où I est le milieu de $[AB]$.

Si $\vec{u}\begin{pmatrix} x \\ y \\ z \end{pmatrix}$ et $\vec{v}\begin{pmatrix} x' \\ y' \\ z' \end{pmatrix}$, alors $\vec{u} + \vec{v}\begin{pmatrix} x + x' \\ y + y' \\ z + z' \end{pmatrix}$ et $k\vec{u}\begin{pmatrix} kx \\ ky \\ kz \end{pmatrix}$

$\vec{u} = \vec{v} \Leftrightarrow x = x'$ et $y = y'$ et $z = z'$.

Dans un repère orthonormé, on a de plus les propriétés liées au produit scalaire (*cf. fiche* 48).

EXERCICE TYPE CORRIGÉ

ABCDEFGH est un cube de côté 1.
I est le milieu de $[EF]$.
L et *M* sont tels que :

$\overrightarrow{AL} = \frac{3}{4}\overrightarrow{AB}$ et $\overrightarrow{BM} = \frac{1}{3}\overrightarrow{BF}$.

On choisit le repère $(A\,;\overrightarrow{AB}, \overrightarrow{AD}, \overrightarrow{AE})$.
Montrer que $(EL)\,//\,(IM)$.

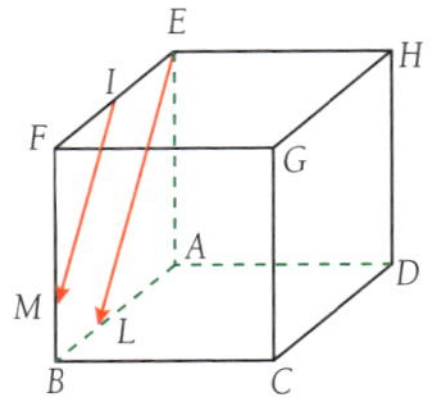

Corrigé

On commence par déterminer les coordonnées de *E*, *I*, *L* et *M*.

Dans le repère $(A\,;\overrightarrow{AB}, \overrightarrow{AD}, \overrightarrow{AE})$, on a :
$A(0\,;0\,;0)$, $B(1\,;0\,;0)$, $D(0\,;1\,;0)$, $\boldsymbol{E(0\,;0\,;1)}$ et $F(1\,;0\,;1)$.

I milieu de $[EF]$ a pour coordonnées $\boldsymbol{I\left(\frac{1}{2}\,;0\,;1\right)}$.

De plus, $\overrightarrow{AL} = \frac{3}{4}\overrightarrow{AB} + 0\overrightarrow{AD} + 0\overrightarrow{AE}$ et $\boldsymbol{L\left(\frac{3}{4}\,;0\,;0\right)}$.

Soit enfin $M(x\,;y\,;z)$ dans $(A\,;\overrightarrow{AB}, \overrightarrow{AD}, \overrightarrow{AE})$: alors $\overrightarrow{BM}(x-1\,;y\,;z)$.

Or, $\overrightarrow{BF}(0\,;0\,;1)$ et $\frac{1}{3}\overrightarrow{BF}\left(0\,;0\,;\frac{1}{3}\right)$ soit $\overrightarrow{BM}\left(0\,;0\,;\frac{1}{3}\right)$.

Ainsi, par unicité des coordonnées, $\begin{cases} x-1=0 \\ y=0 \\ z=\frac{1}{3} \end{cases}$ soit $\begin{cases} x=1 \\ y=0 \\ z=\frac{1}{3} \end{cases}$.

Et $\boldsymbol{M\left(1\,;0\,;\frac{1}{3}\right)}$ dans $(A\,;\overrightarrow{AB}, \overrightarrow{AD}, \overrightarrow{AE})$.

Puis on montre par les coordonnées que $\overrightarrow{EL}$ et $\overrightarrow{IM}$ sont colinéaires.

On a $\overrightarrow{EL}\left(\frac{3}{4}\,;0\,;-1\right)$ et $\overrightarrow{IM}\left(\frac{1}{2}\,;0\,;-\frac{2}{3}\right)$:

ainsi, $\boldsymbol{\frac{2}{3}\overrightarrow{EL} = \overrightarrow{IM}}$.

$\overrightarrow{EL}$ et $\overrightarrow{IM}$ sont donc bien colinéaires et $(EL)\,//\,(IM)$.

N.B. : on peut aussi raisonner sans les coordonnées (*cf. fiche* 46) :

$\overrightarrow{EL} = \overrightarrow{EA} + \overrightarrow{AL} = -\overrightarrow{AE} + \frac{3}{4}\overrightarrow{AB}$

$\overrightarrow{IM} = \overrightarrow{IB} + \overrightarrow{BM} = \overrightarrow{IF} + \overrightarrow{FB} + \frac{1}{3}\overrightarrow{BF} = \frac{1}{2}\overrightarrow{EF} - \frac{2}{3}\overrightarrow{BF} = -\frac{2}{3}\overrightarrow{AE} + \frac{1}{2}\overrightarrow{AB}$

Et $\frac{2}{3}\overrightarrow{EL} = \overrightarrow{IM}$: $\overrightarrow{EL}$ et $\overrightarrow{IM}$ sont colinéaires et $(EL)\,//\,(IM)$.

Définir et utiliser le produit scalaire dans l'espace

Fiche 48

Maths

LE COURS

Deux définitions équivalentes

Soit $\vec{u}$ et $\vec{v}$ deux vecteurs de représentants $\overrightarrow{AB}$ et $\overrightarrow{AC}$.

Alors $\vec{u}.\vec{v}$ est le produit scalaire $\overrightarrow{AB}.\overrightarrow{AC}$ défini dans le plan ABC :

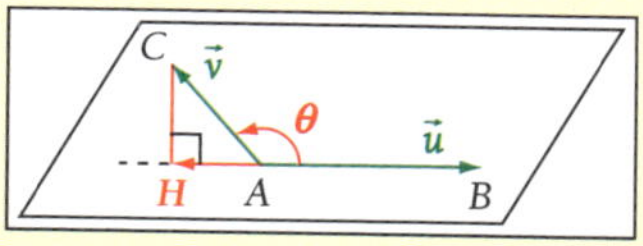

$$\vec{u}.\vec{v} = \|\vec{u}\|\,\|\vec{v}\|\cos\theta.$$

$$\vec{u}.\vec{v} = \overrightarrow{AB}.\overrightarrow{AC} = \overrightarrow{AB}.\overrightarrow{AH}.$$

Cette définition est indépendante des représentants de $\vec{u}$ et $\vec{v}$ choisis.

Propriétés du produit scalaire

Ce sont les mêmes que dans le plan.
En particulier :

$$\begin{cases} \vec{u} \perp \vec{v} \Leftrightarrow \vec{u}.\vec{v} = 0, \\ \|\vec{u}\|^2 = \vec{u}.\vec{u}. \end{cases}$$

Expression analytique dans un repère orthonormé $(O;\vec{i},\vec{j},\vec{k})$

Si $\vec{u}(x\,;y\,;z)$ et $\vec{v}(x'\,;y'\,;z')$,

alors $\vec{u}.\vec{v} = xx' + yy' + zz'$

et $\|\vec{u}\| = \sqrt{x^2 + y^2 + z^2}$.

Vecteur normal à un plan

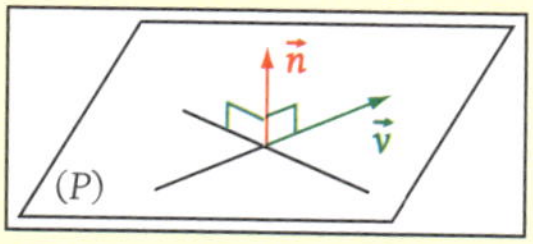

$\vec{n} \neq \vec{0}$ est normal au plan (P)

$\Leftrightarrow$ la direction de $\vec{n}$ est orthogonale à (P)

$\Leftrightarrow$ pour tout vecteur $\vec{v}$ de (P), $\vec{n}.\vec{v} = 0$.

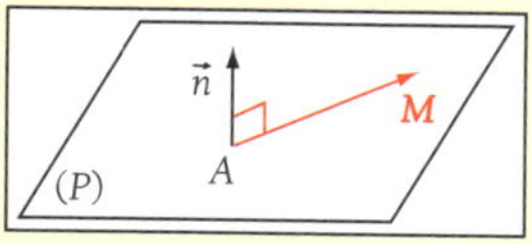

Soit (P) le plan passant par A et de vecteur normal $\vec{n}$.

$$M \in (P) \Leftrightarrow \overrightarrow{AM}.\vec{n} = 0.$$

Notes

Notes

EXERCICES TYPES CORRIGÉS

EXERCICE 1 Soit $(O\,;\overrightarrow{OA}, \overrightarrow{OB}, \overrightarrow{OC})$ un repère orthonormé direct de l'espace. Soit $D(1\,;1\,;1)$. Montrer que $(OD) \perp (ABC)$.

EXERCICE 2 Soit $ABCDEFGH$ un pavé droit tel que $AB = 1$, $AD = 2$ et $AE = 1$. Soit I le milieu de $[AD]$. Montrer que FIH est rectangle en I.

Corrigé

1 Pour montrer qu'une droite est perpendiculaire à un plan, il suffit de montrer que cette droite est perpendiculaire à deux droites sécantes de ce plan (*cf. fiche* 49).

On sait que $A(1\,;0\,;0)$, $B(0\,;1\,;0)$, $C(0\,;0\,;1)$ et $D(1\,;1\,;1)$.

Donc $\overrightarrow{OD}(1\,;1\,;1)$, $\overrightarrow{AB}(-1\,;1\,;0)$ et $\overrightarrow{AC}(-1\,;0\,;1)$.

Ainsi, $\overrightarrow{OD}.\overrightarrow{AB} = 1\times(-1) + 1\times 1 + 1\times 0 = 0$

et $\overrightarrow{OD}.\overrightarrow{AC} = 1\times(-1) + 1\times 0 + 1\times 1 = 0$.

Alors (OD) est orthogonale à deux droites sécantes de (ABC) et **$(OD) \perp (ABC)$**.

2 Pour cela, on montre que $\overrightarrow{IF}.\overrightarrow{IH} = 0$. Comme l'énoncé ne définit aucun repère, on décompose chaque vecteur en utilisant des directions orthogonales et en s'aidant de la figure :

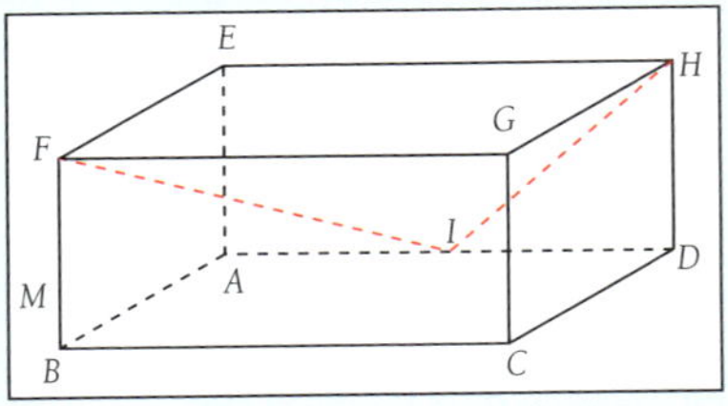

$\overrightarrow{IF} = \overrightarrow{IA} + \overrightarrow{AF}$

avec $(IA) \perp (AE)$ et $(IA) \perp (AB)$, donc $(IA) \perp (ABFE)$: $(IA) \perp (AF)$.

$\overrightarrow{IH} = \overrightarrow{ID} + \overrightarrow{DH}$

avec $(ID) \perp (DH)$.

$$\overrightarrow{IF}.\overrightarrow{IH} = (\overrightarrow{IA} + \overrightarrow{AF}).(\overrightarrow{ID} + \overrightarrow{DH})$$
$$= \overrightarrow{IA}.\overrightarrow{ID} + \overrightarrow{IA}.\overrightarrow{DH} + \overrightarrow{AF}.\overrightarrow{ID} + \overrightarrow{AF}.\overrightarrow{DH}.$$

Or,

$\overrightarrow{IA}.\overrightarrow{ID} = \overrightarrow{IA}.(-\overrightarrow{IA}) = -AI^2 = -1$

$\overrightarrow{IA}.\overrightarrow{DH} = (-\overrightarrow{ID}).\overrightarrow{DH} = 0$ car $(ID) \perp (DH)$ ($ADHE$ rectangle)

$\overrightarrow{AF}.\overrightarrow{ID} = -\overrightarrow{AF}.\overrightarrow{IA} = 0$ car (IA) est orthogonale à deux droites sécantes du plan (ABE) ((AE) et (AB)), donc à toute droite de ce plan, soit en particulier (AF) (*cf. fiche* 49).

$\overrightarrow{AF}.\overrightarrow{DH} = \overrightarrow{AF}.\overrightarrow{AE} = AE^2 = 1$ car E est le projeté orthogonal de F sur (AE).

Ainsi, $\overrightarrow{IF}.\overrightarrow{IH} = 0$ et **le triangle *FIH* est bien rectangle en *I*.**

N.B. : on aurait pu aussi raisonner dans le repère $(A\,;\overrightarrow{AB}, \overrightarrow{AI}, \overrightarrow{AE})$ en vérifiant que $I(0\,;1\,;0)$, $F(1\,;0\,;1)$ et $H(0\,;2\,;1)$, puis que $\overrightarrow{IF}.\overrightarrow{IH} = 0$.

Établir l'orthogonalité droites/plans dans l'espace

LE COURS

Vecteurs orthogonaux – Droites orthogonales

- $\vec{u}$ et $\vec{v}$ sont dits orthogonaux lorsque $\vec{u}.\vec{v} = 0$. On note $\vec{u} \perp \vec{v}$.

- Soit (d) et (Δ) des droites de vecteurs directeurs respectifs $\vec{u}$ et $\vec{v}$. (d) et (Δ) sont dites orthogonales lorsque $\vec{u}.\vec{v} = 0$. On note $(d) \perp (\Delta)$.

Droite perpendiculaire à un plan

Si une droite (d) est orthogonale à deux droites sécantes d'un plan (P), alors (d) est orthogonale à toute droite (Δ) du plan (P).

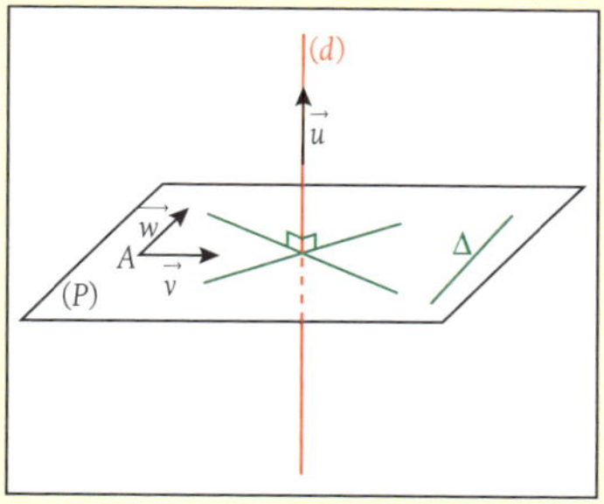

On dit alors que (d) est perpendiculaire à (P) et on note $(d) \perp (P)$.

En particulier, si $\vec{u}$ est un vecteur directeur de (d) et $(A\ ;\ \vec{v}\ ;\ \vec{w})$ est un repère de (P), alors :
$(d) \perp (P) \Leftrightarrow \vec{u}.\vec{v} = 0$ et $\vec{u}.\vec{w} = 0$.

Plans perpendiculaires

Deux plans sont dits perpendiculaires lorsque l'un contient une droite perpendiculaire à l'autre. On note $(P_1) \perp (P_2)$.

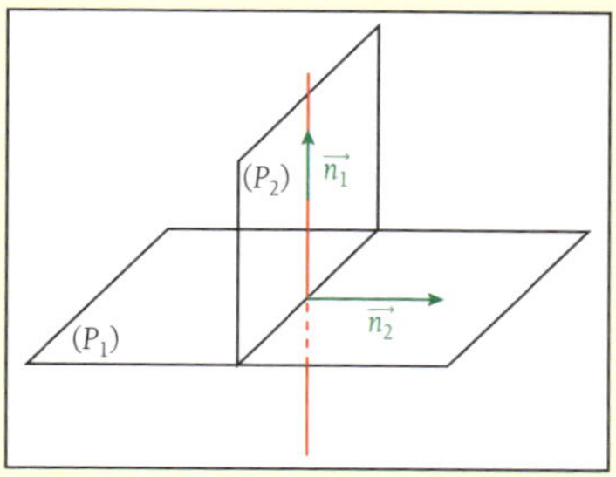

Autrement dit, soit (P_1) et (P_2) des plans de vecteurs normaux respectifs $\vec{n}_1$ et $\vec{n}_2$.

$(P_1) \perp (P_2) \Leftrightarrow \vec{n}_1.\vec{n}_2 = 0$.

Notes

EXERCICE TYPE CORRIGÉ

Soit $OABC$ un tétraèdre trirectangle (les triangles OAB, OBC, OCA sont rectangles en O).

On note H le projeté orthogonal de O sur le plan (ABC).

1. Pourquoi la droite (OH) est-elle orthogonale à la droite (BC) ?
2. Pourquoi la droite (OA) est-elle orthogonale à la droite (BC) ?
3. Montrer que $(AH) \perp (BC)$.
4. On admet que $(BH) \perp (AC)$. Que représente le point H pour le triangle ABC ?

Corrigé

Avant tout, on réalise une figure et on note les hypothèses :

(H_1) $(OA) \perp (OB)$

(H_2) $(OB) \perp (OC)$

(H_3) $(OC) \perp (OA)$

(H_4) H projeté orthogonal de O sur (ABC) soit $(OH) \perp (ABC)$ et $H \in (ABC)$ (*cf. fiche* 54).

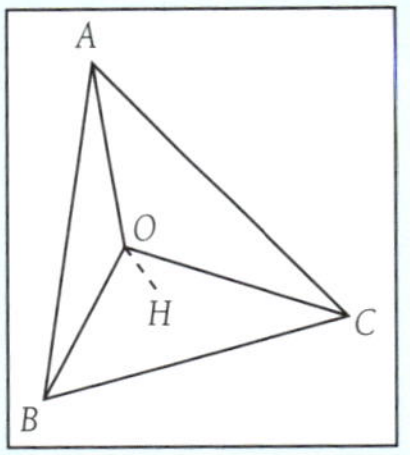

1. Comme H est le projeté orthogonal de O sur le plan (ABC) (H_4), **(OH) est perpendiculaire à** (ABC), donc à toute droite de ce plan soit, en particulier, à **(BC)**.

2. D'après (H_1) et (H_3), la droite (OA) est orthogonale à deux droites sécantes, les droites (OB) et (OC), du plan (OBC) : (OA) est donc perpendiculaire au plan (OBC) et orthogonale à toute droite de ce plan.

En particulier, **(OA) est orthogonale à (BC).**

3. D'après ce qui précède, (BC) est orthogonale à deux droites sécantes du plan (OAH), les droites (OA) et (OH).

Ainsi, **(BC) est orthogonale à toute droite de (OAH), en particulier à (AH).**

4. D'après la question précédente, H est sur la hauteur du triangle ABC issue de A. On admet que $(BH) \perp (AC)$, ce qui signifie que H est aussi sur la hauteur du triangle ABC issue de B.

H est donc le point d'intersection de deux hauteurs : **H est l'orthocentre de ABC.**

N.B. : une droite orthogonale à deux droites d'un plan n'est pas nécessairement orthogonale à toute droite de ce plan.

Il suffit de considérer le cube $ABCDEFGH$:

$(BF) \perp (BC)$ et $(BF) \perp (EH)$,

mais (BF) n'est pas orthogonale à (BE).

(BC) et (EH) ne sont pas deux droites **sécantes** du plan $(BCEH)$ mais parallèles.

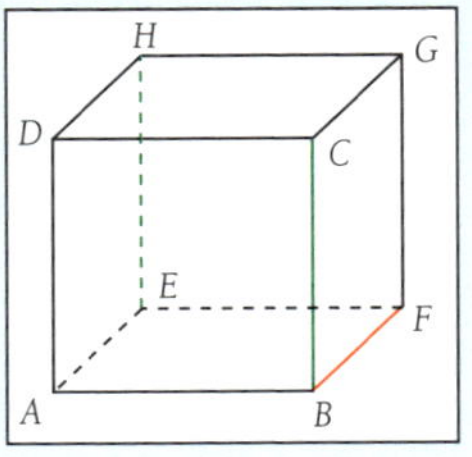

Déterminer une équation cartésienne d'un plan

Fiche 50

Maths

Notes

LE COURS

Soit $(O; \vec{i}, \vec{j}, \vec{k})$ un repère orthonormé de l'espace.

Équation cartésienne d'un plan (*P*) passant par *A* de vecteur normal $\vec{n}$ $(a\,;b\,;c)$ non nul

- $M(x\,;y\,;z) \in (P) \Leftrightarrow \overrightarrow{AM} \perp \vec{n}$
$\Leftrightarrow \overrightarrow{AM}.\vec{n} = 0$
$\Leftrightarrow ax + by + cz + d = 0.$

- Réciproquement, l'ensemble des points $M(x\,;y\,;z)$ tels que :
$ax + by + cz + d = 0$, avec a, b, c non simultanément nuls.
est un plan de vecteur normal $\vec{n}(a\,;b\,;c)$.

- Cas particuliers importants

Une équation du plan $(O; \vec{i}, \vec{j})$ est $z = 0$.
Une équation d'un plan parallèle à $(O\,;\vec{i}\,;\vec{j})$ est $z = c(c \in \mathbb{R})$.
Une équation du plan $(O; \vec{i}, \vec{k})$ est $y = 0$.
Une équation d'un plan parallèle à $(O\,;\vec{i}\,;\vec{k})$ est $y = c(c \in \mathbb{R})$.
Une équation du plan $(O; \vec{j}, \vec{k})$ est $x = 0$.
Une équation d'un plan parallèle à $(O\,;\vec{j}\,;\vec{k})$ est $x = c(c \in \mathbb{R})$.

EXERCICES TYPES CORRIGÉS

EXERCICE 1 Soit $(O\,;\overrightarrow{OA}, \overrightarrow{OB}, \overrightarrow{OC})$ un repère orthonormé direct de l'espace.

1. Vérifier que *A*, *B* et *C* définissent un plan (*P*) et déterminer les coordonnées d'un vecteur normal $\vec{n}$ à (*P*).
2. Déterminer une équation cartésienne de (*P*).

EXERCICE 2 Soit $(O; \vec{i}, \vec{j}, \vec{k})$ un repère orthonormé de l'espace.
Déterminer une équation du plan (*P*) qui passe par $A(-1\,;-3\,;1)$ parallèle au plan (*Q*) d'équation $-3x + y + 2z = 0$.

Notes

Corrigé

1 1. Pour montrer que A, B et C définissent un plan, il suffit de montrer qu'ils ne sont pas alignés (vecteurs non colinéaires).

$A\begin{pmatrix}1\\0\\0\end{pmatrix}$ et $B\begin{pmatrix}0\\1\\0\end{pmatrix}$, donc $\overrightarrow{AB}\begin{pmatrix}-1\\1\\0\end{pmatrix}$. $A\begin{pmatrix}1\\0\\0\end{pmatrix}$ et $C\begin{pmatrix}0\\0\\1\end{pmatrix}$, donc $\overrightarrow{AC}\begin{pmatrix}-1\\0\\1\end{pmatrix}$.

Les coordonnées ne sont pas proportionnelles : **$\overrightarrow{AB}$ et $\overrightarrow{AC}$ ne sont pas colinéaires et les points A, B et C définissent donc bien un plan (P).**

Soit $\vec{n}\begin{pmatrix}a\\b\\c\end{pmatrix} \neq \vec{0}$ (a, b, c non simultanément nuls).

$$\vec{n}\begin{pmatrix}a\\b\\c\end{pmatrix} \perp (ABC) \Leftrightarrow \begin{cases}\vec{n}.\overrightarrow{AB} = 0\\ \vec{n}.\overrightarrow{AC} = 0\end{cases} \Leftrightarrow \begin{cases}-a+b=0\\ -a+c=0\end{cases} \Leftrightarrow \begin{cases}a=b\\ a=c\end{cases}.$$

Il y a une infinité de vecteurs normaux à (ABC), donc il y a une infinité de solutions. Il suffit d'en trouver une, en prenant par exemple $c = 1$.

On choisit $c = 1$. Alors $\Leftrightarrow \begin{cases}a = 1\\ b = 1\end{cases}$ et **$\vec{n}\begin{pmatrix}1\\1\\1\end{pmatrix}$ est normal à (P).**

2. $M\begin{pmatrix}x\\y\\z\end{pmatrix} \in (P) \Leftrightarrow \overrightarrow{AM}.\vec{n} = 0$, avec $\overrightarrow{AM}\begin{pmatrix}x-1\\y\\z\end{pmatrix}$ et $\vec{n}\begin{pmatrix}1\\1\\1\end{pmatrix}$

$$\Leftrightarrow (x-1)+y+z=0$$
$$\Leftrightarrow x+y+z-1=0. \qquad (1)$$

Une équation cartésienne de (P) est $x + y + z - 1 = 0$.

N.B. : ① Un plan admet une **infinité d'équations cartésiennes** (en multipliant (1) par un réel $k \neq 0$).

② Toujours **vérifier les calculs** en remplaçant par les coordonnées de A, B, C : $x_A + y_A + z_A - 1 = 1 + 0 + 0 - 1 = 0$ et $A \in (P)$.
$x_B + y_B + z_B - 1 = 0 + 1 + 0 - 1 = 0$ et $x_C + y_C + z_C - 1 = 0$.

2 On détermine d'abord un vecteur normal à (P).

Comme $(P) \mathbin{//} (Q)$, un vecteur normal à (Q) est aussi normal à (P).

Or, $\vec{n}(-3\,;1\,;2)$ est normal à (Q), donc aussi à (P).

On utilise ensuite l'expression analytique du produit scalaire dans l'espace.

$M(x\,;y\,;z) \in (P) \quad \Leftrightarrow \overrightarrow{AM} \perp \vec{n}$

$$\Leftrightarrow (x+1)\times(-3) + (y+3)\times 1 + (z-1)\times 2 = 0$$
$$\Leftrightarrow -3x + y + 2z - 2 = 0.$$

Une équation de (P) est $-3x + y + 2z - 2 = 0$ (1).

Exploiter les représentations paramétriques d'une droite

Fiche 51

Maths

Notes

LE COURS

Soit $(O; \vec{i}, \vec{j}, \vec{k})$ un repère de l'espace.
Soit $A(x_A\,;y_A\,;z_A)$ un point de l'espace et $\vec{u}(a\,;b\,;c)$ un vecteur quelconque non nul.

Représentation paramétrique de la droite (D) passant par A et de vecteur directeur $\vec{u}$

$M(x\,;y\,;z) \in (D) \Leftrightarrow$ il existe $t \in \mathbb{R}$ tel que $\overrightarrow{AM} = t\vec{u}$

$$\Leftrightarrow (S) \begin{cases} x = x_A + at \\ y = y_A + bt \\ z = z_A + ct \end{cases} \quad t \in \mathbb{R}.$$

(S) est une représentation paramétrique de la droite (D) passant par $A(x_A\,;y_A\,;z_A)$ et de vecteur directeur $\vec{u}(a\,;b\,;c)$.

Cas particuliers importants

Une représentation paramétrique de $(O;\vec{i})$ est $\begin{cases} x = t \\ y = 0 \\ z = 0 \end{cases} \quad (t \in \mathbb{R})$.

Une représentation paramétrique de $(O;\vec{j})$ est $\begin{cases} x = 0 \\ y = t \\ z = 0 \end{cases} \quad (t \in \mathbb{R})$.

Une représentation paramétrique de $(O;\vec{k})$ est $\begin{cases} x = 0 \\ y = 0 \\ z = t \end{cases} \quad (t \in \mathbb{R})$.

EXERCICES TYPES CORRIGÉS

EXERCICE 1 Dans l'espace muni du repère $(O;\vec{i},\vec{j},\vec{k})$, soit :

$A(4\,;0\,;0)$ et $S(0\,;0\,;4)$.

Déterminer une représentation paramétrique de (SA).

EXERCICE 2 Soit (d_1) et (d_2) deux droites de l'espace de représentations paramétriques :

$$(d_1) \begin{cases} x = 2 - t \\ y = 1 + 2t \\ z = -1 + t \end{cases} \quad \text{et} \quad (d_2) \begin{cases} x = 1 + t \\ y = -5 + 2t \\ z = -t \end{cases} \quad t \in \mathbb{R}.$$

Étudier la position relative de (d_1) et (d_2).

Notes

Corrigé

1 Pour déterminer une représentation paramétrique d'une droite, on calcule les coordonnées d'un vecteur directeur et d'un point de cette droite.

(SA) passe par $A(4\,;0\,;0)$ et a pour vecteur directeur $\overrightarrow{SA}(4\,;0\,;-4)$.

Une représentation paramétrique de (SA) est donc :

$$\begin{cases} x = 4 + 4t \\ y = 0 \\ z = -4t \end{cases} \quad t \in \mathbb{R}.$$

N.B. : on vérifie bien que $S(0\,;0\,;4) \in (SA)$ (prendre $t = -1$).

2 Pour cela, on étudie la colinéarité de leurs vecteurs directeurs $\vec{u}_1$ et $\vec{u}_2$:

- si $\vec{u}_1$ est colinéaire à $\vec{u}_2$, alors $(d_1) \,//\, (d_2)$;
- sinon, (d_1) et (d_2) sont soit sécantes, soit non coplanaires.

(d_1) a pour vecteur directeur $\vec{u}_1(-1\,;2\,;1)$ et (d_2) a pour vecteur directeur $\vec{u}_2(1\,;2\,;-1)$.

Leurs coordonnées n'étant pas proportionnelles, $\vec{u}_1$ et $\vec{u}_2$ ne sont pas colinéaires. (d_1) et (d_2) sont donc sécantes ou non coplanaires.

Étudions leur intersection éventuelle :

$I(x\,;y\,;z) \in (d_1) \Leftrightarrow$ il existe $t_1 \in \mathbb{R}$ tel que : $\begin{cases} x = 2 - t_1 \\ y = 1 + 2t_1 \\ z = -1 + t_1. \end{cases}$

$I(x\,;y\,;z) \in (d_2) \Leftrightarrow$ il existe $t_2 \in \mathbb{R}$ tel que : $\begin{cases} x = 1 + t_2 \\ y = -5 + 2t_2 \\ z = -t_2. \end{cases}$

A priori, il n'y a aucune raison pour que $t_1 = t_2$.

Les coordonnées du point d'intersection éventuel de (d_1) et (d_2) sont donc solutions du système :

$$\begin{cases} 2 - t_1 = 1 + t_2 \\ 1 + 2t_1 = -5 + 2t_2 \\ -1 + t_1 = -t_2 \end{cases} \Leftrightarrow \begin{cases} 1 - t_1 = t_2 \\ 3 + t_1 = t_2 \\ 1 - t_1 = t_2 \end{cases} \Leftrightarrow \begin{cases} t_2 = 2 \\ t_1 = -1. \end{cases}$$

Alors $\begin{cases} x = 2 - (-1) \\ y = 1 + 2(-1) \\ z = -1 - 1 \end{cases} \Leftrightarrow \begin{cases} x = 3 \\ y = -1 \\ z = -2. \end{cases}$

On vérifie qu'en calculant les coordonnées de I avec la représentation paramétrique de (d_2) donnée et $t_2 = 2$, on retrouve bien $I(3\,;-1\,;-2)$.

Ainsi, (d_1) et (d_2) sont sécantes en $I(3\,;-1\,;-2)$.

N.B. : $\vec{u}_1 . \vec{u}_2 = 2 \neq 0$, donc $(d_1) \not\perp (d_2)$.

Étudier l'intersection d'une droite et d'un plan

LE COURS

Intersection d'une droite (D) de vecteur directeur $\vec{u}$ et d'un plan (P) de vecteur normal $\vec{n}$

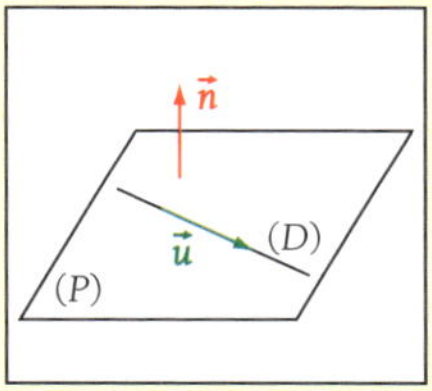

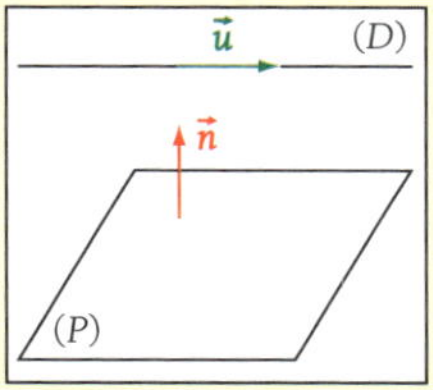

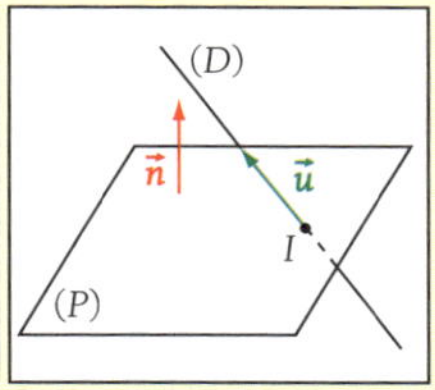

$\vec{n} \perp \vec{u}$ $(D) \subset (P)$ L'intersection est (D).	$\vec{n} \perp \vec{u}$ (D) // (P) strictement L'intersection est vide.	$\vec{n}$ n'est pas orthogonal à $\vec{u}$. L'intersection est réduite à I.

Cas particulier : $(P) \perp (D) \Leftrightarrow \vec{n}$ et $\vec{u}$ sont colinéaires.

EXERCICES TYPES CORRIGÉS

EXERCICE 1 Dans l'espace muni d'un repère orthonormé $(O ; \vec{i}, \vec{j}, \vec{k})$, soit (P) le plan d'équation $4x + 3y + 6z - 22 = 0$ et (d) la droite de représentation paramétrique :

$$\begin{cases} x = 4 + 4t \\ y = 0 \\ z = -4t \end{cases} \quad t \in \mathbb{R}.$$

1. Montrer que (P) et (d) se coupent en A et déterminer les coordonnées de A.
2. (d) est-elle perpendiculaire à (P) ?

EXERCICE 2 Dans l'espace muni d'un repère orthonormé $(O ; \vec{i}, \vec{j}, \vec{k})$, on considère (P) le plan d'équation $x + y - 3z + 2 = 0$ et (Δ) la droite de représentation paramétrique : $\begin{cases} x = 1 + 3t \\ y = 2 \\ z = 1 + t \end{cases} \quad (t \in \mathbb{R})$.

Montrer que (P) et (Δ) sont parallèles strictement.

Notes

Notes

Corrigé

1 **1.** Pour étudier l'intersection d'un plan (P) de vecteur normal $\vec{n}$ et d'une droite (d) de vecteur directeur $\vec{u}$, on détermine si $\vec{n}$ et $\vec{u}$ sont orthogonaux.

Un vecteur normal à (P) est $\vec{n}(4\,;3\,;6)$ et un vecteur directeur de (d) est $\vec{u}(4\,;0\,;-4)$.

On a $\vec{n}.\vec{u} = 4 \times 4 + 3 \times 0 + 6 \times (-4) = -8 \neq 0$,

donc $\vec{n} \not\perp \vec{u}$ et **(*P*) et (*d*) sont sécants en un seul point *A*.**

Pour déterminer les coordonnées de A, on résout le système formé par les équations paramétriques de (d) et par l'équation de (P).

Les coordonnées de A sont donc solutions du système :

$$\begin{cases} 4x + 3y + 6z - 22 = 0 \\ x = 4 + 4t \\ y = 0 \\ z = -4t. \end{cases}$$

$$\Leftrightarrow \begin{cases} 4(4 + 4t) + 3 \times 0 + 6(-4t) - 22 = 0 \\ x = 4 + 4t \\ y = 0 \\ z = -4t. \end{cases} \quad \Leftrightarrow \begin{cases} t = -\dfrac{3}{4} \\ x = 1 \\ y = 0 \\ z = 3. \end{cases}$$

Ainsi, **(*P*) et (*d*) sont sécants en *A*(1 ; 0 ; 3).**

2. On regarde si $\vec{n}$ et $\vec{u}$ sont colinéaires.

$\vec{n}(4\,;3\,;6)$ et $\vec{u}(4\,;0\,;-4)$: leurs coordonnées ne sont manifestement pas proportionnelles.

$\vec{n}$ et $\vec{u}$ ne sont donc pas colinéaires et **(*d*) n'est pas perpendiculaire à (*P*).**

2 Un vecteur normal à (P) est $\vec{n}(1\,;1\,;-3)$ et un vecteur directeur de (Δ) est $\vec{u}(3\,;0\,;1)$.

Alors $\vec{n}.\vec{u} = 3 \times 1 + 0 \times 1 + (-3) \times 1 = 0$ et $\vec{n} \perp \vec{u}$.

Ainsi, soit $(P)\,//\,(\Delta)$ strictement, soit (Δ) est incluse dans (P).

Pour pouvoir conclure, on détermine les coordonnées d'un point A de (Δ) et on regarde si $A \in (P)$.

D'après la représentation paramétrique de (Δ), $A(1\,;2\,;1) \in (\Delta)$.

Or, $A \notin (P)$: en effet, $x_A + y_A - 3z_A + 2 = 1 + 2 - 3 + 2 = 2 \neq 0$.

Donc (Δ) n'est pas incluse dans (P).

Ainsi, (*P*) et (Δ) sont parallèles strictement et leur intersection est vide.

Étudier la position relative de deux plans

LE COURS

Intersection de deux plans

$\begin{cases} (P_1) \text{ de vecteur normal } \vec{n}_1 \\ (P_2) \text{ de vecteur normal } \vec{n}_2 \end{cases}$

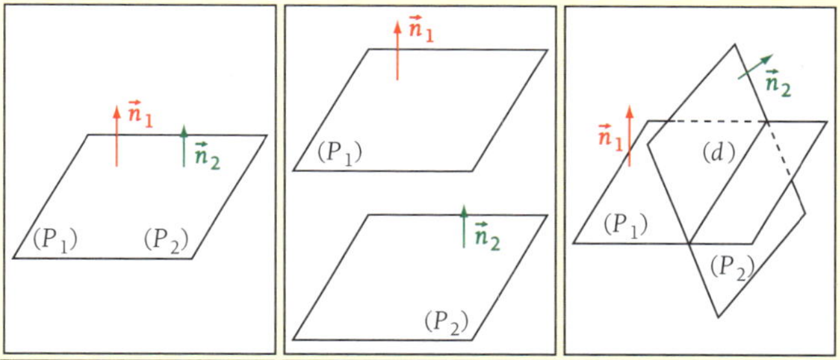

$\vec{n}_1$ colinéaire à $\vec{n}_2$ (P_1) et (P_2) confondus L'intersection est (P_1).	$\vec{n}_1$ colinéaire à $\vec{n}_2$ (P_1) // (P_2) strictement L'intersection est vide.	$\vec{n}_1$ et $\vec{n}_2$ non colinéaires L'intersection est (d).

Cas particulier : $(P_1) \perp (P_2) \Leftrightarrow \vec{n}_1 \perp \vec{n}_2$.

EXERCICE TYPE CORRIGÉ

Dans l'espace muni d'un repère orthonormé $(O\,;\vec{i},\vec{j},\vec{k})$, soit (P) le plan d'équation $x + y - 3z + 2 = 0$ et (Q) le plan d'équation $2x - 3y - z + 1 = 0$.

1. Étudier l'intersection de (P) et (Q).
2. (P) et (Q) sont-ils perpendiculaires ?

Corrigé

1. Pour cela, on détermine les vecteurs normaux $\vec{n}$ et $\vec{n}'$ et on étudie leur colinéarité éventuelle.

Un vecteur normal à (P) est $\vec{n}(1\,;1\,;-3)$ et un vecteur normal à (Q) est $\vec{n}'(2\,;-3\,;-1)$. Leurs coordonnées n'étant pas proportionnelles, $\vec{n}$ et $\vec{n}'$ ne sont pas colinéaires et **(P) et (Q) sont sécants selon une droite (d).**

Notes

Pour déterminer une représentation paramétrique de (d), on résout le système formé par les équations cartésiennes de (P) et (Q).

$$M(x\,;y\,;z) \in (d) \iff \begin{cases} x+y-3z+2=0 & (M \in P) \\ 2x-3y-z+1=0 & (M \in Q). \end{cases}$$

Raisonnons par combinaison en exprimant x et y en fonction de z.

$$\iff \begin{cases} x+y=3z-2 & (L_1) \\ 2x-3y=z-1 & (L_2) \end{cases}$$

$$\iff \begin{cases} -5y=-5z+3 & (L_1) \leftarrow -2(L_1)+(L_2) \\ 5x=10z-7 & (L_2) \leftarrow 3(L_1)+(L_2). \end{cases}$$

Posons z = t pour obtenir une représentation paramétrique de (d).

$$\iff \begin{cases} x=2t-\dfrac{7}{5} \\ y=t-\dfrac{3}{5} \\ z=t \end{cases} \quad (t \in \mathbb{R}).$$

Une représentation paramétrique de (d) est donc :

$$\begin{cases} x=2t-\dfrac{7}{5} \\ y=t-\dfrac{3}{5} \\ z=t \end{cases} \quad (t \in \mathbb{R}).$$

Ainsi, (d) est la droite qui passe par $A\left(-\dfrac{7}{5}\,;-\dfrac{3}{5}\,;0\right)$ et de vecteur directeur $\vec{u}(2\,;1\,;1)$.

N.B. : on vérifie bien que $A \in (P)$ et $A \in (Q)$:

$$\begin{cases} x_A+y_A-3z_A+2=\dfrac{-7}{5}-\dfrac{3}{5}-0+2=-\dfrac{10}{5}+2=0 \\ 2x_A-3y_A-z_A+1=-\dfrac{14}{5}+\dfrac{9}{5}-0+1=-\dfrac{5}{5}+1=0. \end{cases}$$

On vérifie aussi que $\vec{n} \perp \vec{u}$ et $\vec{n}' \perp \vec{u}$:

$$\begin{cases} \vec{n}.\vec{u}=1\times 2+1\times 1+(-3)\times 1=0 \\ \vec{n}'.\vec{u}=2\times 2+(-3)\times 1+(-1)\times 1=0. \end{cases}$$

2. Pour cela, on regarde si $\vec{n}$ est orthogonal à $\vec{n}'$.

On a $\vec{n}.\vec{n}'=1\times 2+1\times(-3)+(-3)\times(-1)=2\neq 0$.

Ainsi, $\vec{n}$ et $\vec{n}'$ ne sont pas orthogonaux.

(P) et (Q) ne sont pas perpendiculaires.

Déterminer le projeté orthogonal d'un point – Calculer des distances

LE COURS

Projeté orthogonal d'un point A sur un plan (P)

Soit (P) un plan de vecteur normal $\vec{n} \neq \vec{0}$. Soit $A \notin (P)$.

Le projeté orthogonal H de A sur (P) est le point d'intersection de (P) et de la droite de vecteur directeur $\vec{n}$ passant par A :

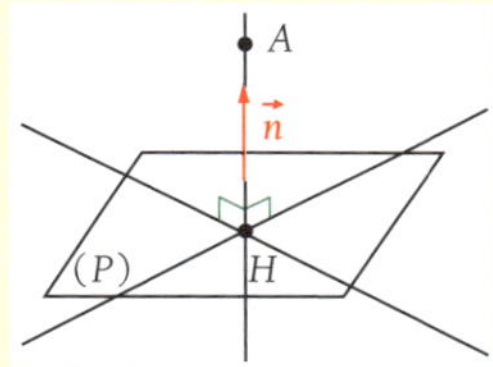

H est le projeté orthogonal de A sur (P)

$$\Leftrightarrow \begin{cases} H \in (P) \\ (AH) \perp (P). \end{cases}$$

La distance de A à (P) est $d(A,P) = AH$.

Projeté orthogonal d'un point A sur une droite (d)

Soit (d) une droite de vecteur directeur $\vec{u} \neq \vec{0}$. Soit $A \notin (d)$.

Le projeté orthogonal K de A sur (d) est le point d'intersection de (d) et du plan (P) de vecteur normal $\vec{u}$ passant par A.

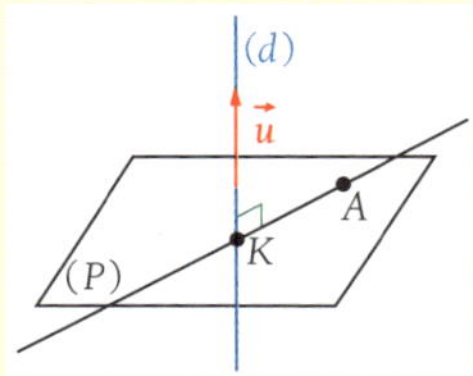

Soit (Q) le plan défini par A et (d) :

K est le projeté orthogonal de A sur (d) dans $(Q) \Leftrightarrow \begin{cases} K \in (d) \\ (AK) \perp (d). \end{cases}$

La distance de A à (d) est $d(A,d) = AK$.

EXERCICES TYPES CORRIGÉS

Soit $\left(O\,;\vec{i}\,;\vec{j}\,;\vec{k}\right)$ un repère orthonormé de l'espace. Soit (P) le plan d'équation $-3x + y + 2z - 2 = 0$ et $B(4,-5,6)$.

1. Déterminer les coordonnées du point B', projeté orthogonal du point B sur le plan (P). En déduire $d(B,P)$.

2. Soit $A\ (-1\,;-3\,;1)$, $C\ (0\,;0\,;1)$ et $D(-1{,}1\,;-3{,}3\,;1)$.

Montrer que D est le projeté orthogonal du point B sur (AC).

Notes

Corrigé

1. Toujours faire une figure pour déterminer la méthode : on détermine une représentation paramétrique de la droite (d) passant par B et de vecteur directeur $\vec{n}$.

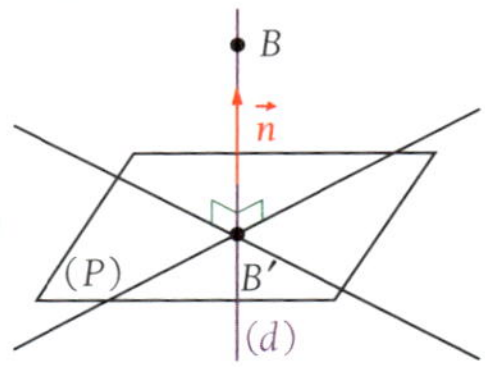

(P) d'équation $-3x + y + 2z - 2 = 0$ a pour vecteur normal $\vec{n}(-3;1;2)$.
Soit (d) la droite passant par $B\begin{pmatrix}4\\-5\\6\end{pmatrix}$ et de vecteur directeur $\vec{n}\begin{pmatrix}-3\\1\\2\end{pmatrix}$.

Une représentation paramétrique de (d) est : $\begin{cases} \boldsymbol{x = 4 - 3t} \\ \boldsymbol{y = -5 + t}, \ t \in \mathbb{R} \\ \boldsymbol{z = 6 + 2t} \end{cases}$.

B' est le point d'intersection de (P) et de (d), d'où ses coordonnées.
Les coordonnées de B' sont donc solutions du système :

$$\begin{cases} -3x + y + 2z - 2 = 0 \\ x = 4 - 3t \\ y = -5 + t \\ z = 6 + 2t \end{cases} \Leftrightarrow \begin{cases} -12 + 9t - 5 + t + 12 + 4t - 2 = 0 \\ x = 4 - 3t \\ y = -5 + t \\ z = 6 + 2t \end{cases}$$

$$\Leftrightarrow \begin{cases} 14t - 7 = 0 \\ x = 4 - 3t \\ y = -5 + t \\ z = 6 + 2t \end{cases} \Leftrightarrow \begin{cases} t = \frac{1}{2} \\ x = 4 - \frac{3}{2} = \frac{5}{2} \\ y = -5 + \frac{1}{2} = \frac{-9}{2} \\ z = 6 + 2 \times \frac{1}{2} = 7 \end{cases} \text{ et } \boldsymbol{B'}\begin{pmatrix} \boldsymbol{\frac{5}{2}} \\ \boldsymbol{\frac{-9}{2}} \\ \boldsymbol{7} \end{pmatrix}.$$

Alors $d(B,P) = BB' = \sqrt{\left(\frac{5}{2} - 4\right)^2 + \left(\frac{-9}{2} + 5\right)^2 + (7-6)^2} = \boldsymbol{\frac{\sqrt{14}}{2}}$.

2. Pour cela, vérifions que $\begin{cases} D \in (AC) \\ (BD) \perp (AC) \end{cases}$:

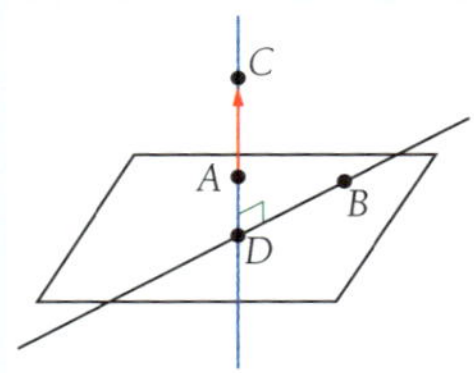

On a $\overrightarrow{AC}(1;3;0)$ et $\overrightarrow{AD}(-0{,}1;-0{,}3;0)$.
Ainsi, $\overrightarrow{AD} = -0{,}1\overrightarrow{AC}$ et $\overrightarrow{AD}$ et $\overrightarrow{AC}$ sont colinéaires : $D \in (AC)$.
De plus, $\overrightarrow{BD}(-5{,}1;1{,}7;-5)$ et $\overrightarrow{AC}(1;3;0)$.
Alors $\overrightarrow{BD}.\overrightarrow{AC} = -5{,}1 + 3 \times 1{,}7 + (-5) \times 0 = 0$ et $(BD) \perp (AC)$.

***D* est donc bien le projeté orthogonal de *B* sur *(AC)*.**

Dénombrer en utilisant le principe additif et le principe multiplicatif

Fiche 55

Maths

Notes

LE COURS

Factorielle n pour $n \in \mathbb{N}$

$$n! = n \times (n-1) \times \ldots \times 2 \times 1 \text{ pour } n \geqslant 2.$$
$$1! = 1 \text{ et } 0! = 1.$$

Cardinal d'un ensemble fini E contenant n éléments ($n \in \mathbb{N}$)

C'est le nombre d'éléments de E :

$$\text{Card } E = n. \qquad \text{Card } \varnothing = 0.$$

Principe additif et multiplicatif ($n \in \mathbb{N}$)

• **Principe additif (« ou »)**

Soit A, B deux ensembles finis disjoints, alors :

$\text{Card } (A \cup B) = \text{Card}(A) + \text{Card}(B)$.

N.B. : dans le cas général, si A et B sont 2 parties finies de Ω, alors :

$$\text{Card } (A \cup B) = \text{Card } (A) + \text{Card } (B) - \text{Card } (A \cap B)$$
$$\text{Card } (\overline{A}) = \text{Card } (\Omega) - \text{Card } (A).$$

• **Principe multiplicatif (« et »)**

Soit A, B deux ensembles finis, alors :

$A \times B = \{(x\,;y),\ x \in A, y \in B\}$

$$\text{Card } (A \times B) = \text{Card}(A) \times \text{Card}(B).$$

Tirages de boules dans une urne ($n \in \mathbb{N}^*, p \in \mathbb{N}^*$)

• n^p est le nombre de façons de choisir p éléments ordonnés parmi n (tirages successifs **avec** remise de p boules dans une urne contenant n boules).
C'est le nombre de p-uplets (p-listes) d'un ensemble E à n éléments.

• $\boldsymbol{n \times (n-1) \times \ldots \times (n-p+1) = \dfrac{n!}{(n-p)!}}$ est le nombre de façons de choisir p éléments ordonnés et **distincts** parmi n (où $1 \leqslant p \leqslant n$) (tirages successifs **sans** remise de p boules dans une urne contenant n boules).
C'est le nombre de p-uplets (p -listes) d'éléments 2 à 2 distincts d'un ensemble E à n éléments.

• $\boldsymbol{n!}$ est le nombre de façons d'ordonner n éléments distincts d'un ensemble E à n éléments.
C'est le nombre de permutations d'un ensemble E à n éléments.

Notes

EXERCICE TYPE CORRIGÉ

Une urne contient 4 boules blanches et 6 boules noires indiscernables au toucher. On choisit successivement et sans remise 4 boules de l'urne.

1. Combien y a-t-il de tirages différents possibles ?
2. Combien de tirages comportent au moins 2 boules noires ?

Corrigé

1. Pour dénombrer, on décrit la situation à l'aide d'un diagramme, d'un tableau, d'un arbre, de cases (éléments ordonnés, distincts ou non).
Sinon, on utilise les combinaisons (*cf. fiche* 56).
Ici, les éléments à dénombrer étant distincts et ordonnés, on remplit des cases.

Pour obtenir un tirage, il faut choisir 1 boule parmi 10, puis pour ce choix-là 1 boule parmi 9, etc.

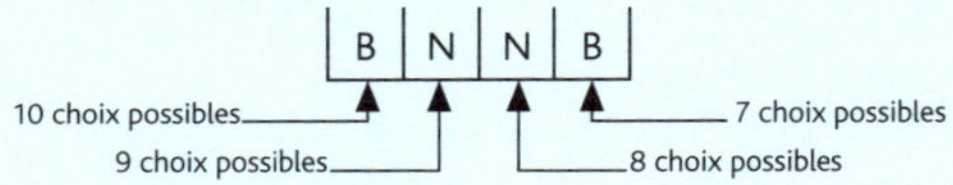

Un tirage est un 4-uplet d'éléments distincts 2 à 2 d'un ensemble à 10 éléments. D'après le principe multiplicatif, **il y a donc en tout $10 \times 9 \times 8 \times 7$, soit 5 040 tirages possibles.**

2. Pour déterminer le nombre de tirages correspondants (événement A), on considère $\overline{A}$ à cause de l'expression « au moins ».

$\overline{A}$ est « on choisit 0 boule noire » (N_0) ou « on choisit exactement 1 boule noire » (N_1).

Or, pour n'obtenir aucune boule noire, il faut tirer successivement et sans remise les 4 boules blanches : le nombre de tirages possibles est donc le nombre de permutations d'un ensemble à 4 éléments et $\text{Card}\,(N_0) = 4! = 24$.

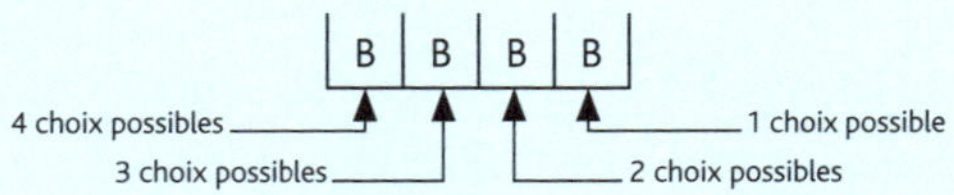

De plus, pour obtenir exactement 1 boule noire, il faut :

- choisir 1 boule noire parmi les 6 : 6 choix possibles ;
- pour chacun de ces choix, choisir la place de la boule noire dans le tirage : 4 choix possibles ;
- pour chacun de ces choix, choisir successivement et sans remise 3 boules blanches parmi les 4 : $4 \times 3 \times 2$ choix possibles.

D'après le principe multiplicatif, $\text{Card}\,(N_1) = 6 \times 4 \times 24 = 576$.

Il s'agit d'une réunion disjointe. D'après le principe additif :

$\text{Card}\,(\overline{A}) = \text{Card}\,(N_0) + \text{Card}\,(N_1) = 600$

et $\text{Card}\,(A) = \text{Card}\,(\Omega) - \text{Card}\,(\overline{A}) = 5\,040 - 600 = 4\,440$.

Il y a donc 4 440 tirages comportant au moins 2 boules noires.

Dénombrer en utilisant les combinaisons

Fiche 56

Maths

Notes

LE COURS

Tirages simultanés dans une urne Combinaisons et $\binom{n}{p}$ ($n \in \mathbb{N}$)

• Une combinaison de p éléments d'un ensemble E à n éléments est une partie (sous-ensemble) de E ayant p éléments ($0 \leqslant p \leqslant n$).

• Le nombre de combinaisons de p éléments d'un ensemble E à n éléments est $\binom{n}{p} = \dfrac{n!}{p!(n-p)!}$ $(0 \leqslant p \leqslant n)$.

C'est le nombre de façons de choisir p éléments distincts simultanés parmi n (tirage simultané de p boules dans une urne contenant n boules).

Propriétés algébriques des $\binom{n}{p}$ ($n \in \mathbb{N}$)

$$\binom{n}{0} = 1 \quad \binom{n}{n} = 1 \quad \binom{n}{1} = n \quad (n \geqslant 1)$$

$$\binom{n}{p} = \binom{n}{n-p} \quad (0 \leqslant p \leqslant n)$$

$$\binom{n}{p} + \binom{n}{p+1} = \binom{n+1}{p+1} \quad (0 \leqslant p \leqslant n-1) \text{ (triangle de Pascal)}$$

EXERCICES TYPES CORRIGÉS

EXERCICE 1 Une main au poker est composée de 5 cartes choisies parmi 52.
Dénombrer les mains comportant exactement 2 rois.

EXERCICE 2 Un tiroir contient 5 paires de chaussettes noires, 3 paires de chaussettes bleues et 2 paires de chaussettes blanches.
On choisit simultanément 2 chaussettes au hasard.

1. Combien y a-t-il de tirages différents possibles ?
2. Combien de tirages comportent 2 chaussettes de la même couleur ?

Notes

Corrigé

1 Les éléments à dénombrer étant distincts mais non ordonnés, on utilise les $\binom{n}{p}$.

On identifie ensuite les différentes étapes qui conduisent à cette situation en commençant par les éléments les plus « spécifiques ».

Pour obtenir une main contenant 2 rois, il faut choisir les 2 rois parmi les 4 : il y a $\binom{4}{2} = \frac{4!}{2! \times 2!} = \frac{\cancel{4} \times 3 \times 2 \times 1}{\cancel{2} \times 1 \times \cancel{2} \times 1} = 6$ façons de les choisir.

Puis, pour chacun de ces choix, il faut choisir les 3 autres cartes parmi les 48 restantes (pour ne pas avoir de rois parmi les 3 autres cartes choisies et ne pas comptabiliser 2 fois les mêmes mains) : ainsi, il y a

$\binom{48}{3} = \frac{48!}{3! \times 45!} = \frac{48 \times 47 \times 46}{3 \times 2} = 8 \times 47 \times 46 = 17\ 296$ façons de les choisir.

D'après le principe multiplicatif, **il y a** donc $6 \times 17\ 296$, soit **103 776 mains comportant exactement 2 rois.**

N.B. : ① N'utiliser les combinaisons que lorsqu'il n'y a pas de notion d'ordre (la permutation des éléments à dénombrer ne change pas le résultat).
② Attention à ne pas comptabiliser plusieurs fois les mêmes issues.

2 **1.** Les éléments à dénombrer étant distincts et non ordonnés, on utilise à nouveau les $\binom{n}{p}$. Il y a en tout 20 chaussettes dans le tiroir (10 noires, 6 bleues et 4 blanches).

Un tirage est une combinaison de 2 éléments pris parmi 20 : **il y a donc** $\binom{20}{2} = \frac{20!}{2! \times 18!} = \frac{20 \times 19}{2 \times 1}$, **soit 190 tirages différents possibles**.

2. Pour obtenir 2 chaussettes de la même couleur, il faut :

– soit choisir 2 chaussettes noires : il y a $\binom{10}{2}$ façons de les choisir,

– soit choisir 2 chaussettes bleues : il y a $\binom{6}{2}$ façons de les choisir,

– soit choisir 2 chaussettes blanches : il y a $\binom{4}{2}$ façons de les choisir.

Comme il s'agit d'une réunion disjointe, d'après le principe additif, il y a donc $\binom{10}{2} + \binom{6}{2} + \binom{4}{2} = 45 + 15 + 6$, soit **66 tirages comportant 2 chaussettes de la même couleur**.

Déterminer la probabilité d'un événement

Fiche 57

Maths

Notes

LE COURS

Soit Ω l'univers des réalisations possibles d'une expérience aléatoire.

Probabilité d'un événement A

$p(A)$ est la somme des probabilités des événements élémentaires de A.

S'il y a équiprobabilité, alors :

$$p(A) = \frac{\text{nombre de cas favorables à } A}{\text{nombre de cas possibles}} = \frac{\text{Card}(A)}{\text{Card}(\Omega)}.$$

N.B. : il y a équiprobabilité si chaque événement élémentaire a la même probabilité d'être réalisé (boules indiscernables, au hasard,...).

Propriétés

Pour tous les événements A et B de Ω:

$p(\Omega) = 1$ et $p(\varnothing) = 0$;
$0 \leqslant p(A) \leqslant 1$;
$p(\bar{A}) = 1 - p(A)$ où $\bar{A}$ est l'événement contraire à A ;
$p(A \cup B) = p(A) + p(B) - p(A \cap B)$;
$p(A \cup B) = p(A) + p(B)$ si A et B sont disjoints ($A \cap B = \varnothing$).

EXERCICES TYPES CORRIGÉS

EXERCICE 1 Un jeu consiste à lancer des fléchettes sur une cible. La cible est partagée en quatre secteurs comme indiqué ci-contre.

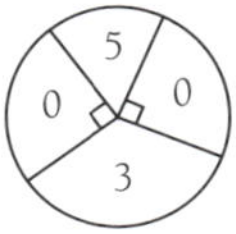

Le joueur lance une fléchette.
On note p_k la probabilité d'obtenir k points (k vaut 0, 3 ou 5).
Sachant que la probabilité d'atteindre une zone de la cible est proportionnelle à l'aire de cette zone, et que $p_3 = 2p_5$, déterminer p_0, p_3 et p_5.

EXERCICE 2 Un sac contient 4 jetons blancs, 5 jetons rouges et 3 jetons verts indiscernables au toucher. On tire successivement et avec remise n jetons du sac ($n \in \mathbb{N}$ et $n \geqslant 2$). On suppose l'équiprobabilité des tirages.
Quelle est la probabilité p de l'événement A, « on obtient exactement 2 jetons blancs » ?

Notes

Corrigé

1 Il n'y a pas équiprobabilité : on utilise les propriétés des probabilités.

On sait que $p(\Omega) = 1$, donc $p_0 + p_3 + p_5 = 1$.

De plus, p_0 est proportionnelle à l'aire de la zone « 0 point ». Or, cette zone correspond d'après la figure à un angle total de π radians.

Elle occupe donc la moitié de la cible circulaire et $\boldsymbol{p_0 = \frac{1}{2}}$.

Ainsi, p_3 et p_5 sont tels que $p_3 + p_5 = \frac{1}{2}$ et $p_3 = 2p_5$,

soit $3p_5 = \frac{1}{2}$ et $p_3 = 2p_5$,

soit encore $\boldsymbol{p_5 = \frac{1}{6}}$ et $\boldsymbol{p_3 = \frac{1}{3}}$.

2 Il y a équiprobabilité.

Il y a équiprobabilité des tirages. On se ramène donc à un problème de dénombrement classique (*cf. fiches* 55 et 56). Les éléments étant ordonnés, on remplit des cases.

Pour obtenir un tirage, il faut choisir 1 jeton parmi 12, puis pour ce choix-là 1 jeton parmi 12 (tirage avec remise), etc. :

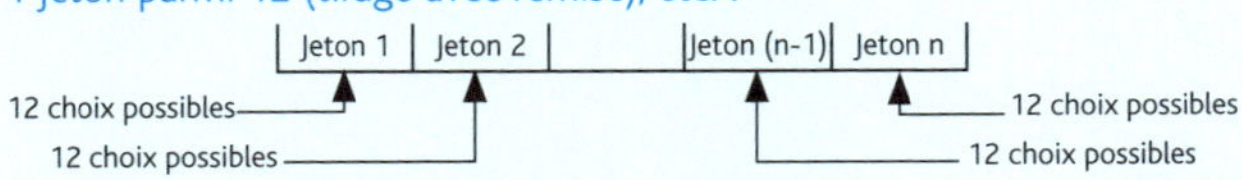

Un tirage est un n–uplet d'un ensemble à 12 éléments et $\text{Card}(\Omega) = 12^n$.

Pour obtenir 2 jetons blancs, il faut :

– choisir 2 jetons blancs successivement avec remise parmi les 4 : il y a 4^2 façons de les choisir,

– pour chacun de ces choix, il faut choisir la place des 2 jetons blancs dans le tirage : il y a $\binom{n}{2}$ façons de les choisir,

– pour chacun de ces choix, il faut choisir les $(n-2)$ autres jetons successivement et avec remise parmi les 8 jetons non blancs : il y a 8^{n-2} façons de les choisir.

D'après le principe multiplicatif, $\text{Card}(A) = 4^2 \times \binom{n}{2} \times 8^{n-2}$.

Il y a équiprobabilité et $p = \dfrac{\text{Card}(A)}{\text{Card}(\Omega)} = \dfrac{4^2 \times \binom{n}{2} \times 8^{n-2}}{12^n}$,

soit $\boldsymbol{\dfrac{2^{n-3} \times n(n-1)}{3^n}}$.

Utiliser les probabilités conditionnelles

Fiche 58

Maths

Notes

LE COURS

Probabilité de A sachant B (où B est tel que $p(B) \neq 0$)

$$p_B(A) = \frac{p(A \cap B)}{p(B)}$$

$$\left(= \frac{\text{nombre de cas favorables à } A \cap B}{\text{nombre de cas favorables à } B} \text{ s'il y a équiprobabilité} \right).$$

Propriétés des probabilités conditionnelles

$p(A \cap B) = p_B(A)\,p(B) = p_A(B)\,p(A)$ (avec $p(A) \neq 0$ et $p(B) \neq 0$) ;
$p_B(\overline{A}) = 1 - p_B(A)$.

Formule des probabilités totales ($n \in \mathbb{N}^*$)

Soit B_1, B_2, ..., B_n, n événements deux à deux incompatibles de probabilité non nulle et dont la réunion est l'univers Ω.
Alors, pour tout événement A de Ω :

$$p(A) = p(A \cap B_1) + p(A \cap B_2) + \ldots + p(A \cap B_n) ;$$

$$p(A) = p_{B_1}(A)\,p(B_1) + p_{B_2}(A)\,p(B_2) + \ldots + p_{B_n}(A)\,p(B_n).$$

En particulier :

$$p(A) = p_B(A)\,p(B) + p_{\overline{B}}(A)\,p(\overline{B}).$$

EXERCICE TYPE CORRIGÉ

Pour lutter contre une maladie M, 70 % des habitants d'un pays ont été vaccinés.
Une étude a révélé que 5 % des individus vaccinés ont contracté la maladie contre 60 % des non vaccinés.
Calculer la probabilité pour qu'un individu ait été malade, puis celle pour qu'il ait été vacciné sachant qu'il a eu M.

Corrigé

Utilisons un arbre pondéré pour calculer ces probabilités. Pour cela, il faut d'abord traduire l'énoncé en termes de probabilités conditionnelles (« sachant que », « 30 % de ... est », ...).

Notes

Soit V l'événement : « être vacciné » et M : « être malade ».

On a :

$$p(V) = 0{,}7\ ;\ p_V(M) = 0{,}05\ ;\ p_{\overline{V}}(M) = 0{,}6.$$

On construit ensuite l'arbre pondéré en suivant les étapes de l'expérience (soit la personne est vaccinée, soit elle ne l'est pas ; puis soit elle tombe malade, soit elle ne tombe pas malade) :

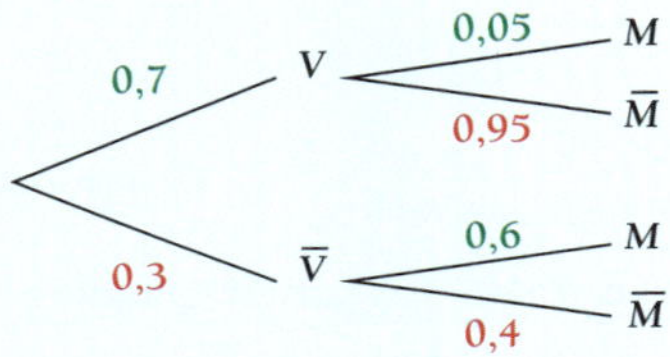

{ La somme des probabilités sur les branches de même origine est 1.
Les probabilités sur les branches sont conditionnelles, sauf au début.

La probabilité du chemin V–M est :

$$p(M \cap V) = p_V(M) \times p(V) = 0{,}05 \times 0{,}7 = 0{,}035.$$

La probabilité du chemin $\overline{V}$–M est :

$$p(M \cap \overline{V}) = p_{\overline{V}}(M) \times p(\overline{V}) = 0{,}6 \times 0{,}3 = 0{,}18.$$

On cherche $p(M) = p_V(M)\,p(V) + p_{\overline{V}}(M)\ p(\overline{V})$, d'après la formule des probabilités totales (V et $\overline{V}$ forment une partition de Ω).

($p(M)$ est la somme des probabilités des chemins V–M et $\overline{V}$–M qui conduisent à M).

Donc :

$$\mathbf{p(M) = 0{,}05 \times 0{,}7 + 0{,}6 \times 0{,}3 = 0{,}215.}$$

La probabilité pour qu'un individu ait été malade est égale à 0,215.

Et
$$p_M(V) = \frac{p(M \cap V)}{p(M)} = \frac{p_V(M)p(V)}{p(M)}$$
$$= \frac{0{,}05 \times 07}{0{,}215}$$
$$= \frac{7}{43}.$$

La probabilité pour qu'un individu ait été vacciné sachant qu'il a eu M est égale à $\frac{7}{43}$.

N.B. : ne pas confondre $P_M(V)$ (ensemble de référence : les individus malades) avec $P(M \cap V)$ (ensemble de référence : tous les individus).

Étudier une variable aléatoire discrète

Fiche 59

Maths

Notes

LE COURS

Variable aléatoire discrète – Loi de probabilité

Une variable aléatoire discrète est une grandeur numérique associée à une expérience aléatoire, qui prend les valeurs $x_1, x_2, ..., x_n$, avec une probabilité $p_1, p_2, ..., p_n$ ($p(X = x_i) = p_i$, pour tout i).

La loi de probabilité X est l'ensemble des couples (x_i, p_i), avec $1 \leqslant i \leqslant n$.

N.B. : pour tout i de 1 à n, $p_i \geqslant 0$ et $p_1 + p_2 + ... + p_n = 1$.

Espérance mathématique $E(X)$ – Variance $V(X)$ – Écart type $\sigma(X)$

Soit X une variable aléatoire prenant les valeurs $x_1, x_2, ..., x_n$, avec les probabilités $p_1, p_2, ..., p_n$:

$$E(X) = \sum_{i=1}^{n} p_i x_i = p_1 x_1 + p_2 x_2 + ... + p_n x_n \,;$$

$$V(X) = \sum_{i=1}^{n} p_i (x_i - E(X))^2 = p_1 (x_1 - E(X))^2 + ... + p_n (x_n - E(X))^2 \,;$$

$$\sigma(X) = \sqrt{V(X)}.$$

EXERCICE TYPE CORRIGÉ

Un enfant joue avec 13 billes : 11 rouges et 2 vertes. Il choisit simultanément trois billes au hasard et il regarde combien de billes rouges il a choisies. On suppose l'équiprobabilité des tirages.

Soit X la variable aléatoire correspondant au nombre de billes rouges choisies.

1. Déterminer la loi de probabilité de X.
2. Calculer l'espérance mathématique de X.

Notes

Corrigé

1. Pour cela, on commence par décrire l'univers avec des tableaux, arbres, cases s'il y a une notion d'ordre. Sinon, on utilise les $\binom{n}{p}$. Ici, comme il s'agit d'un tirage simultané, on utilise les $\binom{n}{p}$ (*cf. fiche* 56).

Un tirage est une combinaison de 3 éléments pris parmi 13 :

$$\text{Card}\ (\Omega) = \binom{13}{3} = \frac{13 \times 12 \times 11}{3 \times 2 \times 1} = 286.$$

On détermine ensuite les valeurs prises x_i par X.

X peut prendre les valeurs 1, 2 ou 3 (« obtenir 0 bille rouge » serait aussi l'événement « obtenir 3 billes vertes », ce qui est impossible).

On calcule les $p_i = P(X = x_i)$ en utilisant l'équiprobabilité des tirages pour se ramener à une situation de dénombrement classique (*cf. fiches* 55 *et* 56).

• $X = 1$ est l'événement « l'enfant obtient 1 bille rouge et 2 billes vertes ».

Il y a $\binom{11}{1}$ façons de choisir simultanément 1 bille rouge parmi 11 et, pour chacun de ces choix, $\binom{2}{2}$ façons de choisir simultanément 2 billes vertes parmi 2. D'après le principe multiplicatif, il y a :

$\binom{11}{1} \times \binom{2}{2} = 11 \times 1 = 11$ tirages favorables.

Comme il y a équiprobabilité, $\boldsymbol{P(X = 1)} = \frac{\text{Card}\ (X = 1)}{\text{Card}\ (\Omega)} = \frac{11}{286} = \boldsymbol{\frac{1}{26}}$.

• $X = 2$ est l'événement « l'enfant obtient 2 billes rouges et 1 bille verte ».

Il y a $\binom{11}{2}$, soit 55 façons de choisir simultanément 2 billes rouges parmi 11 et, pour chacun de ces choix, $\binom{2}{1}$, soit 2 façons de choisir simultanément 1 bille verte parmi 2.

Et $\boldsymbol{P(X = 2)} = \frac{\text{Card}\ (X = 2)}{\text{Card}\ (\Omega)} = \frac{55 \times 2}{286} = \boldsymbol{\frac{5}{13}} = \boldsymbol{\frac{10}{26}}$.

• $X = 3$ est l'événement « l'enfant obtient 3 billes rouges ». Il y a $\binom{11}{3}$, soit 165 façons de choisir simultanément 3 billes rouges parmi 11.

Et $\boldsymbol{P(X = 3)} = \frac{\text{Card}\ (X = 3)}{\text{Card}\ (\Omega)} = \frac{165}{286} = \boldsymbol{\frac{15}{26}}$.

N.B. : on vérifie bien que $P(X = 1) + P(X = 2) + P(X = 3) = 1$.

2. $\boldsymbol{E(X)} = \sum p_i\, x_i = 1 \times \frac{1}{26} + 2 \times \frac{10}{26} + 3 \times \frac{15}{26} = \boldsymbol{\frac{33}{13}} \approx 2{,}5$.

Si l'enfant réalise un grand nombre de tirages simultanés de 3 billes, il obtient en moyenne 2,5 billes rouges sur les 3 billes.

Modéliser une situation avec la loi binomiale

Fiche 60

Maths

Notes

LE COURS

Événements indépendants

A et B sont indépendants $\Leftrightarrow p(A \cap B) = p(A) \times p(B)$
$\Leftrightarrow p_B(A) = p(A)$ (si $p(B) \neq 0$)
$\Leftrightarrow p_A(B) = p(B)$ (si $p(A) \neq 0$)

Succession d'épreuves indépendantes

• Dans une succession d'épreuves, lorsque l'issue d'une épreuve ne dépend pas des épreuves précédentes, on dit que ces épreuves sont indépendantes.
• Dans une succession de n épreuves indépendantes, la probabilité d'une issue $(x_1, x_2, \ldots, x_n)$ est égale au produit des probabilités de chacune des issues x_i du n-uplet $(x_1, x_2, \ldots, x_n)$.

Schéma de Bernoulli ($n \in \mathbb{N}^*, p \in]0 ; 1[$)

Une épreuve de Bernoulli est une expérience aléatoire qui ne présente que deux issues, S avec la probabilité p, et $\overline{S}$ avec la probabilité $1 - p$.
Un schéma de Bernoulli est la répétition de n épreuves de Bernoulli, indépendantes et identiques.

Loi binomiale de paramètres n et p, notée $\mathcal{B}(n, p)$ ($n \in \mathbb{N}^*, p \in]0 ; 1[$)

Dans un schéma de Bernoulli, la variable aléatoire X égale au nombre de réalisations de l'événement S suit une loi binomiale de paramètres n et p, c'est-à-dire :

$$p(X = k) = \binom{n}{k} p^k (1 - p)^{n-k}$$

k entier $0 \leqslant k \leqslant n$

$$\binom{n}{k} = \frac{n!}{k!(n-k)!}$$

$E(X) = np$ et $V(X) = np(1 - p)$

(cf. fiche 56)

EXERCICE TYPE CORRIGÉ

Une entreprise confie à une société de sondage par téléphone une enquête sur la qualité de ses produits. On sait que la probabilité que la personne contactée réponde au questionnaire est $p = 0{,}176$.
On suppose que les sondages sont réalisés auprès de n personnes de façon indépendante et identique ($n \in \mathbb{N}^*$). On donnera les valeurs approchées à 10^{-5} près.

1. Dans cette question $n = 20$.

a) Quelle est la probabilité pour que 11 personnes exactement répondent au questionnaire ?

Notes

b) Quelle est la probabilité pour que 8 personnes au plus répondent au questionnaire ?
c) Quelle est la probabilité pour que 5 personnes au moins répondent au questionnaire ?
2. Quelle est la probabilité p_n pour que 1 au moins des n personnes interrogées réponde au questionnaire ?

Corrigé

1. a) La répétition d'une même action « de façon identique et indépendante » nous amène à repérer un schéma de Bernoulli.
Pour calculer la probabilité demandée, on introduit donc la variable aléatoire égale au nombre de réalisations de l'événement S « la personne sondée répond au questionnaire ».

Soit X la variable aléatoire égale au nombre de personnes parmi les 20 personnes interrogées qui répondent au questionnaire.

Soit l'épreuve « on interroge une personne ». Cette épreuve n'admet que deux issues possibles : S, « la personne répond au questionnaire », avec une probabilité $p = 0{,}176$ et $\overline{S}$. C'est donc une épreuve de Bernoulli.

On répète de façon identique et indépendante $n = 20$ fois cette même épreuve. X comptant le nombre de succès, X suit donc la loi binomiale de paramètres $n = 20$ et $p = 0{,}176$, $B(20\,;0{,}176)$.
Ainsi, la probabilité recherchée est :

$$\boldsymbol{p(X = 11) = \binom{20}{11} 0{,}176^{11}(1 - 0{,}176)^{9} \approx 0{,}00015.}$$

b) On cherche $P(X \leqslant 8)$.
Avec la calculatrice, on obtient $\boldsymbol{P(X \leqslant 8) \approx 0{,}99583}$.
La probabilité que 8 personnes au plus répondent au questionnaire est d'environ 0,99.

c) On cherche $P(X \geqslant 5)$.
$P(X \geqslant 5) = 1 - P(X < 5) = 1 - P(X \leqslant 4)$.
Avec la calculatrice, on obtient $\boldsymbol{P(X \geqslant 5) \approx 0{,}26843}$.
La probabilité que 5 personnes au moins répondent au questionnaire est d'environ 0,27.

N.B. : la calculatrice ne donne que les $P(X = a)$(Bpd [Casio] ou binompdf [Texas]) et les $P(X \leqslant a)$ (Bcd [Casio] ou binomcdf [Texas]). Il est donc nécessaire d'utiliser l'événement contraire pour calculer $P(X \geqslant a)$.

2. On repère un nouveau schéma de Bernoulli de paramètres n et p.

Soit Y la variable aléatoire égale au nombre de personnes parmi les n personnes interrogées qui répondent au questionnaire ; en raisonnant comme précédemment, on montre que Y suit $B(n\,;0{,}176)$.

Pour calculer p_n, on considère l'événement contraire (à cause de « au moins ») « aucune personne ne répond au questionnaire » : « $Y = 0$ ».

$$\text{Or, } p(Y = 0) = \binom{n}{0} 0{,}176^{0}(1 - 0{,}176)^{n} = 0{,}824^{n}.$$

Et $\boldsymbol{p_n = 1 - p(Y = 0) = 1 - 0{,}824^{n}}$.

Utiliser Python pour résoudre des problèmes en probabilité

Fiche 61

Maths

Notes

EXERCICES TYPES CORRIGÉS

EXERCICE 1 On considère la fonction Python suivante :

```
from random import*

def simul():
    C=0
    for i in range(9):
        A=randint(1,7)
    ##randint(a,b) renvoie un entier
    ##choisi au hasard dans [a;b]
        if A>5:
            C=C+1
    return C
```

Dans l'expérience aléatoire simulée ci-dessus, on appelle X la variable aléatoire prenant la valeur C affichée. Quelle est la loi de X ?

EXERCICE 2 Une compagnie aérienne a mis en place pour une de ses lignes un système de surbooking afin d'abaisser les coûts. Sur cette ligne, la compagnie affrète un appareil de 200 places et elle souhaite que la probabilité qu'un client se présentant à l'embarquement ait une place soit supérieure à 98 %. La compagnie cherche le nombre maximum de billets n qu'elle peut vendre pour satisfaire cette condition. Pour cela, on suppose que le nombre de clients se présentant à l'embarquement est modélisé par une variable aléatoire X_n qui suit la loi binomiale $B(n\,;0{,}9)$. On cherche donc le plus grand entier n tel que $P(X_n \leqslant 200) \geqslant 0{,}98$.

En utilisant les fonctions Python ci-dessous, écrire un script Python qui répond au problème posé.

```
from math import *

def binomiale(k,n,p):
    p_k=p**k*(1-p)**(n-k)*(factorial(n)/(factorial(k)*factorial(n-k)))
    return p_k
##factorial(n) renvoie n!
## binomiale(k,n,p) renvoie P(X=k) lorsque X suit B(n,p)

def binomcum(k,n,p):
    pcum=binomiale(0,n,p)
    for i in range(1,k+1):
        pcum=pcum+binomiale(i,n,p)
    return pcum

## binomcum(k,n,p) renvoie P(X<=k) lorsque X suit B(n,p)
```

Notes

Corrigé

1 On remplit un tableau pour faire « tourner l'algorithme à la main » :

	Étape 0	Boucle 1	Boucle 2	...	Boucle 9	Étape F
i		0	1		8	
A		4	6		7	
$A > 5$?		Non	Oui		Oui	
C	0	0	1		2	
Sortie						2

En tapant simul() dans la console, on obtient 2. L'algorithme affiche le nombre de fois où le tirage aléatoire d'un entier entre 1 et 7 (A=randint(1,7)) donne un résultat strictement supérieur à 5 (if A>5) lors de 9 tirages (« for i in range(9) »). Cette fonction simule donc un schéma de Bernoulli de paramètres $n = 9$ et $p = \frac{2}{7}$.

Soit en effet l'épreuve : « on choisit un entier au hasard entre 1 et 7 ». Cette épreuve n'admet que 2 issues possibles : le succès S « l'entier choisi est strictement supérieur à 5 » de probabilité $p = \frac{2}{7}$ (en supposant l'équiprobabilité des tirages, il n'y a que 2 cas favorables à S : 6 et 7) et $\overline{S}$. C'est donc une épreuve de Bernoulli. On répète ensuite de façon identique et indépendante 9 fois cette même épreuve de Bernoulli. **X comptant le nombre de succès, X suit la loi binomiale $B\left(9\,;\frac{2}{7}\right)$ et, pour tout entier k de $[0\,;9]$, $P(X = k) = \binom{9}{k}\left(\frac{2}{7}\right)^k\left(\frac{5}{7}\right)^{9-k}$.**

2

```
def surresa():
    n=200
    p=binomcum(200,n,0.9)
    while p>=0.98:
        n=n+1
        p=binomcum(200,n,0.9)
    return n-1
```

La boucle « while » s'arrête quand $p = P(X_n \leqslant 200)$ devient strictement inférieur à 0,98 : il faut donc renvoyer $n - 1$ et non n pour lequel $P(X_n \leqslant 200) < 0{,}98$.

En tapant surresa() dans la console, on obtient 213.

En faisant tourner l'algorithme à la main, on remarque que :

$P(X_{213} \leqslant 200) \approx 0{,}9833$ et $P(X_{214} \leqslant 200) \approx 0{,}9703$.

La compagnie peut vendre jusqu'à 213 billets, ce qui représente un taux maximum de surbooking de 6,5 %.

Utiliser les opérations sur les variables aléatoires

Fiche 62

Maths

Notes

LE COURS

Soit X une variable aléatoire prenant les valeurs $x_1, x_2, \ldots, x_n$ $(n \in \mathbb{N}^*)$ avec les probabilités $p_1, p_2, \ldots, p_n$ $(p_i = P(X = x_i))$ (cf. fiche 59).
Soit Y une variable aléatoire prenant les valeurs $y_1, y_2, \ldots, y_p$ $(p \in \mathbb{N}^*)$.

Transformation affine

• **Variable $Z = aX + b$, $(a, b \in \mathbb{R})$**

C'est la variable aléatoire prenant les valeurs $ax_1 + b, \ldots, ax_n + b$ avec les probabilités $P(Z = ax_1 + b) = p_1, \ldots, P(Z = ax_n + b) = p_n$.

• **Espérance. Variance**

$$E(aX + b) = aE(X) + b$$
$$V(aX + b) = a^2V(X)$$

Somme de deux variables aléatoires

• **Variable $S = X + Y$. Espérance $E(X + Y)$**

C'est la variable aléatoire prenant les valeurs $x_i + y_j$ $(1 \leqslant i \leqslant n$ et $1 \leqslant j \leqslant p)$ avec les probabilités $P(S = s) = \sum P((X = x_i) \cap (Y = y_j))$ $(s = x_i + y_j)$.

$$E(X + Y) = E(X) + E(Y)$$

• **Variables aléatoires indépendantes. Variance $V(X + Y)$**

X et Y sont indépendantes

$\Leftrightarrow$ pour tout i, j $(1 \leqslant i \leqslant n$ et $1 \leqslant j \leqslant p)$
les événements $(X = x_i)$ et $(Y = y_j)$ sont indépendants

$\Leftrightarrow$ pour tout i, j $(1 \leqslant i \leqslant n$ et $1 \leqslant j \leqslant p)$
$P((X = x_i) \cap (Y = y_j)) = P(X = x_i) \times P(Y = y_j)$.

$$V(X + Y) = V(X) + V(Y) \text{ si } X \text{ et } Y \text{ sont indépendantes.}$$

EXERCICE TYPE CORRIGÉ

Dans une usine, on utilise conjointement deux machines M_1 et M_2 pour fabriquer des pièces cylindriques en série. Chaque jour, M_1 produit 1 000 pièces et M_2 900 pièces.
On admet que la probabilité que M_1 produise une pièce défectueuse est égale à 0,03 et que la probabilité que M_2 produise une pièce défectueuse est 0,04.
Soit X_1 la variable aléatoire qui compte le nombre de pièces défectueuses dans

Notes

la production journalière de M_1. Soit X_2 la variable aléatoire qui compte le nombre de pièces défectueuses dans la production journalière de M_2.
On suppose que X_1 et X_2 sont indépendantes.
1. Quelle est la loi de X_1 ? de X_2?
2. Que représente $Z = X_1 + X_2$? Que vaut $P(Z = 2)$?
3. Le coût (fabrication et destruction) d'une pièce défectueuse issue de M_1 est de 3 € et celui d'une pièce défectueuse issue de M_2 est de 3,2 €.
Soit C la variable aléatoire égale au coût des pièces défectueuses produites chaque jour dans l'usine : calculer l'espérance et la variance de C.

Corrigé

1. Soit l'épreuve : « on choisit une pièce issue de M_1 au hasard ». Cette épreuve n'admet que 2 issues possibles : le succès S « la pièce est défectueuse » de probabilité $p = 0{,}03$ et $\overline{S}$. C'est donc une épreuve de Bernoulli. On répète ensuite de façon identique et indépendante 1 000 fois cette même épreuve de Bernoulli. **X_1 comptant le nombre de succès, X_1 suit la loi binomiale $\mathcal{B}(1\,000\,;0{,}03)$ et, pour tout entier k de $[0\,;1\,000]$, $P(X_1 = k) = \binom{1\,000}{k}0{,}03^k 0{,}97^{1\,000-k}$.**

On montrerait de même que X_2 suit la loi binomiale $\mathcal{B}$ (900 ; 0,04) et que pour tout entier l **de $[0\,;900]$, $P(X_2 = l) = \binom{900}{l}0{,}04^l 0{,}96^{900-l}$.**

2. **Z est la variable aléatoire comptant le nombre de pièces défectueuses produites chaque jour dans l'usine.**

$P(Z = 2) = P\big((X_1 = 0) \cap (X_2 = 2)\big) + P\big((X_1 = 1) \cap (X_2 = 1)\big)$
$+ P\big((X_1 = 2) \cap (X_2 = 0)\big)$.

Soit, comme X_1 et X_2 sont indépendantes :

**$P(Z = 2) = P(X_1 = 0)P(X_2 = 2) + P(X_1 = 1)P(X_2 = 1) +$
$P(X_1 = 2)P(X_2 = 0) \approx 1{,}53 \times 10^{-26}$.**

3. On a par hypothèse $C = 3X_1 + 3{,}2X_2$.

On utilise ensuite les opérations sur les variables aléatoires :

ainsi, $E(C) = E(3X_1 + 3{,}2X_2) = E(3X_1) + E(3{,}2X_2)$
$E(C) = 3E(X_1) + 3{,}2E(X_2)$.

On utilise ensuite la formule $E(X) = np$ (*cf. fiche 60*) :

$$\text{Or}\begin{cases} E(X_1) = n_1p_1 = 1000 \times 0{,}03 & \text{où } X_1 \text{ suit } \mathcal{B}(1000;0{,}03) \\ E(X_2) = n_2p_2 = 900 \times 0{,}04 & \text{où } X_2 \text{ suit } \mathcal{B}(900;0{,}04) \end{cases} \text{ et}$$

$E(C) = 3 \times 1\,000 \times 0{,}03 + 3{,}2 \times 900 \times 0{,}04 = 205{,}2$.

De même, $V(C) = 3^2V(X_1) + 3{,}2^2V(X_2)$ $\big(V(X) = np(1-p)\big)$.

Et **$V(C)$** $= 3^2 \times 1\,000 \times 0{,}03 \times 0{,}97 + 3{,}2^2 \times 34{,}56 =$ **615,7944.**

Simuler des échantillons d'une loi de probabilité

Fiche 63

Maths

Notes

LE COURS

Soit X une variable aléatoire d'espérance μ et d'écart-type σ.

Échantillon de taille n ($n \in \mathbb{N}^*$) d'une loi de probabilité

• **Définition**

Un échantillon de taille n d'une loi suivie par X est une liste de n variables aléatoires $(X_1, X_2,\ldots,X_n)$ indépendantes et suivant toutes la même loi que X :

$$E(X_i) = \mu \text{ et } V(X_i) = \sigma^2 \text{ (pour tout } i \text{ entier } 1 \leqslant i \leqslant n).$$

• **Somme, moyenne d'un échantillon $(X_1, X_2,\ldots,X_n)$ de taille n d'une loi de probabilité**

La somme S_n est la variable aléatoire définie par
$S_n = X_1 + X_2 + \ldots + X_n$.

La moyenne M_n est la variable aléatoire définie par

$$M_n = \frac{S_n}{n} = \frac{X_1 + \ldots + X_n}{n}$$

$E(S_n) = nE(X) = n\mu$ et $E(M_n) = E(X) = \mu$.

$V(S_n) = nV(X) = n\sigma^2$ et $V(M_n) = \dfrac{V(X)}{n} = \dfrac{\sigma^2}{n}$.

Loi de Bernoulli. Lien avec la loi binomiale

• **Loi de Bernoulli X**

Soit une épreuve de Bernoulli dont le succès S a pour probabilité p. (*cf. fiche* 60).

La variable aléatoire qui prend pour valeur 1 en cas de succès (avec une probabilité de p) et 0 sinon suit la loi de Bernoulli de paramètre p.

$$E(X) = p \text{ et } V(X) = p(1-p)$$

• **Lien avec la loi binomiale**

On considère un schéma de Bernoulli de paramètres n et p correspondant à la répétition de façon identique et indépendante de n épreuves de Bernoulli de paramètre p. On note $X_1, X_2,\ldots,X_n$ les n variables aléatoires indépendantes associées à ces n épreuves qui suivent toutes la loi de Bernoulli de paramètre p.

$S_n = X_1 + X_2 + \ldots + X_n$ compte le nombre de succès lors de ces n épreuves et suit donc la loi binomiale $B(n\,;p)$.

Notes

EXERCICE TYPE CORRIGÉ

Une usine produit 10 000 flacons de parfum par jour. On admet que 98 % de la production est conforme. On choisit un flacon au hasard. Soit X la variable aléatoire qui vaut 1 si le flacon est conforme et 0 sinon. La fonction Python ci-dessous simule la loi de Bernoulli de paramètre p :

```
from random import *
from math import*

def B(p):
    r=random()
    if r<=p:
        return(1)
    else:
        return(0)
```

1. Écrire une fonction Python « somme » d'argument n qui simule un échantillon de taille n de la loi de X et renvoie le nombre de flacons conformes dans l'échantillon de taille n.

2. Écrire une fonction Python « simul » d'arguments N et n qui simule N échantillons de taille n de la loi de X et renvoie dans une liste les N nombres de flacons conformes. Puis une fonction « ecarttype » qui renvoie l'écart-type de cette série de N valeurs.

Corrigé

1.

```
def somme(n):
    somme=0
    for i in range (n):
        somme=somme+B(0.98)
    return somme
## cette fonction simule la loi Binomiale B(n;0,98)
```

2. En tapant ecarttype(1 000,100), on obtient des valeurs proches de 1,4.

```
>>> ecarttype(1000,100)
1.3739344962552011
>>> ecarttype(1000,100)
1.3836184445142385
>>> ecarttype(1000,100)
1.4516252960044513
>>> 
```

N.B. : on retrouve ainsi que l'écart-type d'une loi binomiale $B(n, p)$ est $\sigma = \sqrt{np(1-p)} = 1{,}4$ dans l'exemple ci-dessus (*cf. fiche* 60).

```
def simul(N,n):
    M=[somme(n) for i in range (N)]
    return M

def ecarttype(N,n):
    E=0
    V=0
    M=simul(N,n)
    for i in range (N):
        E=E+M[i]
    E=E/N
##E est la moyenne de la série des N valeurs
    for i in range (N):
        V=V+(M[i]-E)**2
    V=V/N
##V est la variance de la série de N valeurs
    s=sqrt(V)
    return s
```

Utiliser des inégalités de probabilités

Fiche 64

Maths

Notes

LE COURS

Inégalités de concentration

• Inégalité de Markov

Soit X une variable aléatoire à valeurs positives et $a > 0$, alors

$$P(X \geqslant a) \leqslant \frac{E(X)}{a}.$$

La probabilité que X prenne des valeurs plus grandes que a est d'autant plus petite que a est grande.

• Inégalité de Bienaymé-Tchebychev

Soit X une variable aléatoire et $\delta > 0$, alors

$$P\left(\left|X - E(X)\right| \geqslant \delta\right) \leqslant \frac{V(X)}{\delta^2}.$$

La probabilité que X s'écarte d'au moins δ de $E(X)$ est d'autant plus petite que δ est grand.

N.B. : en général, cette inégalité fournit un majorant plus précis que l'inégalité de Markov.

Loi des grands nombres

Soit X une variable aléatoire d'espérance $E(X)$ et de variance $V(X)$; soit M_n la variable aléatoire moyenne de l'échantillon de taille n de la loi de X (*cf. fiche* 63) ; soit $\delta > 0$, alors

$$P\left(\left|M_n - E(X)\right| \geqslant \delta\right) \leqslant \frac{V(X)}{n\delta^2}$$

et $\lim\limits_{n \to +\infty} P\left(\left|M_n - E(X)\right| \geqslant \delta\right) = 0$.

On dit que M_n converge en probabilité vers $E(X)$ quand $n \to +\infty$.

Pour estimer l'espérance d'une loi (moyenne théorique), on peut répéter la même expérience de façon indépendante un grand nombre de fois et calculer la moyenne empirique.

Notes

EXERCICE TYPE CORRIGÉ

Un fournisseur produit 100 000 flacons de parfum par an et prétend que 98 % des flacons livrés a un volume d'au moins 100 ml (flacon conforme). Pour s'assurer que la livraison répond bien au cahier des charges, on prélève n flacons au hasard ($n \in \mathbb{N}^*$).

Pour $1 \leqslant i \leqslant n$, soit X_i la variable aléatoire qui vaut 1 si le $i^{\text{ème}}$ flacon est conforme et 0 sinon.

1. Soit $1 \leqslant i \leqslant n$. Calculer $E(X_i)$ et $V(X_i) = \sigma^2$.

2. On note M_n la variable aléatoire moyenne de $(X_1, X_2, \ldots, X_n)$.

Minorer $P\left(0{,}98 - \dfrac{\sigma}{4} < M_n < 0{,}98 + \dfrac{\sigma}{4}\right)$.

3. Déterminer n tel que $P(0{,}975 < M_n < 0{,}985) \geqslant 0{,}9$.

Corrigé

1. X_i suit la loi de Bernoulli de paramètre $p = 0{,}98$ *(cf. fiche 63)*.

Ainsi, $E(X_i) = p \times 1 + (1-p) \times 0 = p = 0{,}98$

et

$V(X_i) = p \times (1-p)^2 + (1-p) \times (0-p)^2 = p(1-p) = 0{,}0196$.

2. D'après l'inégalité de Bienaymé-Tchebychev pour $\delta = \sigma / 4$, on a :

$$P\left(\left|M_n - E(X)\right| \geqslant \frac{\sigma}{4}\right) \leqslant \frac{16V(X)}{n\sigma^2} \Leftrightarrow P\left(\left|M_n - 0{,}98\right| \geqslant \frac{\sigma}{4}\right) \leqslant \frac{16}{n}$$

$$\Leftrightarrow 1 - P\left(\left|M_n - 0{,}98\right| < \frac{\sigma}{4}\right) \leqslant \frac{16}{n}.$$

On utilise ensuite $|x-a| < r \Leftrightarrow a - r < x < a + r$ pour conclure :

$$\Leftrightarrow -P\left(0{,}98 - \frac{\sigma}{4} < M_n < 0{,}98 + \frac{\sigma}{4}\right) \leqslant \frac{16}{n} - 1$$

$$\Leftrightarrow \mathbf{P\left(0{,}98 - \frac{\sigma}{4} < M_n < 0{,}98 + \frac{\sigma}{4}\right) \geqslant 1 - \frac{16}{n}}.$$

3. $P(0{,}975 < M_n < 0{,}985) \geqslant 0{,}9$

$\Leftrightarrow P(-0{,}005 < M_n - 0{,}98 < 0{,}005) \geqslant 0{,}9$

$\Leftrightarrow P(|M_n - 0{,}98| < 0{,}005) \geqslant 0{,}9$

$\Leftrightarrow 1 - P(|M_n - 0{,}98| \geqslant 0{,}005) \geqslant 0{,}9$

$\Leftrightarrow P(|M_n - 0{,}98| \geqslant 0{,}005) \leqslant 0{,}1$.

Or, d'après l'inégalité de Bienaymé-Tchebychev pour $\delta = 0{,}005$, on a :

$P(|M_n - 0{,}98| \geqslant 0{,}005) \leqslant \dfrac{784}{n}$.

Il suffit de choisir n tel que $\dfrac{784}{n} \leqslant 0{,}1$ soit tel que $n \geqslant \dfrac{784}{0{,}1}$:

$\mathbf{n \geqslant 7\,840}$.

SES

Sommaire

Les fiches en rouge font partie du programme du Bac les années impaires, celles en bleu sont évaluables les années paires. Les autres fiches sont au programme chaque année.

SES

Notes

Notes

Sociologie et science politique

Regards croisés

Descriptif de l'épreuve et conseils

L'épreuve écrite porte sur une partie du programme de l'enseignement de spécialité SES de la classe de Terminale : 8 chapitres (jusqu'en mars) sur les 12 qui composent le programme (jusqu'en juin). Les notions étudiées en classe de Première doivent être connues et mobilisables.

À noter

L'épreuve dure **quatre heures**. Elle est notée sur **20 points** et a un **coefficient de 16**.

L'épreuve se compose de deux sujets à traiter au choix : la **dissertation** s'appuyant sur un dossier ou l'**épreuve composée**.

1 La dissertation s'appuyant sur un dossier documentaire

- Si vous choisissez la dissertation, il vous est demandé de :
  - répondre à la question posée par le sujet ;
  - construire une argumentation à partir d'une problématique que vous devrez élaborer ;
  - mobiliser des connaissances et des informations pertinentes pour traiter le sujet, notamment celles figurant dans le dossier ;
  - rédiger en utilisant le vocabulaire économique et social spécifique approprié à la question et en organisant le développement sous la forme d'un plan cohérent qui ménage l'équilibre des parties.
- Il sera tenu compte, dans la notation, de la clarté de l'expression et du soin apporté à la présentation.
- La dissertation s'appuie sur un dossier qui comporte trois ou quatre documents de nature strictement factuelle. Il s'agit principalement de données statistiques (graphique, tableau, carte, radar, etc.) ; un document texte peut figurer dans le dossier documentaire à condition qu'il soit lui aussi strictement factuel (chronologie, extrait d'entretien, monographie, récit de vie, compte rendu d'enquêtes, etc.).
- Le dossier est mis à votre disposition pour vous permettre d'asseoir votre travail sur des informations précises. Les documents ne doivent pas donner lieu à un commentaire systématique et détaillé. De même, le dossier ne doit pas borner votre horizon : le recours à vos connaissances personnelles est encouragé.

2 L'épreuve composée

Cette épreuve comprend trois parties. Ces trois parties sont indépendantes : elles portent sur trois questions différentes et au moins deux champs du programme (science économique ; sociologie et science politique ; regards croisés).

Barème

La partie 1 est notée sur **4 points**, la partie 2 sur **6 points** et la partie 3 sur **10 points**.

Partie 1 : mobilisation des connaissances

Il vous est demandé de répondre à la question en faisant appel uniquement à vos connaissances.

Notes

Notes

■ Partie 2 : étude d'un document

Cette deuxième partie de l'épreuve est une étude d'un document statistique (graphique, tableau, carte, radar, etc.) comportant deux questions. Vous devez répondre aux questions en mobilisant vos connaissances et en adoptant une démarche méthodologique rigoureuse, de collecte et de traitement de l'information.

■ Partie 3 : raisonnement s'appuyant sur un dossier documentaire

• Il vous est demandé de traiter le sujet :
– en développant un raisonnement ;
– en exploitant les documents du dossier ;
– en faisant appel à vos connaissances personnelles ;
– en composant une introduction, un développement, une conclusion.
• Il sera tenu compte, dans la notation, de la clarté de l'expression et du soin apporté à la présentation.

3 Les questions évaluables selon les années

Les questions évaluables dans le cadre de l'épreuve sont différentes pour les années paires et les années impaires.

Années impaires	
Science économique	• Quels sont les sources et les défis de la croissance économique ? • Quels sont les fondements du commerce international et de l'internationalisation de la production ? • Comment lutter contre le chômage ?
Sociologie et science politique	• Comment est structurée la société française actuelle ? • Quelle est l'action de l'École sur les destins individuels et sur l'évolution de la société ? • Quels sont les caractéristiques contemporaines et les facteurs de la mobilité sociale ? • Comment expliquer l'engagement politique dans les sociétés démocratiques ?
Regards croisés	• Quelle action publique pour l'environnement ?

Années paires	
Science économique	• Quels sont les sources et les défis de la croissance économique ? • Quels sont les fondements du commerce international et de l'internationalisation de la production ? • Comment expliquer les crises financières et réguler le système financier ? • Quelles politiques économiques dans le cadre européen ?
Sociologie et science politique	• Comment est structurée la société française actuelle ? • Quelles sont les mutations du travail et de l'emploi ? • Comment expliquer l'engagement politique dans les sociétés démocratiques ?
Regards croisés	• Quelles inégalités sont compatibles avec les différentes conceptions de la justice sociale ?

4 Quelques conseils pour la dissertation

La dissertation consiste en une question qu'il s'agit de problématiser. L'argumentation que vous allez élaborer doit permettre d'y répondre. Vous devez donc :
– élaborer une problématique ;
– construire une argumentation répondant de façon structurée à la question, avec une introduction, un développement et une conclusion ;
– organiser votre développement sous la forme d'un plan équilibré et cohérent ;
– mobiliser vos connaissances de cours et les informations recueillies dans les documents qui accompagnent le sujet (texte, tableau, graphique, carte...) ;
– utiliser les notions spécifiques appropriées.

5 Quelques conseils pour l'épreuve composée

■ **Dans la partie 1 (mobilisation des connaissances),** il s'agit de :
– répondre à une question ;
– définir les notions du programme ;
– décrire en caractérisant ;
– illustrer à l'aide d'exemples ;
– expliquer un mécanisme ou une logique.

■ **Dans la partie 2 (étude d'un document),** vous devez :
– répondre à deux questions qui visent à exploiter le document fourni et le cours ;
– collecter les informations (choix et hiérarchisation des données chiffrées) ;
– traiter les informations en les décryptant et en réalisant des calculs personnels ;
– mobiliser vos connaissances de cours qui permettent d'expliciter les faits ou les phénomènes économiques, sociaux ou politiques.

■ **Dans la partie 3 (raisonnement s'appuyant sur un dossier documentaire),** il vous est demandé de :
– répondre à la question en développant une argumentation, c'est-à-dire convaincre en défendant une thèse ;
– structurer votre réponse avec une courte introduction, un développement de 3 à 5 paragraphes et une conclusion brève (il ne s'agit pas d'une dissertation) ;
– combiner les informations tirées des documents et vos connaissances de cours.

Notes

Les sources de la croissance économique

Fiche 1

SES

1 La croissance se traduit par l'augmentation durable de la production, mesurée par le PIB

■ La croissance économique correspond à l'accroissement des richesses produites sur le territoire national, c'est-à-dire les biens et les services nouveaux créés.

■ La croissance économique est un processus qui dynamise la conjoncture économique par ses multiples effets. Elle se mesure par le taux de variation du Produit (ou Production) intérieur(e) brut(e), c'est-à-dire par l'écart relatif entre le PIB d'une année et celui de l'année précédente. Le PIB se comptabilise en additionnant les valeurs ajoutées, évaluées de façon comptable par l'écart entre la production et les consommations intermédiaires nécessaires à la fourniture de biens et de services. Les différents agents économiques déclarent ainsi chaque année à l'administration fiscale le produit de leurs activités.

Chiffres-clés

PIB de la France en 2019 : 2 425,7 milliards d'euros, ce qui place le pays au 7e rang du classement mondial des pays les plus riches.

Notes

■ Créer des richesses supplémentaires permet aux firmes de trouver des débouchés nouveaux à leur offre. L'espoir de réaliser du profit sur des marchés nouveaux stimule les créations d'entreprises et les activités productives.

■ L'État lui-même reçoit davantage de recettes fiscales (impôts, taxes, cotisations salariales) lorsque le PIB s'accroît.

2 La croissance provient d'une augmentation des quantités de facteurs de production et/ou d'une amélioration de leur efficacité

■ On parle de croissance extensive lorsqu'on utilise plus de facteurs de production, c'est-à-dire plus de capital (investissements en machines) et/ou plus de main-d'œuvre. Toute croissance supplémentaire nécessite davantage de moyens productifs.

■ On parle de croissance intensive lorsqu'on s'intéresse aux aspects qualitatifs, c'est-à-dire à l'efficacité productive : l'attention porte alors sur les gains de productivité issus d'une utilisation plus intensive du travail, sur une meilleure organisation, une gestion plus rationnelle…

Notes

■ L'impact fort du progrès technique sur la croissance fait consensus, mais il est difficile d'en mesurer directement le poids, comme l'a montré Robert Solow. En effet, s'il est possible de chiffrer l'effet de plus de capital ou de travail, c'est par déduction que les pourcentages de croissance qui restent à expliquer sont attribués au progrès technique : il correspond donc à un « résidu » de la croissance.

■ Ainsi, si l'augmentation du facteur travail et du facteur capital explique la moitié de la croissance des **Trente Glorieuses**, l'autre moitié correspond à l'amélioration des gains de productivité globale des facteurs de production, c'est-à-dire au progrès technique.

> **Mots-clés**
> L'expression **Trente Glorieuses** désigne la période de forte croissance économique qu'a connu la France, comme les autres grands pays industriels, du lendemain de la Seconde Guerre mondiale jusqu'au choc pétrolier de 1973.

3 Il existe trois façons de mesurer le PIB

■ Il existe en comptabilité nationale plusieurs façons de mesurer le PIB, ce qui permet d'identifier là où il est possible d'agir pour stimuler la croissance, en termes d'offre (conditions de production) et/ou de demande (conditions de consommation) :

– par la production : le PIB est avant tout un indicateur mesurant la production. Produit de richesses nouvelles, le PIB est la somme des valeurs ajoutées (VA) déclarées à l'administration fiscale, aux prix du marché, des recettes de TVA (TVA) et des droits de douane et taxes sur les importations (DD), à laquelle on retranche les subventions (S) :

$$PIB = VA + TVA + DD - S$$

– par les revenus : la production génère des revenus qui vont être versés à tous les agents économiques ayant contribué à cette production. Réparti sous forme de revenus bruts, le PIB est la somme des rémunérations des salariés (RS), de l'excédent brut d'exploitation (EBE), des sources fiscales (T = impôt sur la production et les importations – les subventions) et du solde des revenus avec l'extérieur (RX) :

$$PIB = RS + EBE + T + RX$$

– par les dépenses : les revenus versés grâce à la production (= l'offre de biens et de services) vont être dépensés et vont ainsi alimenter la demande de biens et de services. Le PIB est la somme de la consommation effective (CE), des frais d'investissement (formation brute de capital fixe, FBCF), du solde extérieur [les biens et les services exportés (X) moins les biens et les services importés (M)] et de la variation de stocks (VS) :

$$PIB = CE + FBCF + (X - M) + VS$$

Le rôle des institutions et du progrès technique dans le processus de croissance

Fiche 2

SES

Notes

1 Le progrès technique provient d'investissements en recherche et développement, souvent financés par l'État

■ On peut penser avec Thorstein Veblen (économiste et sociologue américain), que l'état des techniques *(state of industrial arts)* est un facteur incontournable de la croissance économique. Il faut entendre par là non seulement un système d'outils, d'instruments, de machines, de techniques, de savoir-faire… qui améliorent les structures productives, mais également un capital « collectif », un système qui est transmis de génération en génération.

■ Les responsables économiques et politiques ont une responsabilité dans la stimulation de l'innovation. Les entreprises ne disposent pas toutes des mêmes moyens financiers pour acheter des brevets ou réaliser des dépenses de **recherche développement**. L'État peut jouer un rôle en accordant des primes à l'innovation, en défiscalisant les entreprises innovantes, en innovant lui-même via des organismes spécialisés (CNRS, INRAE, INSERM…) ou en renforçant la législation sur les brevets.

Mots-clés

La **recherche développement**, au sein d'une entreprise, consiste à investir dans un laboratoire de recherche pour créer des produits innovants.

2 Le progrès technique est favorisé par des institutions : l'exemple des droits de propriété

■ La création d'une innovation doit en principe faire l'objet d'une déclaration et d'une demande de brevet, qui certifie son authenticité et identifie clairement son auteur. La procédure de dépôt de brevet est lourde, longue et coûteuse à partir du moment où l'on dispose d'un prototype, puisque des vérifications doivent être réalisées au niveau mondial pour vérifier qu'il ne s'agit pas d'une simple copie de quelque chose existant ailleurs. C'est le rôle d'organismes spécialisés qui protègent la création intellectuelle, comme l'INPI (l'Institut national de la propriété industrielle).

■ Une fois qu'il détient le brevet d'invention, deux options s'offrent au propriétaire du brevet :

– bénéficier dans un premier temps d'une situation de monopole grâce à la protection du brevet avec des profits élevés ;

– vendre une licence de commercialisation, mais en perdant le monopole de l'offre, avec les avantages associés.

Notes

■ Le droit de propriété intellectuelle est sacré et défini juridiquement ; mais il est de plus en plus bafoué avec l'imitation, la copie illégale et la contrefaçon dans un contexte de mondialisation accrue.

3 Le progrès technique est un accélérateur de croissance

■ L'innovation, c'est-à-dire l'invention et l'application et/ou la commercialisation d'un bien nouveau ou d'une idée nouvelle, est le véhicule du progrès technique.

■ Les innovations sont regroupées en cinq catégories : innovations de produits (nouveaux produits), innovations de procédés (nouvelles techniques de production), nouvelle source de matières premières ou d'énergie, nouvelle organisation et nouveau marché.

■ Pour Joseph Aloïs Schumpeter (un économiste américain), les innovations majeures ont un rôle historique à jouer en transformant les conditions de production, de fabrication ou de commercialisation, quitte à bouleverser le marché. En revanche, les innovations mineures (ou incrémentales) ne feraient qu'améliorer les innovations majeures sans effet important sur l'économie.

■ Très souvent, les innovations en entraînent d'autres, comme l'illustrent les exemples du fordisme, de l'ordinateur, d'Internet… L'innovation est également recherchée pour l'accumulation du capital et pour accroître la productivité globale des facteurs de production (produire plus en moins de temps).

■ Mais Schumpeter reconnaît que les vagues d'innovations majeures, c'est-à-dire celles qui sont concentrées dans l'espace et dans le temps, sont souvent négatives à court terme (disparition d'activités, d'entreprises et d'emplois), avant d'être très positives à moyen terme, tant qu'elles ne s'essoufflent pas : c'est le processus de **destruction créatrice**, qui expliquerait les cycles économiques longs (cycles de Kondratieff, voir ci-dessous).

> **Mots-clés**
> **Destruction créatrice :** processus de mutation économique où, dans un secteur donné, les entreprises les moins innovantes ferment tandis que les entreprises les plus innovantes naissent ou croissent.

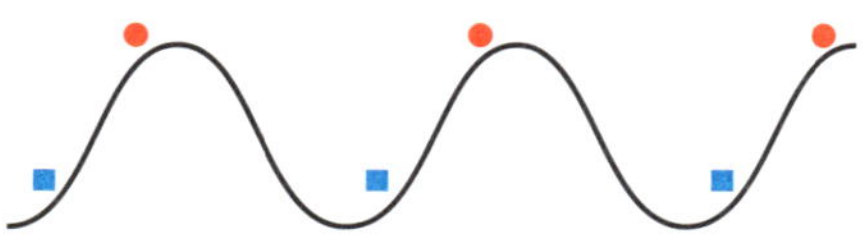

■ Les innovations majeures créent une phase d'expansion.

● Les innovations majeures qui s'essouflent créent une phase de crise.

Les effets du progrès technique sur l'emploi et les inégalités de revenus

Fiche 3

SES

Notes

1 Le progrès technique peut engendrer des inégalités de revenus entre catégories sociales

■ En 20 ans, en France, la part des salariés qualifiés dans l'emploi total a diminué de 5 points en passant de 32 % à 27 %, ce qui correspond à une baisse de 15,6 %, tandis que les moins qualifiés ont perdu 2 points (– 9,1 %). À l'inverse, la part des professions intermédiaires, en passant de 22 % à 25 %, s'est accrue de 3 points et ce sont les cadres supérieurs qui ont le plus gagné d'emplois avec 5 points supplémentaires (+ 38,5 %).

■ Si l'évolution des emplois et des professions n'est pas liée uniquement aux avancées technologiques, elle en dépend néanmoins étroitement. Ainsi la mécanisation dans l'agriculture a provoqué un exode rural : aujourd'hui, les agriculteurs représentent seulement 3 % de la population active. La robotisation et l'automatisation de la production dans l'industrie automobile et textile, et dans le secteur agroalimentaire ont créé un chômage de masse et conduit à diminuer les postes d'ouvriers.

■ La tertiarisation et la diversification des activités de services, largement stimulées par Internet, ont permis de créer de nombreux métiers nouveaux qui ont profité aux professions intermédiaires et aux cadres. La démocratisation de l'École et sa massification, avec la diffusion d'une éducation de masse, ont facilité cette évolution.

2 Le progrès technique peut accentuer les inégalités entre les territoires

■ Des stratégies comme celle des pôles de compétitivité en France ou la Silicon Valley aux États-Unis s'avèrent très utiles : il s'agit de concentrer géographiquement des unités productives, des laboratoires de recherche, des entreprises de transport… afin de partager les coûts des infrastructures. Cela a pour effet de dynamiser les marchés locaux en créant des entreprises et des emplois, ce qui est favorable à la croissance économique. L'effet « boule de neige » attire par ailleurs de nouveaux travailleurs et entreprises.

> **Exemple**
> Aerospace Valley est un pôle de compétitivité localisé à Toulouse, associant les régions Occitanie et Nouvelle-Aquitaine, dans les domaines de l'aéronautique, de l'espace et des systèmes embarqués.

Notes

Mais certaines régions sont favorisées au détriment d'autres, ce qui accentue les inégalités territoriales. On constate ainsi l'existence d'un espace géographique marqué par une division spatiale du travail, avec une prédominance des métiers les plus répétitifs en dehors des grandes villes.

C'est le cas par exemple des postes industriels ou des employés de magasins situés en périphérie urbaine. Moins répétitifs, les métiers de l'hôtellerie et de la restauration, et ceux de la gestion et de l'administration sont majoritairement situés dans les grandes villes. De la même façon, on constate que les nouveaux emplois qualifiés se situent dans les zones les plus urbaines.

3 Le progrès technique creuse les inégalités entre les nations

La révolution industrielle anglaise du XVIIIe siècle avait profité à ses partenaires commerciaux, dont la France. Aujourd'hui, les avancées en matière de connaissances, de science, de technologies bénéficient aux pays initiateurs, mais également au reste du monde par le biais de la vente de biens, de brevets, de licences de commercialisation. On parle alors de **transferts technologiques**. Les firmes transnationales (FTN) en sont des vecteurs importants.

Mots-clés

Les **transferts technologiques** consistent en une acquisition de technologies, de connaissances et de savoir-faire par des pays accueillant sur leur territoire des filiales de FTN étrangères possédant ces atouts.

Le progrès technique permet aux entreprises d'enrichir leurs ressources productives, de stimuler la recherche et développement, l'obtention de brevets et les investissements. Comme la plupart des firmes transnationales proviennent des pays développés (en particulier les États-Unis, le Japon et l'Angleterre), le secteur des hautes technologies *(high-tech)* est essentiellement de leur ressort.

Ces hautes technologies, qui sont fondées aujourd'hui sur les nanotechnologies, l'aérospatial, les biotechnologies, les technologies de l'information, donnent aux pays qui les développent une avance considérable sur le reste du monde. De ce fait, le progrès technique maintient les inégalités de développement entre les nations. Les pays de l'OCDE déposent bien plus de brevets que les autres et confirment ainsi leur avancée technologique. On constate cependant que les pays émergents en déposent de plus en plus, les brevets ayant été multipliés par 10 en 7 ans.

Le degré de soutenabilité de la croissance économique

Fiche 4

SES

1 La croissance se heurte à des limites écologiques

■ Indicateur trop quantitatif, le PIB ne permet pas d'évaluer les aspects qualitatifs des activités humaines, comme l'a montré Joseph Stiglitz (prix Nobel d'économie en 2001).

■ En matière d'externalités positives, et bien que cela ne soit pas sa fonction, le PIB ne mesure pas le bien-être des populations. C'est même l'indicateur-clé d'un processus s'accompagnant de nombreux méfaits sociaux et écologiques, la croissance économique créant des **externalités négatives**.

Mots-clés

Externalités négatives : conséquences négatives de la production ou de la consommation d'un agent économique sur l'activité d'autres agents économiques sans qu'il y ait de compensation monétaire (dédommagement). La pollution est un exemple d'externalité négative.

Notes

■ Ainsi accuse-t-on la création de richesses économiques de conduire à l'épuisement de ressources naturelles, dont certaines sont non renouvelables, à un creusement des inégalités socio-économiques, à des nuisances et à des pollutions qui remettent en cause l'équilibre des écosystèmes, la santé des populations et même le climat (réchauffement climatique). La recherche du profit maximal en un minimum de temps et un minimum de coûts – pilier de la logique productiviste – a conduit à détruire une partie de la nature.

■ Fondée sur une culture du jetable, cette croissance gaspille largement et nous incite à renouveler tout le temps nos biens, y compris nos biens d'équipement qui sont devenus des « objets à durée déterminée ». Cette croissance surconsomme les ressources naturelles, que ce soit des matières premières, alimentaires, énergétiques… La question de la soutenabilité du développement est désormais posée.

2 La croissance non maîtrisée remet en cause sa soutenabilité

■ En se privant de perspectives à long terme par l'épuisement des ressources, le productivisme freine la possibilité d'assurer un développement économique, c'est-à-dire l'essor d'activités nouvelles et une évolution des structures de marché favorable à de nouveaux profits.

Notes

■ La nécessaire réglementation accentue les contraintes juridiques et fiscales, morales et financières, qui pèsent sur les entreprises qui n'ont pas su prendre en charge les externalités négatives qu'elles ont causées.

■ Aujourd'hui, certains se demandent comment une production fondée sur le type actuel de croissance industrielle peut être soutenable, c'est-à-dire répondre aux besoins des générations actuelles sans compromettre la capacité des générations futures à répondre aux leurs, d'autant plus si les pays émergents veulent atteindre le niveau de développement des pays occidentaux.

■ Par ailleurs, la raréfaction des matières premières et énergétiques augmente les risques de tensions politiques majeures.

3 L'urgence de la mise en place de politiques environnementales

■ Une politique environnementale regroupe l'ensemble des dispositifs, des lois et des décisions prises par les pouvoirs publics pour agir sur l'environnement. Elle doit participer au bien-être social en gérant les **biens communs**.

■ Les politiques environnementales sont largement déterminées par la prise de conscience politique que le marché est incapable de corriger les méfaits des choix de croissance actuels et d'un modèle de développement qui dérègle le climat.

■ Le réchauffement climatique accentué par les activités humaines conduit en effet à perturber le climat, provoquant notamment la fonte des glaces et l'aggravation des catastrophes naturelles (tornades, cyclones, sécheresses, incendies, inondations…).

■ Les effets désastreux de certaines activités humaines sur l'environnement ne sont plus à prouver. C'est le cas par exemple de la production industrielle et du secteur des transports (pluies acides, marées noires…). En France, presque 50 % de la pollution provient des transports et de l'industrie. Mais la santé des populations est également concernée. Il est urgent d'adopter et de généraliser à l'ensemble de la planète des normes environnementales qui bannissent les produits toxiques (le bisphénol A, les chlorofluorocarbures, l'amiante…).

Mots-clés

Les **biens communs** sont des biens non exclusifs et non rivaux, c'est-à-dire des biens libres d'accès mais disponibles en quantité limitée. Les ressources naturelles (forêts, poissons…) sont des biens communs. Sans politique environnementale, le marché conduit à leur surexploitation et donc à leur disparition.

Les déterminants du commerce international

Fiche 5

SES

Notes

1 L'apport de la théorie pour comprendre l'intérêt du commerce international et de la spécialisation

■ Tout pays a forcément des ressources naturelles (terres, eau, matières premières, matières énergétiques) et des facteurs de production (travail, capital). Une nation qui ne commerce pas avec l'extérieur se prive des avantages des échanges et ne peut satisfaire tous ses besoins ainsi que ceux de sa population. Tout pays, même pauvre, a donc intérêt à se procurer ce qu'il ne fabrique pas et à vendre à l'extérieur ce qu'il produit.

■ David Ricardo, en s'appuyant sur l'exemple du Portugal et de l'Angleterre, a montré que le commerce international est favorable à tous les pays. Chaque pays a intérêt à se spécialiser dans une production.

Auteur-clé
David Ricardo (1772-1823), auteur classique, défend le libre-échange en y voyant une opportunité pour tous les pays de se développer (théorie des avantages comparatifs) et une condition pour l'harmonie et la paix mondiales.

■ Si un pays est plus productif que les autres pays dans toutes les productions, il doit se spécialiser dans la production où il est relativement (comparativement) encore plus productif. Si un pays est moins productif que les autres pays dans toutes les productions, il doit se spécialiser dans la production où il est relativement le moins faible. C'est la théorie des avantages comparatifs (ou relatifs).

■ Le Portugal a donc intérêt à concentrer sa production sur le vin et à l'échanger contre du drap d'Angleterre, dans une logique de gagnant-gagnant. Ainsi on pourrait expliquer le commerce interbranche par les quantités de facteurs de production et leurs prix relatifs.

■ Aujourd'hui, on parle de compétitivité prix pour appliquer la théorie ricardienne à la réalité du commerce international et expliquer en partie les délocalisations. Comprimer les coûts de production (baisse des prix des intrants, des salaires et/ou des charges patronales) présente alors un enjeu pour les FTN.

2 Le rôle des dotations en facteurs de production dans les choix de spécialisation des pays

■ Dans la continuité de la théorie des avantages comparatifs de Ricardo, un modèle théorique néoclassique a été construit :

Notes

le modèle HOS (du nom de ses initiateurs : Hecksher, Ohlin et Samuelson). Les pays se spécialiseraient en fonction des quantités dont ils disposent en capital et en travail : c'est ce que l'on appelle la dotation en facteurs de production. À terme, les inégalités de développement s'estomperaient.

■ Comme le suggère cependant Wassily Leontief (prix Nobel d'économie en 1973), il ne faut pas négliger les aspects qualitatifs des facteurs de production, comme la qualification de la main-d'œuvre par exemple.

Mots-clés

Les **firmes transnationales** (FTN) ou **multinationales** (FMN) profitent des accords de l'Organisation mondiale du commerce (OMC, qui a pris le relais des accords du GATT en 1995) pour participer à la division internationale des processus de production (DIPP).

■ Les nouvelles théories du commerce international insistent davantage sur les chaînes de valeur mondiales : les **firmes transnationales** implantent des unités de production à des endroits différents du globe en exploitant l'avantage comparatif (facteurs de production ou productivité) de chaque territoire, créant ainsi une décomposition internationale des processus de production (DIPP).

3 Le marché mondial présente des intérêts pour les producteurs et pour les consommateurs

■ Toute entreprise dépend d'un marché mondial concurrentiel : elle utilise des consommations intermédiaires, elle subit des coûts et elle est obligée d'adopter une stratégie de survie et de développement sur le marché.

■ Un marché mondial diversifié donne l'occasion aux entreprises de se procurer des consommations intermédiaires moins onéreuses et/ou de meilleure qualité, ce qui leur permet d'assurer la meilleure compétitivité prix et/ou la meilleure compétitivité hors-prix possible(s).

■ Statistiquement, on peut constater une étroite corrélation entre le PIB national, voire une variation du PIB national, et le PIB mondial ou les exportations mondiales : le marché mondial est un fort stimulant, largement aidé par Internet, pour trouver des débouchés au-delà des frontières nationales.

■ Le consommateur peut bénéficier de prix plus bas et d'un choix de produits plus vaste du fait de la concurrence. Il peut également avoir accès à des produits innovants car la concurrence pousse les entreprises à se différencier en offrant des produits incorporant du progrès technique.

Les échanges commerciaux entre pays différents et entre pays similaires

Fiche 6

SES

Notes

1 Une nation commerce avec des pays aux niveaux de production différents

■ Qu'est-ce qui conduit la France à commercer avec un pays moins développé ? La nation a des besoins qui ne peuvent pas être satisfaits sans importations, faute de ressources naturelles (pétrole, gaz…), d'intrants (électroniques…) et de biens produits sur le territoire (des produits de haute technologie, bas de gamme…).

■ Une partie du commerce international s'explique ainsi par une **différenciation verticale** des produits, qui résulte d'un classement objectif de la part des consommateurs : certains biens sont supérieurs à d'autres en raison de leurs qualités, de leur réputation, de l'intégration d'une innovation…

> **Mots-clés**
> La **différenciation verticale** est une stratégie des entreprises visant à proposer des produits de qualité différente, de gamme différente de ceux des concurrents.

■ Les consommateurs sont sensibles au confort et amateurs de produits high-tech. Ils apprécient la diversité des produits qui leur sont proposés, ce qui leur permet de se distinguer des autres (effet de distinction).

■ De même, la détention de brevets d'invention pour un temps attribue à l'entreprise un monopole qui lui permet de se distinguer de la concurrence pour un même type de bien (comme l'iPhone, qui a des spécificités par rapport à ses concurrents comme Samsung ou Huawei).

2 Une nation échange également avec des pays similaires

■ Une nation est également amenée à échanger avec des pays aux niveaux de production similaires. La France, par exemple, importe des machines à laver Bosch et des véhicules BMW et l'Allemagne des machines à laver Brandt et des véhicules Renault. Nous avons affaire à des produits proches ou semblables : on parle alors de commerce intrabranche. La **différenciation** de ces produits est **horizontale**, dans la mesure où elle concerne des biens qui présentent des caractéristiques que les

> **Mots-clés**
> La **différenciation horizontale** est une stratégie des entreprises visant à proposer des produits de qualité identique à ceux des concurrents mais aux caractéristiques différentes (marque, design, emballage…).

Notes

consommateurs distinguent selon leur couleur, leur modèle, leur variété, leur disponibilité…

■ Les entreprises françaises et les entreprises allemandes ont des besoins semblables ou proches, et les consommateurs ont également besoin du marché extérieur pour diversifier leurs achats. Mais la France importe quand même d'Allemagne des produits de moins bonne gamme, ayant abandonné de nombreuses productions (outils, intrants…).

■ De façon plus générale, il est possible de différencier les produits en agissant sur leur qualité, selon une logique horizontale (commerce intrabranche) ou selon une logique verticale (commerce interbranche).

3 Le commerce international est marqué à la fois par un échange interbranche et un échange intrabranche

■ La diversité des biens et des services qui traversent les frontières nationales et les espaces régis par des accords régionaux, atteste de la richesse des échanges internationaux. Empiriquement, on constate l'importance quantitative des échanges de produits interbranches, c'est-à-dire des échanges de produits appartenant à des secteurs ou des branches différentes, comme des produits primaires contre des produits manufacturés ou encore des produits manufacturés à faible valeur ajoutée contre des produits manufacturés à forte valeur ajoutée.

■ En effet, les pays du Nord exportent des produits de luxe, des biens qui incorporent du progrès technique, des services de pointe… alors que les exportations des pays du Sud et des pays émergents d'Asie sont essentiellement constituées de produits primaires (produits agricoles, énergie), de produits manufacturés à faible valeur ajoutée (textile, jouets, petit matériel électronique) et de services touristiques. Les échanges interbranches se font surtout entre pays différents.

■ Les échanges de produits intrabranches, c'est-à-dire les échanges de produits issus de la même branche comme les échanges de voitures entre l'Allemagne et la France, semblent plus importants encore dans le commerce international. C'est l'essentiel du commerce intraeuropéen, par exemple, ou entre le Canada et les États-Unis. Les échanges de produits intrabranches se font surtout entre pays similaires (même niveau de richesse et de développement).

■ La différenciation des produits présente ainsi des enjeux considérables, alimentant les stratégies des firmes transnationales (FTN). C'est donc à la fois sur la disparité et sur les similitudes que se réalisent les flux de produits.

La productivité des firmes et la compétitivité des pays

Fiche 7

SES

1 Les firmes transnationales tentent d'améliorer leur productivité en agissant sur leurs coûts de production

■ La productivité est un indicateur d'efficacité de la combinaison productive. On appelle productivité globale des facteurs de production (PGF) le rapport de la valeur de la production (quantité produite) à la valeur totale des moyens de production utilisés (travail et capital).

■ La productivité du capital se mesure par le rapport entre la production et le capital, c'est-à-dire globalement le nombre de machines.

■ La productivité du travail se mesure par la quantité de travail, c'est-à-dire le nombre de salariés et/ou les heures de travail. On peut distinguer d'ailleurs la productivité horaire (production divisée par le nombre d'heures) et la productivité par tête (production divisée par le nombre de salariés) ou évaluer la productivité apparente du travail (produit des deux).

■ La réduction des coûts de production est l'une des motivations majeures de toute entreprise. Les firmes transnationales (FTN) ne font pas exception : elles recherchent à l'étranger des frais de production moindres, que ce soit en termes de main-d'œuvre, de matières premières ou énergétiques, de proximité des ports maritimes pour réduire les frais de transport, de fiscalité, etc. En produisant plus à moindre frais, l'entreprise améliore sa compétitivité prix.

> **Mots-clés**
> La **compétitivité prix** est la capacité à produire des biens et des services à des prix inférieurs à ceux des concurrents pour une qualité équivalente.

2 L'amélioration de la compétitivité est un enjeu pour les nations

■ Lorsqu'une nation exporte des produits, son intérêt est d'en vendre le plus possible pour obtenir des devises et financer son développement. Mais la concurrence est rude sur la scène mondiale : il faut se démarquer des autres nations.

■ En cherchant à améliorer leur compétitivité prix, les firmes transnationales parviennent à exporter davantage et s'insèrent ainsi plus facilement sur le marché mondial. Agir sur la compétitivité prix, c'est agir sur le prix de vente. Les FTN ont intérêt à réduire les coûts en installant les unités de production dans

Notes

Notes

les pays où le travail, le capital, les ressources naturelles et les matières énergétiques sont bon marché. Une fiscalité avantageuse attire aussi les entreprises. L'existence d'infrastructures de transports et de ports maritimes est également nécessaire : leur coût améliore la compétitivité prix des entreprises tandis que leur qualité (nombre, fonctionnement…) améliore la compétitivité hors-prix (délais de livraison réduits, par exemple).

■ Améliorer la compétitivité hors-prix permet aux FTN de fournir des produits de qualité, parfois uniques, ce qui peut être un avantage décisif. Ainsi, les entreprises des pays riches occidentaux sont engagées dans la course aux hautes technologies *(high-tech)* : c'est à celle qui trouvera l'innovation révolutionnaire qui lui permettra d'exercer un monopole et de faire des surprofits.

3 La compétitivité de la France présente quelques atouts et des faiblesses

■ La France est spécialisée dans des créneaux porteurs qui participent à sa bonne réputation dans le commerce international : l'aéronautique, l'aérospatial, l'armement, les produits de luxe, l'industrie agro-alimentaire, les alcools, le tourisme…

Chiffres-clés
6e puissance économique mondiale, 6e puissance exportatrice, la France a de nombreux partenaires commerciaux.

■ Cependant, le pays a abandonné des pans entiers de son industrie dans les années 1980 (le charbon, la sidérurgie, la métallurgie, les jouets, le textile, l'électroménager, la hi-fi, la vidéo…), ce qui l'oblige à importer.

■ L'accentuation de la concurrence internationale et la mondialisation ont poussé les firmes transnationales à installer des unités de production hors de France, dans les pays à bas coûts, surtout en ce qui concerne le coût de la main-d'œuvre (salaires et charges sociales).

■ Pauvre en matières premières et énergétiques, la France est également obligée d'importer de très nombreux produits semi-finis, des produits finis, des services…

■ Par conséquent, la France importe plus qu'elle n'exporte et le solde de sa balance commerciale (exportations – importations) est structurellement déficitaire depuis le début des années 2010.

L'internationalisation de la chaîne de valeur

Fiche 8

SES

Notes

1 La fragmentation de la chaîne de valeur est le fondement de la DIPP

■ La décomposition des tâches à effectuer s'appelle la « chaîne de valeur » (Michael Porter) : les produits faisant l'objet de tout un circuit composé de multiples traitements, il est possible de distinguer des étapes spécifiques. Or des entreprises différentes peuvent se spécialiser dans un type de tâche particulier.

■ Ainsi, certains produits font l'objet de phases différentes, comme la gestion des intrants, la production, le stockage, la transformation, la distribution, les marchés… Lorsque ces tâches sont réparties entre différentes unités de production, on parle de fragmentation des chaînes de valeur.

Exemple

Le travail de conception et d'élaboration de l'iPhone est réalisé par des ingénieurs d'Apple, en Californie. Mais 90 % de ses pièces sont produites hors des États-Unis (les écrans tactiles, par exemple, sont fabriqués en Corée et en Chine) et l'assemblage se fait en Chine.

■ La fragmentation des chaînes de valeur constitue ainsi une division du travail qui conduit à une division internationale des processus productifs (DIPP), qui imbrique davantage qu'autrefois les économies nationales.

■ Les firmes transnationales (FTN) font ainsi appel à de nombreuses filiales et de nombreux sous-traitants (= externalisation) à des endroits différents de la planète, ce qui accentue le phénomène de délocalisation des unités productives.

2 L'internationalisation de la chaîne de valeur conduit à de nouvelles spécialisations

■ Les chaînes de valeur mondiales transforment le commerce mondial et sont à l'origine de la nouvelle spécialisation internationale. Les firmes transnationales produisent des biens qui passent d'un pays à l'autre lors des différentes étapes de leur fabrication, ce qui permet notamment d'accroître leur productivité. Pour les pays d'accueil, c'est l'occasion de participer à la production de biens complexes et d'exporter davantage.

■ Si la fragmentation internationale permet de produire et d'exporter davantage, de dynamiser les échanges et la croissance mondiale, elle accentue également la spécialisation relative des nations. Les chaînes de valeur mondiales conduisent ainsi les

Notes

gouvernements à repenser les politiques commerciales dans un cadre de libre-échange, mais avec des replis protectionnistes.

■ Cependant, des événements peuvent perturber le bon déroulement de la production ou de la commercialisation d'un bien et révéler une trop grande interdépendance des économies nationales et des excès d'extraversion.

3 L'internationalisation de la chaîne de valeur définit le nouveau commerce international

■ La fragmentation des chaînes de valeur stimule le commerce international. De nombreux pays, répartis sur différents continents, interviennent dans la production d'un bien. La mention « Made in », qui concerne la finition et l'empaquetage, n'a d'ailleurs plus beaucoup de sens. Ainsi « Made in France » peut figurer sur un produit qui a été empaqueté en France, même s'il a été fabriqué en totalité à l'étranger.

> **Zoom**
> La nature des échanges se modifie (progression des produits manufacturés et des services), les États-Unis, l'Europe et le Japon réalisant l'essentiel de ces échanges.

■ Un constructeur automobile, par exemple, va chercher à minimiser ses coûts de fabrication afin d'être compétitif, pour pouvoir vendre un maximum de voitures et ainsi disposer d'un avantage comparatif. Si tous les intrants étaient fournis dans le même pays, de nombreux éléments seraient plus chers, ce qui gonflerait le prix final.

■ Mais les coûts ne suffisent pas à expliquer l'éclatement spatial de la production. D'autres facteurs entrent également en compte comme le savoir-faire, la qualification des salariés, l'innovation…

Les effets induits du commerce international

Fiche 9

SES

1 Les gains à l'échange contribuent à la croissance et au développement des nations

■ La spécialisation internationale dépend de nombreux facteurs. Elle peut notamment s'expliquer par l'existence de dotations technologiques, c'est-à-dire du degré de maîtrise des innovations. Ainsi observe-t-on des pays leaders, qui réalisent beaucoup de recherche développement, de dépôts de brevets, essentiellement dans l'OCDE, et des pays suiveurs, qui se limitent à copier les produits existants.

Mot-clé
La **spécialisation** est la concentration de la production d'un pays dans des branches d'activités ou des produits particuliers.

Notes

■ Les transferts technologiques illustrent ces différences, la nature et les flux d'échanges et la relative spécialisation de certains pays (Japon, Angleterre, États-Unis), notamment sous l'effet du dynamisme et de l'efficacité des firmes transnationales (FTN).

■ Les écarts technologiques expliquent aussi les différences de productivité entre les nations. Les leaders ont tout intérêt à conserver leur avance en poursuivant leur politique d'innovation. Les dépenses de recherche et développement représentent de véritables enjeux, surtout lorsqu'elles permettent de s'assurer une situation de monopole (temporaire) grâce à l'innovation.

2 Le commerce international permet en partie de réduire les inégalités entre les nations

■ Le commerce international conduit à réduire certains écarts de développement. La mondialisation a permis à de nombreux pays de se développer économiquement. Le Brésil, la Russie, l'Inde et l'Afrique du Sud ont ainsi réussi à profiter du commerce extérieur pour vendre des produits, obtenir des devises et financer une stratégie de développement payante. Les pays d'Asie du Sud-Est ont également réussi à opérer des stratégies de remontée de filière : grâce aux transferts technologiques, ils sont parvenus à se spécialiser dans des étapes plus complexes du processus de production.

Chiffres-clés
Les pays émergents sont de plus en plus nombreux : de 10 en 1987, ils sont passés à 26 en 2019, soit 2,6 fois plus en un tiers de siècle.

Notes

■ Le libre-échange a permis aux pays émergents de trouver des sources de financement, de réaliser davantage d'investissements, de bénéficier de transferts de technologies, qui sont autant de facteurs-clés de la croissance et du développement économique, voire de « décollage ».

■ Selon Walt Whitman Rostow (un économiste américain), chaque pays passerait par les différentes étapes de la croissance économique et finirait par connaître la phase d'essor massif et rapide qui assure l'atteinte d'un niveau de développement (c'est le « take off »). Le décollage économique des nations apparaît alors inéluctable grâce au libre-échange.

3 Le commerce international accentue cependant certaines inégalités entre les nations

■ Toutefois, lorsqu'une nation peu développée profite moins du commerce international que d'autres nations, l'écart se creuse. C'est le cas entre les pays développés qui sont moteurs dans le domaine des hautes technologies (Japon, États-Unis, Angleterre, Allemagne, France, Corée du Sud) et le reste du monde. La nationalité des dépôts de brevets et des firmes transnationales (FTN) en atteste.

■ Ainsi, le « retard » dont parle Rostow entre les nations peu développées et les nations développées est difficile, voire impossible à rattraper. Les moyens productifs et financiers, les savoir-faire, le montant des échanges... sont autant d'obstacles à la réduction des écarts entre les pays.

■ Le commerce mondial ne profite pas à tous les pays : certains restent en marge du commerce mondial (les pays les moins avancés) et toutes les spécialisations ne se valent pas. Ainsi, les pays spécialisés dans la production de produits primaires (produits agricoles, produits des industries extractives...) doivent faire face à la volatilité du cours de ces produits.

■ L'écart se creuse également entre les pays qui ont profité d'un essor de leur développement économique (comme les BRICS : Brésil, Russie, Inde, Chine et Afrique du Sud) et les pays les moins avancés (PMA : Éthiopie, Bangladesh...).

Le débat entre libre-échange et protectionnisme

Fiche 10

SES

1 Le libre-échange crée une concurrence qui s'accompagne de dégâts

■ La liberté totale de circulation des produits et des capitaux s'accompagne de nombreuses limites. Ainsi le **libre-échange** :

– oblige les nations à s'adapter à l'évolution du marché mondial, donc à des reconversions fréquentes ;
– condamne de nombreuses activités, ce qui crée du chômage ;
– accentue les déséquilibres régionaux d'un pays, au profit des métropoles ouvertes sur le commerce mondial ;
– extravertit l'économie, qui devient trop dépendante de l'extérieur ;
– fait baisser certains salaires (la concurrence et la course à la compétitivité prix exerçant des pressions à la baisse sur les salaires) ;
– inonde les consommateurs de produits ;
– dégrade la qualité des produits (car la concurrence mondiale pousse les entreprises à abaisser au maximum leurs coûts de production, au détriment de la qualité) ;
– dégrade les écosystèmes et crée une mondialisation qui accentue le réchauffement climatique…

> **Mot-clé**
> **Libre-échange :** politique commerciale visant à assurer la libre circulation des marchandises et des capitaux.

Notes

2 Le protectionnisme présente des intérêts

■ Protéger les frontières d'une zone commerciale permet d'éviter les inconvénients du libre-échange. Les gouvernements qui veulent protéger leur nation des produits étrangers mettent en place des barrières tarifaires et/ou non tarifaires, par exemple en augmentant les taxes sur les importations, en mettant en place des quotas, des règles de qualité ou des règles phytosanitaires, ou encore en versant des subventions aux entreprises nationales.

> **Mot-clé**
> **Protectionnisme :** mesures prises par les pouvoirs publics visant à diminuer les importations et à augmenter les exportations.

■ Le **protectionnisme** peut sembler plus avantageux sur certains points :

– il protège les entreprises les plus fragiles qui peuvent alors tenter de devenir plus compétitives (Friedrich List prône un

Notes

protectionnisme éducateur, destiné à protéger les entreprises naissantes d'une concurrence sauvage qui les ferait disparaître) ;
– il évite la détérioration des termes de l'échange ;
– il protège les emplois nationaux des industries vieillissantes ou sénescentes (chantiers navals, textile, sidérurgie…) ;
– il empêche les disparités de coûts salariaux et sociaux ;
– il défend les acquis sociaux et environnementaux menacés par le dumping social et environnemental (pour attirer les entreprises sur leur sol, les pays se livrent à une course au moins-disant social et environnemental : salaires, conditions de travail, normes environnementales)…

3 Face aux dangers du protectionnisme, le libre-échange reste la référence

■ Cependant, une politique protectionniste peut avoir des inconvénients importants. Citons, par exemple, le manque de sources d'approvisionnement et de débouchés pour les entreprises, le manque de choix et la hausse des prix pour les consommateurs, les risques de mesures de rétorsion de la part des autres pays (comme actuellement entre la Chine et les États-Unis) ou l'accentuation des tensions entre les pays.

■ L'absence d'obstacles aux frontières (hors contrefaçons et produits illicites) facilite l'accès à des biens et services diversifiés. Cette situation est favorable à la compétitivité par l'accentuation de la concurrence et dynamise un marché mondial qui doit profiter à tous.

■ Le libre-échange est censé contribuer au développement économique, voire humain, et assurer l'harmonie et la paix mondiales. Ainsi on constate que l'émergence de nouvelles nations (Inde, Chine...) n'a été possible que grâce à leur ouverture sur l'extérieur, notamment en facilitant les transferts de technologie.

■ Les périodes fortes de libre-échange, marquées par d'importants flux de biens et de services, s'accompagnent de taux de croissance élevés et sont profitables aux investissements, aux stratégies d'expansion, au remboursement des dettes des entreprises et des États.

La mesure du chômage

Fiche 11

SES

1 Les difficultés de mesure du chômage

■ Les principaux indicateurs du chômage en France sont calculés par deux organismes officiels : Pôle emploi (anciennement ANPE) et l'Insee, qui se réfère à la définition du Bureau international du travail (BIT).

Mot-clé

Un **chômeur** au sens du BIT est une personne de 15 ans ou plus sans emploi, immédiatement disponible pour travailler et à la recherche d'un emploi.

■ Il est possible d'évaluer le taux de chômage (publié tous les trois mois), par le rapport mathématique (exprimé en %) entre le nombre de **chômeurs** (au sens du BIT) et la population active totale (actifs occupés + chômeurs) :

Taux de chômage =
(nombre de chômeurs/population active) × 100

■ Les critères utilisés pour mesurer le chômage sont très restrictifs et tendent à sous-estimer le nombre réel de chômeurs. En effet, il existe un halo autour du chômage, c'est-à-dire un ensemble de personnes qui se trouvent dans des situations intermédiaires entre l'emploi et le chômage ou encore entre l'inactivité et le chômage.

■ Ainsi, les personnes occupant des emplois à temps partiel subi sont comptabilisées comme ayant un emploi alors qu'elles subissent une forme de chômage car elles souhaiteraient travailler davantage. De la même manière, les personnes en formation et les chômeurs découragés (ayant cessé d'accomplir des démarches actives de recherche d'emploi) sont comptabilisés comme inactifs alors qu'ils souhaitent travailler.

■ Pour pallier à la première limite, l'Insee calcule le taux de sous-emploi de la population active occupée, qui mesure la proportion de personnes ayant un emploi à temps partiel subi (souhaitant travailler davantage et disponible pour le faire) parmi l'ensemble des personnes ayant un emploi.

2 Un lien étroit entre taux d'emploi et chômage

Le taux d'emploi est un indicateur de la capacité d'une économie à utiliser ses ressources en main-d'œuvre. En fait, les individus sont soit en emploi (actifs occupés), soit au chômage (actifs inoccupés), soit au foyer (inactifs).

Notes

Notes

Taux d'emploi = [population en emploi/population en âge de travailler (15-64 ans)] × 100

Mots-clés

La **population active** regroupe les actifs occupés (personnes exerçant une activité professionnelle rémunérée) et les actifs inoccupés (les chômeurs) ; ces derniers n'exercent pas d'emploi mais en recherchent un.

■ Le taux d'emploi a une incidence directe sur le chômage. En effet, plus il est faible, plus le chômage risque d'être élevé ; plus il est fort, plus le chômage peut être faible. En France, en 2019, le taux d'emploi s'élève à 65,5 % (68,8 % chez les hommes contre 62,4 % chez les femmes).

■ En 2019, en France, le taux de chômage est de 8,4 %, ce qui signifie que 8,4 % des **actifs** sont au chômage au sens du BIT. Les taux de chômage des hommes (8,5 %) et des femmes (8,4 %) sont sensiblement identiques.

3 Un chômage inégalitaire

■ Le chômage n'affecte pas de la même façon toutes les catégories d'actifs. Ainsi, certains actifs sont particulièrement vulnérables face au chômage.

■ Le diplôme est une variable forte permettant d'expliquer les inégalités face au chômage. Le chômage est en effet beaucoup plus marqué chez les moins diplômés. Ainsi, en 2019, 15,5 % des actifs diplômés au mieux du brevet des collèges étaient au chômage contre 5,1 % des actifs diplômés de l'enseignement supérieur. Sans pour autant mettre les actifs à l'abri, aucun diplôme ne « protégeant » du chômage, le diplôme reste cependant un bon rempart contre le chômage.

■ Le niveau de diplôme jouant positivement sur la qualification des actifs, on retrouve donc logiquement des inégalités face au chômage selon la catégorie socioprofessionnelle : les actifs les moins qualifiés sont beaucoup plus exposés au chômage que les plus qualifiés. Ainsi, en 2019, 12,4 % des ouvriers étaient au chômage contre 3,5 % des cadres, soit près de 4 fois plus pour les ouvriers.

■ Enfin, l'âge est un facteur d'inégalités face au chômage. En 2019, le taux de chômage des jeunes actifs âgés de 15 à 24 ans s'élevait à 19,6 %, un taux 2,5 fois plus élevé que chez les actifs de 25 à 49 ans (7,8 %) et plus de 3 fois plus élevé que chez les actifs de 50 ans ou plus (6,3 %).

Le chômage structurel

Fiche 12

SES

Notes

1 Le chômage structurel, produit de déséquilibres

■ Le **chômage structurel** est lié aux déséquilibres du mode de fonctionnement de la production et du marché, et non à la seule évolution du PIB (chômage conjoncturel).

■ La rencontre entre l'offre de travail (la demande d'emploi) et la demande de travail (l'offre d'emploi) est loin d'être automatique et instantanée. On parle d'appariement entre employeurs et actifs, c'est-à-dire d'ajustement entre ces agents économiques.

> **Mots-clés**
>
> Le **chômage structurel** est un chômage dû à des dysfonctionnements (inadéquation des qualifications offertes et demandées, par exemple) et à des rigidités du marché du travail (réglementations excessives, comme les procédures de licenciement), indépendamment de la conjoncture économique.

■ Si l'on suit la logique d'appariement, le nombre d'emploi créé est fonction du nombre de chômeurs, pondéré par l'effort qu'ils consacrent à leur recherche d'emploi, et du nombre d'emplois vacants, pondéré par l'effort de recherche des entreprises (publicité, campagne de recrutement…). Ainsi, lorsque les agents et les entreprises accentuent leur effort de recherche, les postes offerts par les entreprises sont plus souvent pourvus, ce qui augmente la création effective d'emplois pour un nombre de chercheurs d'emplois et d'emplois vacants donné.

■ La coexistence de taux élevés de chômage dans certains secteurs d'activité (industries en déclin) et de pénurie de main-d'œuvre dans d'autres (bâtiment) est le signe révélateur du problème de l'inadéquation entre les offres et les demandes d'emploi.

2 Le chômage structurel, produit de frictions et de rigidités : la question de l'appariement

■ Le chômage structurel s'explique en partie par les frictions qui existent sur le marché du travail : on parle alors de chômage frictionnel. Ces frictions correspondent aux délais induits par les mouvements de la main-d'œuvre d'une entreprise à l'autre, d'une région à l'autre, d'une profession à l'autre. Le chômage frictionnel est donc relativement incompressible. Les employeurs ont besoin de salariés polyvalents, expérimentés, capables de s'adapter. Or certains secteurs d'activité sont en pénurie d'emplois : les entreprises ne trouvent pas le nombre de salariés dont elles ont besoin.

Notes

■ Plusieurs facteurs peuvent expliquer cette pénurie : les candidats à l'emploi peuvent ne pas être attirés par le niveau de salaire jugé trop faible, des conditions de travail trop difficiles, des horaires inadaptés, la précarité du contrat, le manque de perspectives de carrière…

■ Par ailleurs, les emplois ne sont pas uniformément distribués dans l'espace, certains départements et certains bassins d'emplois étant moins bien lotis que d'autres. Les métropoles et les banlieues ont tendance à attirer davantage que la campagne ou les départements éloignés des lieux de production et de commerce.

3 Le chômage structurel, produit d'une asymétrie d'information

■ L'existence d'**asymétries d'information** explique également en partie le chômage structurel, le demandeur d'emploi et l'offreur d'emploi n'ayant pas les mêmes informations, ce qui rend le marché du travail peu transparent.

Mots-clés

Une **asymétrie d'information** désigne une imperfection du marché caractérisée par le fait que certains agents disposent de plus d'informations que les autres.

■ Sur le marché du travail, les employeurs subissent des asymétries d'information avant la signature du contrat de travail (ils ne connaissent pas les compétences et donc la productivité des candidats à l'embauche) et après (ils ne savent pas quel sera le degré de motivation des candidats recrutés).

■ En proposant des salaires trop faibles, les employeurs courent le risque d'attirer les candidats les moins compétents : les candidats les plus compétents, les plus productifs, qui connaissent leur valeur, ne postuleront pas. De la même manière, des niveaux de salaires trop faibles entraînent une situation d'aléa moral : une fois embauchés, les salariés ne fourniront pas les efforts attendus compte tenu de la rémunération peu motivante.

■ Finalement, la seule solution possible pour les employeurs pour résoudre ces risques d'antisélection et d'aléa moral est d'augmenter le salaire offert en proposant un salaire d'efficience supérieur au salaire d'équilibre du marché du travail. Ainsi, en raison des asymétries d'information, les entreprises créent des rigidités à la baisse sur le niveau des salaires, ce qui est une cause du chômage structurel.

Le chômage conjoncturel

Fiche 13

SES

Notes

1 Le chômage conjoncturel est traditionnellement associé au chômage keynésien

■ Le chômage conjoncturel résulte d'une croissance économique plus modeste, ce qui empêche de maintenir des emplois.

■ Contrairement à ce qu'affirme la loi de Say (un auteur classique), toute production ne trouve pas forcément des débouchés, en raison d'une insuffisance de la demande sur le marché. Or les entrepreneurs réalisent des anticipations négatives lorsqu'ils sentent qu'ils ne pourront pas tout vendre : ils diminuent leur production et ajustent leur nombre de salariés en limitant les embauches, voire en diminuant les effectifs. Le chômage keynésien est ainsi un chômage massif et involontaire (le salarié étant victime du système), lié à une insuffisance de la demande anticipée par les entrepreneurs.

■ Lorsque l'offre globale est équivalente à la demande globale, on a affaire à un équilibre de sous-emploi. Il peut ainsi y avoir à la fois croissance et chômage. Selon Keynes, il faut alors restaurer la confiance patronale, en faisant intervenir les pouvoirs publics.

Auteur-clé
L'économiste anglais **John Maynard Keynes** (1883-1946) est à l'origine de la macroéconomie moderne. Il récuse notamment l'idée qu'une économie de marché se régule spontanément pour atteindre le plein emploi de ses ressources.

■ Afin de soutenir la demande globale, il est nécessaire de relancer la consommation des ménages, en augmentant les revenus modestes. Parallèlement, en commandant de grands travaux, l'État peut créer des opportunités de débouchés pour les entreprises (surtout dans le secteur de la construction).

2 Le chômage conjoncturel est soumis aux fluctuations de l'activité économique

■ Les périodes de croissance économique intenses et durables dans le temps sont rares : la variation du PIB est instable et les perspectives économiques compliquées à anticiper. Certains économistes constatent l'existence de cycles économiques, c'est-à-dire l'alternance de phases positives et de phases négatives, qui affectent la conjoncture. Or les entrepreneurs ont besoin de se situer sur le moyen terme et le long terme, notamment

Notes

en réalisant des investissements et en ajustant la main-d'œuvre aux besoins productifs, sans prendre trop de risques, alors que le contexte est incertain.

■ Lorsque la surchauffe du marché et la récession affectent la croissance économique, la baisse de la consommation fait diminuer la demande de main-d'œuvre (non reconduction des contrats courts et de l'intérim, gel des embauches, licenciements).

■ Ainsi, il existe des chocs négatifs de demande (baisse soudaine du pouvoir d'achat qui fait baisser la consommation) et des chocs négatifs d'offre (choc pétrolier, inflation soudaine, restriction des crédits, épidémie de Covid-19...) qui surprennent la croissance et créent du chômage. Le chômage conjoncturel est donc un chômage cyclique, puisqu'il reflète l'instabilité de la conjoncture économique, certaines années étant meilleures que d'autres.

3 Le lien entre production et chômage n'est pas automatique selon la loi d'Okun

■ Selon **Arthur Okun**, si la corrélation entre le taux de croissance et le taux de chômage est bien causale et négative (les deux évoluant en sens inverse), le chômage n'augmente pas de façon proportionnelle à la production.

Zoom

Dans les années 1960, **Arthur Okun**, un économiste américain, montre qu'une hausse de 1 point du taux de chômage est associée à une baisse de 3 % du PIB réel.

■ Plusieurs raisons expliquent que la croissance n'entraîne pas mécaniquement une réduction proportionnelle du chômage :

– la croissance peut s'appuyer sur des gains de productivité importants (dus à des innovations de procédé ou organisationnelles). Dans ce cas, il n'est pas certain que les entreprises aient besoin de davantage de main-d'œuvre pour accroître leur production ;

– la population active peut augmenter plus fortement que le nombre d'emplois créés grâce à la croissance ;

– il existe un effet de flexion des taux d'activité : en période de reprise économique, certains inactifs (personnes au foyer, chômeurs découragés, personnes en formation) vont être incités à rechercher un emploi. Par conséquent, même si des emplois sont créés, cela ne fera pas baisser d'autant le nombre de chômeurs.

Les politiques traditionnelles face au chômage

Fiche 14

SES

1 Le soutien de la demande stimule la croissance mais crée des déséquilibres

■ Dans un esprit keynésien (action sur la demande globale), il paraît important de permettre aux entreprises d'avoir suffisamment de débouchés pour se maintenir sur le marché, créer des emplois et passer d'un équilibre de sous-emploi au plein emploi, grâce au maintien du niveau de la consommation. En effet, selon Keynes, le niveau de chômage dépend étroitement de la demande anticipée, d'où la nécessité de soutenir la consommation en maintenant les revenus et en assurant aux chômeurs une allocation chômage.

Zoom

Les politiques de type keynésien les plus marquantes ont été celles mises en place par le président américain Franklin Roosevelt : le New Deal, entre 1933 et 1938.

■ Étant donné que les ouvriers et les employés consomment la quasi-totalité de leur salaire (Keynes parle de forte « propension moyenne à consommer » des bas revenus) et que les dépenses publiques ont un fort impact sur la croissance (principe du multiplicateur), c'est leur salaire qu'il faut augmenter en priorité, afin de stimuler la demande.

2 Le soutien de l'offre réduit certains déséquilibres mais limite la croissance

■ Dans un esprit néoclassique (action sur l'offre), il faut au contraire réduire les salaires qui constituent un coût de production nuisible à la compétitivité prix des entreprises et privent celles-ci d'opportunités de créations d'emplois.

■ En effet, les entreprises souhaiteraient pouvoir disposer d'une main-d'œuvre souple (flexible) et rencontrer le moins de contraintes (réglementaires, fiscales, financières) possible. La flexibilité est considérée comme indispensable pour éviter des rigidités organisationnelles, fonctionnelles et financières, qui accentuent les contraintes (réglementation et fiscalité).

■ En licenciant aujourd'hui, on permet aux entreprises de mieux faire face à une concurrence déloyale en provenance de l'étranger et de créer des emplois demain. En défiscalisant les entreprises, on allège les coûts et on leur permet de vendre à un prix moindre :

Notes

Notes

l'amélioration de la compétitivité prix est source de profit, ce qui permet en principe d'investir et de créer des emplois.

■ Les politiques anglaises ou nord-américaines ont adopté cette stratégie et fait diminuer le chômage en créant des millions d'emplois, mais précaires. En France, la défiscalisation et la déréglementation n'ont pas résolu le chômage.

3 Les politiques de formation sont indispensables mais coûteuses et pas toujours adéquates

■ La **formation** est une condition nécessaire mais non suffisante à l'octroi d'un poste de travail. L'ensemble des qualifications, des aptitudes, des talents et de l'expérience professionnelle, que Gary Becker (un économiste américain) a appelé le « capital humain », agit sur la compétence au travail. La formation agit surtout sur les gains de productivité du travail. En effet, les employeurs ont besoin d'une main-d'œuvre suffisamment instruite (diplômes) et surtout expérimentée (stages, emplois) pour produire.

Mot-clé

La **formation** est l'ensemble des savoirs et des savoir-faire acquis à l'École ou lors de stages. Elle offre une qualification (diplômes + expériences).

■ Une partie du chômage s'explique par une formation initiale qui offre trop de diplômes par rapport aux offres d'emplois, conduisant à un « déclassement » (salariés surqualifiés à des postes de travail sous-payés, ces derniers n'étant plus adressés aux moins qualifiés). Beaucoup d'études sont trop générales et ne permettent pas d'acquérir des compétences professionnelles.

■ L'échec scolaire et l'absence de diplômes, ou le fait d'avoir des diplômes de faible niveau, sont également un vrai handicap. De ce manque d'instruction découle une productivité du travail faible pour une partie des salariés, ce qui incite les libéraux à réclamer une baisse des salaires ou des charges patronales sur les moins qualifiés.

■ Aujourd'hui, de nombreuses personnes prônent plutôt une politique sociale de l'emploi qui consisterait à offrir des formations et des stages pour rendre la main-d'œuvre plus qualifiée, mais cette politique a un coût et ne fonctionne que si des postes sont effectivement créés. Par ailleurs, se pose la question de la qualité et du choix des formations qui, pour être efficaces, doivent être adaptées aux besoins de l'entreprise.

Les politiques de flexibilisation de l'emploi et du travail

Fiche 15

SES

Notes

1 Le manque de flexibilité du marché du travail est une désincitation à l'embauche

■ Prônée par les néoclassiques et exigée par le patronat, la flexibilité de l'emploi et du travail est essentielle pour faire face aux rigidités qui accompagnent la logique productive et contraignent trop l'entreprise. Pour une entreprise, davantage de flexibilité signifie plus de souplesse concernant les contrats, les embauches, les licenciements, la durée des contrats, la polyvalence des salariés, les salaires…

■ Devoir conserver des salariés alors que le contexte économique est peu favorable aux ventes, donc au profit, n'encourage pas les entreprises à créer des postes de travail. Il y aurait alors une relation de causalité entre flexibilité et chômage, la flexibilité apparaissant comme la solution pour résoudre le chômage.

■ Pour les économistes libéraux, les rigidités liées aux embauches, aux conditions et aux modalités du travail, et le manque d'ajustement des salaires aux résultats de l'entreprise apparaissent comme autant de freins aux créations d'emplois. Ainsi les rigidités créent un chômage structurel.

2 La flexibilité de l'emploi, du travail et des rémunérations doit faire face à des rigidités importantes

Pour supprimer les rigidités du marché du travail, les politiques de flexibilisation cherchent à :
– faciliter les procédures de licenciement ;
– développer les contrats d'embauche permettant aux entreprises de s'adapter à la conjoncture (CDD, intérim) ;
– faciliter le recours à l'externalisation et à la sous-traitance ;
– développer les emplois à temps partiel, les horaires flexibles, les heures supplémentaires, afin de permettre aux entreprises d'adapter la durée du travail à leurs besoins ;
– donner la possibilité aux entreprises d'adapter les salaires à la conjoncture en supprimant le Smic et/ou en allégeant les charges sociales ;

Mots-clés

Le **salaire minimum de croissance** (**Smic**) correspond au salaire horaire minimum légal que le salarié doit percevoir. Le montant du Smic horaire brut actuel est de 10,15 €.

Notes

– développer la polyvalence des travailleurs ;
– rendre plus facile la mobilité géographique des travailleurs à l'intérieur de l'entreprise.

■ Même si certains pays connaissent des rigidités et peu de chômage (Norvège) et d'autres de la flexibilité et du chômage (Finlande), il semble que la flexibilité ait un effet assez positif sur les embauches, donc sur le chômage. On peut en effet constater une corrélation causale négative entre le degré de flexibilité et le taux de chômage : plus il y a de flexibilité et moins il y a de chômage. Toutefois, le lien n'est pas automatique et la flexibilité est critiquée.

3 En dépit d'une possible flexisécurité, la flexibilité présente des limites et des dangers

■ Pour faire accepter les changements évoqués précédemment, des accords assurant des garanties de sécurité ont été signés : on parle alors de « flexisécurité » (comme l'accord national interprofessionnel qui offre une complémentaire santé).

■ Cependant, en passant d'un CDI à un CDD, on fragilise à la fois les niveaux de vie des salariés, leur carrière et leur mode de vie. La baisse des revenus liée au temps partiel, par exemple, accroît l'importance des travailleurs pauvres, donc la pauvreté. L'entrée dans les formes particulières d'emploi (FPE) crée également un risque de précarité, avec une alternance de situations d'emploi provisoire et de chômage (qui peut être sans allocations).

■ La flexibilité s'accompagne souvent d'une perte d'acquis sociaux et d'une dégradation des conditions de travail. Michael Piore, un économiste américain, a mis en valeur les effets négatifs de la flexibilité sur le marché du travail : elle crée un dualisme, une segmentation, entre un marché (ou secteur) primaire, constitué d'emplois stables aux bonnes conditions de travail et de rémunération (fonctionnaires, cadres), et un marché (ou secteur) secondaire, constitué d'emplois précaires, aux mauvaises conditions de travail, mal rémunérés. La flexibilité accroît ainsi les inégalités.

■ Par ailleurs, elle ne résout pas pour autant durablement le problème du chômage. En effet, l'allègement des coûts du travail ne se traduit pas forcément par plus d'embauches et les facilités de licenciements non plus.

Les crises financières de 1929 et 2008

Fiche 16

SES

Notes

1 La crise financière : la rupture de l'équilibre sur le marché financier

■ Les crises financières sont inhérentes au système capitaliste et, si chacune d'elles est spécifique, elles sont toutes animées par des logiques proches. Toute crise financière est associée à la notion de risque, qu'il s'agisse d'un risque de taux d'intérêt, de crédit, de change, de marché ou de financement. Lorsque les déséquilibres et l'effet de panique se généralisent à l'ensemble du système, on parle de choc systémique.

■ Les crises financières rythment l'histoire des marchés financiers et le caractère mondial du système financier et des flux de capitaux facilite l'effet de propagation des déséquilibres et des chocs qui les affectent. Lorsque l'offre et la demande n'arrivent plus à s'équilibrer, des comportements de panique peuvent gagner les marchés : une crise de confiance s'installe. La crise financière révèle alors des déséquilibres, des dysfonctionnements, des comportements à risque, des erreurs de stratégie, une absence d'information, d'anticipation, de régulation.

■ Au-delà du problème posé par leur fréquence et la difficulté à les maîtriser, les crises financières ont un effet sur le reste de l'économie, les sources de financement étant indispensables aux investissements et au fonctionnement du système économique. Le manque de confiance dans les marchés financiers compromet la confiance dans l'avenir et bloque certaines décisions.

2 Les spécificités de la crise de 1929

■ La crise de 1929, dont le déclenchement a surpris les contemporains, est restée dans les mémoires en raison notamment des effets désastreux qu'elle a eu sur l'économie mondiale. Initiée aux États-Unis, la crise a provoqué une grande dépression qui s'est entendue au monde entier.

■ Depuis le printemps 1929, malgré des signes avant-coureurs, la dynamique spéculative se poursuivait dans un climat général assez laxiste concernant les accords de crédits bancaires, jusqu'à ce que la bulle financière éclate le fameux « jeudi noir » (24 octobre), lorsque l'indice de Wall Street (le Dow Jones) perd 22,6 % de sa valeur en quelques heures.

Notes

■ Les faillites des entreprises sur lesquelles la spéculation s'était portée sont alors très nombreuses, beaucoup de grandes fortunes disparaissent (nombreux suicides). Les différentes sphères de l'économie sont touchées.

Chiffres-clés

La production industrielle américaine a été divisée par deux entre 1929 et 1932 et le chômage multiplié par 8.

■ Les faillites en chaîne des entreprises provoquent une contraction de la production et une montée brutale du chômage. Le chômage de masse alimente à son tour la dépression : les ménages privés d'emploi et de revenus consomment moins, et ceux qui conservent leur emploi se constituent une épargne de précaution, d'où une baisse de la production des entreprises.

■ La baisse de la demande entraîne de la déflation, soit un effondrement des prix, qui aggrave la dépression : les ménages et les entreprises font des anticipations de baisse des prix encore plus fortes et diffèrent donc leur consommation et leurs investissements. L'économie américaine entre alors dans un cercle vicieux de dépression, déflation et chômage de masse.

3 Les spécificités de la crise de 2008

■ Aux États-Unis, la crise des **subprimes** a été provoquée par la hausse des taux directeurs de la Banque centrale des États-Unis (la FED), qui a rendu insolvables de nombreux ménages ayant souscrit un emprunt immobilier. Les banques ont alors tenté de revendre à perte les maisons saisies, créant un effondrement du marché immobilier. Les faillites bancaires (crise bancaire) ont fait éclater la bulle spéculative immobilière et ont créé une crise boursière grave (panique et comportement mimétique).

Mot-clé

Les **subprimes** sont des crédits à risque, destinés aux emprunteurs présentant le risque de non-remboursement le plus fort (*no job*, *no income*, *no asset*). Ces crédits présentent la particularité d'être à taux fixe les deux premières années et à taux variable les années suivantes.

■ Le manque de liquidités a bloqué un temps les économies nationales. Des mouvements spéculatifs contre les dettes souveraines et contre l'euro ont déstabilisé les marchés. Les agences de notation ont déprécié des acteurs, ce qui les a poussés à modifier leur comportement.

■ L'une des grandes différences avec la crise de 1929, c'est la réactivité des dirigeants nationaux et des banques centrales, les pouvoirs publics étant largement intervenus. Si l'État américain a laissé la banque Lehman Brothers et de très nombreuses banques faire faillite, il a fini par intervenir massivement pour limiter les dégâts. Quant aux gouvernements européens, ils ont été relativement réactifs, en partie avec le soutien de la Banque centrale européenne (BCE).

De l'éclatement des bulles spéculatives aux faillites bancaires

Fiche 17

SES

Notes

1 La formation d'une bulle spéculative

■ La spéculation est inhérente au fonctionnement de la Bourse : les agents font des paris sur la valeur d'actions, de monnaies, de dettes… L'idéal est d'acheter le moins cher possible et de revendre ultérieurement le plus cher possible, afin de dégager un profit maximal. Il y a formation d'une « bulle » lorsque la valeur des actifs financiers s'écarte de plus en plus de leur valeur de marché, leurs possesseurs ayant alors des comportements mimétiques. La mondialisation financière favorise également les flux monétaires et la spéculation.

> **Zoom**
>
> Le **paradoxe de la tranquillité** décrit par Hyman Minsky permet d'expliquer la formation des bulles spéculatives : « c'est quand tout va bien que les risques se prennent ». En période d'expansion, les agents économiques sont euphoriques. Cet excès de confiance en l'avenir incite les ménages et les entreprises à investir. De leur côté, les banques leur accordent facilement des crédits, sans être trop regardantes sur leurs capacités de remboursement.

■ Sur les marchés financiers, on peut parier que l'achat d'une entreprise par une autre va accroître la valeur des actions de celle-ci : devenue plus grande, cette entreprise va pouvoir faire plus de profit en élargissant son marché. On peut aussi spéculer contre une monnaie quand on sent que sa valeur s'affaiblit. On peut parier sur la capacité que pourrait avoir un gouvernement à rembourser sa dette publique… Un problème se pose lorsque les valeurs qui font l'objet de la spéculation s'envolent beaucoup trop vite par rapport à la vraie valeur marchande.

2 L'éclatement de la bulle spéculative

■ Sur les marchés financiers, la hausse des prix crée une augmentation des achats, ce qui renforce la hausse des valeurs : la bulle spéculative qui s'est formée s'auto-entretient. En effet, la forte hausse du prix des actifs (immobilier, actions…) conduit les agents à anticiper des hausses de prix encore plus fortes et à acheter massivement des actifs.

■ Ce phénomène est renforcé par les comportements mimétiques des agents : ceux qui voient les autres acheter massivement des actifs font de même. Et ils sont confortés dans leurs anticipations de hausse des prix puisque leurs achats massifs d'actifs entraînent en effet cette hausse : on parle alors de prophéties autoréalisatrices. Ainsi, lorsqu'on prédit ou lorsqu'on s'attend

Notes

à un événement (souvent négatif comme une chute de valeur), on modifie ses comportements, ses choix d'achat et de vente. La hausse ou la baisse de valeur anticipée se réalise alors, ce qui a pour effet de confirmer la prophétie, au lieu de poursuivre l'évolution initialement prévue.

■ Petit à petit, les agents économiques vont prendre conscience de la déconnection entre le prix et la valeur réelle des actifs qu'ils détiennent. Ils vont vouloir revendre au plus vite ces actifs car ils anticipent une baisse des prix et parce qu'ils voient les autres faire de même (comportements mimétiques). Comme ils sont nombreux à vendre, le prix de ces actifs s'effondre comme ils l'avaient prédit (prophéties autoréalisatrices) et la bulle financière éclate, ce qui provoque une crise financière.

3 La panique financière et les faillites bancaires

■ La panique financière s'accompagne d'une panique bancaire car beaucoup de banques de second rang se retrouvent en manque de moyens financiers pour accorder des crédits. Comme l'illustre le cas de nombreuses banques aux États-Unis lors de la crise des subprimes en 2008, les établissements qui ont trop spéculé sur des titres risqués se sont retrouvés en grande difficulté financière, voire en faillite.

■ Lorsque de nombreux déposants parmi les clients des banques veulent retirer au même moment leur argent, la panique accentue la crise bancaire. Les faillites bancaires et l'instabilité financière qui en résulte provoquent des réactions en chaîne qui s'étendent alors à d'autres pays. Le système financier se bloque, tout comme le système bancaire : c'est l'**effet domino**. On assiste alors à une crise systémique.

Expression-clé

La crise de liquidités des banques peut se transformer en crise de solvabilité généralisée touchant le système financier mondial, avec des risques en cascade : c'est l'**effet domino**.

■ Faute de pouvoir créer de la monnaie, les États doivent emprunter davantage, d'où la hausse de leur dette souveraine, ce qui fragilise la solvabilité des États et provoque une crise de confiance des investisseurs dans les obligations et les marchés financiers. L'explosion du service de la charge de la dette accroît le risque de défaut (risque de non-remboursement de la dette par l'emprunteur) et le risque de contagion des crises des dettes souveraines.

De la crise financière à la crise de l'économie réelle

Fiche 18

SES

1 La globalisation a facilité la perturbation de l'économie par la crise financière

■ La globalisation financière qui accompagne la mondialisation a rendu plus accessibles de multiples sources de financement. Elle a facilité les flux de capitaux, diversifié les sources de financement des agents, créé des opportunités d'enrichissement et une sorte de partage des risques, tout en créant beaucoup de dynamisme.

■ La globalisation a cependant accentué les interdépendances entre les nations et s'est également accompagnée d'une opacité des marchés et des comportements, créant des conduites à risque déstabilisantes.

Notes

2 Un blocage du système bancaire

■ L'éclatement de la bulle spéculative conduit à un blocage du système bancaire. L'effondrement des cours boursiers (krach financier) met en difficulté les banques face aux défauts de paiement de leurs clients qui sont dans l'impossibilité de rembourser leurs crédits. Les pertes bancaires peuvent alors pousser certaines banques à la faillite (crise bancaire).

■ Par ailleurs, si les banques n'arrivent pas à se refinancer auprès de la Banque centrale, elles ne peuvent plus accorder de crédits. Les conditions de financement sur le marché privent les agents qui doivent investir de moyens de financer leurs activités.

■ La dégradation des conditions d'octroi des prêts et les difficultés de refinancement des banques ont pour effet une contraction du crédit. Ce **credit crunch** bloque les dépenses de consommation des ménages et des entreprises, et l'investissement, qui sont pourtant indispensables au marché et à l'emploi. L'investissement et la consommation pâtissent donc des freins à l'emprunt, ce qui empêche la croissance et crée du chômage.

Expression-clé
Le **credit crunch** correspond au resserrement du crédit par les banques. Cette panne du crédit bancaire paralyse le financement de l'économie.

■ Il y a ainsi bien un effet de la crise financière sur l'économie réelle, les agents financiers ne pouvant offrir de bonnes conditions d'activités aux agents non financiers.

■ Aux États-Unis, lors de la crise des subprimes en 2008, faute de pouvoir prêter de l'argent et en raison de leur implication dans la

Notes

bulle spéculative, beaucoup de banques ont fait faillite. En récupérant les maisons des particuliers devenus insolvables, les banques se sont retrouvées avec de nombreux biens à vendre en même temps, ce qui a renforcé l'effondrement des prix de l'immobilier.

> **Zoom**
>
> Le 15 septembre 2008, la banque américaine Lehman Brothers fait faillite, ce qui marque le début du séisme financier. À Wall Street, le Dow Jones plonge de 500 points. Lehman Brothers est la plus grosse victime de la crise des subprimes et sa chute l'a intensifiée.

3 La contagion à l'économie réelle

■ L'économie réelle désigne la sphère de l'activité économique uniquement concernée par la production de biens et de services, par opposition à la sphère financière. La crise financière se transmet à l'économie réelle par le biais de plusieurs canaux.

■ Tout d'abord, l'effondrement de la valeur des actifs immobiliers ou financiers crée un effet de richesse négatif : la valeur du patrimoine des ménages qui détenaient ces actifs diminue. Par conséquent, les ménages vont réduire leurs dépenses de consommation et d'investissement, ce qui entraîne une récession.

■ De plus, la baisse du prix de certains de ces actifs qui sont utilisés comme collatéral (garantie) de leurs emprunts (immobiliers notamment) fragilise la situation financière des ménages. Ils sont conduits à des ventes forcées d'actifs, c'est-à-dire à des ventes d'actifs destinées à pouvoir rembourser leurs emprunts, ce qui fragilise la situation financière de l'ensemble des agents économiques par effet de contagion.

■ Enfin, la crise financière provoque une contraction du crédit (credit crunch) : comme les banques anticipent un risque de non remboursement plus important de leurs emprunteurs, elles durcissent leurs conditions d'octroi de crédit et augmentent leurs taux d'intérêt. Le volume des crédits accordés diminue, ce qui entraîne une baisse de la consommation et de l'investissement, et donc une récession.

La régulation du système bancaire et financier

Fiche 19

SES

1 L'indispensable régulation du système bancaire et financier

■ La globalisation financière facilitée par la mondialisation a créé des conditions favorables à la diversification des sources de financement des agents et aux mouvements spéculatifs. En même temps, la **titrisation** et les innovations financières ont été favorisées par une déréglementation générale à partir des années 1980. Or il n'est pas possible de laisser les marchés financiers s'emballer sans intervenir. L'identification des activités à risque permet d'isoler les sources d'instabilité.

> **Mot-clé**
>
> La **titrisation** consiste à transformer des crédits distribués par une banque en titres de créances (obligations) qu'un investisseur peut acheter et vendre à tout moment.

Notes

■ Le manque de transparence sur un marché déréglementé (donc sans contrôles) crée des failles dans les informations (manque de fiabilité des statistiques, mensonges) : il est nécessaire d'améliorer l'information. Plusieurs pistes de réflexion ont été envisagées, mais le manque d'ambition et l'existence d'obstacles à ces mesures sont un frein.

■ Ainsi, on parle de limiter la titrisation et de créer des « chambres de compensation », de contrôler davantage les opérations de « gré à gré », d'imposer une réglementation financière, de mettre en place des politiques macroprudentielles (ayant comme objectif de limiter le risque systémique), de contrôler plus les crédits, de lutter contre les paradis fiscaux, de fiscaliser les mouvements de capitaux… Dans les faits, les obstacles, les lobbies et l'opacité restent considérables, et la coopération internationale et les sanctions sont bien modestes.

2 La réduction de l'aléa moral des banques par la supervision

■ L'aléa moral est une conséquence, sur un marché, d'une asymétrie d'information qui montre que l'agent le moins bien informé ne peut prévoir et contrôler le comportement de l'agent le mieux informé, qui peut alors en profiter en se comportant de manière opportuniste et contraire aux intérêts de l'autre agent. Appliqué au marché bancaire, l'aléa moral montre que les banques de second rang, se sachant protégées par la Banque centrale en cas de

Notes

difficultés (prêteur en dernier ressort), sont incitées à prendre davantage de risques qu'elles ne l'auraient fait. Deux solutions existent pour résoudre ce problème d'aléa moral : contrôler l'activité des banques (supervision) et leur imposer des ratios de solvabilité.

■ Lors de la crise financière de 2008, les banques ont dû redéfinir un certain nombre de leurs fonctions et les banques centrales ont renforcé leur rôle afin de tenter d'assurer une stabilité financière.

■ Bien qu'étant intervenue tardivement, la Banque centrale européenne (BCE) a fini par soutenir les banques et par faciliter leurs conditions de refinancement et d'octroi de crédits. Elle a également agi en achetant des titres et en restructurant la dette grecque, et elle a calmé la spéculation en limitant les activités à la hausse des taux d'intérêt, ce qui a sauvé l'euro.

■ En affectant massivement des liquidités dans l'économie européenne, la BCE a misé sur une baisse du taux d'intérêt. Mais la croissance européenne tarde à venir.

3 La réduction de l'aléa moral des banques par le ratio de solvabilité

■ Depuis la fin des années 1980, différents accords entre les États ont fixé des règles prudentielles : les accords de Bâle. En 1988, avec Bâle I, sont fixés des ratios de solvabilité. Ainsi, le ratio Cooke mesure la solvabilité des banques, autrement dit la capacité financière des banques à faire face à une baisse de la valeur de leurs actifs (crédits accordés, titres achetés) grâce à leurs fonds propres (leurs bénéfices essentiellement). Ce ratio se calcule de la façon suivante :

Ratio de solvabilité = (fonds propres des banques / actifs détenus par les banques pondérés par leurs risques) × 100

■ Ce ratio doit être égal à 8 % au moins afin de contraindre les banques à réduire leurs prises de risques lorsqu'elles accordent des crédits et/ou achètent des titres financiers.

■ Lors de la crise de 2008, la BCE a tenté de relancer la croissance par la consommation en baissant le niveau de ses taux d'intérêt directeurs (taux auxquels les banques de second rang se refinancent auprès d'elle sur le marché interbancaire). Les banques ont répercuté cette baisse sur les taux d'intérêt des crédits qu'elles accordent, d'où une hausse de la demande de crédit des ménages. Les banques ont augmenté le volume des crédits octroyés, sans être trop regardantes sur les risques qu'elles prenaient. Face à cette prise de risques trop importante, la BCE a décidé de durcir les conditions d'octroi des prêts par les banques, notamment en les contraignant à améliorer leur ratio de solvabilité.

Les fondements de l'intégration européenne

Notes

1 Vers l'intégration totale

■ Que de chemin parcouru depuis la signature de la Communauté européenne du charbon et de l'acier (CECA) en 1948 et du Traité de Rome à 6 pays en 1957 ! L'Union européenne à 27 d'aujourd'hui (depuis la sortie du Royaume-Uni en 2020) s'oriente vers une présidence et une gouvernance supranationales. L'ultime étape est l'intégration totale, articulée autour :

- d'un marché unique par une libre circulation des produits, des capitaux et des personnes ;
- d'une monnaie unique (aujourd'hui pour 19 nations seulement) ;
- d'une harmonisation des politiques économiques et sociales.

> **Zoom**
> L'euro, la monnaie unique des pays de la zone euro, a été introduit en 2002. La Banque centrale européenne et la Commission européenne sont chargées de maintenir sa valeur et sa stabilité.

Zone de libre-échange	Union douanière	Marché commun	Union économique et monétaire	Intégration totale
Zone de libre-échange Suppression des droits de douane internes	Zone de libre-échange + Taxe économique commune + Harmonisation des législations nationales douanières	Union douanière + Libre circulation des hommes, des capitaux, des biens et des services	Marché commun + Harmonisation des politiques économiques et monétaires + Monnaie unique + Banque centrale	Union économique et monétaire + Politiques économiques et sociales communes + Pouvoir supranational

2 La nécessaire mais contraignante harmonisation des politiques nationales

■ Pour accélérer l'homogénéisation des niveaux de développement, ont été mis en place des fonds structurels, qui aident particulièrement les pays moins avantagés, et de multiples outils de coordination.

■ Afin de créer une intégration totale, les dirigeants des États membres doivent orienter les politiques nationales vers les

Notes

mêmes objectifs. Le **Pacte de stabilité et de croissance**, qui visait à limiter les incertitudes financières, est aujourd'hui en révision. Initialement, il s'agissait de réduire l'instabilité des monnaies, limiter le montant des taux d'intérêt et de l'inflation, et d'éviter l'explosion des déficits et des dettes publiques. Aujourd'hui, il faut aussi associer des pays hors de l'eurosystème (le « pacte pour l'euro plus ») qui conservent leur monnaie, comparer et mesurer les programmes économiques nationaux (« semestre européen ») et mettre en place une euro-obligation *(euro-bond)* et un fonds monétaire européen.

Mots-clés

Le **Pacte de stabilité et de croissance** est l'instrument dont les pays de la zone euro se sont dotés afin de coordonner leurs politiques budgétaires nationales et d'éviter l'apparition de déficits excessifs. Il impose aux États de la zone euro d'avoir à terme des budgets proches de l'équilibre ou excédentaires.

■ Les critères de convergence du Pacte de stabilité et de croissance ont longtemps poussé des gouvernements peu libres à mettre en place des politiques monétaires et budgétaires restrictives, limitant le potentiel de croissance, mais également à désengager l'État (privatisations, déréglementations, réforme de la fonction publique, obstacles aux politiques sociales).

■ Pour les États, l'harmonisation a eu comme principale conséquence la réduction de leurs marges de manœuvre en matière de politique économique, monétaire et sociale. Ainsi, pour mettre en place certaines réformes, les gouvernements doivent avoir l'aval de leurs partenaires, et les mesures de relance ne doivent pas creuser les déficits publics ni avantager des entreprises nationales au profit d'entreprises concurrentes.

3 Des obstacles majeurs à l'intégration

■ Malgré tout, des questions majeures sur l'organisation de l'Union européenne restent en suspens. La coordination des États membres est d'autant plus difficile à assurer qu'elle peut être interprétée différemment :

– la coordination « bien-public » s'intéresse aux règles de fonctionnement (libre-échange, stabilité…) en renforçant le cadre institutionnel et politique pour appliquer les mesures ;

– la coordination « stratégique » préfère l'utilisation des instruments de politique avec une volonté commune d'aboutir durablement.

■ La nature de l'Europe elle-même n'est pas encore nettement choisie : faut-il construire une Europe régionale ou une Europe fédérale ? Sur le plan économique, l'harmonisation de la fiscalité, qui n'est pas encore réalisée, fait débat.

La politique européenne de la concurrence

Fiche 21

SES

Notes

1 La politique de la concurrence vise à garantir des conditions de marché plus équitables

■ La politique de la concurrence est un type de politique structurelle dont l'objectif est de maintenir la concurrence sur un marché, afin que certains acteurs n'aient pas des avantages particuliers au détriment d'autres acteurs. Depuis le traité de Rome (1957), les politiques publiques nationales sont soumises, dans l'espace européen, à la politique de la concurrence développée par la Commission européenne.

■ Cette politique définit les règles de la concurrence sur les marchés et contrôle ou sanctionne les comportements menaçant la concurrence. Le but n'est pas seulement de lutter contre la concurrence déloyale mais aussi d'éviter que le consommateur soit pénalisé par des pratiques anticoncurrentielles.

> **Mots-clés**
>
> **Monopole** : situation de marché dans laquelle il n'y a qu'un producteur face à de multiples acheteurs.
>
> **Oligopole** : situation de marché dans laquelle il y a peu de producteurs face à de multiples acheteurs.

■ La politique de la concurrence surveille en particulier les **marchés monopolistiques** et **oligopolistiques**, qui sont accusés d'abus de position dominante en imposant leurs produits, leurs prix et leurs barrières à l'entrée des marchés.

■ Elle sanctionne les cartels de producteurs qui nuisent à la concurrence sur les marchés car ils réduisent la transparence de l'information. Ces cartels peuvent prendre des formes différentes : partage de marché, fixation de quotas de production, entente sur les prix… Ceux-ci encourent des amendes élevées.

2 Il s'agit de lutter contre les barrières à l'entrée et les situations de monopoles et d'oligopoles

■ Les situations monopolistique et oligopolistique créent des conditions défavorables à la concurrence. Sur un marché, les entreprises peuvent créer des barrières à l'entrée, ce qui laisse le marché dans un état de non-concurrence, surtout lorsque quelques entreprises s'entendent entre elles (pratique illégale). La concurrence est alors rendue impossible. Il s'agit, pour ces entreprises, de limiter la concurrence directe pour conserver une situation de position dominante, issue par exemple de la détention de brevets,

Notes

de la réalisation d'investissements très lourds, de moyens massifs en marketing et en publicité…

■ Le monopole peut, comme l'oligopole, être discriminant par les prix, par exemple en offrant des formules différentes (destinées aux jeunes, aux familles nombreuses, aux seniors…) sur certains produits ou services, ce qui est défavorable à la concurrence (toutes les entreprises n'ayant pas les moyens d'agir ainsi).

■ Les monopoles et les oligopoles créent des conditions défavorables aux consommateurs : absence de choix de produits, stratégies de « demande captive », prix imposés, conditions de vente et de service après-vente imposées… Les monopoles et les oligopoles ont ainsi un véritable pouvoir de marché qu'ils cherchent à renforcer en mettant en œuvre des stratégies parfois illicites comme les **abus de position dominante**.

■ Certains produits font également l'objet de licences spéciales et échappent ainsi aux règles de fonctionnement en vigueur dans les marchés où règne la concurrence.

Mots-clés

L'**abus de position dominante** désigne l'ensemble des stratégies mises en œuvre par une entreprise et consistant à utiliser son pouvoir de marché (sa position dominante sur le marché) afin de restreindre le jeu de la concurrence.

3 Il s'agit également de défendre le consommateur et le producteur, mais aussi de déréglementer l'État

■ Certaines entreprises peuvent être accusées de créer des cartels de producteurs et d'entente illégale sur les prix. Pour contrer ces ententes, la politique de la concurrence veille à ce que :

– le consommateur tire bénéfice d'un marché plus concurrentiel avec des prix plus attractifs ;

– le producteur tire profit de libertés et de dynamiques : nouveaux intrants, amélioration de la compétitivité prix, baisse possible de prix, possibilité d'investir, opportunités d'innovation…

■ La politique de la concurrence conduit toutefois à démanteler des monopoles publics, donc à privatiser partiellement des entreprises publiques (EDF, Véolia, SNCF…) au grand dam des syndicats et des salariés.

■ Ainsi, la France est obligée de réformer l'État et de déréglementer certains marchés, en raison des pressions de l'Union européenne. En effet, la politique européenne de la concurrence, imposée par la Commission européenne, a pour but final l'intégration totale : c'est-à-dire parvenir à un seul marché animé par une multitude d'acteurs.

Les effets des politiques monétaire et budgétaire européennes sur la conjoncture

Fiche 22

SES

1 La politique monétaire vise à gérer le marché de la monnaie

■ La **politique monétaire** est gérée par la Banque centrale européenne (BCE) qui fixe des objectifs d'inflation ou de croissance à court et moyen termes. Celle-ci dispose de moyens spécifiques. Elle peut en particulier agir sur le taux d'intérêt directeur et le taux de change. Elle encadre également la quantité de crédits octroyés par les banques de second rang afin de réguler la création monétaire.

> **Mots-clés**
> La **politique monétaire** est l'ensemble des moyens mis en œuvre pour émettre de la monnaie, contrôler les quantités en circulation (masse monétaire) et orienter les flux.

Notes

■ Le taux d'intérêt a deux fonctions principales : d'une part, rémunérer l'épargne, les placements, les prêts des créanciers ; d'autre part, faire payer des frais lors de l'emprunt. D'où la contradiction entre le besoin d'un taux d'intérêt élevé pour stimuler les placements et d'un taux d'intérêt faible pour encourager les agents à faire appel aux crédits.

■ Le choix de l'objectif final présente un enjeu considérable : on peut choisir, dans un esprit keynésien, de mettre en place une politique monétaire expansive (baisse des taux d'intérêts directeurs destinée à encourager le crédit afin de stimuler la croissance et de réduire le chômage), ou bien, dans un esprit néoclassique (comme Milton Friedman), de mettre en place une politique monétaire restrictive (augmentation des taux d'intérêt directeurs afin de limiter l'octroi de crédits et donc lutter contre l'inflation).

2 La politique budgétaire vise à gérer l'argent public

■ La politique budgétaire engage les choix gouvernementaux dans la politique économique, afin de tenter d'agir sur la conjoncture et de la réguler.

■ Lorsque les mesures prises visent à soutenir la croissance, voire à la relancer (comme le prônent les keynésiens), suite à une crise ou un fort ralentissement, on parle de politique de relance dans le cadre d'une politique budgétaire expansive. Si cette politique macroéconomique contracyclique permet de garantir un niveau de demande, elle peut aussi conduire à creuser le déficit commercial, en raison d'une hausse des importations (puisque la consommation augmente). Comme elle conduit à engager plus de dépenses, alors

Notes

que les recettes souffrent du manque de croissance, le déficit budgétaire s'accroît, au même titre que l'endettement public.

■ Lorsque les mesures prises visent à calmer les tensions inflationnistes et à limiter les dépenses et le déficit budgétaire (comme le prônent les néoclassiques), on parle de politique de rigueur dans le cadre d'une politique budgétaire restrictive. Cette politique macroéconomique permet de limiter la flambée des prix et de réduire la détérioration des comptes publics, mais elle a tendance à limiter les perspectives de croissance.

3 Les enjeux de la *policy mix*

■ Coordonner les politiques européennes, c'est assurer une même orientation des politiques conjoncturelles. Les pays européens ont ainsi réussi à faire converger les taux d'inflation vers le bas. Si l'échec reste flagrant en matière de chômage et de pauvreté, la *policy mix* (ou politique économique mixte), c'est-à-dire l'art de combiner de manière optimale la politique budgétaire et la politique monétaire, a commencé à donner des résultats. Elle présente certains avantages et inconvénients en fonction de son caractère plus ou moins expansif ou restrictif :

		Politique monétaire	
		expansive	**restrictive**
Politique budgétaire	**expansive**	**+ de crédits (taux d'intérêt faibles) et + de dépenses publiques** • Avantages : croissance forte, réduction du chômage • Inconvénients : accroissement du déficit budgétaire et de la dette publique, risques d'inflation	**+ de dépenses publiques mais – de crédits (taux d'intérêt élevés)** • Avantages : favorable aux politiques sociales grâce à l'augmentation des dépenses publiques, peu de pressions inflationnistes • Inconvénients : croissance modérée à cause des taux d'intérêt élevés
	restrictive	**+ de crédits (taux d'intérêt faibles) et – de dépenses publiques** • Avantages : réduction du déficit budgétaire et de la dette publique, inflation modérée • Inconvénients : croissance faible (moins de dépenses sociales)	**– de crédits (taux d'intérêt élevés) et – de dépenses publiques** • Avantages : réduction du déficit budgétaire et de la dette publique, réduction de l'inflation • Inconvénients : ralentissement de la croissance (voire contraction de la production) et augmentation du chômage

Les difficultés de coordination des politiques monétaire et budgétaire européennes

Fiche 23

SES

Notes

1 La coordination des politiques européennes : une condition de l'intégration totale

■ Les États membres de l'Union européenne sont très hétérogènes, que ce soient en termes de niveaux de vie (PIB/habitant), d'infrastructures, d'avancées technologiques, d'attractivité, de fiscalité, d'intervention de l'État… Rien d'étonnant alors que les modes de fonctionnement, les conceptions et les votes au Parlement européens fassent l'objet de débats, voire d'oppositions.

■ La **coordination**, c'est une dynamique d'échanges, de discussions entre États, dans une optique de construction d'un projet commun. Il s'agit de réduire les différences et les freins, afin de garantir à terme une Europe plus homogène et plus efficace.

■ Le **traité de Maastricht** (1992) a imposé aux États membres des règles ayant pour objectif une meilleure coordination des politiques conjoncturelles. Il définit les **critères de convergence** du Pacte de stabilité et de croissance :

- une valeur monétaire stable ;
- un taux d'intérêt modéré ;
- un taux d'inflation inférieur à + 2,7 % ;
- un déficit public de 3 % du PIB ;
- un taux d'endettement inférieur à 60 % du PIB.

■ Ce traité, qui a ensuite été modifié par d'autres traités (Amsterdam en 1997, Nice en 2001 et Lisbonne en 2007), impose ainsi des contraintes strictes aux États.

2 La coordination des politiques européennes réduit les marges de manœuvre des États membres

■ Si les modalités d'action des États restent souples, ceux-ci doivent néanmoins respecter les principes des traités et les objectifs fixés par la Commission européenne, le Parlement et le Conseil européen (c'est-à-dire le triangle institutionnel).

■ C'est justement pour accélérer l'**homogénéisation** des niveaux de développement qu'ont été mis en place des fonds structurels avec le **FEDER**, qui aident particulièrement les pays moins avantagés.

Organisme-clé

Le **Fonds européen de développement régional (FEDER)** est l'un des fonds structurels européens. Il vise à renforcer la cohésion économique et sociale au sein de l'Union européenne en corrigeant les déséquilibres régionaux.

Notes

■ Cependant, les critères de convergence du Pacte de stabilité et de croissance poussent les gouvernements à mettre en place des politiques monétaires et budgétaires restrictives, limitant le potentiel de croissance, mais également à désengager l'État (privatisations, déréglementations, réforme de la fonction publique, obstacles aux politiques sociales). Ainsi, l'harmonisation a eu comme principale conséquence de réduire les marges de manœuvre des États en matière de politique conjoncturelle (budgétaire et monétaire) ou structurelle (politique sociale, politique industrielle...).

■ En effet, l'interdépendance des économies et des systèmes financiers oblige les États membres à être financièrement solidaires avec les plus fragiles. Mais ceux-ci doivent faire l'effort de ne pas détériorer leurs comptes publics.

3 Le défaut de coordination et les chocs asymétriques freinent l'efficacité européenne

■ Le traité de Maastricht a jeté les bases d'une nécessaire coordination entre pays membres mais celle-ci n'est pas facilitée par l'absence d'une présidence et d'un gouvernement supranationaux. L'Union européenne doit inventer de nouvelles logiques de gouvernance et de coopération, car celle-ci ne peut se limiter à une intergouvernementalité.

■ La conjoncture et les chocs asymétriques ont également des effets sur la coordination entre les différentes nations. Un choc asymétrique est un événement qui impacte (le plus souvent négativement) l'offre ou la demande. Il affecte les économies de manière différenciée : certains pays entrant en récession et d'autres en expansion. Les chocs asymétriques concernent l'offre ou la demande de produits d'une branche de l'économie d'un pays, ou d'un produit de l'économie.

Exemples

Des chocs asymétriques peuvent être créés dans un pays par des mouvements sociaux qui durent plusieurs mois (ralentissement de la production) sans affecter l'économie des autres pays.

Une crise sectorielle ne va pas affecter de la même façon différents pays, selon la nature de leur système productif.

■ Ainsi, le ralentissement de la croissance économique limite logiquement l'intérêt des États membres à se fixer des contraintes supplémentaires, le manque de moyens financiers et de perspectives ne facilitant pas les choses.

La structuration et la hiérarchisation de l'espace social

Fiche 24

SES

Notes

1 Les PCS, un critère de structuration incontournable de l'espace social

■ Les professions et catégories socioprofessionnelles (PCS) sont une nomenclature statistique créée par l'Insee qui permet de classer dans un même ensemble des professions différentes selon des critères spécifiques, tous liés au statut socioprofessionnel :
– 5 critères permettant de distinguer les 8 groupes entre eux : le statut d'activité (actif ou inactif), le statut juridique (salarié ou indépendant), le secteur d'activité, le niveau de qualification, le type de métier (manuel ou intellectuel) ;
– 3 critères permettant de distinguer des catégories à l'intérieur d'un groupe : le type d'employeur pour les salariés (État ou employeur privé), la taille de l'entreprise pour les indépendants, le type d'entreprise.

■ Les individus appartenant à une même CSP ont en commun un certain nombre de caractéristiques économiques et socioculturelles communes, entretiennent des relations sociales entre eux, ont des opinions, des pratiques sociales et des comportements relativement convergents. Les PCS constituent donc un outil permettant de décrire et de comprendre les opinions des individus, les comportements sociaux, les inégalités.

■ Le niveau de revenu, diversifié selon la PCS, a un impact fort – via le pouvoir d'achat qu'il assure – sur le niveau et le mode de consommation, c'est-à-dire sur le choix des produits et leur qualité, sur le logement, les véhicules, les loisirs, les conditions d'existence, la santé…

2 Les autres déterminants

■ La PCS n'explique pas tout et il existe d'autres facteurs à l'origine de différences et d'inégalités entre les individus et les groupes sociaux : le diplôme, le genre, la position dans le cycle de vie, le lieu de résidence, la composition du ménage…

■ Les individus accordent en effet une importance particulière à leur âge et leur appartenance à une génération. Ainsi, la position d'un individu dans le

Mots-clés

La théorie du cycle de vie, qui explique comment un agent économique choisit son niveau de consommation et son niveau d'épargne au cours de sa vie, a été développée par Franco Modigliani.

Notes

cycle de vie est un autre critère pour analyser la société. L'âge détermine à la fois les revenus de l'individu et son patrimoine. Ainsi, une personne âgée de 40 ans a davantage de chance d'occuper un CDI et d'avoir des revenus plus confortables qu'un jeune actif de 25 ans.

■ Le genre intervient également. Il est à l'origine d'inégalités (face à l'emploi, de salaires, de partage des tâches domestiques, d'accès à la vie politique…) et de différences (de goûts, d'aspirations…). Ces différences et inégalités sont liées à la socialisation différenciée.

■ Le lieu de résidence est un facteur qui accentue les inégalités puisqu'il aboutit à une concentration des groupes sociaux les plus favorisés dans les espaces les plus attractifs avec un meilleur accès à la culture, aux transports, à la santé … Ce phénomène est renforcé par des stratégies d'entre-soi résidentiel.

■ Mais au-delà de ces critères, les situations sociales sont aussi à prendre en compte. La composition du ménage (être célibataire sans enfant ou en couple avec une famille nombreuse) joue un rôle central dans le mode de vie, les relations sociales, les destins individuels.

3 L'émergence de l'homme pluriel

■ La vie moderne conduit à diversifier les activités humaines et les appartenances sociales. L'homme pluriel (du titre d'un ouvrage du sociologue Bernard Lahire) est un individu qui a plusieurs identités en raison de ses appartenances à des groupes sociaux différents et qui joue des rôles divers.

■ Les individus héritent d'une appartenance sociale, mais ils ne passent pas forcément par les mêmes chemins et ils peuvent modifier leur destin par leur trajectoire personnelle.

■ On constate une grande diversité de situations en matière de lieux de résidence, de travail, de pratiques sociales, de valeurs et de préoccupations, de relations sociales, de réseaux sociaux… L'individu moderne ne limite pas ses pratiques sociales et culturelles aux domaines traditionnellement attendus selon sa catégorie sociale (tous les cadres ne vont pas forcément au théâtre) du fait de ses appartenances sociales multiples. Il peut donc avoir des pratiques dissonantes, c'est-à-dire inattendues par rapport à sa catégorie sociale.

■ La possibilité d'avoir un répertoire d'actions et de pratiques étendu (omnivorité) concerne les individus qui ont du capital culturel et social. Pour ceux qui en sont dépourvus, les pratiques se limitent bien souvent à celles qui sont caractéristiques de leur catégorie sociale (univorité).

Les évolutions de la structure socio-professionnelle en France depuis 1945

Fiche 25

SES

Notes

1 La salarisation de l'emploi

■ Est salarié une personne qui travaille sous la subordination d'un employeur (public ou privé), en respectant les termes d'un contrat, en échange d'un salaire ou d'une rétribution équivalente. Le travail est réglementé avec des garanties pour l'employeur et pour le salarié (salaire, conditions de travail, protection sociale).

■ Le travailleur indépendant exerce son activité à son compte, établit ses propres conditions de travail et de rémunération, et peut organiser son travail avec plus de liberté.

■ Autrefois, les emplois tournaient autour de la vie rurale, de l'agriculture et du commerce de proximité. Autrement dit, beaucoup d'actifs étaient travailleurs indépendants. Aujourd'hui, les travailleurs indépendants sont de moins en moins nombreux et on observe une **salarisation** de la population active : 90 % des actifs occupés sont salariés contre 70 % environ en 1962.

Mot-clé

La **salarisation** désigne la hausse de la part des salariés dans la population active. Ce mouvement est observable dans la plupart des pays développés ou en développement.

2 Les facteurs de la salarisation de l'emploi

■ La révolution industrielle a créé le salariat. Au XXe siècle, l'évolution du marché a modifié les emplois et fait disparaître de nombreux emplois indépendants, le poids des salariés a alors augmenté. Le contexte de forte croissance des Trente Glorieuses (1945-1973) a également permis la généralisation des contrats à durée indéterminée (CDI), qui assurent une stabilité des emplois et des conditions correctes de rémunération.

■ L'emploi et sa nature salariale ou non salariale dépendent des structures productives : des secteurs ou des branches d'activité, du type d'entreprise ou d'administration… Ainsi, le déclin de l'économie agraire et du monde rural et paysan a mis fin à de nombreux emplois d'exploitants agricoles.

■ De la même façon, l'essor et le développement du commerce national, puis international, en particulier avec les supermarchés et les hypermarchés qui fournissent des biens fabriqués à grande échelle par l'industrie, ont créé une concurrence peu loyale au petit commerce et à l'artisanat à partir des années 1960, ce qui a

Notes

entraîné un déclin des travailleurs indépendants que ce sont les commerçants-artisans.

3 La tertiarisation de l'économie

■ L'importance relative des trois secteurs d'activité (primaire : l'agriculture, secondaire : l'industrie, tertiaire : les services) confirme ce qui a été constaté en termes de structure socioprofessionnelle : l'agriculture est devenue 7 fois moins importante en 48 ans et l'industrie a perdu la moitié de ses effectifs (en pourcentage du total). Par conséquent, le tertiaire a gagné le reste et représente 78 % des actifs occupés en 2016, soit une augmentation de 70 %.

■ En l'espace de 63 ans, les agriculteurs exploitants ont quasiment disparu : ils ne représentent plus que 2 % des actifs occupés en 2017. Les ouvriers représentent aujourd'hui un cinquième de la population active. Les artisans-commerçants sont deux fois moins nombreux. Trois PCS, regroupant des salariés travaillant majoritairement dans le secteur tertiaire, voient leur part fortement progresser : les employés, dont la part dans l'emploi a augmenté de moitié et qui sont aujourd'hui la PCS la plus nombreuse (28 % des actifs occupés environ) ; les professions intermédiaires dont la part dans l'emploi a plus que doublé ; les cadres et les professions intellectuelles supérieures, dont la part dans l'emploi a presque quadruplé.

■ La féminisation de l'emploi (très forte entre 1990 et 2016, le taux d'emploi féminin passant de 42 % à 68 %) va également de pair avec la tertiarisation de l'économie, les femmes occupant de nombreux emplois relevant du tertiaire.

■ En plus des facteurs précédemment cités, la tertiarisation de l'économie, c'est-à-dire de l'essor des activités de services, provient de la combinaison de nombreux facteurs :

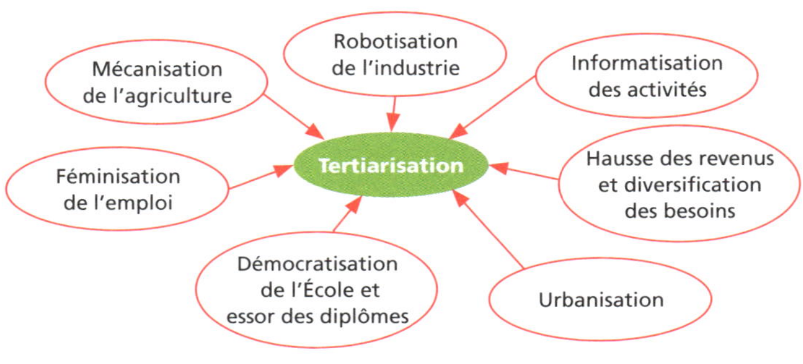

La féminisation de l'emploi

1 La population active et les emplois se sont fortement féminisés depuis les années 1960

■ La proportion de femmes ayant un emploi (déclaré et rémunéré) n'a cessé de croître depuis 1962, avec des moments d'accélération.

Chiffre-clé

Aujourd'hui la **part des femmes dans l'emploi** est de près de **50%** selon l'Insee.

■ En effet, leur proportion dans la population active a augmenté de 14,7 points, soit + 44,01 % en 53 ans, ce qui correspond à 7,1 millions de femmes en plus depuis 1954.

■ L'augmentation a été plus rapide entre 1975 et 1982 avec + 3,2 millions d'actifs, alors que la proportion des hommes n'a augmenté que de 400 000 dans le même temps.

■ La loi de 1965 autorisant les femmes à exercer une activité professionnelle et à ouvrir un compte bancaire sans l'autorisation de leur mari, et la légalisation et la commercialisation de la pilule ont certainement joué un rôle décisif en permettant aux femmes de s'émanciper.

■ En observant le taux d'emploi des femmes selon l'âge, on remarque que ce sont surtout les 25-49 ans qui ont connu la plus forte progression entre 1988 et 2000.

Notes

2 Un niveau de qualification en hausse

■ La démocratisation et la massification de l'École (suite notamment à la réforme du Collège unique en 1974), le besoin de la société en femmes et l'émancipation féminine (avec la légalisation de l'avortement et de la contraception) ont conduit de nombreuses générations de femmes à passer des diplômes, à faire des études longues et à occuper des postes jusque-là réservés aux hommes. Ce faisant, leur rapport à l'emploi s'est modifié : avoir de l'ambition, accéder à des postes de pouvoir… autant de choses devenues possibles.

■ L'accession à des emplois non manuels pour les nouvelles générations, la tertiarisation de l'économie, la démocratisation de l'institution scolaire et la massification de l'enseignement supérieur ont ainsi facilité la féminisation de l'emploi.

Notes

■ Par ailleurs, les femmes font des études supérieures plus longues que les hommes. Leur qualification (qui dépend de leur formation et des diplômes, mais aussi de l'expérience acquise) s'est ainsi nettement améliorée ces dernières décennies.

3 L'emploi des femmes est marqué par de fortes inégalités

■ Les inégalités entre hommes et femmes sont importantes en France. Même si plus aucun métier n'est interdit aux femmes (depuis 2002 pour les pompiers de Paris), de nombreuses femmes sont victimes de discriminations que ce soit à l'embauche, face au chômage, concernant les revenus, les responsabilités qui leur sont confiées dans l'entreprise et les évolutions de carrière…

■ De façon générale, tous emplois confondus, parmi les 10 % des salariés les plus démunis, les femmes ont en moyenne un salaire mensuel 100 euros inférieur à celui des hommes. On constate aussi que plus le salaire est important, plus l'écart se creuse entre les hommes et les femmes. De la même manière, lorsqu'on étudie les professions et catégories socioprofessionnelles (PCS), on observe un écart de l'ordre de 250 euros par mois entre un ouvrier et une ouvrière, et de 1 000 euros entre un homme cadre et une femme cadre.

■ Les femmes occupent souvent des emplois peu qualifiés, donc des postes précaires et mal rémunérés, et connaissent davantage de temps partiel subi. Les emplois peu qualifiés du secteur des services (assistante maternelle, aide-soignante, employée de maison…) et les emplois à temps partiel sont en effet très majoritairement féminins. À l'inverse, les femmes sont sous-représentées dans les emplois à haut niveau de responsabilité.

Dates-clés

1983 : la **loi Roudy** sur l'égalité professionnelle entre les hommes et les femmes réaffirme le principe de l'égalité dans tout le champ professionnel (recrutement, rémunération, promotion ou formation).

2001 : la **loi Génisson** encourage la mise en œuvre de mesures de rattrapage pour remédier aux inégalités professionnelles et crée une obligation de négocier sur l'égalité professionnelle au niveau de l'entreprise et des branches.

L'approche théorique des classes sociales

Fiche 27

SES

1 Marx et Weber : l'approche réaliste contre l'approche nominaliste

■ Selon **Karl Marx**, les classes sociales sont des **rapports sociaux de production** propres au système capitaliste. Ce système est animé par la propriété privée des moyens de production (terrain, usine, banque) qui rend l'exploitation des travailleurs par la bourgeoisie légitime, les travailleurs n'ayant que leur force de travail pour survivre (les **prolétaires**).

■ La **conscience de classe**, c'est-à-dire le sentiment objectif (la classe « en soi » par rapport à la propriété des outils d'exploitation) ou subjectif (la classe « pour soi », avec des intérêts propres) d'appartenir à une classe, est le stimulateur des luttes. Face à l'exploitation et à l'aliénation, les classes populaires ne peuvent que contester et s'émanciper en faisant la révolution, mettant fin aux classes sociales. Les intérêts entre classes sont bien antagonistes et il ne peut y avoir que des conflits : c'est la **lutte des classes**.

■ La démarche de **Max Weber** est très différente. Pour lui, la classe sociale est plus un **outil d'analyse** qu'une réalité tangible. Elle marque la hiérarchie de l'ordre économique et se distingue du parti politique (ordre politique) et de l'ordre social (groupes de statut auxquels sont associés des styles de vie, des modes de vie).

> **Auteurs-clés**
>
> **Karl Marx** (1818-1883) estimait que le capitalisme – avec son salariat – était un progrès de l'histoire, malgré ses classes sociales, après l'Antiquité qui imposait l'esclavage et le Moyen Âge qui imposait le servage.
>
> **Max Weber** (1864-1920) est considéré comme l'un des pères fondateurs de la sociologie. Pour lui, les classes sociales ne sont qu'un des éléments permettant de décrire la stratification sociale, qui est multidimensionnelle.

2 Les classes sociales sont perçues différemment selon les sociologues

■ Chez **Pierre Bourdieu**, la société est hiérarchisée en classes sociales qui sont définies par le volume de capital économique (revenus et patrimoine) et de capital culturel (ressources culturelles) qu'elles possèdent. Les individus d'une même classe partagent le même **habitus** : ils ont en commun un certain nombre de dispositions qui vont orienter leurs goûts, leurs opinions, leurs aspirations, leurs pratiques sociales, leurs comportements… Entre ces classes sociales existent des **rapports de domination** : les classes

Notes

Notes

supérieures exercent une domination économique, culturelle, sociale et symbolique sur les autres classes. Les classes dominantes définissent la culture qui est légitime : la leur.

■ William Lloyd Warner propose pour les États-Unis une représentation en trois classes distinctes de deux niveaux chacune, définies par le prestige et le standing. On obtient une forme de losange ou de diamant avec : une classe supérieure-supérieure (grands patrons), supérieure-inférieure (grands avocats), moyenne-supérieure (cadres supérieurs), moyenne-inférieure (commerçants), inférieure-supérieure (ouvriers blancs), inférieure-inférieure (ouvriers noirs ou hispaniques).

■ Henri Mendras préfère partir des revenus et illustrer la stratification sous forme de goutte d'eau ou de toupie : en bas, on trouve les pauvres (autour de 10 % de la population totale), puis une vaste constellation populaire (40 %), une classe moyenne (25 %) et des indépendants (20 %), et tout en haut l'élite économique (5 %). Les frontières y sont floues et la mobilité sociale permet de changer de catégorie.

3 L'existence de classes sociales fait débat

■ D'un côté, on peut considérer que les classes sociales ont, dans une certaine mesure, disparu puisque les distances inter-classes, qu'elles soient économiques ou culturelles, se sont réduites depuis les années 1960, sous l'effet de la moyennisation de la société française.

■ Par ailleurs, il n'y a plus réellement de conscience de classe au sens marxiste du terme : le sentiment subjectif d'appartenance à une classe sociale tend à diminuer puisque seules deux personnes sur trois s'identifient à une classe et, parmi elles, les deux tiers s'identifient aux classes moyennes. Or les classes moyennes ne sont pas des classes sociales au sens marxiste du terme car elles ont peu de caractéristiques économiques et sociales qui leur sont propres.

■ Enfin, on observe un accroissement des distances intra-classes lié à la multiplicité des critères de hiérarchisation et de différenciation sociale. Ainsi, les rapports sociaux de genre, l'âge, l'appartenance religieuse… sont autant de facteurs créant des différences et des inégalités qui dépassent les clivages de classes.

■ D'un autre côté, certains sociologues, comme Louis Chauvel, considèrent que l'on assiste depuis les années 1980 à un retour des classes sociales. L'accroissement des inégalités économiques et le maintien de pratiques culturelles spécifiques à certains groupes sociaux montrent que les distances inter-classes persistent, voire s'accroissent. Quant au recul du sentiment subjectif d'identification à une classe sociale, il ne concerne pas toutes les classes sociales.

La massification et la démocratisation de l'enseignement

Fiche 28

SES

Notes

1 L'École porte un idéal d'égalité des chances de réussite

■ Les enfants qui entrent en école maternelle appartiennent à des milieux sociaux différents. Au début du CP, ceux qui sont issus des catégories favorisées détiennent 2 500 mots de langage courant, contre 500 en moyenne pour les enfants des milieux les moins bien lotis. Or les carences en vocabulaire vont constituer un lourd handicap culturel, obstacle à la réussite, à l'enrichissement intellectuel et scolaire, à l'ouverture d'esprit.

■ L'égalité des chances comme principe de l'École républicaine signifie que chaque enfant apprenant a droit aux mêmes conditions de départ pour acquérir l'instruction de base et des diplômes, quels que soient ses origines sociales ou ethniques, son sexe, les moyens financiers des parents…

■ Lieu central de la socialisation primaire – aux côtés de la famille –, l'École est un facteur d'intégration sociale, en faisant partager des valeurs et des normes, des règles sociales, une culture commune, des expériences humaines, tout en révélant des spécificités, des aptitudes personnelles, des dons individuels.

2 Depuis les années 1950, l'École est marquée par une massification

■ Depuis les années 1950, on assiste à l'augmentation du nombre d'enfants accédant à l'école primaire, puis secondaire et à l'enseignement supérieur : on parle de **massification** de l'enseignement.

■ Cette massification résulte, d'une part, de l'explosion démographique du baby-boom et, d'autre part, des réformes de l'Éducation nationale, en particulier celles instituant la scolarité obligatoire jusqu'à 16 ans (1967), le collège unique (1975), l'objectif de 80 % d'une classe d'âge avec le Bac (1986).

Mot-clé

Massification : processus quantitatif par lequel les études secondaires et supérieures deviennent accessibles à tous les jeunes, quelle que soit leur origine sociale. La massification se mesure grâce au taux de scolarisation, au nombre d'étudiants, à la part de bacheliers par génération.

Notes

■ L'institution devient alors un lieu de brassage social, accueillant aussi bien les filles que les garçons, les enfants de catégories sociales aisées que les catégories modestes.

■ Phénomène plus vaste que celui de la massification, la **démocratisation** de l'École correspond à une transformation de l'institution scolaire, à un accès plus facile aux savoirs et aux diplômes, à l'élargissement social de l'accès aux formations et à une réduction des écarts sociaux.

> **Mot-Clé :**
> **Démocratisation** : processus qualitatif par lequel toutes les filières et les diplômes de l'enseignement secondaire et supérieur deviennent accessibles à tous les jeunes, quelle que soit leur origine sociale.

■ Les réformes successives ont tenté d'accentuer le phénomène de démocratisation en créant des bacs technologiques et professionnels, en ouvrant les filières et les études supérieures courtes (BTS, IUT), et en gonflant les rangs des universités et des grandes écoles.

3 L'École réussit-elle à transformer les destins sociaux ?

■ Plusieurs indicateurs permettent d'évaluer la démocratisation de l'École dont le taux de scolarisation, c'est-à-dire le rapport entre le nombre d'élèves d'une classe d'âge inscrits dans un établissement d'enseignement et le nombre total de jeunes de cette classe d'âge. Aujourd'hui, le taux de scolarisation est de presque 100 % au collège. Il avoisine les 70 % en classe de terminale, alors qu'il n'était que de 10 % dans les années 1950 et de 30 % dans les années 1970, ce qui atteste de la massification de l'enseignement secondaire.

■ Cela entraîne logiquement une hausse du niveau d'instruction des nouvelles générations par rapport à leurs aînés, que l'accès à l'enseignement supérieur va renforcer. La durée des études elle-même s´est accrue.

■ Les mesures de discrimination positive, qui donnent plus de moyens aux établissements scolaires situés dans des zones socialement défavorisées, facilitent également la réussite et l'intégration sociale des jeunes.

■ Cependant, la démocratisation de l'institution scolaire est plus qu'incomplète : tous les élèves ne sortent pas de l'enseignement avec un diplôme et on observe l'existence de filières ou de spécialisations différenciées selon le genre et selon la profession et catégorie socioprofessionnelle (PCS) des parents.

> **Chiffres-clés**
> 60 % des enfants d'ouvriers non qualifiés n'ont pas de diplômes contre 13 % pour les enfants de cadres et de chefs d'entreprise.

Les inégalités des trajectoires individuelles de formation

Fiche 29

SES

Notes

1 L'École valorise l'investissement personnel et familial

■ « Celui qui veut peut » : cette maxime signifie que la réussite est supposée être le résultat de l'implication personnelle de l'élève qui se donne les moyens d'obtenir des diplômes par le travail et l'effort. Les bases de la méritocratie (réussite liée au mérite personnel) sont jetées. En permettant aux enfants des catégories modestes d'améliorer leur niveau d'instruction et d'obtenir des diplômes plus élevés que ceux de leurs parents, l'École peut permettre d'assurer une mobilité sociale ascendante (meilleur statut social que celui des parents).

■ Comme le montre Raymond Boudon, les inégalités de parcours scolaires selon le milieu social d'origine s'expliquent essentiellement par l'investissement, les choix et les stratégies individuelles. À chaque moment décisif de l'orientation scolaire, l'élève et sa famille comparent les avantages et les coûts de la poursuite d'études. Or, pour les enfants d'origine sociale modeste, les coûts engendrés par la poursuite d'études sont perçus comme importants tandis que les avantages sont sous-estimés, ce qui explique le fait qu'ils fassent des études plus courtes que les enfants d'origine sociale favorisée. Les inégalités scolaires résultent donc de différences d'ambitions et de décisions individuelles.

■ Selon Boudon, il est donc individuellement rationnel, pour un grand nombre de jeunes, de poursuivre des études. Mais l'agrégation de ces choix individuels entraîne un effet pervers, le paradoxe d'Anderson : comme le nombre de diplômés augmente plus vite que le nombre d'emplois qualifiés ou très qualifiés, cela crée un phénomène d'inflation des diplômes et donc de dévalorisation de ces derniers. Par conséquent, certains jeunes, pourtant plus diplômés que leurs parents, n'occupent pas une position sociale plus élevée et peuvent même connaître le déclassement.

2 Les inégalités restent importantes à l'École, d'où la diversité des destins individuels

■ Malgré la démocratisation scolaire, beaucoup de salariés appartiennent à la même profession et catégorie socioprofessionnelle (PCS) que leur père. Pierre Bourdieu parle de reproduction sociale. La mobilité de proximité (entre

> **Auteur-clé**
> Le sociologue Pierre Bourdieu (1934-2002) analyse les mécanismes de reproduction des hiérarchies sociales et montre les échecs de la démocratisation de l'école.

Notes

employés et ouvriers, par exemple) renforce l'immobilité sociale : les conditions d'embauche, les modes de vie, les qualifications sont proches.

■ L'École contribue également à la socialisation différentielle : même si ce n'est pas forcément conscient chez les enseignants, les filles et les garçons ne sont pas systématiquement traités de la même manière et les attentes peuvent être différentes (prise de parole, rôle dans la classe…).

■ La socialisation différentielle explique en partie le paradoxe suivant : alors que les filles réussissent mieux que les garçons à l'école et font plus souvent le choix d'études longues, elles restent sous-représentées dans les formations les plus prestigieuses (classes préparatoires scientifiques, écoles d'ingénieurs par exemple).

3 L'École renforce en partie le cumul des inégalités

■ De nombreux processus inégalitaires se cumulent et s'autoentretiennent. La reproduction sociale est assurée par l'École, via l'échec scolaire, l'orientation, les stratégies individuelles et familiales différentes, les aides et le soutien scolaire pour certains élèves, le lien entre la ségrégation sociale, scolaire et spatiale, le manque d'ambition personnelle et l'autocensure, la stigmatisation (des établissements, des formations, de catégories de jeunes). Ainsi, on assiste à un cumul des inégalités : les enfants issus des catégories privilégiées cumulent les avantages, alors que les enfants issus des catégories populaires cumulent les handicaps.

■ Les origines sociales influencent ainsi grandement, comme l'a montré Pierre Bourdieu, les parcours sociaux des individus. L'enfant hérite d'un **habitus de classe** et d'un capital global qui ont des répercussions sur la scolarité. En effet, les parents entrepreneurs, artisans, commerçants ou qui exercent des professions libérales transmettent un capital économique plus important à leurs enfants que les parents ouvriers.

> **Mots-clés**
>
> Pierre Bourdieu estime que les individus héritent d'un **habitus de classe**. C'est-à-dire que les valeurs, les goûts, les principes, les choix et les styles de vie propres à une classe agissent sur les comportements et les destins.

■ Le capital social n'est pas le même non plus : les fréquentations et l'accès aux réseaux sociaux sont différents et n'offrent pas à tous les mêmes chances d'être intégré.

■ Quant au capital culturel, il est central selon Bourdieu. Ce qu'il définit comme l'ensemble des produits culturels, des titres scolaires, des capacités intellectuelles (par exemple, les capacités d'abstraction et l'ouverture d'esprit) est inégal, ce qui explique grandement la reproduction sociale.

La mobilité sociale

Fiche 30

SES

Notes

1 La mobilité sociale est une forme de mobilité particulière

■ Il ne faut pas confondre mobilité sociale (changement de PCS), mobilité géographique (déplacement professionnel dans l'espace géographique) et mobilité professionnelle (qui comprend, outre la mobilité sociale, l'éventuel changement d'entreprise, d'atelier, de poste de travail…).

■ La profession et catégorie socioprofessionnelle (PCS) est un critère incontournable de distinction sociale, d'autant plus que le travail fournit une fonction, une place, une identité qui aident l'individu à se sentir intégré à la société. L'étude des PCS permet d'identifier la structure productive de la nation, le poids respectif des différentes catégories dans la population active totale. Leur évolution dans le temps permet de constater dans quel sens évoluent l'économie, la population active, les secteurs d'activité, voire les classes sociales.

■ Le degré de mobilité sociale donne une indication de l'évolution des inégalités, en particulier à partir des chiffres de l'immobilité et de la fluidité sociales. Le caractère ascendant ou descendant de la mobilité sociale permet de repérer si les individus améliorent leur situation sociale ou s'ils se retrouvent avec un statut inférieur.

2 Différentes trajectoires de mobilité intergénérationnelle

■ En accédant à un statut plus élevé, l'individu peut connaître une mobilité ascendante, par exemple en passant d'ouvrier à profession intermédiaire ou de profession intermédiaire à cadre. Grâce à l'expérience professionnelle et à la formation continue, beaucoup d'actifs, mus par le désir d'obtenir de meilleures conditions de travail et de rémunération, espèrent une ascension professionnelle, synonyme de réussite sociale.

> **Zoom**
> En 2014, 20 % des fils d'ouvriers étaient professions intermédiaires et 24 % des fils de professions intermédiaires étaient cadres ou professions intellectuelles supérieures.

■ S'il est difficile de hiérarchiser les PCS d'indépendants entre elles (agriculteurs exploitants, artisans, commerçants et chefs d'entreprise), c'est plus facile avec les PCS de salariés. Ainsi, il est

Notes

socialement plus prestigieux d'appartenir au groupe des cadres et professions intellectuelles supérieures qu'à ceux des professions intermédiaires, des employés ou des ouvriers.

■ Les parents sont souvent soucieux que leurs enfants fassent aussi bien, voire mieux qu'eux. L'École est alors investie d'une mission particulière : favoriser la mobilité ascendante, pour que le statut social atteint par leurs enfants soit supérieur au leur. Une attention particulière est alors portée aux diplômes et au choix des études supérieures.

3 L'immobilité sociale : le reflet d'inégalités

■ L'immobilité sociale confirme l'existence d'une reproduction sociale forte. L'immobilité la plus mesurée, en comparant les fils et leur père, concerne les agriculteurs, les cadres et les ouvriers. En matière d'origine, on constate que 72 % des agriculteurs exploitants ont un père qu'il l'est également et 58 % des ouvriers ont un père ouvrier.

■ En matière de destinée, on constate que 41 % des fils de cadres et professions intellectuelles supérieures le deviennent, comme 34 % des fils d'employés deviennent employés, et 32 % des fils d'ouvriers et de professions intermédiaires.

■ En termes de genre, la mobilité des hommes est restée stable sur 40 ans, tournant autour de 65 % de changement de PCS par rapport à leur père. 28 % ont connu une mobilité ascendante et 15 % une mobilité descendante.

■ La mobilité sociale féminine est plus forte que la mobilité sociale masculine sauf dans la catégorie des employés, où la reproduction sociale est plus forte chez les hommes. Si les femmes sont plus mobiles que les hommes, elles connaissent moins souvent que les hommes la mobilité ascendante et connaissent plus souvent qu'eux la mobilité descendante (une fille de cadre qui devient profession intermédiaire) ou la mobilité horizontale (une fille d'ouvrier qui devient employée).

■ Par ailleurs, on constate une dégradation des conditions d'obtention des postes de travail, ce qui accentue le poids de la mobilité descendante. Ainsi, le paradoxe d'Anderson montre qu'il faut plus de diplômes que ses parents pour obtenir le même statut qu'eux. Cela peut même conduire à un déclassement, le salarié se résignant à occuper un emploi au statut inférieur à celui auquel il pourrait prétendre grâce à ses diplômes.

Zoom

Le déclassement scolaire (ou surqualification) peut s'expliquer par une élévation du niveau d'exigence des employeurs alors que de nombreux candidats à l'embauche possèdent des diplômes (effet pervers de la massification de l'École).

Les principes de construction et de lecture des tables de mobilité sociale

Fiche 31

SES

Notes

1 Deux types de tables pour mesurer la mobilité sociale

■ La mobilité sociale rend compte des mouvements qui animent la société en étudiant le changement de position sociale des individus. Il peut s'agir d'une évolution :

– au cours de la vie d'un individu : c'est la mobilité intragénérationnelle ;

– entre deux générations successives (de père en fils) : c'est la mobilité intergénérationnelle.

■ La mobilité intergénérationnelle fait l'objet de tables (ou tableaux) d'origine et de tables de destinée :

– la table d'origine / de recrutement précise d'où viennent les générations d'individus : on part d'une PCS connue (celles des fils) et on cherche celle des pères ;

– la table de destinée précise le devenir d'une génération d'individus en fonction de la PCS de leur père : on part de la PCS des pères et on cherche celle des fils.

2 La lecture des tables d'origine / de recrutement

■ La table d'origine / de recrutement permet de répondre aux questions suivantes : quelle est l'origine sociale de 100 hommes appartenant à une PCS donnée ? À quelle PCS appartenait leur père ? On part donc de la PCS des hommes interrogés et on s'intéresse à ce que faisait leur père. Par exemple, en 2014, 72 % des agriculteurs ont un père agriculteur et 10 % ont un père ouvrier.

Table de mobilité (origines) : origine de l'enquêté-e selon sa catégorie socioprofessionnelle actuelle d'appartenance (en %)

PCS de l'enquêté-e / PCS du père	Agriculteurs	Artisans, commerçants, chefs d'entreprise	Cadres et professions intellectuelles supérieures	Professions intermédiaires	Employés	Ouvriers	Ensemble
Agriculteurs	72	8	5	7	8	10	9
Artisans, commerçants, chefs d'entreprise	5	27	15	13	12	10	13
Cadres et professions intellectuelles supérieures	4	12	30	15	8	4	13
Professions intermédiaires	3	12	21	20	12	9	14
Employés	3	8	9	11	12	9	10
Ouvriers	13	33	19	34	48	58	41
Total	100	100	100	100	100	100	100

sens de lecture ↑

Source : Enquêtes Emploi 2010-2014 (Insee). Champ : actifs nés entre 1955 et 1979.

Notes

■ Dans les tables d'origine / de recrutement, les chiffres de la diagonale renseignent plus précisément sur le degré d'autorecrutement de chaque PCS. Plus le chiffre est élevé, plus l'autorecrutement est fort et le recrutement est donc peu ouvert aux enfants d'autres PCS. C'est notamment le cas des PCS en déclin numérique (agriculteurs et ouvriers principalement). Plus le chiffre de la diagonale est faible, plus l'autorecrutement est faible et le recrutement est donc ouvert aux enfants d'autres PCS. C'est le cas des PCS en expansion numérique (professions intermédiaires et employés notamment).

3 La lecture des tables de destinée

■ Les tables de destinée renseignent sur ce que sont devenus 100 fils/filles issus d'un groupe socioprofessionnel donné. On connaît la PCS du père des hommes/femmes interrogés et on s'interroge sur ce que sont devenus leurs fils/filles. Par exemple, en 2014, 17 % des fils d'agriculteurs sont devenus agriculteurs et 25 % sont devenus ouvriers.

Table de mobilité (destinées) : catégorie socioprofessionnelle de l'enquêté-e selon celle de son père (en %)

PCS de l'enquêté-e / PCS du père	Agriculteurs	Artisans, commerçants, chefs d'entreprise	Cadres et professions intellectuelles supérieures	Professions intermédiaires	Employés	Ouvriers	Ensemble
Agriculteurs	17	6	10	17	25	25	100
Artisans, commerçants, chefs d'entreprise	1	14	19	24	26	16	100
Cadres et professions intellectuelles supérieures	1	7	41	28	17	7	100
Professions intermédiaires	0	6	24	32	24	13	100
Employés	1	5	15	26	34	19	100
Ouvriers	1	6	8	20	34	32	100
Total	2	7	17	24	28	22	100

sens de lecture

Source : Enquêtes Emploi 2010-2014 (Insee). Champ : actifs nés entre 1955 et 1979.

■ Pour trouver facilement qui est le plus mobile et qui a donc le destin social le plus ouvert, on identifie le chiffre de la diagonale (immobilité) qui est le plus faible et le(s) chiffre(s) le(s) plus important(s) de la colonne. En matière de destinée, on constate que la catégorie la plus mobile est celle des artisans, commerçants, chefs d'entreprise : 26 % des fils deviennent employés et 24 % professions intermédiaires. C'est aussi le cas des employés, puisque 15 % des fils d'employés deviennent cadres et professions intellectuelles supérieures et 26 % deviennent professions intermédiaires.

Les déterminants de la mobilité sociale

Fiche 32

SES

Notes

1 Une partie de la mobilité sociale est due aux évolutions de la structure socioprofessionnelle

■ La probabilité de changer ou non de PCS dépend de l'évolution de la structure socioprofessionnelle, autrement dit de la structure des emplois : on parle alors de mobilité structurelle. Ainsi, certaines PCS voient leur part dans la population active occupée diminuer entre deux générations. Par conséquent, les enfants originaires de ces PCS vont mécaniquement changer de PCS, faute de places offertes au sein de leur PCS d'origine.

> **Exemple**
> En 2014, 9 % des hommes avaient un père agriculteur mais seulement 2 % étaient eux-mêmes agriculteurs (voir fiche 31). Ainsi, une partie des fils d'agriculteurs a dû changer de PCS car le nombre d'emplois d'agriculteurs a diminué : il s'agit bien d'une mobilité structurelle.

■ La mobilité structurelle ne nous renseigne pas sur le degré d'égalité des chances au sein d'une société. Il est nécessaire de mesurer la fluidité sociale, c'est-à-dire la mobilité sociale qui ne résulte pas des transformations de la structure socioprofessionnelle. La fluidité sociale se calcule à l'aide des *odds ratios* (ou rapports de chances relatifs) : ce sont les chances respectives des fils issus de deux catégories sociales différentes d'atteindre une position sociale donnée.

■ Par exemple, on dira qu'un fils de cadre a *x* fois plus de chances qu'un fils d'ouvrier de devenir cadre plutôt qu'ouvrier. Si l'égalité des chances était parfaite dans la société française, les *odds ratios* seraient tous égaux à 1 : chaque individu aurait les mêmes chances d'accéder à une position sociale donnée, indépendamment de son origine sociale, et la société serait parfaitement fluide.

2 L'impact du niveau de formation sur la mobilité sociale

■ Le niveau de formation joue un rôle positif sur la mobilité sociale ascendante. On constate ainsi une corrélation positive entre le niveau d'études et la position sociale : plus un individu est diplômé et plus ses chances d'accéder à des PCS regroupant des emplois qualifiés (cadres et professions intermédiaires) sont importantes. L'École, par le biais des diplômes qu'elle délivre, joue donc le rôle d'ascenseur social. C'est d'ailleurs la raison pour laquelle l'État a mis en œuvre des politiques éducatives

Notes

volontaristes dès les années 1960, visant à élargir l'accès aux études secondaires, puis supérieures.

■ La massification scolaire qui en a résulté a cependant eu des effets pervers : comme le nombre de diplômés a augmenté plus rapidement que le nombre d'emplois qualifiés ou très qualifiés (cadres et professions intellectuelles supérieures), une partie des jeunes, pourtant plus diplômés que leurs parents, ne parviennent pas à obtenir une position sociale plus élevée et certains connaissent même le déclassement (donc une mobilité sociale descendante) : c'est ce que montre le paradoxe d'Anderson.

■ Enfin, même à niveau de diplôme égal, les chances d'accès à une position sociale (et donc les possibilités de mobilité sociale) dépendent de l'origine sociale. Il existe en effet un inégal rendement social des diplômes : les jeunes issus de milieux favorisés parviennent à mieux valoriser leurs titres scolaires sur le marché du travail, notamment parce qu'ils peuvent faire jouer le réseau relationnel de leurs parents (ce que Pierre Bourdieu appelle le capital social) lors de leur recherche d'emploi.

3 L'impact des ressources et des configurations familiales sur la mobilité sociale

■ Tout individu possède des capitaux exploitables dans le monde du travail, dont une partie est le produit d'un héritage familial. Ainsi on distingue le capital économique, le capital social, le capital familial et le capital culturel, chacun d'eux ayant des effets sur la mobilité sociale.

■ Le capital économique est l'ensemble du patrimoine immobilier et mobilier. Les plus riches en la matière sont les grands agriculteurs exploitants, les entrepreneurs et les professions libérales.

■ Le capital social est l'ensemble des fréquentations et des réseaux sociaux dans lesquels sont impliqués les individus. Ceux qui en bénéficient le plus sont des catégories favorisées comme les cadres et les professions intellectuelles supérieures, et les professions intermédiaires.

■ Le capital familial est l'ensemble des ressources humaines de la famille, comme la situation familiale des parents (en couple, parent seul, famille recomposée), leur disponibilité, le nombre de frères et sœurs, la présence des grands-parents...

■ Le capital culturel est l'ensemble des produits culturels, des pratiques, des aptitudes, des compétences, des talents personnels, qui facilitent l'intégration sociale. Il est particulièrement riche au sein des cadres et des professions intellectuelles supérieures, en particulier chez les professions libérales, les cadres supérieurs et les enseignants.

Les limites de la mesure de la mobilité sociale

Fiche 33

SES

Notes

1 Une société mobile n'est pas forcément une société plus fluide

■ S'intéresser à l'évolution de la fluidité sociale, c'est-à-dire aux chances relatives d'accès aux différents groupes sociaux selon l'origine, permet de constater si les inégalités se réduisent ou non.

■ Or, si l'accroissement de la mobilité sociale peut améliorer la fluidité sociale, une société plus mobile n'est pas forcément une société plus fluide : la mobilité descendante existe, la mobilité de proximité (entre cadres et professions intellectuelles supérieures et professions intermédiaires ou entre ouvriers et employés) est importante et ne correspond pas à un changement radical de statut, et les écarts entre professions et catégories socioprofessionnelles (PCS) ne se réduisent pas forcément.

■ Ainsi, une société n'est pas fluide lorsque les enfants des différentes PCS ne disposent pas des mêmes chances d'accéder aux positions supérieures. Par exemple, quand les chances d'un fils de cadre de devenir cadre plutôt qu'ouvrier s'accroissent par rapport aux chances d'un fils d'ouvrier de devenir cadre plutôt qu'ouvrier, la fluidité sociale se détériore.

2 L'importance de la hiérarchie sociale

■ Si l'étude de la mobilité sociale cherche à mesurer les changements de position sociale entre les enfants et leurs parents, elle ne se limite qu'à certains changements. En effet, elle ne met en lumière que les personnes qui montent dans la hiérarchie (promotion) en fonction du statut de la PCS, celles qui descendent (**déclassement**), celles qui changent de statut et celles qui restent immobiles. Il faut donc compléter cette étude par l'étude de la hiérarchie sociale, par exemple en étudiant les structures d'emploi, les salaires distribués…

> **Mot-clé**
> Le **déclassement** est la perte d'une position sociale, que ce soit celle de son milieu d'origine, celle que l'individu avait atteint ou celle que laissait espérer le diplôme obtenu.

■ De nombreux facteurs autres que la profession et la catégorie socioprofessionnelle du père définissent l'origine d'un individu et son origine sociale, comme la situation sociale de la mère, des

Notes

grands-parents, des oncles et des tantes, mais aussi le type d'éducation reçu par la famille…

3 Des principes de construction limités

■ Sachant qu'il y a une relative proximité des statuts professionnels entre certaines PCS – les agriculteurs exploitants (AE) et les artisans, commerçants et chefs d'entreprise (ACCE) ; les cadres et professions intellectuelles supérieures (CPIS) et les professions intermédiaires (PI) ; les employés et les ouvriers –, il est possible d'identifier et de mesurer une forte mobilité de proximité en France :

– en matière d'origine : 41 % des ACCE ont un père ACCE (29 %) ou AE (12 %), 44 % des CPIS ont un père CPIS (24 %) ou PI (20 %) et 63 % des employés ont un père employé (14 %) ou ouvrier (49 %) ;

– en matière de destinée : 79 % des fils de CPIS deviennent CPIS (53 %) ou PI (26 %) et 58 % des fils d'ouvriers deviennent ouvriers (46 %) ou employés (12 %).

■ La proximité sociale limite l'effet de la mobilité, dans la mesure où elle minimise par exemple les efforts et le succès dans les études : devenir CPIS (Bac + 5) quand on a un père PI (Bac + 3) est quand même de la mobilité ascendante, avec souvent un accroissement du niveau de vie à la clé. De même, devenir employé et non ouvrier, c'est dans un certain nombre de cas améliorer ses conditions de travail, avoir plus de responsabilités et gagner éventuellement plus. La mobilité de proximité renforçant l'immobilité sociale, elle brouille les pistes.

■ Par ailleurs, apparaît un problème d'âge : limiter les études aux personnes âgées de 35 ans ou aux 40-59 ans prive de connaissances sur les plus jeunes, à un moment de carrière où justement le manque de stabilité d'une partie des salariés confirme l'existence d'une mobilité forte. Par conséquent, le changement de PCS au cours de la carrière (mobilité intragénérationnelle) est sous-estimé.

■ La rareté des tables de mobilité concernant les femmes est un problème plus grave encore, puisque l'on se prive de la moitié de la population active. Le fait que l'on compare le plus souvent les filles avec leur père et non avec leur mère amplifie la difficulté de représenter la réalité sociale. D'ailleurs, la profession d'un seul membre de la famille suffit-il à décrire le milieu social d'une personne ?

■ Enfin, les tables de mobilité présentent d'autres limites. Le changement de prestige social de certains emplois, par exemple, n'est pas pris en compte par la mobilité sociale. Le nombre de PCS retenues change également l'ampleur de la mobilité sociale.

Le chevauchement des situations d'emploi, de chômage et d'inactivité

Fiche 34

SES

Notes

1 Le statut professionnel d'un individu n'est pas toujours identifiable

■ Les notions de travail, d'emploi, d'inactivité et de chômage sont difficiles à distinguer nettement.

■ Un travail désigne une activité humaine socialement utile : le travail salarié, le travail bénévole, le travail domestique, le travail scolaire, le travail clandestin. Tout travail n'est cependant pas un emploi.

■ L'appellation emploi désigne un travail rémunéré et déclaré. On distingue deux statuts d'emploi : l'emploi salarié, qui désigne l'activité d'une personne qui se place sous la subordination d'un employeur en échange d'un salaire, et l'emploi non salarié ou indépendant.

■ Un chômeur n'est pas un inactif : c'est un actif inoccupé. La population active totale regroupe l'ensemble des actifs occupés, c'est-à-dire les travailleurs, et des actifs inoccupés, c'est-à-dire les chômeurs. Les évolutions récentes de l'emploi ont rendu plus floues les frontières entre l'activité et l'inactivité. Est inactive une personne qui ne travaille pas pour un emploi déclaré et rémunéré. C'est le cas des personnes au foyer (pères ou mères d'enfants en bas âge, personnes malades, handicapées…), des étudiants et des retraités.

2 Le chevauchement des situations d'emploi, d'inactivité et de chômage est lié au halo du chômage

■ L'essor des **formes particulières d'emploi** (FPE), appelées aussi emplois atypiques, a brouillé les distinctions entre les différentes formes d'emploi et renforcé les difficultés à distinguer nettement l'emploi, le chômage et l'inactivité.

■ Il existe un halo du chômage qui regroupe des individus qui ne sont pas comptabilisés comme chômeurs bien que sans réel emploi. Jacques Freyssinet a montré qu'il existait un certain nombre de situations où l'individu n'est pas vraiment en emploi, n'est pas vraiment en inactivité ou n'est pas vraiment au chômage.

> **Expression-clé**
>
> Les **formes particulières d'emploi** désignent tous les emplois qui ne sont pas des emplois stables (en CDI) et à temps plein. Il s'agit donc des emplois en contrats à durée limitée (CDD, intérim) et/ou des emplois dont la durée du temps de travail est réduite (temps partiel).

Notes

■ Ce schéma permet de mettre en évidence plusieurs situations :

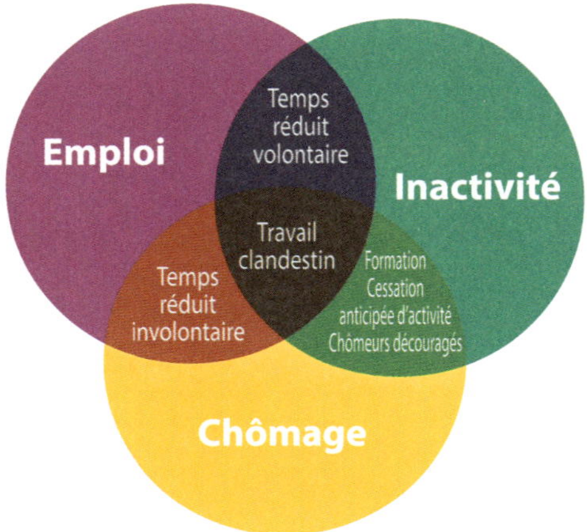

– à cheval entre l'emploi et l'inactivité se trouve le temps réduit volontaire : les travailleurs à temps partiel choisi, par exemple les mères qui travaillent à mi-temps ou les étudiants salariés ;

– à cheval entre l'emploi et le chômage officiel se trouve le temps réduit involontaire : le salarié se résigne à accepter un poste de travail qui n'est pas à plein temps, faute de mieux. Il s'agit d'un sous-emploi, puisque le temps partiel est subi ;

– à cheval entre l'inactivité et le chômage se trouvent les chômeurs découragés (qui renoncent à se déclarer à Pôle emploi), ceux qui suivent une formation ou sont en préretraite ;

– quant au travail clandestin, il est à cheval entre les trois situations d'emploi, d'inactivité et de chômage : on travaille (emploi), mais on n'est pas censé travailler (inactivité) et on doit en principe chercher du travail (chômage).

3 Les effets du chevauchement des situations d'emploi, d'inactivité et de chômage

■ Les divergences de perception du chômage, par exemple entre l'Insee et Pôle emploi, se sont accentuées. Par conséquence, les comparaisons internationales deviennent difficiles à établir.

■ Le halo du chômage rend plus incertaine la mesure du chômage. Ce dernier a tendance à être sous-estimé par les organismes de mesure (notamment par l'Insee).

■ Le monde du travail a tendance à s'hétérogénéiser. Les politiques gouvernementales face au chômage ont de plus en plus de difficultés à mettre en place des mesures diversifiées et opportunes face à chaque situation.

Chiffres-clés

En moyenne en 2017, en France métropolitaine, **2,6 millions** de personnes de 15 à 64 ans sont au chômage au sens du BIT et **3,4 millions** sont inscrites à Pôle emploi en catégorie A.

Les descripteurs de la qualité des emplois

Fiche 35

SES

Notes

1 Les emplois sont de qualité variable

■ Les emplois se caractérisent par une grande diversité, voire des inégalités : les conditions de travail, la rémunération (dont le salaire), la sécurité économique, la formation continue, la variété des tâches, l'intérêt des tâches à effectuer… diffèrent.

■ Les conditions de travail évoluent assez rapidement. Les tâches, l'organisation et le management se transforment, cela conduit à recomposer les formes d'emploi.

■ L'hétérogénéité des salaires, la promotion des carrières, la mobilité, les contrats, les modalités de rupture, la reconnaissance des compétences font l'objet de changements, ce qui suppose une adaptabilité des salariés et de la concertation entre partenaires sociaux.

■ Il existe plusieurs indicateurs de distinction des emplois (ce qui permet de décrire et de mesurer les inégalités), dont le *Job Quality Index* (élaboré par l'Institut syndical européen), qui comprend 6 dimensions : les salaires ; les formes atypiques d'emploi ; le temps de travail et l'équilibre entre travail/hors-travail ; les conditions de travail et de sécurité d'emploi ; les qualifications et le développement professionnel ; la représentation des intérêts collectifs.

Zoom

L'OCDE préfère s'attacher à trois dimensions pour évaluer la qualité des emplois : la qualité des revenus du travail, la sécurité sur le marché du travail et la qualité de l'environnement de travail.

2 Les tâches, les conditions de travail et de rémunération diffèrent

■ Les inégalités dans le monde du travail sont importantes. Les fonctions, c'est-à-dire les rôles, les missions, les attentes sociales et les conditions de travail sont très différentes, comme l'attestent la pénibilité, les maladies et les accidents professionnels. Beaucoup d'emplois sont répétitifs, surtout pour les postes de travail les moins qualifiés.

■ L'employabilité des salariés est diversifiée et les conditions d'emploi, les formes et durées de contrat de travail, le risque de se retrouver au chômage diffèrent selon la PCS et le type de poste de travail. Ainsi, les plus qualifiés et les cadres bénéficient en général

Notes

d'une bonne qualité d'emploi et de contrat de travail, d'accès à la formation continue…

■ En matière de rémunération, on constate également de grandes différences : les femmes sont payées en moyenne 20 % de moins que les hommes, les cadres gagnent 3 à 4 fois plus que les ouvriers…

3 Les emplois n'ouvrent pas les mêmes perspectives de carrière

■ Les individus qui ont reçu les meilleurs niveaux de formation initiale sont avantagés : ils ont plus facilement accès à la formation continue, comme l'atteste l'exemple des cadres ou des professions libérales.

■ Les chances de promotion de ces catégories sont également supérieures à celles des autres catégories socioprofessionnelles. Par conséquent, elles s'inscrivent davantage dans des trajectoires ascendantes que les salariés les moins qualifiés. Les chances d'accéder à des postes avec davantage de responsabilités et mieux payés sont plus importantes.

■ On retrouve des inégalités importantes entre hommes et femmes, les promotions étant attribuées en priorité aux hommes. Les femmes, qui connaissent des arrêts de travail (grossesse, garde d'enfants malades) et ont donc moins d'ancienneté, occupent des postes à moindre responsabilité et sont par conséquent moins susceptibles d'améliorer leur statut. Beaucoup de femmes également travaillent à temps partiel (surtout à mi-temps), ce qui empêche d'office toute promotion.

■ De même, la **validation des acquis de l'expérience** (VAE) favorise davantage les hommes, les PCS au meilleur statut, les meilleures qualifications et les plus âgés : les privilèges et les handicaps se cumulent.

Mots-clés

Toute personne ayant exercé une activité professionnelle peut, sous conditions, bénéficier de la **validation des acquis de l'expérience** (VAE). Son expérience lui permet d'obtenir une certification afin d'évoluer professionnellement.

L'évolution des formes d'organisation du travail

Fiche 36

SES

1 Le taylorisme crée une parcellisation du travail industriel en tâches simples

■ Le taylorisme cherche à définir un nouveau système de travail. Créée par **Frédéric Winslow Taylor** (1856-1915), l'Organisation scientifique du travail (OST) a pour objectif d'accroître de manière significative les rendements et la production, en luttant contre le gaspillage de temps par les ouvriers. Suite à des études très précises (dessins, chronométrages), Taylor prône le non-déplacement des travailleurs, l'imposition de gestes spécialisés (précis et brefs) et de cadences rapides.

Personnage-clé

En étudiant les modalités et le rendement du travail ouvrier, **Frédéric Winslow Taylor**, un ingénieur américain de la Bethlehem Steel (une entreprise produisant de l'acier), constate l'importance des temps morts, liés aux déplacements et aux pauses. Il cherche alors à déterminer la meilleure façon d'effectuer une tâche.

Notes

■ Deux divisions sont établies. La première est une division verticale du travail, fondée sur la séparation entre l'exécution (les ouvriers, dépossédés de la responsabilité) et la conception (les ingénieurs du bureau des méthodes : les cols blancs). La seconde est une division horizontale des tâches entre les ouvriers spécialisés (OS) qui se qualifient « sur le tas ».

■ Pour motiver les ouvriers et éviter qu'ils ne se livrent à la « flânerie », Taylor introduit le salaire à la pièce.

2 Le fordisme, facteur de croissance et de développement

■ Le fordisme est un nouveau mode d'organisation du travail et de la production qui reprend la double division du travail du taylorisme. Henry Ford (1863-1947) approfondit la division horizontale du travail en introduisant le travail à la chaîne : les ouvriers restent spécialisés mais, grâce au convoyeur automatique, ils n'ont plus à changer de place, ce qui permet des gains de temps.

■ Il se généralise dans les années 1920 aux États-Unis et dans les années 1950 en France, à l'ensemble des activités économiques de l'industrie, mais aussi au travail de bureau et dans le commerce. Il constitue un facteur déterminant du développement et de la croissance économique des Trente Glorieuses.

Notes

■ Henry Ford applique le travail à la chaîne de façon à ce que l'individu « le plus stupide » puisse effectuer le travail demandé. Cela permet de produire en grandes séries des biens standardisés (comme la Ford T, un modèle de voiture), donc de créer une production de masse.

■ Afin de faciliter les débouchés pour les biens qui sortent de l'usine, Ford double le salaire journalier des ouvriers : « five dollars a day » (cinq dollars par jour), ce qui lui permet également d'éviter le turn-over des ouvriers et donc d'assurer une certaine fidélité de la main-d'œuvre à l'entreprise.

3 La crise du fordisme a conduit à en modifier des principes d'organisation

■ Au début des années 1970, le modèle d'organisation fordiste s'essouffle, en raison notamment de l'augmentation des malfaçons dues à la production en grande série et au rejet de la division verticale et horizontale du travail par les ouvriers. Plus instruits, les ouvriers revendiquent davantage d'autonomie dans leur travail et commencent à se lasser de la monotonie de leurs tâches. Dans les années 1980, les consommateurs commencent également à vouloir des produits « sur mesure », ce que ne leur offre pas la production fordiste, qui est standardisée.

■ La croissance se ralentit, les gains de productivité sont moins élevés, des surproductions apparaissent. Afin de disposer d'une main-d'œuvre souple, directement ajustable aux besoins de l'entreprise et à ses difficultés financières, de répondre à la demande de diversité des consommateurs et de produire sur mesure et sans défaut, les entreprises souhaitent développer la flexibilité de l'emploi.

■ Le toyotisme répond à cette demande de flexibilité puisque la production se fait à flux tendus (à la demande du consommateur), ce qui nécessite une grande réactivité pour livrer au plus vite le consommateur (avec « zéro délai »). Ainsi, certains principes d'organisation de l'entreprise Toyota, séduisent l'Occident en crise. Plutôt que de créer de l'offre et traquer la demande, c'est le « penser à l'envers ». L'ohnisme, du nom de son inventeur Taiichi Ohno (1912-1990), développe un système industriel capable de diversifier ses produits, de les produire à une petite échelle, en « flux tendus », et de limiter les coûts liés aux effets d'échelle. Les salariés sont polyvalents, ont des tâches avec de la responsabilité et travaillent en équipe.

■ Une bonne partie des nouveaux principes du néo-fordisme vont s'inspirer de ce modèle économique qui porte ses fruits au Japon.

Les effets du numérique sur le travail

Fiche 37

SES

1 Le numérique brouille les frontières du travail

■ L'usage du numérique a modifié profondément la nature du travail, le contenu de l'emploi, les conditions de travail et les attentes.

■ L'invention des plateformes (rémunérées par des commissions) a créé une économie numérique nommée « ubérisation ». Les missions sont fixées en ligne. Cela modifie les conditions de la concurrence, comme le montrent les tensions entre les nouveaux taxis (VTC) et les taxis traditionnels (qui doivent payer une licence très élevée). Cette libéralisation est vivement critiquée en raison également de l'affaiblissement de la protection liée à l'emploi.

> **Zoom**
>
> L'usage du numérique a également modifié certains statuts. On constate l'évolution du statut d'entrepreneur, par exemple, avec l'apparition du micro-entrepreneur, qui est lié à l'essor d'un **micro-travail** (ou travail au clic) qui fait appel au numérique.

Notes

■ Cette nouvelle organisation correspond à des logiques empruntées à la flexibilité de l'emploi dans ces aspects quantitatifs, avec le recours à l'intérim et aux heures supplémentaires, et dans ces aspects qualitatifs, avec la sous-traitance et la polyvalence des salariés.

■ Le télétravail brouille les frontières habituelles du travail, puisque bon nombre de travailleurs ne peuvent plus distinguer nettement leur lieu de travail et leur lieu de vie. Ils doivent être connectés en permanence et n'ont plus d'horaires fixes de travail.

2 Le numérique transforme les relations d'emploi

■ Les nouvelles technologies et les nouveaux besoins productifs, dans le cadre d'une mondialisation qui accentue la concurrence et crée de nouvelles contraintes pour l'entreprise, modifient la forme et le contenu du travail, mais également les relations entre salariés. Ces nouvelles technologies ouvrent la voie à des transformations de l'appareil productif et de l'organisation du travail.

■ Si les salariés qualifiés ont des modalités de travail plus souples, plus horizontales et plus collaboratives qu'autrefois, ils doivent s'impliquer pleinement et leurs performances conditionnent celles de l'entreprise. Cela peut dégrader les conditions de travail (stress, surveillance, contrôle, troubles psychosociaux).

Notes

■ Les entreprises industrielles deviennent plus exigeantes, en recherchant dans les nouveaux candidats à l'emploi des compétences techniques (les *hard skills*) et des compétences transversales et comportementales (les *soft skills*).

■ Dans les bureaux apparaissent des open space qui supposent un sens aigu de la communication et du travail en équipe. Les salariés doivent par ailleurs de plus en plus travailler en ligne et en réseau.

3 Le numérique accroît les risques de polarisation des emplois

■ On doit aux luddistes (ouvriers anglais du textile en révolte au début du XIXe siècle) un scepticisme à l'égard des nouvelles machines qui risquent de remplacer l'humain dans son travail et qui pourraient créer du chômage, ce qui a été le cas avec la mécanisation de l'agriculture et la robotisation de l'industrie.

■ On peut aussi penser que la machine a réduit les tâches difficiles et dangereuses et, qu'à long terme, le progrès technique a créé plus d'emplois qu'il n'en a détruits (c'est le processus de destruction créatrice de Joseph Schumpeter). Mais il faut reconnaître qu'après une longue période d'enrichissement et d'élargissement des tâches (avec le néo-fordisme), une nouvelle **polarisation** des emplois apparaît.

> **Mot-clé**
>
> **Polarisation :** phénomène qui renvoie à la forte réduction des emplois de qualification intermédiaire (numériquement les plus nombreux) au profit de la hausse des emplois peu qualifiés d'une part et des emplois très qualifiés d'autre part.

■ Les nouvelles technologies de l'information et de la communication (NTIC) encouragent les hautes qualifications et créent en bas de l'échelle des emplois très peu qualifiés dans le secteur des services (livraison, services de satisfaction clientèle, services de nettoyage…). En revanche, les NTIC contribuent à détruire les emplois automatisables (à tâches routinières) : ouvrier qualifié dans l'industrie, comptable, opérateur saisissant des données…

■ De plus, les avancées technologiques concernent avant tout les territoires économiquement dynamiques, les pôles de compétitivité et les mégapoles, ce qui accroît les inégalités entre espaces géographiques, mais aussi socialement en raison des problèmes de logement à proximité des villes.

■ Le progrès technique creuse ainsi les inégalités et accentue le dualisme du marché du travail, créé par la flexibilité de l'emploi et du travail (comme le souligne l'économiste américain Michael J. Piore).

Travail et intégration sociale

Fiche 38

SES

Notes

1 Le travail est un facteur-clé d'intégration sociale

■ Selon Émile Durkheim, le travail attribue une place et des fonctions sociales à chaque membre de la société, en lui donnant les moyens d'être intégré. En effet, le passage de la solidarité mécanique (caractérisant les sociétés traditionnelles) à la solidarité organique (marquant les sociétés modernes) a fait de l'individu qui travaille un membre intégré à la communauté.

■ La division du travail attribue à chacun des tâches précises, des fonctions sociales et crée des liens sociaux. Dans ce cadre, chaque individu est indispensable aux autres individus et constitue un organe du corps social.

■ Le lieu de travail participe d'ailleurs au processus de socialisation secondaire, en véhiculant des valeurs et des normes partagées, en suscitant de la communication, en créant des interactions et des liens sociaux… parfois même en participant à la formation de couples.

■ Lorsqu'il fournit un revenu décent, l'emploi assure aussi un revenu qui permet de se nourrir, de s'habiller, de se loger et, au-delà de la satisfaction de ses besoins essentiels, de participer à la société de consommation de masse.

2 Certaines évolutions de l'emploi peuvent affaiblir le rôle intégrateur du travail

■ Tout poste de travail ne crée pas forcément des opportunités de communication. Dans les petites entreprises, certains salariés sont seuls et n'ont pas de collègues de travail. D'autres sont isolés dans un bureau, en espace fermé, et ne travaillent pas en équipe.

■ Beaucoup de travailleurs, déclarés en microentreprise, exercent désormais leur activité chez eux. S'ils ont des relations avec leurs fournisseurs et leurs clients, ils ont cependant moins de contacts que s'ils travaillaient à l'extérieur du foyer.

Zoom

Le **télétravail** conduit les opérateurs de téléphonie à être en lien avec beaucoup de personnes dans la journée, mais c'est pour vendre un service ou aider par téléphone des clients : il n'y a pas de relation régulière ni de réel échange.

Notes

■ Les formes particulières d'emploi (FPE), liées au souci d'assurer aux entreprises des salariés souples (avec la flexibilité de l'emploi et du travail), créent une instabilité des postes occupés, en particulier pour les jeunes et les moins qualifiés.

■ Passer d'un emploi en intérim à un CDD court, puis à un autre ou à une formation, ne facilite pas l'intégration sociale aux équipes de salariés et à l'entreprise. Ainsi, la précarisation de l'emploi conduit souvent à une précarisation du lien social.

3 L'exclusion sociale prend des formes diversifiées

■ Quand un individu se retrouve au chômage, il perd :
– son revenu (les chômeurs sont peu ou mal indemnisés) et donc ses possibilités d'entretenir le lien social (moins de sorties, moins de loisirs, moins de possibilités de recevoir des amis…) ;
– son identité sociale. Peut naître alors un sentiment d'inutilité sociale, de honte et de culpabilité ;
– les relations sociales qu'il entretenait avec ses collègues.
Cette rupture du lien social par le travail peut mener à une rupture du lien familial.

■ Il existe peu d'associations qui maintiennent le lien social et défendent les droits des chômeurs. L'isolement social et la déprime morale qui y est associée conduisent souvent à un enfermement de l'individu sur lui. On ne sort plus, on ne communique plus, on se sent abandonné : c'est l'exclusion sociale.

■ Comme l'a montré le sociologie Serge Paugam, les chômeurs et les salariés précaires sont exposés au processus de **disqualification** sociale, qui s'opère en trois phases :
– la fragilité (difficile accès à l'emploi, échec professionnel, sentiment d'infériorité, précarité professionnelle prolongée) ;
– la dépendance (prise en charge par les services sociaux, renoncement à l'exercice d'un emploi, stigmatisation de la situation sociale) ;
– la rupture (chômage de longue durée, cumul de problèmes : santé, logement, rupture avec la famille, misère et désocialisation, sortie du filet de protection sociale).

Mot-clé

Disqualification : processus d'affaiblissement ou de rupture des liens de l'individu avec la société au sens de la perte de la protection et de la reconnaissance sociale.

L'engagement politique prend des formes variées

Fiche 39

SES

Notes

1 Les formes de l'engagement politique

■ Voter (moyen conventionnel et ritualisé) ou rejoindre un parti politique ne suffisent pas à définir l'engagement politique. L'engagement politique désigne l'ensemble des formes d'implication du citoyen dans la société animées par des valeurs politiques. On peut citer le militantisme, l'engagement associatif, la consommation engagée (en tant que prise de conscience collective)...

■ Le but principal de l'engagement politique est de tenter d'influencer ceux qui détiennent le pouvoir. La motivation de l'action engagée peut être d'en tirer un avantage, qu'il soit ou non matériel. On distingue ainsi les incitations sélectives (avantages matériels) comme obtenir un poste d'élu quand on est candidat d'un parti politique, bénéficier de tarifs préférentiels dans une association... et les rétributions symboliques (avantages non matériels) comme améliorer l'estime de soi, la possibilité de nouer de nouvelles relations sociales...

■ L'engagement politique peut s'exprimer individuellement, par une grève de la faim ou une prise de position individuelle, mais il est le plus souvent collectif, qu'ils s'agissent des grèves, des manifestations, des pétitions, des mouvements sociaux, avec l'aide ou non d'organisations et/ou de réseaux sociaux.

■ L'action politique, entreprise par le citoyen mobilisé ou une association, peut être légale ou illégale, violente ou non violente.

2 Militer ou s'engager dans une association répond à certaines logiques

■ Le militantisme, en tant qu'action bénévole et active sur le terrain, est l'une des façons de jouer un rôle en politique. Mais agir ne va pas de soi : il faut commencer par avoir une conscience politique, c'est-à-dire le sentiment de partager des valeurs et des causes à défendre. Cela permet de se sentir solidaire avec des personnes qui agissent sur le terrain.

■ Les associations, politiques ou non politiques, tentent de convaincre un maximum de personnes d'adhérer et de se mobiliser pour telle ou telle cause. Elles ont souvent davantage d'impact dans les médias que les simples citoyens.

Zoom

Les syndicats et les partis politiques sont des **associations**, avec la particularité pour les partis politiques d'avoir un financement encadré.

Notes

■ Participer à une action et/ou à une association suppose d'y consacrer du temps, de l'énergie, de l'argent. En cas d'incidents lors de certaines manifestations, par exemple, l'intégrité physique peut aussi être affectée.

■ Aucun mouvement ne fait le plein de ses troupes potentielles et les acteurs sur le terrain agissent par procuration : ils le font au nom des personnes qui les soutiennent moralement. C'est ce que l'on constate dans les sondages d'opinion, par exemple avec le mouvement des gilets jaunes : le soutien populaire est important, mais pas la mobilisation.

3 La consommation engagée est un combat particulier

■ Le combat politique est une question de valeurs et de convictions. Dans le domaine de l'alimentation et de l'écologie, nombreux sont les citoyens qui utilisent la consommation comme arme pour signifier leur point de vue. Par exemple, on consomme des produits issus du commerce équitable pour encourager les petits producteurs des pays en développement et pour s'opposer à l'industrie agroalimentaire qui pollue et gaspille, tout en vendant des produits de mauvaise qualité selon ses détracteurs.

■ L'argument financier est central : en limitant certaines consommations, on limite le profit de l'entreprise que l'on vise. On parle de boycott quand il s'agit de refuser systématiquement de consommer les produits d'une entreprise.

Exemple

Depuis quelques années, des consommateurs sensibles à la cause environnementale multiplient les appels au boycott d'une célèbre pâte à tartiner. Sa production nécessite l'utilisation d'huile de palme, ce qui entraîne des dégâts environnementaux importants comme la déforestation et donc la disparition de certaines espèces animales.

■ Les stratégies de boycott sont des formes individualistes de l'engagement politique car les consommateurs qui ont recours à ces pratiques ne sont pas nécessairement adhérents d'un parti ou d'une association de défense d'une cause.

■ Bien qu'individualistes, ces stratégies témoignent d'une volonté des consommateurs de manifester leur attachement à des valeurs non matérialistes et non individualistes : environnement, conditions de travail des salariés, santé…

■ À l'inverse, le buycott encourage d'autres consommations en privilégiant l'achat de produits issus de l'agriculture biologique, de produits locaux en circuit court, auprès des petits producteurs. Cette forme de « consommation engagée » est une façon de contester une mondialisation fondée sur la seule maximisation du profit.

L'action collective est-elle toujours possible ?

Fiche 40

SES

Notes

1 Le paradoxe de l'action collective rend l'engagement personnel irrationnel

■ L'individu qui s'engage en politique le fait-il en comparant les coûts et les avantages ? Autrement dit, est-il rationnel ? Adopte-t-il une stratégie pour défendre ses propres intérêts et gagner des avantages personnels ?

■ Le paradoxe de l'action collective suppose que s'engager est irrationnel : le coût de la participation est personnel tandis que les bénéfices sont collectifs. Cela n'incite pas l'individu à s'impliquer : il a tendance à adopter la stratégie du « passager clandestin ». Elle consiste à laisser les autres agir, afin de ne pas subir les coûts importants d'une telle mobilisation (coûts individuels : perte d'une journée de salaire, risque d'être mal vu par sa hiérarchie, voire de perdre son emploi…), tout en bénéficiant des bénéfices puisqu'ils sont collectifs (gains collectifs : obtenir une augmentation de salaire, estime de soi en hausse…).

Exemple

En France, il n'est pas obligatoire de se syndiquer. Pour une journée de grève, un gréviste perd 1/30 de son salaire mensuel. Si la grève a du succès, le non-gréviste recevra les mêmes avantages que celui qui a fait grève et perdu de l'argent.

2 Les incitations sélectives et les rétributions symboliques favorisent l'entrée dans l'action collective

■ Face aux difficultés à mobiliser suffisamment de citoyens (notamment les « passagers clandestins »), les groupes (comme les syndicats et les groupes d'intérêt qui défendent une cause) ont intérêt à proposer des incitations sélectives positives (aides à l'emploi, au logement, assistance juridique…) ou négatives. Ces incitations abaissent le coût de la participation aux actions collectives ou, au contraire, accroissent celui de la non-participation.

■ Toutefois, il n'est pas toujours nécessaire de mettre en place des incitations sélectives, car de nombreux citoyens ne recherchent pas forcément l'intérêt individuel et ont plutôt à cœur de défendre des causes ou de participer à un projet de société.

■ Il existe d'autres satisfactions à l'engagement politique que les seuls avantages économiques : des rétributions symboliques (comme le montre Daniel Gaxie) peuvent également motiver les citoyens. Citons, par exemple, le sentiment de défendre une cause

Notes

noble, d'être dans une dynamique collective, de se sentir utile aux autres, de défendre des valeurs altruistes, de faire appel à des éléments affectifs, de créer des liens sociaux, de participer au changement social. Autant d'éléments qui sont utiles à la sociabilité et à l'estime de soi.

3 L'entrée dans une action collective dépend de l'environnement politique

■ La société, l'époque, le contexte politique créent le champ des possibles, dans la relation entre le citoyen, les groupes sociaux et l'exercice du pouvoir.

■ La structure sociodémographique (exemple de la communauté afro-américaine aux États-Unis et de ses liens avec le parti Démocrate), l'offre politique, les rapports de force entre partis, les alliances politiques et leur degré de stabilité, la coopération entre les partis et les associations, le degré de résistance du pouvoir politique à la mobilisation collective sont autant de conditions particulières qui définissent le système politique national et facilitent ou non l'engagement politique.

■ Les opportunités ont des effets sur la sensibilité à l'actualité, la conscience politique, la motivation des citoyens à s'intéresser, voire à se mobiliser et à défendre des causes. Ainsi, l'environnement et les conditions politiques peuvent faciliter l'engagement politique et la mobilisation collective : Charles Tilly, Sidney Tarrow et Doug McAdam (trois analystes des mobilisations collectives) parlent de « structure des opportunités politiques ».

■ Cela conduit à faire appel au ressources collectives, aux savoir-faire, aux réseaux sociaux. Le contexte favorable ou non joue un rôle non négligeable, selon qu'il y a ou non un relais politique et/ou selon la probabilité de succès du mouvement. En effet, lorsque des syndicats ou des partis politiques encouragent des mouvements sociaux et des initiatives, cela crée une émulation et donne envie à d'autres citoyens de s'impliquer également. Par ailleurs, la défense d'une cause est d'autant plus prise en compte par ceux qui exercent le pouvoir politique que les partis politiques s'en sont fait l'écho.

■ Les **mouvements sociaux** sont plus importants lorsque le gouvernement est sourd à des revendications et que le peuple est en colère ou lorsque le gouvernement est fragile, par exemple, et ne peut apporter de solutions satisfaisantes aux citoyens.

Mots-clés

Un **mouvement social** est une forme particulière d'action collective, qui vise à remettre en cause l'ordre social.

Les variables sociodémographiques de l'engagement politique

Fiche 41

SES

Notes

1 L'engagement politique diffère selon la catégorie socioprofessionnelle et le diplôme

■ La diversité de l'engagement politique est largement déterminée par des facteurs individuels et des facteurs sociaux.

■ Parmi les variables sociodémographiques, on peut citer la profession et le milieu professionnel, qui reflètent et véhiculent des valeurs et des normes, ce qui oriente forcément les préférences partisanes. Le choix d'un emploi, même lorsqu'il est lié au « hasard », n'est pas anodin. Tenir un commerce, par exemple, c'est être favorable au marché et à la concurrence ; être infirmier ou infirmière, c'est se mettre au service des autres.

> **Chiffres-clés**
>
> À chaque tour des élections, les cadres et les professions intellectuelles sont **45,1 %** à se déplacer systématiquement, soit presque **20 points de plus** que les ouvriers. Cet abstentionnisme peut s'expliquer par le fait que les ouvriers ne sentent pas représentés par des élus issus en majorité des catégories privilégiées.

■ L'engagement est largement lié au niveau d'instruction, dans la mesure où la connaissance du monde politique et du monde social assure une culture politique et des compétences politiques qui facilitent l'implication politique, comme le montre la plus forte implication des cadres et professions intellectuelles supérieures ou des professions intermédiaires dans les mouvements collectifs ou sur Internet.

■ Il faut cependant nuancer : le mouvement des gilets jaunes en France est plutôt l'expression de catégories modestes, largement issues des classes moyennes inférieures, qui ont peur de perdre leur emploi, leur revenu, leur niveau de vie et d'être paupérisées.

2 L'effet de l'âge et de la génération sur l'implication citoyenne

■ De façon générale, les jeunes (les moins de 25 ans) sont souvent moins politisés que les plus âgés. Ils vont moins voter, que ce soit par désintérêt, par manque de connaissances, en raison des difficultés qu'ils rencontrent au quotidien…

■ Les jeunes sont largement influencés par leur milieu social d'origine et la socialisation apportée par leur famille, qui leur a transmis des valeurs, une culture politique, des préférences

Notes

partisanes. Des parents qui suivent l'actualité et sont intéressés par les questions politiques ont plus d'enfants militants que les parents apolitiques. La plupart du temps, avant d'entrer dans le monde du travail et de fonder une famille à leur tour, les jeunes restent dans le camp politique de leurs parents.

■ Les jeunes sont toutefois plus radicaux que leurs aînés… au moins le temps de trouver un emploi, de fonder une famille. Les valeurs et les préférences politiques sont, après les valeurs religieuses, celles que la famille transmet le mieux. Les préférences politiques des parents sont d'autant mieux transmises aux enfants que les deux parents ont les mêmes préférences politiques et que celles-ci sont marquées et affirmées.

■ Enfin, l'effet de génération a une influence certaine sur les perceptions et l'implication citoyenne. Les individus qui appartiennent à une même génération ont vécu les mêmes événements (SOS racisme, l'accident de Tchernobyl, les événements du 11 septembre, le confinement lié à la Covid-19…) au même âge : ils partagent des valeurs communes et une vision du monde assez proche, ce qui peut favoriser – selon les événements vécus – l'engagement politique. Par exemple, les jeunes de la génération Z (nés à la fin des années 1990) ont en commun une culture du zapping (Z pour *zapping*), ce qui pourrait expliquer que leur engagement politique soit plus ponctuel ou plus éphémère que celui des générations précédentes.

3 Les femmes sont moins engagées politiquement que les hommes

■ Les hommes s'impliquent davantage que les femmes en politique, en raison d'une plus grande disponibilité et de facteurs culturels. Toutefois, les façons de s'engager des hommes et des femmes diffèrent, l'engagement des femmes pouvant par exemple prendre la forme d'une consommation citoyenne.

■ C'est le produit d'une socialisation différentielle qui se renforce. En effet, à chaque sexe est associé un genre, des valeurs, un statut, une place et des fonctions sociales. Chacun doit répondre aux attentes sociales. Les filles ont appris à obéir à l'autorité davantage que les garçons, par conséquent ceux-ci manifestent une plus grande disposition à contester le pouvoir. Or, militer, c'est largement contester, s'opposer à un pouvoir.

■ Par ailleurs, les hommes sont moins impliqués dans le quotidien que les femmes et ont moins de contraintes : ils prennent moins en charge les enfants, les tâches ménagères, ont moins de problèmes organisationnels à résoudre… Ils disposent ainsi de plus de temps pour s'engager politiquement.

La diversification et les transformations de l'action collective

Fiche 42

SES

Notes

1 On assiste à un déclin relatif des conflits du travail

■ La France a la réputation d'être un pays toujours en grève. Pourtant, des pays comme la Belgique ou l'Italie connaissent davantage de mouvements sociaux. De plus, le nombre de jours de grève ne cesse de diminuer depuis cinquante ans (sauf certaines années : 1982, 1988, 1995, 2017…).

Zoom

Parce qu'elles bloquent la production, les grèves dans les entreprises sont celles qui offrent un rapport de force favorable aux syndicats et défavorable au patronat.

■ On assiste à un déclin relatif des conflits du travail (axés sur les questions d'emploi, de salaires, de conditions de travail). Il s'explique en partie par l'amélioration, sur le long terme, des rémunérations et des postes de travail (largement grâce aux mouvements ouvriers), et par la crise du syndicalisme ouvrier à partir des années 1980.

■ En effet, le taux de syndicalisation est aujourd'hui très faible (8 à 10 % des salariés) et l'influence des syndicats sur les salariés peu évidente, leurs appels à la grève n'étant pas forcément suivis. Ce phénomène s'explique notamment par un moindre intérêt des citoyens pour les questions politiques, le déclin de la conscience de classe ouvrière, accru par la montée de l'individualisme, une critique des stratégies syndicales et du carriérisme des responsables (« syndicratie »), la fragilité des situations d'emploi (on ne prend pas le risque de faire grève par peur de perdre son travail)…

■ Si on assiste bien à un déclin des formes traditionnelles des conflits du travail (diminution du nombre de journées de grève, baisse du taux de syndicalisation), cela ne signifie pas que les conflits du travail ont disparu. Ils sont moins longs, plus ponctuels et éphémères. Les formes sont plus diverses (grève perlée, grève du zèle, débrayage, refus d'heures supplémentaires…) et se sont radicalisées, avec des actions parfois spectaculaires et violentes (destruction de locaux, séquestration de patrons).

2 De nouveaux enjeux de mobilisation et de nouveaux acteurs apparaissent

■ Selon Alain Touraine, le déclin des conflits du travail s'expliquerait par le déclin de la société industrielle et celui du monde ouvrier au profit de conflits sociétaux liés à des groupes d'intérêt de catégories du tertiaire. Ces nouveaux acteurs proviennent

Notes

plutôt des classes moyennes à fort capital culturel, et les luttes portent surtout autour de questions sociales et/ou culturelles.

■ Ronald Inglehart va dans le même sens. Grâce aux Trente Glorieuses, les enfants du baby-boom (explosion des naissances qui s'étend de 1945 à 1960, voire jusqu'au milieu des années 1970) auraient modifié leur échelle de valeurs. Cette révolution culturelle serait marquée par des préoccupations post-matérialistes et un attachement à la qualité de vie et à plus de tolérance.

■ Avec et après Mai 68, de nombreuses causes émergent et sont portées par les étudiants, les régionalistes, les féministes, les écologistes, les antiracistes, les altermondialistes, les homosexuels…

■ Chaque cause a un dominateur à contester, des objectifs, des revendications et des modes d'action propres. Il s'agit d'exprimer un « ras-le-bol », de prôner des solutions, ce qui nécessite de séduire l'opinion publique pour obtenir de la légitimité et du soutien. Les associations ont besoin de l'aide des groupements, des groupes de pression, voire des partis politiques.

3 Le répertoire de l'action politique est diversifié et s'enrichit

■ Le vote confirme son avance sur les autres modes d'action, y compris chez les jeunes de 18 à 30 ans. Moyen conventionnel, le vote est hautement symbolique (il représente le pouvoir politique, le peuple, la légitimité, le choix personnel) et remplit de nombreuses fonctions, comme accomplir un droit et un devoir civique et moral, désigner des élus, participer à la démocratie, influer sur le pouvoir politique, soutenir ou contester des élus… Alors que faire grève ou participer à une manifestation est assez peu fréquent.

■ L'émergence de nouvelles causes et de nouveaux acteurs a enrichi le répertoire de l'action politique, c'est-à-dire l'ensemble des moyens conventionnels ou non, légaux ou illégaux, d'exprimer un avis. On distingue ainsi les moyens plutôt conventionnels et non conventionnels. Un certain nombre de moyens (comme la désobéissance civile, le refus de payer les impôts, l'occupation d'espaces publics ou de bâtiments, les conférences alternatives…) sont plus ambigus.

Moyens conventionnels	Moyens non conventionnels
Défilé (marche des fiertés ou gay pride…), manifestation de rue, pétition, opération escargot, sit-in virtuel, consommation engagée (commerce équitable…), expression écrite (livre, article, communiqué de presse, blog, twitter)…	Squat, péages gratuits, piratage informatique, dégradation de bâtiments, destruction de documents, blocage des routes ou des ponts, affrontement physique, fauchage de plantes transgéniques, slogan sur un mur…

Le caractère multiforme et cumulatif des inégalités

Fiche 43

SES

1 Sur le long terme, les inégalités fondamentales ont tendance à se réduire

■ Sur le long terme, les **inégalités** fondamentales, c'est-à-dire celles qui concernent les revenus, le patrimoine, la consommation ou l'éducation, se sont sensiblement réduites.

■ S'il reste toujours une classe supérieure et si les 1 % (et même les 10 %) les plus riches s'accaparent toujours une bonne partie des richesses, l'essor des classes moyennes (appelé « moyennisation ») a contribué à réduire les écarts entre les classes.

Mot-clé

Les **inégalités** désignent les différences de possession ou d'accès à des ressources rares et socialement prisées (revenus, patrimoine, santé, culture, logement, pouvoir…), ce qui créé des avantages pour certains groupes d'individus et des désavantages pour d'autres.

Notes

■ La moyennisation de la société – qui n'empêche pas l'essor de la classe populaire – se traduit notamment par une réduction considérable, sur un siècle, de l'écart de patrimoine entre la classe supérieure et la classe moyenne.

■ Depuis 30 ans, le revenu moyen (hors revenus financiers : dividendes, intérêts) des plus pauvres s'est accru plus vite que celui des plus riches : le rapport entre le revenu minimal des 10 % les plus riches et le revenu maximal des 10 % les plus pauvres a diminué d'un tiers.

■ Les écarts d'espérance de vie se sont également réduits entre les catégories socioprofessionnelles.

2 Les inégalités économiques et sociales sont multiformes

■ Par inégalités économiques, il faut entendre l'ensemble des disparités perçues comme injustes, en matière de distribution des revenus et de détention de patrimoine. Le caractère injuste des disparités est fondé sur le fait que certains accumulent les privilèges, alors que d'autres cumulent les handicaps et les difficultés économiques.

■ Par exemple, le salaire net mensuel d'un cadre est 2,4 fois supérieur à celui d'un ouvrier (4 141 euros contre 1 717 euros en 2015 selon l'Insee) et, tous emplois confondus (quels que soient la

Notes

qualification de l'emploi et le temps de travail), les femmes perçoivent 25 % de moins que les hommes (mais à emploi égal, elles ne perçoivent « que » 10 % de moins environ que les hommes).

■ Par inégalités sociales ou socioculturelles, il faut entendre l'ensemble des disparités « injustes » qui concernent le mode (ou genre) de vie, les loisirs, les pratiques culturelles, les conditions de logement, les conditions d'existence, l'espérance de vie. Ainsi, l'écart de l'espérance de vie à la naissance entre les cadres et les ouvriers est en moyenne de 6,4 ans, et il est d'environ 13 ans entre les hommes les plus riches et les plus pauvres.

■ Si la distinction entre les inégalités économiques et sociales présente des limites (l'emploi, par exemple, est une activité qui fournit un revenu et qui est source de lien avec autrui), elle permet toutefois de mieux comprendre d'où proviennent en premier les désavantages que cumulent certains groupes sociaux, les inégalités économiques entraînant des inégalités sociales et inversement.

3 Les inégalités économiques et sociales sont cumulatives

■ Souvent, les individus au niveau de vie modeste n'ont pas d'emploi ou ont un emploi précaire. Ils cumulent souvent les handicaps socio-économiques : un niveau d'instruction faible (pas ou peu de diplômes), un capital culturel pauvre, l'absence de loisirs, la faiblesse des liens avec l'extérieur, une faible intégration… Cela conduit à enfermer des destins sociaux dans une situation bloquée, qui laisse peu de place à l'émancipation et à la liberté de choisir.

Mots-clés

Omnivorité : tendance des individus à avoir un répertoire très varié d'activités et de pratiques culturelles (exemple : opéra, théâtre mais aussi football, karaoké…).

Univorité : tendance des individus à n'avoir qu'une seule ou qu'un nombre très limité d'activités et de pratiques culturelles (exemple : limiter ses activités à la télévision et au shopping dans les centres commerciaux), faute de posséder les moyens financiers ou les codes sociaux et culturels nécessaires.

■ À l'inverse, une bonne partie des catégories favorisées sont fortement intégrées, ont de multiples loisirs, un capital culturel riche. Les individus peuvent alors cumuler les privilèges : un emploi stable, des revenus élevés, une consommation et un patrimoine élevés, la réussite scolaire…

■ Culturellement, on a une différence significative entre l'**univorité** des milieux populaires et l'**omnivorité** des classes moyennes et supérieures, qui apparaît comme une marque de distinction sociale et crée une aptitude au changement et à la découverte, avec des effets sur la scolarité.

Les outils de mesure des inégalités

Fiche 44

SES

1 Les quantiles permettent de mesurer la dispersion des revenus ou du patrimoine

■ Les **quantiles** sont utilisés pour mesurer la dispersion, c'est-à-dire l'étendue des différentes valeurs que peut prendre une variable telle que le revenu ou le patrimoine. Plus l'étendue de ces valeurs est forte, plus la série est dite dispersée et plus les inégalités sont fortes.

Mot-clé

Les **quantiles** sont des valeurs de la variable (revenu ou patrimoine) qui partagent la série en *n* parts d'effectif égal. La médiane correspond au quantile qui partage la population en deux parts égales.

■ Selon le nombre de parts que comporte l'effectif total, les quantiles ont des noms différents :

Si l'on partage l'effectif total en :	Chaque part représentera :	La valeur maximale de la variable s'appelle :	Il y a :
100 parts de même effectif	1 % de l'effectif total	Un centile	99 centiles
10 parts de même effectif	10 % de l'effectif total	Un décile	9 déciles
5 parts de même effectif	20 % de l'effectif total	Un quintile	4 quintiles
4 parts de même effectif	25 % de l'effectif total	Un quartile	3 quartiles

■ Pour mesurer le degré de dispersion d'une série et donc le degré d'inégalité dans la distribution d'une variable comme les salaires, on peut être amené à calculer un rapport interquantile, c'est-à-dire le rapport entre le quantile le plus élevé et le quantile le moins élevé. Par exemple, le rapport interdécile D9/D1 permet de savoir de combien de fois le revenu minimal des individus les plus aisés est supérieur au revenu maximal des plus démunis. On en déduit que plus le rapport interquantile est élevé, plus les inégalités sont fortes.

2 La courbe de Lorenz : une représentation graphique des inégalités

■ La courbe de Lorenz permet de visualiser graphiquement la concentration plus ou moins forte d'une ressource (revenus ou

Notes

patrimoine) au sein de la population. En abscisses du graphique, sont présentés les pourcentages cumulés des ménages, classés par ordre croissant (de la population la moins aisée à la population la plus aisée). En ordonnées, on trouve les pourcentages cumulés croissants des revenus ou du patrimoine. Ainsi, la courbe de Lorenz permet de savoir quelle part du revenu total (ou du patrimoine total) se partage une part donnée de la population.

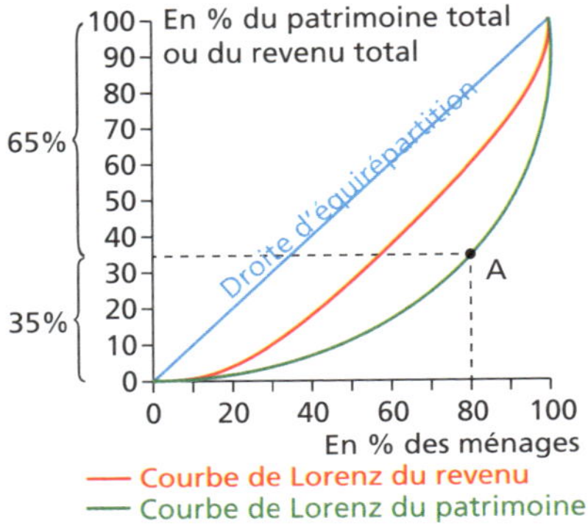

Lecture du point A : les 80 % des ménages les plus démunis se partagent 35 % du patrimoine.
On en déduit que les 20 % des ménages les plus aisés se partagent 65 % du patrimoine total.

■ La diagonale du graphique se nomme droite d'équirépartition. Elle correspond à une répartition parfaitement égalitaire du patrimoine (ou des revenus) : 10 % des ménages, par exemple, se partagent 10 % du patrimoine total. Par conséquent, plus la courbe de Lorenz est éloignée de cette droite d'équipartition, plus les inégalités sont fortes.

3 Les outils de mesure dynamiques des inégalités

■ Si les quantiles et la courbe de Lorenz constituent des outils de mesure statiques des inégalités (puisqu'on raisonne sur une année donnée), il est également possible d'utiliser des outils de mesure dynamiques des inégalités, afin de voir si les inégalités se reproduisent ou non de génération en génération. Il s'agit donc d'évaluer la persistance des inégalités économiques entre parents et enfants.

■ Par exemple, la corrélation de revenus parents-enfants mesure l'impact du revenu des parents sur celui des enfants. Il existe en effet une corrélation positive entre les revenus des parents et ceux de leurs enfants. Autrement dit, les deux variables évoluent dans le même sens. Cette corrélation se double d'une relation de causalité : c'est le revenu des parents qui impacte le revenu futur des enfants.

■ On est ainsi amené à calculer l'élasticité intergénérationnelle des revenus. En France, cette élasticité vaut 0,4 environ, ce qui signifie qu'une hausse (ou baisse) de 1 % du revenu des parents fera en moyenne augmenter (ou diminuer) de 0,4 % le revenu futur des enfants.

La diversité des conceptions de la justice sociale

Fiche 45

SES

1 L'égalité prend des formes différentes

■ Il existe une multitude de conceptions de la **justice sociale** : quelles disparités sont justifiées ? Lesquelles ne le sont pas ? Quel type d'égalité la société doit-elle assurer ? Le choix des réponses à ces questions est idéologique et relève donc du politique.

■ L'égalité des droits suppose que tous les citoyens sont traités de la même manière par le droit afin d'empêcher l'arbitraire de la Justice.

> **Mots-clés**
>
> **Justice sociale :** ensemble des principes visant à favoriser l'égalité au sein d'une société. Cette égalité prenant des formes différentes (égalité des droits, des chances ou des situations) et difficilement conciliables entre elles, il revient donc à la société de définir quelle forme d'égalité privilégier.

Notes

■ L'égalité des chances est le principe selon lequel les individus peuvent accéder à toutes les positions sociales auxquelles ils aspirent et donc acquérir tous les biens et services qui satisferont leurs besoins, en vertu du principe de méritocratie : les positions sociales (et donc les biens) s'acquièrent par le talent, le travail et les efforts, indépendamment de la position sociale d'origine.

■ L'égalité des situations (ou égalité matérielle ou égalité réelle) est le principe selon lequel les chances d'accès aux ressources matérielles (revenus, logement, patrimoine en général…) sont réelles, effectives.

2 La justice sociale fait l'objet de débats

■ Quelle forme d'égalité les pouvoirs publics doivent-ils privilégier pour assurer la justice sociale ? Cette question fait l'objet de vifs débats entre les différents courants de pensée.

■ L'utilitarisme prône l'accès du plus grand nombre au bonheur par le confort matériel. La collectivité doit assurer un partage des ressources. Dans cet état d'esprit, Jeremy Bentham (1748-1832) définit les fondements de la justice sociale qui doivent reposer sur le principe du « plus grand bonheur pour le plus grand nombre ». Il faut assurer une maximisation du bien-être collectif, entendue comme la maximisation de la somme des utilités individuelles. Chaque individu a le même poids qu'autrui et l'utilitarisme est censé garantir l'égale considération de tous les intérêts.

Notes

■ Le libéralisme économique ou le libertarisme prône l'égalité des droits : celle-ci suffit à rendre une société juste. Le libéralisme économique insiste sur les effets positifs du marché et de la concurrence sur les comportements sociaux. La réussite étant le résultat du mérite personnel, il suffit de s'impliquer pour réussir. Les inégalités ne sont alors pas perçues comme négatives, puisqu'elles correspondent à des talents et des efforts différents, et ne nécessitent pas d'intervention extérieure (État).

■ Il ne faut pas le confondre avec l'égalitarisme libéral qui prône l'égalité des chances de réussir et qui suppose que les pouvoirs publics interviennent. L'égalitarisme libéral prône ainsi l'équité : certaines inégalités (de droits) sont souhaitables, à condition qu'elles améliorent le sort des plus défavorisés (plus grande égalité des chances). L'égalitarisme libéral cherche donc à encourager les discriminations positives.

■ Quant à l'égalitarisme strict, il prône l'égalité réelle des situations (suppression de toutes formes d'inégalités).

3 L'égalitarisme libéral contre l'égalitarisme strict

■ L'égalitarisme libéral estime qu'il faut concilier le principe de liberté et celui de différence. L'égalitarisme strict veut une réduction de fait des inégalités.

■ Dans la démarche prônant un égalitarisme libéral, initiée par John Rawls, les libertés individuelles doivent être garanties et certaines inégalités socio-économiques sont tolérables dans une société juste. Il faut que ces inégalités favorisent le sort des plus démunis, tout en garantissant une égalité des chances. C'est dans cette perspective que doivent être mises en place des politiques de discrimination positive : donner plus de moyens (école, logement), afin de réduire l'inégal accès aux ressources et améliorer la condition des plus pauvres.

Exemples

La loi sur la parité en politique (du 6 juin 2000), l'octroi de bourses d'études, l'instauration de quotas de travailleurs handicapés dans les entreprises de plus de 20 salariés, le dispositif des conventions d'éducation prioritaire à Sciences Po… sont autant d'exemples de discriminations positives.

■ Dans la démarche prônant un égalitarisme strict, l'égalité des droits ne suffit pas, surtout si la société est inégalitaire car elle légitime et reproduit alors les inégalités. C'est plutôt dans les faits qu'il faut agir, pour que le quotidien soit réellement amélioré. D'où l'urgence de resserrer les positions sociales, ce qui doit assurer une meilleure cohésion sociale et davantage de solidarité.

L'action des pouvoirs publics en matière de justice sociale

Fiche 46

SES

Notes

1 Une action possible dans différents domaines

> **Zoom**
> Les pouvoirs publics peuvent intervenir dans quatre domaines : la fiscalité, la protection sociale et les services collectifs (les deux étant liés), les mesures de lutte contre les discriminations.

■ Les domaines d'intervention des pouvoirs publics sont nombreux. La fiscalité, par exemple, est un outil privilégié des politiques publiques en matière de justice sociale. L'impôt sur le revenu vise à trouver des financements et à corriger en partie les inégalités de la répartition primaire, d'où son caractère progressif.

■ On appelle redistribution le prélèvement de cotisations sociales sur tous les revenus primaires et la répartition des allocations ou prestations sociales (revenus de transfert) au profit des revenus primaires les moins élevés. On distingue la redistribution verticale (des plus aisés vers les moins aisés) et la redistribution horizontale (de certaines catégories vers d'autres, indépendamment du revenu initial : des biens portants vers les malades, des actifs occupés vers les retraités et les chômeurs…).

■ Les recettes fiscales obtenues permettent de financer les services publics et les politiques et mesures gouvernementales. C'est le cas des services collectifs, tels que les transports publics, l'enseignement public, la protection sociale (qui permet de rendre les soins de santé accessibles à tous). Toutefois, l'action des pouvoirs publics rencontre de nombreuses limites.

2 De la lutte contre les discriminations au principe de discrimination positive

■ L'État français ne peut pas rester indifférent aux 14 % de pauvres et aux plus de 4 millions de chômeurs (inscrits en catégorie A). La réglementation est une façon relativement efficace de modifier certaines pratiques sociales. Par exemple, en imposant un seuil de 20 % de logements sociaux dans les nouveaux plans d'urbanisme, en obligeant les employeurs à accorder les mêmes salaires aux hommes et aux femmes pour un travail égal…

■ Même si on ne peut pas vraiment parler de politique contre les discriminations proprement dites en France, de nombreuses mesures ou plans ciblés s'adressent à des publics spécifiques.

Notes

L'École fait ainsi l'objet d'une démocratisation et d'une massification favorisées par les politiques successives, dans l'esprit de l'égalité des chances.

■ Dans certains cas sont mises en place des politiques de discrimination positive : il s'agit d'accorder plus de moyens aux catégories sociales qui sont les plus défavorisées pour réduire un peu les écarts avec le reste de la société. C'est l'esprit de la politique d'éducation prioritaire ou de l'octroi des bourses, des lois sur la parité femmes/hommes ou des mesures en faveur du logement social.

3 L'efficacité de l'intervention des pouvoirs publics fait débat

■ Derrière la critique de l'État-providence se cache la défense du marché et de la concurrence, comme organisation supérieure et seule condition du bien-être collectif. L'entreprise se plaint d'être trop réglementée et trop fiscalisée, ce qui limite ses marges de manœuvre. Les ultra-libéraux insistent sur le coût des dépenses publiques et sur leurs effets sur le déficit public et l'endettement de l'État.

■ La question fiscale est également centrale : les agents peuvent avoir un faible consentement à l'impôt en cas de pression fiscale élevée.

Chiffres-clés

En 2018, selon une étude de l'OCDE, la France est le pays développé où la part des prélèvements obligatoires (impôts et cotisations sociales) dans le PIB est la plus élevée. Les prélèvements obligatoires représentent en effet 46 % du PIB français.

■ Dans l'esprit libéral (au sens économique), les inégalités sont non seulement justifiées (méritocratie), mais tenter de les corriger est vain (inefficace et coûteux), voire contre-productif (en gênant les entreprises). L'effet pervers serait en effet de créer une « désincitation » à réaliser des efforts (on parle de « trappe à l'inactivité » lorsqu'une personne reçoit plus sans travailler qu'en travaillant).

■ Toutefois, l'impôt sur la fortune et sur les revenus, les cotisations sociales et le reversement des allocations sociales corrigent nettement une partie des inégalités de revenus (déplacement de la courbe de Lorenz vers la gauche : voir fiche 44). En 2015, le rapport entre le revenu moyen des 10 % les plus aisés et celui des 10 % les plus modestes a été divisé par 4 après les impôts et les cotisations sociales. Cependant, malgré ces tentatives de correction, les inégalités restent relativement importantes.

L'agenda public et l'articulation des politiques environnementales

Fiche 47

SES

1 De nombreux acteurs agissent dans la coopération et/ou le conflit

■ Les citoyens, les entreprises, les associations, les groupements défendent des intérêts différents qui parfois s'opposent et créent des rapports de force.

■ Les élus, qui participent au pouvoir politique, connaissent les problèmes de terrain et sont les interlocuteurs privilégiés des citoyens mobilisés. Les partenaires sociaux ne sont pas en reste, qu'il s'agisse du patronat (MEDEF, FNSEA) ou des syndicats de salariés. Quant à la société civile organisée, elle est composée de citoyens qui agissent aux côtés des associations.

■ Les interactions s'articulent ainsi autour de dynamiques de conflit et de coopération. L'idéal est d'assurer une coopération qui garantit le consensus et une sécurisation des processus décisionnels, pour pouvoir porter des projets constructifs dans l'optique d'atteindre des objectifs communs. Mais c'est plus difficile à réaliser dans les faits en raison de divergences d'intérêts entre les acteurs.

■ Ainsi le conflit est-il nécessaire pour dénoncer des scandales, contester des mauvais choix, exprimer sa colère, revendiquer des choix alternatifs, faire céder le pouvoir… Mais encore faut-il que les acteurs aient une capacité médiatique de mobilisation.

2 L'environnement, problème public et préoccupation de l'agenda politique

■ La médiatisation d'un problème soulevé par un acteur peut mobiliser une partie de l'opinion publique et exercer des pressions sur les dirigeants. Ces derniers sont ainsi conduits à inscrire une question devenue un problème public à l'agenda politique.

■ L'environnement, les ressources naturelles (renouvelables et surtout non renouvelables), les autres biens publics mondiaux, et les dégâts et dérèglements qui y sont associés, suscitent de vives inquiétudes. La mise en lumière

> **Exemple**
> Les détracteurs d'un célèbre herbicide, qui affirment que celui-ci provoque des cancers, ont attiré l'attention des médias et des associations écologiques qui, à leur tour, ont permis une mobilisation nationale et internationale pour obliger les pouvoirs publics à réglementer ce produit, voire à l'interdire.

Notes

Notes

d'un problème environnemental permet de le transformer en problème public : il devient sujet d'attention collective et est considéré comme problématique pour une partie de la communauté.

3 L'importance du « penser global, agir local » et la diversité des échelles

■ « Penser global, agir local » signifie que les préoccupations environnementales sont planétaires tandis que les modes d'action doivent être à l'échelle des citoyens.

■ L'atmosphère, les océans, l'eau potable, la biodiversité… sont des biens communs, c'est-à-dire des biens non excluables (pas de droit de propriété individuelle) et rivaux (la consommation par un agent diminue les quantités disponibles pour les autres). La montée de l'individualisme est à l'origine de la « **tragédie des biens communs** » (*tragedy of the commons*) : la recherche de bien-être individuel pouvant conduire à porter atteinte au bien-être collectif.

■ Les États et certaines institutions internationales ont la responsabilité de préserver la planète et de limiter le réchauffement climatique. Mais toutes les nations ne respectent pas les engagements pris lors des conférences internationales (Sommets de la Terre organisés depuis 1972, COP…) et certaines se retirent des traités (protocole de Kyoto visant à la réduction des émissions de gaz à effet de serre, l'Agenda 21, l'accord de Paris sur le climat…).

■ L'Union européenne peut se faire le relais des décisions internationales ou prendre des initiatives, en inscrivant les États membres dans une dynamique nouvelle. Car ce sont bien les États qui sont en mesure de mettre en place des politiques environnementales et climatiques : choix des objectifs, des moyens, des acteurs locaux à solliciter…

Expression-clé

La **tragédie des biens communs** est une expression utilisée par les économistes pour désigner la surexploitation des ressources naturelles, lorsque plusieurs individus utilisent une ressource librement disponible en quantité limitée. La surpêche et la raréfaction de certaines espèces de poissons qui en résulte, illustrent la tragédie des biens communs.

Les difficultés de mise en place des politiques climatiques

Fiche 48

SES

1 Les moyens à la disposition des pouvoirs publics en matière de politique climatique

■ Plusieurs démarches existent pour limiter les effets des activités humaines sur le climat (réchauffement et déséquilibres associés sur l'environnement naturel) et promouvoir un développement durable : l'action préventive éduque, anticipe les problèmes et tente d'éviter les risques ; la punition (**principe du pollueur-payeur**) fait payer pour dissuader ; la correction (par exemple, en nettoyant les plages polluées) essaye de réparer certains dégâts.

> **Zoom**
> Le marché des quotas d'émissions de CO_2 est fondé **sur le principe du pollueur-payeur** : les entreprises ont une quantité donnée de droits à polluer. Les moins polluantes peuvent en revendre une partie ; les plus polluantes en acheter.

Notes

■ Les pouvoirs publics peuvent faire appel à la réglementation, en imposant des lois et des normes qui encadrent les activités des agents économiques. Il s'agit d'interdire ou de limiter certaines externalités négatives. Par exemple, les normes de performance énergétique concernant les constructions de logements neufs ou la mise en place de la circulation alternée lors de pics de pollution relèvent de la logique de la réglementation.

■ La taxation (taxe carbone) et les subventions (primes énergétiques) répondent à d'autres logiques : il s'agit de faire payer ou d'aider à l'achat de biens écologiques. Les agents économiques sont incités par l'État à investir dans les équipements écologiques et les énergies alternatives.

■ La taxation environnementale ou écotaxe (taxe carbone) et les subventions (primes à l'achat d'un véhicule électrique) consistent pour les pouvoirs publics à corriger les prix du marché, en y intégrant le coût des externalités négatives, pour inciter à des modifications de comportement. Les agents économiques responsables de la pollution doivent en payer les conséquences tandis que ceux qui contribuent à l'amélioration de la qualité de l'air sont récompensés.

2 Des moyens complémentaires

■ La panoplie des moyens dont disposent les pouvoirs publics est large. Ils présentent tous des avantages et des inconvénients, ce qui les rend complémentaires.

Notes

■ La tentative d'ajuster le prix des matières premières et énergétiques à leur degré de rareté n'est pas à négliger et peut faire réfléchir, mais elle n'a pas suffi à reconstituer les stocks de ressources naturelles, ni à réorienter la croissance.

■ L'intérêt principal de la réglementation est d'imposer des règles, des normes, des interdictions, mais la faire respecter n'est pas toujours évident. Une réglementation limitée aux frontières nationales n'est pas viable à moyen terme en raison du contournement possible des règles. Choisir un type de réglementation suppose la mise en place de politiques environnementales volontaristes et efficaces.

■ Les bourses d'échanges et le principe des droits à polluer peuvent également faire prendre conscience des enjeux environnementaux, mais ils ne remettent pas en cause la pollution induite par la croissance. C'est d'ailleurs de plus en plus à la communauté de prendre en charge les coûts des externalités négatives issues de l'égoïsme d'entreprises responsables des dégâts, qui ne les internalisent pas de façon spontanée.

3 Les limites de la politique contre le réchauffement climatique

■ Au-delà des limites respectives des différents instruments des politiques climatiques, on peut souligner les limites inhérentes à la dynamique mondiale.

■ Les résistances de certains agents (égoïsme, lobbies, notamment des firmes transnationales) et le manque de moyens financiers constituent de véritables freins aux politiques environnementales.

■ Le phénomène de **passager clandestin**, dans la mesure où tout le monde peut profiter de l'environnement qui est un bien commun, alors que seuls certains agents et les pouvoirs publics prennent en charge financièrement sa gestion en en supportant les coûts sociaux, constitue également une limite importante.

> **Expression-clé**
> L'expression **passager clandestin** qualifie le comportement d'un agent économique qui consiste à bénéficier des gains d'un effort collectif sans avoir à en supporter individuellement les coûts.

■ Ce phénomène de passager clandestin se retrouve chez certaines nations qui refusent de prendre part aux politiques climatiques. Se pose ainsi la question de la justice climatique, puisque l'amélioration de la qualité de l'air profite à tous les pays, même à ceux qui n'ont pas participé au financement (très coûteux) de la politique climatique, chaque pays a intérêt à attendre que les autres le fassent pour lui.

Philosophie

Sommaire

Les perspectives

Les notions

Notes

Définition de l'épreuve

L'épreuve de philosophie au baccalauréat est constituée d'une épreuve écrite et, le cas échéant, d'une épreuve orale de contrôle.

1 L'épreuve écrite obligatoire

Épreuve écrite	**Durée**	4 heures
	Coefficient	8

Trois sujets sont proposés au choix des candidats.

A. Deux sujets de dissertation

Deux de ces énoncés, dits « sujets de dissertation », sont, chacun, constitués par une question simple que le candidat doit traiter.

Déroulement de l'épreuve

Les sujets de dissertation prennent la forme d'une question directe. Les intitulés de sujet appellent une discussion rigoureuse sur une ou plusieurs notions du programme, et celles-ci sont aisément repérables par les candidats. Ces derniers sont invités, par cette question, à en explorer les enjeux et à examiner de façon critique et ordonnée la ou les réponses qu'elle appelle.

- Il ne s'agit pas de reproduire un cours ou de plaquer telle ou telle doctrine philosophique. L'objectif est de **dégager les problèmes que pose la question**.

B. Un sujet d'explication de texte

Le troisième énoncé de sujet est constitué par un texte d'une longueur raisonnable, emprunté à un auteur figurant dans la liste des auteurs du programme, qu'il est demandé au candidat d'expliquer. Il se rapporte à une ou plusieurs notions du programme.

Déroulement de l'épreuve

- Le candidat doit **dégager l'intérêt philosophique du texte en procédant à son étude ordonnée**, c'est-à-dire rendre compte, par sa compréhension précise, du problème dont il est l'expression ou la solution.
- Le candidat n'est pas tenu de connaître la doctrine de l'auteur, ni son œuvre.
- Aucune méthode n'est imposée : il suffit que l'étude du texte n'en soit pas la paraphrase et qu'elle soit ordonnée, c'est-à-dire qu'elle soit l'exercice philosophique de la réflexion méthodique et critique.

Notes

2 L'épreuve orale

Épreuve orale	**Durée**	20 minutes
	Temps de préparation	20 minutes

L'épreuve orale est une épreuve de contrôle pour les élèves dont la note moyenne est au moins égale à 8 et inférieure à 10. Elle consiste en une explication de texte présentée par le candidat, suivie d'un entretien avec l'examinateur.

Le texte est choisi dans l'œuvre philosophique ayant fait l'objet, au cours de l'année, d'une étude suivie selon les modalités prévues par le programme.

Déroulement de l'épreuve

■ Le candidat présente à l'examinateur une note écrite ou dactylographiée visée par le chef d'établissement du lycée d'origine, dans laquelle est indiquée l'œuvre philosophique (titre, auteur, édition) dont l'étude, obligatoire, a été conduite en classe au cours de l'année. Cette note peut également comporter l'indication des principaux chapitres ou passages étudiés. Elle fait, par ailleurs, mention des questions auxquelles l'étude de l'œuvre ou de certaines parties de l'œuvre a été associée. Le candidat est porteur d'un exemplaire de l'œuvre étudiée, qu'il présente à l'examinateur. Ce dernier y choisit un extrait d'une longueur raisonnable (20 à 25 lignes au maximum).

■ Le candidat dispose de 20 minutes pour en préparer l'explication. Il présente à l'examinateur un exposé d'une durée maximale de 10 minutes. Un entretien avec l'examinateur d'une durée maximale de 10 minutes permet de compléter et de développer l'explication initiale.

■ L'entretien permet au candidat, sur la base de l'explication qu'il a d'abord proposée, de manifester ses connaissances et ses capacités de réflexion, précisément articulées à la lecture et à l'étude de l'œuvre et des thématiques qui lui ont été associées.

■ Pour le cas où un candidat ne présenterait aucune liste, il est recommandé à l'examinateur de lui présenter 2 ou 3 œuvres d'auteurs du programme. Le candidat choisit l'une d'entre elles, dont il lui est demandé d'expliquer un bref extrait.

Conseils pour l'épreuve

1 Gérer son temps à l'écrit

Travailler en temps limité doit avoir fait l'objet d'un apprentissage en cours et chez vous.

Ne pas maîtriser les 4 heures dont vous disposez peut vous conduire à rendre un travail brouillon ou inachevé. Pour ne pas vous laisser surprendre par le temps, posez une montre devant vous.

■ Donnez-vous quelques minutes pour lire attentivement et choisir votre sujet :
– choisir un sujet en rapport avec une notion bien étudiée en cours n'est pas le seul critère, car certains sujets ne recoupent pas de manière immédiate un thème ou une notion spécifique ;
– le sujet que vous devez choisir est celui dont vous voyez le mieux les enjeux et les questions sous-jacentes.

■ Une fois votre décision prise, ne changez plus d'avis :
– gardez votre temps pour l'analyse, la problématique, le plan détaillé et la rédaction ;
– réservez les dix dernières minutes pour vous relire et vous corriger.

2 La présentation

Ces quelques conseils ne sont pas secondaires. Ils peuvent vous éviter d'être mal compris(e) et de perdre bêtement quelques points.

■ Écrivez lisiblement et sans user d'un style télégraphique (abréviations, etc.).

■ Donnez-vous la peine de vous relire et essayez, autant que possible, de corriger vos fautes d'orthographe et de syntaxe.

■ Soignez votre présentation, en prévoyant une marge que vous respecterez tout au long de votre copie.

■ Aérez le plus possible votre texte. Séparez nettement l'introduction, les parties et la conclusion. Faites un paragraphe par sous-partie et allez à la ligne après chacun d'eux.

■ Équilibrez en quantité les parties de votre développement :
– votre introduction ne doit être ni trop succincte ni trop longue ;
– votre conclusion ne doit pas être bâclée ni être un vague résumé de votre devoir.

Notes

■ La structure de votre copie doit faire ressortir la marche de votre raisonnement.

■ Veillez cependant à finir dans les temps. Les feuilles de brouillon ne sont pas acceptées par les correcteurs.

3 L'épreuve orale de contrôle

Cette épreuve étant liée aux résultats obtenus lors de la première session, et compte tenu du peu de temps dont vous disposerez après leur proclamation, il est conseillé de préparer cette épreuve dès la fin des examens.

■ Vous disposerez de 20 minutes pour préparer votre exposé. Vous serez jugé(e) sur vos capacités de réflexion et sur les connaissances acquises.

■ Il est nécessaire, comme pour l'exercice écrit, de respecter certaines exigences de méthode : notamment l'introduction, qui doit énoncer clairement l'idée centrale de l'exposé.

■ Le plan doit être perceptible : il convient de l'annoncer en introduction.

■ Une certaine correction de langage est requise : l'aspect formel de l'exposé entre en ligne de compte, tout autant qu'à l'écrit.

La méthode de la dissertation

1 Analyser le sujet

La première exigence est de lire attentivement le sujet et de ne pas le transformer ou d'en oublier une partie.
Il convient de saisir ce qu'il a de particulier, même lorsqu'il peut, en certaines occasions, ressembler à d'autres sujets déjà rencontrés.

L'analyse du sujet passe par différentes opérations :

- Tout d'abord, il convient de comprendre le **sens général** de la question.
- En d'autres termes, il faut déterminer d'emblée l'objet de la question (ce sur quoi elle porte, son thème) et son sens (ce qui est demandé).
- Dans un second temps, il faut dégager les **différents sens** possibles des termes du sujet, afin d'accéder aux différents aspects de la question, les différentes manières dont on peut la comprendre.
- L'objectif de ce premier travail est atteint lorsque la question initiale a été reformulée sous tous les aspects qu'elle implique.
- Les différents aspects ainsi démêlés doivent suggérer des **références** philosophiques (auteurs et textes) qui pourront vous aider à les traiter.
- Toutefois, il faut éviter de multiplier les questions : une sélection doit s'opérer pour être sûr(e) de ne jamais s'écarter du sujet. Toute la difficulté est donc de faire varier la compréhension de la question sans que cette variation soit une dispersion.

2 Élaborer une problématique

Pour éviter la dispersion, qui risque de transformer la dissertation en un ensemble de propos décousus, il faut chercher à articuler les différents sens de la question.

- À cette fin, il est utile et nécessaire d'interroger le sujet :
– que suppose-t-il de connu ?
– que doit-on admettre pour formuler un tel sujet ?
– quels points de vue peut-on adopter sur le sujet ?
– qui pose la question et d'où vient-elle ?

Philosophie

Notes

Notes

■ Les réponses à cette série d'interrogations peuvent ainsi conduire à rendre **explicite** ce qui n'apparaît pas, au premier abord, dans la formulation du sujet et, par suite, à le rattacher à un ensemble de problèmes étudiés en classe.

■ Ce travail d'interrogation doit permettre également de saisir l'**importance** de la question. On a compris le sujet lorsqu'on en a mesuré la portée, ou encore lorsqu'il apparaît clairement que la réflexion proposée vaut bien quelques heures de peine.

3 Établir un plan

Le plan doit découler des analyses du sujet menées au brouillon. Il ne s'agit donc pas d'adopter, par exemple, des thèses contraires en guise de parties.
L'exigence d'un plan rejoint celle d'un propos cohérent et progressif.

■ D'une part, la dissertation doit présenter une réflexion d'ensemble sur les différents aspects de la question posée. Elle doit donc toujours parler de la même chose mais selon **différents points de vue**. Ainsi, par exemple, les parties de la dissertation peuvent recouper les domaines (politique, moral, épistémologique, etc.) dans lesquels le problème abordé se pose différemment.

■ D'autre part, il s'agit d'adopter une **démarche progressive**. Autrement dit, la dissertation doit présenter des paliers ou des étapes nécessaires à l'élaboration d'une réponse générale à la question. Cette réponse doit donc résulter du parcours suivi et des difficultés surmontées. Elle n'est pas un compromis (la synthèse considérée comme oui et non) mais un **aboutissement**.

■ Tout comme l'introduction doit éclairer le sujet en montrant à quel type de réflexion il invite, la conclusion doit faire état des résultats de la réflexion. Plutôt qu'un résumé, ce doit être un **bilan**.

La méthode de l'explication de texte

1 L'enjeu de l'exercice

■ La nature de l'épreuve incite à éviter les textes les plus fréquemment expliqués en classe et, notamment, les extraits reproduits dans les manuels scolaires.

■ Le texte, emprunté à un auteur figurant dans la liste des auteurs du programme, se rapporte explicitement à une ou plusieurs notions du programme. D'une longueur raisonnable, sa compréhension précise permet au candidat de mettre en évidence le cheminement et les enjeux d'une pensée dont il découvre l'exposé. Le texte est, par conséquent, aussi simple que possible et ne requiert aucune connaissance particulière de la doctrine de l'auteur ou d'une doctrine philosophique déterminée. Il ne comporte pas de termes techniques, ni ne renvoie à des connaissances spécialisées.

2 Le travail préparatoire

■ Vous devez, dans un premier temps, lire attentivement le texte, à deux reprises au moins, et vous demander, après chaque lecture, si vous avez bien compris la **thèse centrale du texte** et si vous êtes capable de la reformuler de manière claire et concise.

■ Tout en relisant à nouveau le texte, distinguez alors clairement ses parties, c'est-à-dire l'**ordre logique** des idées du texte, leur progression, en les reportant sur le brouillon.

■ À chaque fois, vous devez déterminer précisément quel est le lien entre deux passages qui se suivent : lien de cause à effet, conséquence, illustration de l'idée précédente, etc.

■ Vous procédez ensuite au simple **relevé des notions** posant problème, qu'il s'agira de définir lors de l'explication.

■ Après ce premier travail, vous devez répondre à la question suivante, qui est essentielle : pourquoi ce texte a-t-il été écrit ? En d'autres termes, quelle est son idée centrale, celle dont dépendent logiquement toutes les autres idées ?

Notes

Notes

3 L'introduction

■ Dans l'introduction, évitez de parler de la vie de l'auteur – ce qui est sans intérêt philosophique.

■ Vous ne devez pas non plus « raconter » les thèses majeures de la pensée de l'auteur : si vous les connaissez bien, vous pourrez vous en servir dans le corps du devoir ; mais il s'agit avant tout de montrer le **caractère unique et irremplaçable** du texte proposé.

■ Formulez donc clairement et précisément, dès l'introduction, la question à laquelle le texte apporte une réponse.

■ Enfin, annoncez le plan du texte.

4 Le corps du devoir

■ Les exigences de l'explication de texte sont les mêmes que celles de la dissertation : de même que la dissertation doit identifier le problème posé par le sujet, l'explication doit **identifier le problème posé par le texte, et s'efforcer d'y répondre**. Ainsi, elle doit dégager la thèse affirmée par l'auteur dans le texte et s'interroger sur le sens de cette thèse.

■ Il est également utile de s'interroger sur le type de texte à expliquer : il peut s'agir d'un texte polémique, critique, ou à caractère plus démonstratif. Quoi qu'il en soit, pour comprendre le sens de la thèse, il faut **s'interroger sur les thèses adverses**, c'est-à-dire celles que l'auteur entend réfuter, ou auxquelles il s'oppose. Enfin, on peut se demander si l'auteur part de l'opinion commune, ou bien si, au contraire, il s'en écarte.

■ L'objectif de l'explication de texte est donc, à la fois, d'**expliquer le propos de l'auteur et de mettre en évidence sa force et son originalité**. Elle doit également **faire apparaître la progression du texte**, et la façon dont l'auteur construit, de manière logique et cohérente, ses arguments.

■ Il faut également **éviter la paraphrase**, c'est-à-dire une simple répétition, le plus souvent approximative, de ce que dit l'auteur, et qui ne permet pas de déterminer si vous avez compris le texte.

■ Vous devez **respecter l'ordre** des idées **et expliciter ces idées**, donner les définitions des notions du texte. Vous pouvez citer la phrase que vous vous apprêtez à expliquer : cela permet de suivre le texte.

L'existence humaine et la culture

Fiche 1

Philosophie

Notes

L'homme n'est pas un animal comme les autres. Certes, il n'est pas le seul être vivant à posséder une intelligence ou même un langage, et il partage avec les animaux la capacité à ressentir des émotions et à souffrir. Mais l'existence humaine se distingue de celles des autres êtres vivants en ce qu'elle a été transformée par la culture et par l'histoire. On peut ainsi définir l'homme comme un être de culture.

1 Nature et culture

A. L'inné et l'acquis

L'inné* est ce que l'homme possède avant la naissance ; l'acquis* est ce qu'il apprend de l'expérience. L'homme naît ainsi avec un certain nombre de caractères héréditaires, qui définissent son identité biologique, mais son comportement apparaît ensuite comme une réaction à son environnement et à son milieu social. Le caractère est donc un mélange d'inné et d'acquis. En un autre sens, l'inné désigne les idées que l'homme possède avant la naissance, avant toute forme d'apprentissage, et qui sont « *naturellement en nous* » (Descartes), comme les idées du mouvement et des figures, de la douleur, des couleurs et des sons.

B. La culture est une seconde nature

La culture désigne « l'ensemble des activités et productions humaines par lesquelles l'homme transforme la nature ». Si l'homme est un être de culture, il est difficile de trouver en lui ce qui relève encore du naturel, car les phénomènes humains dans leur ensemble relèvent du culturel : si l'apparition de l'homme coïncide avec celle de la culture – en particulier la fabrication d'outils –, comment isoler ce qui, dans l'homme, n'est pas le produit d'un travail ou d'une transformation de la nature ?

2 Nature humaine et condition humaine

A. Le problème de la distinction entre inné et acquis

Il est difficile d'isoler, en l'homme, ce qui relève de l'inné et ce qui relève de l'acquis : l'inné ne se révèle qu'à l'occasion d'une stimulation par le milieu et l'acquis suppose des capacités ou aptitudes qui rendent possible l'apprentissage des connaissances. En outre, il n'est pas certain que nos idées prétendument innées ne soient pas elles-mêmes le résultat d'un apprentissage : les sens comme l'esprit peuvent s'exercer ou s'aiguiser grâce à l'expérience (Locke).

Notes

Enfin, même les besoins, qui semblent dépendre strictement de la nature, évoluent en fonction des conditions historiques et sociales.

B. Essence* et existence*

Pour savoir ce qu'est l'homme, il faut observer la manière dont il s'est transformé dans l'histoire, et aussi envisager toutes les possibilités qu'il se donne grâce à ses projets. L'homme est perfectible, c'est-à-dire qu'il peut s'améliorer, mais aussi commettre des fautes et des erreurs. Il n'a pas une nature définie, une essence donnée une fois pour toutes, mais une existence qui correspond à une infinité de possibilités : ainsi, pour Sartre, l'homme se définit par ses actes et non par ce qu'il est.

Sartre (1905-1980)
L'existence précède l'essence.

3 La différence entre les hommes vient-elle de leur éducation ?

A. Culture savante, culture populaire

La culture apparaît à la fois comme ce qui unit les hommes et ce qui les distingue : le partage de mœurs et de savoirs communs les rassemble, mais la différence dans l'accès à la culture les sépare. La culture étant un signe de distinction, elle est un enjeu symbolique. Ainsi, le prestige qui entoure les élites culturelles montre le lien qui unit le savoir et la reconnaissance sociale, à tel point que la culture peut apparaître comme un signe d'appartenance à une classe sociale.

B. L'élitisme de la culture

La culture peut contribuer à la reproduction des inégalités sociales, car elle n'est pas un savoir transmis de manière explicite ou méthodique par l'institution mais un ensemble de dispositions et de pratiques, héritées notamment de la famille : « *la pratique culturelle sert à différencier les classes* » (Bourdieu). Mais plutôt que de renoncer à l'idéal humaniste de l'homme cultivé, il apparaît nécessaire d'affirmer l'importance de l'éducation et de la transmission du savoir, selon des modalités qui donnent à chacun la possibilité de former son esprit.

Bourdieu (1930-2002)
La culture est un élément de distinction sociale.

À retenir !

- L'inné est ce que l'homme possède avant la naissance ; l'acquis est ce qu'il apprend de l'expérience.
- Les besoins évoluent en fonction des conditions historiques et sociales.
- L'éducation doit permettre à chacun de former son esprit.

La morale et la politique

Fiche 2

Philosophie

Notes

Le souci du bien, l'amour du devoir, ou encore la capacité à dénoncer l'injustice et à s'émouvoir de la souffrance d'autrui font de l'homme un être moral. Mais, comme il a au moins autant de vices que de vertus, il semble souvent plus désireux d'enfreindre la loi ou de transgresser l'interdit que de les respecter. Ainsi, pour vivre ensemble, les hommes ont besoin d'énoncer et de suivre des règles qui permettent le bon fonctionnement de la communauté et qui définissent le juste et l'injuste, le droit et le tort. Cet espace commun, réglé par des usages, des lois et des valeurs, est le domaine de la politique. Du grec *polis*, qui signifie « Cité », la politique est la science qui s'occupe des affaires publiques et des principes du gouvernement.

1 D'où viennent les distinctions morales ?

A. Existe-t-il un principe inné de justice et de vertu* ?

Toutes les morales ne sont pas identiques, et devenir moral suppose une forme d'apprentissage et d'éducation. Mais on peut observer que les notions de « bien » et de « mal » existent partout et toujours et que nul homme n'ignore cette distinction : toute moralité renvoie à un sentiment* naturel par lequel nous jugeons si une action est bonne ou mauvaise et auquel Rousseau donne le nom de « *conscience* ».

B. La voix de la raison

Le sentiment suffit-il pour autant à définir l'expérience morale ? On admettra aisément qu'il ne suffit pas de se lamenter ou de se mortifier pour faire acte de moralité. C'est la raison plutôt que le sentiment qui peut éclairer l'homme sur son devoir et lui fournir la règle de la moralité. Ainsi, Kant *(Critique de la raison pratique)* réfute l'idée d'un sens moral qui permettrait à l'homme de déterminer la loi morale.

Kant (1724-1804)
La raison éclaire l'homme sur son devoir.

2 Le domaine de la politique

A. Tout est-il politique ?

On prétend souvent que « tout est politique », suggérant par là que tout est soumis à un calcul d'intérêt et un jeu de pouvoir. Si rien n'échappe au politique, alors toute pratique sincère de la justice est impossible. Cette affirmation faussement lucide et réellement désabusée désigne plutôt une perversion de la politique.

Notes

Elle révèle une incompréhension profonde de la nature du politique, puisqu'elle revient à nier les distinctions et les notions sur lesquelles se fonde la politique, comme le public et le privé, le lien civil, l'institution, la citoyenneté, le bien commun et la liberté.

B. La politique, « *science suprême* »

Parce qu'elle s'interroge sur le sens du bonheur collectif et les moyens d'y parvenir, la politique apparaît comme la discipline, théorique et pratique, qui intéresse l'homme comme membre d'une communauté. L'homme est par nature un animal politique, selon la célèbre formule d'Aristote : cela signifie que sa nature s'accomplit dans la politique et dans la Cité. La politique traite de ce qui intéresse la communauté dans son ensemble et ne vise pas, en premier lieu, l'enrichissement des individus, mais la paix civile et le bonheur des citoyens. Elle se fonde sur le « *Souverain Bien* ». Pour cette raison, elle est définie par Aristote comme « *la science suprême* ».

Aristote (384-322 av. J.-C.)
La politique est la science suprême.

3 Pourquoi obéit-on ?

A. Autorité et domination

L'une des distinctions essentielles sur lesquelles se fondent la politique et la morale est l'opposition entre autorité et domination. Dominer, c'est exercer sur autrui un pouvoir qui vise à diminuer ses forces et à l'asservir. La domination s'exerce donc au détriment de la liberté. En revanche, l'autorité, si elle suppose une forme d'obéissance, se justifie néanmoins par le fait qu'elle vise le bien de celui qui se trouve assujetti.

B. Mérite et responsabilité

C'est par le péché que l'homme connaît la souffrance ou la déchéance, mais c'est aussi par lui qu'il accède à la possibilité de devenir moral, puisque seul un être libre et perfectible peut prétendre à la moralité. C'est parce qu'il est l'auteur de ses actes que l'homme peut mériter les sanctions positives ou négatives – récompenses ou punitions – qui leur correspondent. La notion de « responsabilité » implique que l'homme, comme être moral et disposant d'un libre arbitre, soit capable d'assumer les conséquences de ses actes.

À retenir !

- Pour Rousseau, la conscience nous permet de juger naturellement qu'une action est bonne ou mauvaise.
- Selon Kant, la moralité n'est pas un sentiment mais le respect de la loi morale.
- D'après Aristote, l'homme est un animal politique : sa nature s'accomplit dans la Cité.

La connaissance

Connaître une personne ou un objet, ou encore le sens d'un mot, c'est être capable d'en donner une définition et de répondre à la question « Qu'est-ce que c'est ? », ou bien « Qui est-ce ? », ou encore « Qu'est-ce que cela signifie ? ». Pour connaître un objet, il ne suffit donc pas de le désigner, mais il faut savoir quelles sont ses propriétés ou tout simplement comment s'en servir, c'est-à-dire savoir ce que l'on peut faire avec cet objet. Connaître, ce n'est donc pas seulement définir : c'est aussi observer et décrire.

Notes

1 La connaissance comme résultat

A. Penser, réfléchir, connaître

Penser est un acte qui suppose un sujet, c'est-à-dire un être capable d'organiser ses idées* de manière cohérente et d'exercer son jugement, en distinguant le vrai du faux. De même, la réflexion suppose un effort volontaire par lequel l'esprit cherche en lui ce qu'il ne sait pas encore : la pensée suppose donc un travail de l'esprit. Mais penser ou réfléchir, ce n'est pas encore connaître, puisque je peux me tromper, ou réfléchir sans trouver la solution du problème qui occupe mon esprit.

B. Connaître, c'est découvrir l'essence ou la nature d'une chose

La pensée et la réflexion peuvent donc désigner une étape dans un processus dont la connaissance constitue le résultat. Réfléchir, c'est s'interroger. Connaître, c'est trouver. Ainsi, la connaissance est un savoir certain, qui s'oppose à l'ignorance et à la simple croyance ou opinion. Qu'elle soit le résultat d'une observation, d'une enquête ou d'une démonstration, la connaissance est toujours la découverte de la nature ou de l'identité de ce que l'on cherche à définir. La connaissance est le résultat de l'enquête.

2 La connaissance comme processus

A. La méthode

Il peut, néanmoins, sembler réducteur de considérer la connaissance comme ce qui met un terme à la recherche. Le chemin qui conduit au savoir fait partie du processus de connaissance. En effet, il ne peut y avoir connaissance de quelque chose que parce

Descartes (1596-1650)
La méthode est essentielle à la recherche de la vérité.

Notes

qu'il y a un esprit qui connaît, c'est-à-dire qui est capable de raisonner, de déduire* et de discerner. La méthode qui conduit au vrai est un moment essentiel dans la recherche de la vérité : ce n'est pas la même chose de découvrir la solution par hasard ou en trichant, que d'y parvenir par sa propre réflexion et une méthode rigoureuse. On ne peut réduire la connaissance à un résultat.

B. La connaissance comme processus ininterrompu

En réalité, l'expérience nous montre que nous n'en finissons pas d'apprendre et de découvrir de nouvelles propriétés : la connaissance est un processus ininterrompu. Les limites de notre savoir étant toujours provisoires, l'expérience apprend à ne pas considérer les connaissances établies comme des certitudes définitives. D'où l'intérêt de chercher à réaliser toujours de nouvelles expériences, notamment grâce au développement de la technique et à l'invention de nouveaux instruments. La connaissance progresse avec l'invention.

3 Peut-on se connaître soi-même ?

A. Connais-toi toi-même

Cette injonction peut sembler surprenante, car nous n'ignorons pas qui nous sommes : serions-nous étrangers à nous-mêmes ? L'adage socratique signifie surtout qu'il faut apprendre à connaître ses propres limites. Or, une telle entreprise suppose de la patience et du temps, et la conscience qu'il est toujours possible d'en apprendre sur nous-même, puisque notre identité n'est pas donnée de manière immédiate et définitive.

B. Sagesse et ignorance

Il est préférable, pour parvenir à la connaissance, de ne pas prétendre tout savoir : si le philosophe est un sage ou un savant, c'est au sens où il est capable de se tourner vers le savoir et d'être disposé à apprendre. Il n'est pas un connaisseur ni un expert, mais celui qui aime la sagesse et recherche la vérité. Il doit avoir présent à l'esprit cet autre adage de Socrate, qui nous met sur le chemin de la connaissance : tout ce que je sais, c'est que je ne sais rien.

Socrate (470-399 av. J.-C.)
Se connaître soi-même, c'est connaître ses limites.

À retenir !

- La connaissance est un savoir certain, qui s'oppose à la croyance et à l'opinion.
- Selon Descartes, pour parvenir à la connaissance, il faut conduire son esprit avec méthode.
- Le philosophe recherche la vérité car il aime le savoir et la sagesse.

L'art

Fiche 4

Philosophie

Notes

L'art est-il une mauvaise copie du monde et de ses apparences ou bien l'expression d'une pensée et de ses concepts* ? Que voulons-nous dire lorsque nous disons qu'une œuvre d'art est belle ? Paradoxalement, l'art est, à la fois, la mise en œuvre de règles et de procédés et ce qui semble échapper aux règles, comme le génie.

1 La critique de l'image

A. Le modèle et la copie (Platon)

Un artiste qui peint un lit copie le lit qui a été fabriqué par l'artisan, qui a lui-même imité un modèle abstrait* de lit, celui de l'« idée » de lit. Comme les apparences et la tromperie, l'art tente de copier le monde : c'est pour cette raison qu'il inspire de la méfiance au philosophe.

B. Le délire de l'inspiration

Platon condamne ainsi l'artiste comme un habile imitateur, qui n'a pas sa place dans la Cité. Pourtant, le poète est digne d'admiration, parce que son enthousiasme et son délire sont inspirés par les dieux, qui l'appellent à se tourner vers le Bien.

Platon (427-347 av. J.-C.)
L'œuvre d'art est une illusion.

2 Le goût et les règles de l'art

A. L'esthétique* et l'autonomie de l'art

Le jugement de goût, ou jugement esthétique, est différent du jugement de connaissance, car, lorsqu'on affirme que quelque chose est « beau », on ne peut pas le démontrer scientifiquement. C'est une affirmation fondée sur un sentiment particulier, et pourtant on considère que tout le monde devrait porter le même jugement (« c'est beau ») : ainsi, « *le beau plaît universellement et sans concept* » (Kant, *Critique de la faculté de juger*).

Kant (1724-1804)
Le beau plaît universellement et sans concept.

Notes

B. Le beau et le joli

On peut opposer le beau, qui renvoie à une harmonie, au joli qui, toujours bien fini, est inférieur au beau. Pour Baudelaire, le beau échappe aux règles, il est toujours bizarre *(Curiosités esthétiques)* : une œuvre d'art n'est pas seulement un objet bien fait ; elle doit surprendre, être suggestive.

C. Le beau dans la nature et le beau dans l'art

Selon Kant, les beautés de la nature sont supérieures à celles créées par l'homme. Alors que, pour apprécier les œuvres d'art, une certaine forme de connaissance ou d'apprentissage est utile, les beautés de la nature ne font appel qu'au jugement de goût, qui est désintéressé : il s'agit simplement de les contempler.

3 L'art et l'esprit

A. L'accord du sensible et du spirituel

Hegel considère, au contraire, que l'œuvre d'art manifeste la supériorité de l'esprit sur la nature, parce que l'art n'a pas pour but de reproduire ce qui existe déjà dans la nature et que la beauté artistique est née de l'esprit. L'œuvre d'art a un aspect matériel, mais elle a également une dimension spirituelle. L'œuvre d'art réunit le sensible et le spirituel : ainsi, les statues grecques reflètent-elles la découverte de la raison par les Grecs.

Hegel (1770-1831)
L'œuvre d'art manifeste la supériorité de l'esprit sur la nature.

B. L'art véritable n'imite pas mais crée une nouvelle réalité

L'art abstrait explore la possibilité de créer une nouvelle réalité, qui n'est pas une imitation de l'espace en trois dimensions, mais la production d'un nouvel espace : l'impressionnisme a ainsi tenté de recréer dans ses œuvres le mouvement. Quant au cubisme (Apollinaire, *Les Peintres cubistes*), il a construit un cadre indépendant, qui semble affranchi de l'espace et du temps.

À retenir !

- L'art qui se borne à imiter le monde est une tromperie, mais il est admirable lorsqu'il est inspiré par le Bien (Platon).
- Selon Kant, le jugement de goût est, à la fois, un sentiment particulier et un jugement universel.
- Pour Hegel, le beau de l'œuvre d'art, parce qu'il est issu de l'esprit humain, est supérieur au beau naturel.

Le bonheur

Fiche 5

Philosophie

Notes

Le bonheur, qui ne doit pas être confondu avec le plaisir, est-il à rechercher pour lui-même ou est-il l'aboutissement d'une vie vertueuse ? Peut-on l'atteindre par la volonté et la sagesse, ou bien dépend-il de la chance et de la bonne fortune ?

1 Bonheur et vertu*

A. Les plaisirs et les biens

Le bonheur ne dépend pas du nombre de biens que nous possédons, puisque la richesse ou la gloire sont illusoires et souvent sources de malheur. Comme l'enseigne Épicure *(Lettre à Ménécée)*, il faut mettre de l'ordre dans nos désirs, les hiérarchiser, pour ne pas confondre ceux qui nous mènent au bonheur et ceux qui ne mènent qu'au plaisir.

Épicure (341-270 av. J.-C.)
Il faut hiérarchiser nos désirs.

B. Le bonheur résulte de la vertu

Le bonheur est la satisfaction que nous tirons de nous-même. On n'accède à celui-ci qu'en échappant à l'illusion des biens qui n'y contribuent pas. Aristote *(Éthique à Nicomaque)* montre, ainsi, que le bonheur résulte de la vertu, dont la pratique nous permet d'accomplir nos véritables aspirations. En étant vertueux, nous ne manquons plus de rien.

2 Notre destin est-il d'être heureux ?

A. La félicité éternelle

S'il faut atteindre la sagesse pour atteindre le bonheur, notre désir d'être heureux risque, cependant, de rester insatisfait. La religion chrétienne enseigne que le bonheur n'est pas de ce monde car notre désir ne saurait être comblé que dans la communion avec Dieu et la félicité qu'elle procure à ceux dont l'âme sera sauvée (saint Augustin, *La Cité de Dieu*).

Saint Augustin (354-430)
Le vrai bonheur n'est pas de ce monde.

Notes

B. Le devoir s'oppose-t-il au bonheur ?

La morale n'est pas la recherche du bonheur, qui est égoïste. Elle s'impose à nous par des devoirs – un impératif catégorique auquel nous ne pouvons pas nous soustraire. Néanmoins, le fait d'accomplir notre devoir et d'être vertueux nous rend dignes d'être heureux, d'après Kant, dans la *Critique de la raison pratique*.

3 Le bonheur est-il une illusion ?

A. Une recherche vaine et incertaine

Celui qui considère qu'il faut rechercher le confort matériel ou encore la richesse et les honneurs pour atteindre le bonheur, se condamne nécessairement à l'insatisfaction. Ainsi, pour être un homme véritablement heureux, il ne suffit pas d'aspirer à ces satisfactions dérisoires, car seule la recherche de la vérité ou de la sagesse nous procurera une véritable satisfaction.

B. Le bonheur matériel est illusoire

Alors que le christianisme promettait le bonheur dans une autre vie, les sociétés modernes prétendent offrir un bonheur matériel à la portée de tous, exposé dans les catalogues et les vitrines des magasins. Mais cette mise en scène montre le caractère futile d'un bonheur matériel collectif, puisque s'en trouvent exclus les pauvres et les malchanceux.

C. Le bonheur est fade

Enfin, le désir du bonheur est fade. En recherchant le bonheur, nous refusons de faire de notre vie une mise à l'épreuve qui, seule, nous permet de trouver la vérité. Le désir d'un bonheur sans histoires, à l'abri de tout risque, est une forme de renoncement, un refus d'affronter ce que l'on craint le plus, à savoir la mort et notre propre destin, selon Nietzsche *(Ainsi parlait Zarathoustra)*.

Nietzsche (1844-1900)

Le désir du bonheur est fade et est un refus d'affronter notre destin.

À retenir !

- Pour atteindre le bonheur, il faut comprendre que tous les plaisirs ne se valent pas (Épicure).
- Selon Kant, la morale n'est pas la recherche du bonheur ; seul l'accomplissement du devoir nous rend dignes d'être heureux.
- La recherche du bonheur est fade, selon Nietzsche ; elle constitue un renoncement à notre destin.

La conscience

Fiche 6

Philosophie

Notes

Il faut distinguer plusieurs sens du mot « conscience » : « avoir conscience de quelque chose » signifie « en avoir connaissance », tandis que l'expression « avoir la conscience tranquille » manifeste la dimension morale de la conscience – ma conscience juge que je n'ai rien à me reprocher. La conscience réunit ainsi deux activités essentielles du sujet : celle qui consiste à connaître le monde et à se connaître soi-même, et celle qui consiste à porter des jugements moraux.

1 La conscience comme sentiment

A. Conscience et perception

Être conscient, c'est d'abord sentir et percevoir. Ainsi, pour être conscient, il faut être en état de veille et même de vigilance : la conscience est une forme d'attention à ce qui est perçu. Imaginons un homme au bord de la mer : il perçoit le bruit des vagues, le soleil au-dessus de l'horizon et peut-être un nuage. S'il n'y avait ni vague, ni soleil, ni horizon, il ne pourrait ni les percevoir ni en avoir conscience. Il n'y a donc pas de conscience sans objet*. Selon Husserl, *« toute conscience est conscience de quelque chose »*.

Husserl (1859-1938)
Toute conscience est conscience de quelque chose.

B. Sentiment d'existence et *cogito*

Mais l'homme n'a pas seulement conscience d'être là où il est, face à la mer et sous le ciel : indépendamment de tout objet extérieur, s'il fait attention à ce qui se passe dans son esprit, il se rend compte immédiatement qu'il pense et qu'il a une conscience. Cette dernière est donc un rapport immédiat de la pensée à elle-même : c'est ce que l'on nomme le *cogito*, qui signifie en latin « je pense ».

2 La conscience comme connaissance immédiate

A. La conscience, preuve de mon existence

Il suffit d'avoir conscience que je pense pour savoir que j'existe. Cette conscience de moi-même est la preuve de mon existence comme sujet, du moins pendant tout le temps que j'y pense. Dans les *Méditations métaphysiques*, Descartes met en doute l'existence du monde qui l'entoure et même l'existence de son corps.

Notes

Cependant, une vérité résiste au doute : la conscience de douter, qui lui révèle la réalité de sa pensée. L'expérience du doute est paradoxale : douter n'est pas savoir, mais, en ayant conscience de douter, je suis au moins certain que c'est moi qui pense.

Descartes (1596-1650)

Nous pouvons douter de tout, mais pas de la conscience que nous avons de douter.

B. La conscience, juge du bien et du mal

On parle d'avoir mauvaise conscience, d'avoir sa conscience pour soi. Le for intérieur désigne le tribunal de la conscience : l'homme qui manque à sa conscience est celui qui ne respecte pas ce que celle-ci lui dicte de faire. La conscience apparaît comme une instance de jugement du bien et du mal (Rousseau, *Émile*).

3 Les limites de la conscience

A. La veille et le sommeil

La conscience est également liée à l'état du corps. Ainsi, le passage de la veille au sommeil s'accompagne d'une modification de notre état de conscience. Mais le sommeil n'est pas pour autant un état d'inconscience, comme dans les pertes de connaissance, le coma ou la mort, ni une altération de la conscience. Il est plutôt un ralentissement des activités physiologiques et psychiques, qui peut, par ailleurs, s'accompagner de sensations et d'une activité de l'imagination, comme dans les rêves.

B. Les perceptions non conscientes

Même à l'état de veille, la conscience peut être une connaissance confuse. Ainsi, on peut entendre le bruit de la mer, sans distinguer les petits bruits dont l'assemblage compose le mugissement de la vague. C'est ce que Leibniz appelle les « *petites perceptions* », qui sont trop nombreuses pour être connues distinctement, mais qui nous affectent sans que l'on s'en aperçoive. Ainsi, nous percevons certains bruits sans y faire attention.

Leibniz (1646-1716)

Les *« petites perceptions »* sont des perceptions inconscientes.

À retenir !

- Selon Husserl, il n'y a pas de conscience sans objet : « *toute conscience est conscience de quelque chose* ».
- Selon Descartes, l'expérience de la conscience ne peut pas être mise en doute.
- Pour Leibniz, il existe des « *petites perceptions* » qui sont inconscientes.

Le devoir

Fiche 7

Philosophie

Notes

Le devoir n'est pas un ordre que l'on suit aveuglément et comme mécaniquement, ni une contrainte à laquelle on se plierait par crainte d'un châtiment : il exige la volonté* d'une personne libre qui n'agit pas par intérêt, mais sans autre motivation que celle d'accomplir son devoir.

1 Devoir, contrainte, intérêt

A. Nul n'est méchant volontairement

Pour Socrate, dans le *Ménon* de Platon, le mal est la conséquence de l'ignorance : ceux qui n'accomplissent pas leur devoir et commettent le mal le font par ignorance, parce qu'ils ne connaissent pas le vrai Bien. Nul n'est méchant volontairement.

Socrate (470-399 av. J.-C.)
Le mal est la conséquence de l'ignorance.

B. Devoir et intérêt

On ne fait pas son devoir parce qu'on espère recevoir une récompense, ni par crainte, sans quoi il ne s'agit pas de devoir mais d'intérêt. On fait son devoir uniquement parce que c'est notre devoir, ce que Kant a nommé « *l'impératif catégorique* ». Le devoir est étranger à l'intérêt.

2 Devoir et liberté

A. Accomplir son devoir

Le devoir est une tâche à accomplir. Lié à la nécessité pour l'homme de triompher de ses désirs, il constitue une victoire sur l'instinct. En obéissant au devoir, l'homme montre qu'il peut s'élever au-dessus de la nature et des mauvaises passions* comme la jalousie ou le désir de vengeance. Le devoir n'est donc ni une simple contrainte sociale ni un obstacle à la liberté.

B. L'autonomie de la volonté

Le devoir suppose une volonté autonome du sujet (la bonne volonté est, pour Kant dans les *Fondements de la métaphysique des mœurs*, celle qui se donne sa propre loi) et non la connaissance d'un principe extérieur à la volonté comme la punition, l'interdit ou la contrainte. Agir moralement, c'est agir librement.

Kant (1724-1804)
Le devoir suppose une volonté libre.

Notes

C. La critique du devoir

On peut distinguer la morale, faite d'impératifs et d'interdits (« Tu ne feras pas cela parce que la loi te l'interdit ») et l'éthique (Spinoza, *Éthique*), faite de règles de conduite, de compréhension et de connaissance des principes (« Je ne ferai pas cela parce que ce n'est pas bon pour moi »). D'après Spinoza, c'est la connaissance, et non l'obéissance, qui peut rendre l'homme meilleur.

3 Devoir et intersubjectivité

A. Le visage d'autrui nous révèle notre devoir

Notre devoir n'est pas déduit de la raison : il nous est révélé par la perception du visage d'autrui, dans une expérience intersubjective (c'est-à-dire « entre sujets »). D'après Emmanuel Levinas dans *Totalité et Infini*, être confronté à un visage, c'est faire l'expérience de la vulnérabilité d'autrui et de notre responsabilité vis-à-vis de lui.

B. L'éthique de la discussion

La conscience que les hommes ont de leurs devoirs ne prend cependant pas nécessairement la forme d'un ordre indiscutable dicté par notre conscience comme chez Kant, mais peut être élaborée dans le cadre d'un dialogue, grâce à ce que Jürgen Habermas a appelé l'« *éthique de la discussion* » *(De l'éthique de la discussion)*. Suivant cette théorie, c'est en visant l'universalité (et non des intérêts particuliers), dans un dialogue, que les sujets élaborent des principes moraux. Comme chez Kant, le principe moral est indépendant des intérêts particuliers, mais cette fois il est issu d'un dialogue entre plusieurs sujets.

Habermas (né en 1929)

Le devoir n'est pas un ordre, mais peut être défini dans le cadre d'une discussion rationnelle.

C. Nos devoirs vis-à-vis des générations futures

Nous savons maintenant que les ressources de la nature ne sont pas inépuisables. Par conséquent, d'après Hans Jonas, nous avons une responsabilité vis-à-vis des générations futures : nous devons agir pour garantir *« la permanence d'une vie authentiquement humaine sur Terre » (Le Principe responsabilité)*.

À retenir !

- Selon Platon, celui qui connaît le bien ne peut commettre le mal.
- D'après Kant, lorsque l'on accomplit son devoir, on le fait indépendamment de toute notion d'intérêt.
- Les principes moraux sont le résultat d'une discussion entre individus rationnels (Habermas).

L'État

Fiche 8

Philosophie

Notes

Par opposition à la communauté politique elle-même (la société, le « corps social »), l'État constitue l'organisation politique et juridique d'un pays.

1 Le politique avant l'État

A. La Cité

La Cité antique désigne une communauté de citoyens où les liens politiques entre les hommes apparaissent comme la réalisation de leur nature : « *L'homme est par nature un animal politique* » (Aristote, *La Politique*). Ce sont les vertus* et une langue communes qui rassemblent les hommes pour leur permettre de bien vivre.

Aristote (384-322 av. J.-C.)
L'homme est un animal politique.

B. L'état de nature*

Les théoriciens de l'État à l'âge classique opposent l'état de société à l'état de nature. À l'état de nature, les désirs de l'homme n'ont pour obstacles que la rareté des objets désirés et les désirs semblables des autres hommes. Cet état est invivable puisque nos désirs entrent en concurrence avec ceux des autres (Thomas Hobbes, *Léviathan*). Il faut donc que l'État vienne borner les désirs de chacun en créant des lois.

2 L'État comme artifice juridique

A. L'État, produit d'un contrat

Hobbes décrit, dans *Léviathan*, la construction de l'État par un contrat : les individus font le calcul qu'ils ont intérêt, pour survivre, à abandonner tous leurs droits naturels au profit d'un État capable de les protéger des menaces de l'état de nature.

Hobbes (1588-1679)
Les individus créent l'État pour assurer leur survie.

B. L'État comme monopole de l'usage légitime de la force

L'État détient toute la puissance que les individus lui ont conférée dans le contrat. Il possède le pouvoir de légiférer, d'administrer, de punir. Il est un tiers qui a pour fonction d'arbitrer tous les conflits qui, à l'état de nature, ne se règlent que par l'exercice

Notes

de la force. Le sociologue Max Weber y voit un groupement d'hommes unis en vue d'établir un monopole de la domination politique *(Le Savant et le Politique)*.

C. L'État comme monopole de la législation

L'État est juge et législateur, puisqu'il est seul dépositaire de la souveraineté : il élabore le droit. La limite de ce monopole est l'« état de droit » : dans ce dernier, le pouvoir de l'État est limité par la loi. Par opposition, la raison d'État voudrait justifier toute décision arbitraire en disant que l'État, en tant que source de la loi, est au-dessus de la loi.

3 L'État, régulateur de la société civile

A. L'État dépasse les intérêts individuels

La vocation législatrice de l'État est, en fait, une vocation rationnelle : l'État est une organisation cohérente qui vient, selon Hegel, incarner l'Esprit dans la société des hommes et en est la plus haute réalisation. Ainsi, l'État est la fin et les citoyens, les moyens.

Hegel (1770-1831)

L'État est la plus haute réalisation humaine.

B. L'appareil étatique, instrument de domination d'une classe

Pour Marx et Engels, l'État, tel qu'il existe, est essentiellement un appareil répressif, qui représente et défend avant tout les intérêts d'une classe dominante, tout en s'efforçant de dissimuler ce fait. L'État instaure et maintient un ordre qui repose, en réalité, sur l'opposition entre dominants et dominés.

C. L'État régulateur

Cependant, avec le développement des activités économiques, l'État devient, de plus en plus, leur régulateur et tient le rôle d'arbitre qui favorise l'égalité des chances entre les individus : c'est la conception libérale de l'État qui, selon John Rawls dans *Théorie de la justice*, doit répartir les biens entre les individus de manière équitable.

À retenir !

- Selon Aristote, les hommes, qui sont des animaux politiques, réalisent leur nature en société.
- Selon Hegel, l'État incarne l'Esprit et la raison.
- D'après Max Weber, l'État détient le monopole de l'usage légitime de la force, qui n'est plus du ressort des individus.

L'inconscient

Fiche 9

Philosophie

Notes

L'inconscient désigne ce qui échappe à la conscience.

1 Le rôle de l'inconscient dans la vie psychique

A. Les formes de l'inconscient

L'inconscient peut désigner diverses formes de la vie psychique : ainsi, les automatismes et les conduites instinctives ont été considérés par la psychologie et la médecine comme des manifestations de l'inconscient, car il ne semble pas nécessaire d'en avoir conscience pour qu'ils se manifestent. Il en va de même pour certains phénomènes comme le somnambulisme ou l'hypnose.

B. L'inconscient n'est pas un autre moi

Le fait qu'une partie de notre psychisme* soit inconscient ne signifie pas que le sujet* est divisé ou qu'il y a une lutte entre la conscience et l'inconscient : il s'agit plutôt d'un ensemble dont une partie est cachée ou paraît inaccessible à la conscience. Ainsi, l'esprit humain a pu être comparé à un iceberg, dont la plus grande partie se trouve sous la surface. De ce point de vue, même si l'inconscient peut venir perturber la conscience, il n'est pas une force qui rivalise avec elle, mais plutôt l'expression d'une activité non consciente du sujet.

2 L'inconscient freudien et ses critiques

A. Le concept d'« inconscient » chez Freud

Freud (1856-1939)
Certaines pulsions sont inavouables.

Avec Freud, le terme d'« inconscient » devient le concept clé de la psychanalyse. L'inconscient est une hypothèse nécessaire pour comprendre pourquoi notre conscience ne peut expliquer tel ou tel comportement et pour interpréter les rêves ou les symptômes des névrosés. D'après lui, ces actes sont le produit de refoulements, certaines pulsions inavouables, condamnées par notre conscience morale, demeurant hors du domaine de la conscience, même si elles se manifestent parfois dans le langage, avec notamment certains lapsus.

B. L'hypothèse de l'inconscient, manifestation de la *« mauvaise foi »*

Sartre (1905-1980)

Parler de l'inconscient, c'est faire preuve de mauvaise foi.

Donner à nos actes une motivation inconsciente, voilà qui est bien commode, écrit Sartre : cela nous permet de ne pas prendre la responsabilité de nos actes. Parler de l'inconscient, c'est refuser notre liberté et faire preuve de *« mauvaise foi »* d'abord vis-à-vis de soi-même : la conscience se ment à elle-même lorsqu'elle impute la responsabilité de tel ou tel acte à un « inconscient ».

3 L'« inconscient collectif »

A. Légendes, rêves et archétypes

La notion d'« inconscient collectif » a été étudiée par le psychiatre suisse Carl Jung (1875-1961) et est à l'origine de sa rupture avec Freud. L'hypothèse d'un inconscient collectif permet notamment de comprendre le rôle des structures psychiques collectives dans le développement de l'individu. Son existence est liée à la présence, dans chaque inconscient, de ce que Jung nomme des *« archétypes »*, c'est-à-dire des images atemporelles, collectives et immuables, qui constituent une sorte de fonds commun à tous les hommes.

B. Inconscient et histoire

La psychanalyse a pu être interprétée comme la recherche des secrets du moi ou de l'intimité profonde. Cependant, comme l'illustre la notion d'« inconscient collectif », elle apparaît aussi et surtout comme une volonté de comprendre les rapports entre l'individu et la collectivité : en montrant, par exemple, le rôle que jouent certaines représentations collectives (le mythe d'Œdipe) dans la constitution de l'identité individuelle.

À retenir !

- Selon Freud, l'inconscient n'est pas un autre moi, mais une partie, souvent cachée, de notre psychisme. Néanmoins, certaines pulsions refoulées se manifestent dans le langage sous la forme de lapsus.
- Pour Sartre, la conscience se ment à elle-même lorsqu'elle impute la responsabilité d'un acte à l'inconscient.
- L'« inconscient collectif » désigne chez Jung des *« archétypes »* ou images communes à tous les hommes.

La justice

La justice est, à la fois, une vertu morale, celle de l'homme juste, et une institution qui détermine ce qui est permis ou défendu dans le cadre de la vie en société.

1 La justice comme vertu individuelle et collective

A. La justice comme vertu

La justice est la vertu de celui qui accorde aux différentes parties de l'âme la place qui doit revenir à chacune, en maintenant entre elles un ordre harmonieux (Platon, *La République*) : la raison doit ainsi commander à la volonté et aux désirs. *A contrario*, les hommes qui agissent sans réfléchir et uniquement pour satisfaire leurs désirs, comme ceux qui ont condamné à mort Socrate, sont injustes.

Platon (427-347 av. J.-C.)

La justice est la vertu de celui qui soumet sa volonté et ses désirs à la raison.

B. Justice distributive et justice commutative

Au-delà de la vertu individuelle, la justice ou son opposé, l'injustice, se manifestent d'abord dans les rapports entre les hommes vivant en société (Aristote, *Éthique à Nicomaque*, livre V). Ainsi, l'homme juste ou les lois justes veillent à la répartition des biens et des honneurs en fonction des mérites de chacun (justice distributive), mais également à l'équivalence entre choses échangées, par exemple dans le cadre d'un contrat (justice commutative).

2 L'institution de la justice, résultat d'une convention

A. Pour sortir de l'état de nature*, la nécessité de recourir à un tiers qui dicte la loi

En l'absence d'État et de loi, à l'état de nature, chaque homme cherche à prendre l'avantage sur ses semblables, ce qui conduit, selon Hobbes *(Léviathan)*, à un état de guerre de tous contre tous. Tant qu'un souverain n'a pas prescrit à tous les hommes ce qui est juste et ce qui ne l'est pas, leurs désirs n'auront pas de limite. Aussi est-il nécessaire d'instituer le droit et la loi, afin de pouvoir vivre en sécurité.

Notes

B. Grâce à la loi, la justice sort de la sphère privée et réalise l'égalité entre les citoyens

Le « contrat social » tacite passé entre les citoyens fait ainsi passer la justice de la sphère privée à la sphère publique : grâce à la loi, qui ne porte pas sur des situations ou des individus particuliers, mais applique des principes d'organisation générale de la société, chacun sait ce qui est permis ou défendu à tous (Rousseau, *Du Contrat social*). Ainsi, pour la loi, il n'y a pas « deux poids, deux mesures ».

Rousseau (1712-1778)
La loi instaure l'égalité des citoyens.

3 La justice sociale, de l'égalité devant la loi à l'égalité réelle

A. La loi ne prend pas en compte les inégalités

Dans sa critique du droit, Karl Marx *(Le Capital)* affirmait que la loi était injuste car elle ne prenait pas en compte les inégalités réelles entre les individus de différentes classes sociales, et n'instaurait, de ce fait, qu'une égalité abstraite. Le socialisme permettrait d'établir la vraie égalité, et donc la justice, avant que le communisme ne crée l'abondance.

B. La justice doit garantir l'égalité des droits et corriger les inégalités économiques

Pour John Rawls *(Théorie de la justice)*, le premier principe de justice est bien celui de l'égalité des droits, chaque personne ayant droit au maximum de libertés (liberté de conscience, liberté d'association, etc.) qui soit compatible avec les libertés d'autrui. Suivant le second principe, les inégalités sociales et économiques doivent être réparties en assurant l'égalité des chances.

Rawls (1921-2002)
Les principes de justice visent à garantir l'égalité des droits et l'égalité des chances.

À retenir !

- Pour Platon, la vertu de justice consiste à assurer l'harmonie entre la raison, la volonté et les désirs.
- Selon Rousseau, tous les citoyens sont égaux devant la loi.
- Selon Rawls, la justice doit non seulement garantir la liberté mais aussi instaurer l'égalité des chances.

Le langage

Fiche 11

Philosophie

Notes

Le langage est un système de signes qui permet de communiquer et d'exprimer ses pensées et ses sentiments. Bien que les deux termes soient proches, on peut distinguer le langage comme capacité à pouvoir communiquer et la langue comme outil permettant de développer cette faculté.

1 Les éléments nécessaires à la formation d'un langage

A. Le langage comme système de signes*

Le langage, en tant qu'instrument de communication, est un système de signes qui constitue un code. On peut ainsi distinguer plusieurs types de langages : gestes, symboles*, mots.

B. Signifiant et signifié

Le signe linguistique a un caractère arbitraire* : il est une invention humaine qui, comme l'a montré le linguiste Ferdinand de Saussure, associe par convention un signifiant (le son, la trace écrite) et un signifié (la représentation mentale associée). De plus, ces signes peuvent s'étendre à de nouvelles significations (ils sont « *mobiles* », comme l'écrit Bergson).

C. Langage et raison

Descartes (1596-1650)
Les bêtes n'ont aucune pensée.

Le langage à proprement parler ne se réduit donc pas à un système clos, un nombre fini de signes, comme peuvent en posséder les animaux. Il suppose la présence de la raison, qui est « *un instrument universel qui peut servir en toutes sortes de rencontres* » (Descartes, *Discours de la méthode*, V). L'homme, seul être capable de parole, peut créer un nombre infini de signes pour s'adapter à un nombre illimité de situations. Ainsi, comme l'écrit Descartes *(Lettre au marquis de Newcastle)*, « *ce qui fait que des bêtes ne parlent point comme nous est qu'elles n'ont aucune pensée, et non point que les organes leur manquent* ».

2 Les pouvoirs du langage

A. Un outil redoutable mais essentiel

Le langage peut être un redoutable instrument de séduction et de domination pour celui qui est habile à parler (Platon, *Gorgias*). Mentir, flatter, persuader : le langage permet de vaincre toutes

Notes

les résistances et ses pouvoirs sont sans limites. Mais le langage est également essentiel à l'exercice de la philosophie, car la pensée a besoin du *logos**, qui, pour les Grecs, désigne à la fois « le langage » et « la pensée ». Pour Platon, le mot doit exprimer l'idée et le langage doit être soumis à la raison.

B. C'est dans les mots que nous pensons

« L'ineffable », ce qui ne peut être exprimé par la parole, est, en réalité, une pensée confuse. D'après Hegel, il n'y a pas de pensée réelle hors du langage. Si le silence a parfois du sens, ce n'est que parce qu'il met en valeur les paroles auxquelles on pense sans pourtant les prononcer.

Hegel (1770-1831)
C'est dans les mots que nous pensons.

3 Les critiques du langage

A. Une punition divine

D'après la Genèse *(La Bible)*, la diversité des langues a été introduite par Dieu au sein de l'humanité pour la punir de son orgueil. Les hommes voulaient, en effet, construire une tour jusqu'au ciel (Babel). Ce projet était facilité par le fait qu'ils parlaient tous une même langue, mais l'introduction de la diversité des langues par Dieu les a contraints à modérer leur ambition et à se répandre sur toute la Terre.

B. Le langage exprime des généralités

Pour Bergson *(Le Rire)*, le langage est avant tout utilitaire et n'exprime que des généralités. Un mot ne désigne pas un objet singulier, mais une catégorie d'objets : il est une étiquette posée sur la chose. Le langage est donc inapte à traduire la richesse des émotions ainsi que le caractère unique de chaque objet ou de chaque événement. Néanmoins, le langage poétique permet, certainement, de traduire une plus grande variété de nuances que le langage ordinaire, qui sert essentiellement à communiquer de manière rapide et efficace.

à retenir !

- Selon Saussure, le signe linguistique est arbitraire.
- Le *logos* désigne, pour les Grecs, le langage et la pensée.
- Pour Bergson, le langage est inapte à traduire la richesse des émotions.

La liberté

Fiche 12

Philosophie

Notes

La liberté désigne, à la fois, l'absence de contraintes et la capacité de se déterminer soi-même.

1 La liberté de la volonté

A. Libre arbitre* et liberté

Le « libre arbitre » pour Descartes est la capacité de la volonté à se déterminer elle-même, indépendamment de toute contrainte extérieure *(Méditations métaphysiques)*. Dans son degré le plus bas, le libre arbitre s'exprime dans la « *liberté d'indifférence* » (faire un choix arbitraire, sans le comprendre). Dans son degré supérieur, il désigne une liberté soumise à la connaissance (choisir le vrai) ou à la morale (choisir le bien).

B. Liberté et nécessité* sont compatibles

Cependant, si nous pouvons avoir l'impression que nous sommes libres lorsque nous désirons accomplir une action, ce désir dépend d'une cause (Hobbes, *Léviathan*, XXI). Tout ce qui advient a nécessairement une cause, et c'est une illusion de croire que notre liberté est absolue et non déterminée.

C. La connaissance des causes, condition de la liberté

La croyance que notre volonté est libre est une illusion liée au fait que nous ne connaissons pas les causes qui nous ont déterminés à agir. Il n'y a, pour Spinoza, aucune volonté absolument libre (*Éthique*, I, proposition 32), la vraie liberté ne pouvant être que la connaissance de la nécessité qui nous a poussés à telle ou telle action. La servitude est, en fait, l'état de celui qui se croit libre, hors de toute nécessité : ignorant les causes qui le déterminent, il vit dans l'illusion qu'il a le choix.

Spinoza (1632-1677)
La vraie liberté est la connaissance de la nécessité.

2 Liberté et moralité

A. La volonté libre est l'auteure de la loi qu'elle suit

La volonté n'est pas libre si elle est soumise à nos désirs et à nos envies et ne vise qu'à leur satisfaction. Pour être libre, la volonté doit obéir à des lois qu'elle s'est elle-même données, et non être l'esclave des appétits ou des instincts (Rousseau, *Du Contrat social*).

Notes

B. L'autonomie de la volonté, condition de la moralité

L'autonomie désigne le fait d'obéir à des lois que l'on s'est données à soi-même. Faire quelque chose parce qu'on y est contraint ou parce qu'on y a intérêt n'est pas en soi moral, car notre volonté a été déterminée par autre chose que la morale. Un acte n'est moral que si la volonté a choisi librement de l'accomplir, en vertu de la loi morale et non en vertu d'un intérêt particulier ou de la crainte d'un châtiment (Kant, *Fondements de la métaphysique des mœurs*).

Kant (1724-1804)

La volonté libre est autonome.

3 La liberté politique

A. La liberté civile

Pour Rousseau, l'homme ne doit pas abandonner une partie de sa liberté en sortant de l'état de nature : il doit être aussi libre en société qu'avant de s'associer à d'autres hommes. En effet, il ne forme la société que parce que sa volonté est identique à ce qu'il nomme la *« volonté générale »*, qui vise l'intérêt de la société. Cette volonté n'est pas la somme de volontés individuelles, mais est une volonté collective unique et identique pour tous, celle du corps social guidé par la raison vers l'intérêt de tous.

Rousseau (1712-1778)

La volonté générale n'est pas la somme des volontés particulières.

B. Liberté des Anciens, liberté des Modernes

Suivant Benjamin Constant *(Discours à l'Athénée)*, il faut distinguer la liberté des Anciens, qui ne consiste que dans la participation du citoyen aux activités de la Cité, de la liberté des Modernes, qui est une liberté d'être indifférent à la chose politique et de se consacrer à sa vie privée et aux échanges économiques : cela ne signifie pas que les Modernes ont abandonné toute liberté politique, mais plutôt que les deux libertés coexistent désormais.

À retenir !

- Selon Spinoza, ce qui définit la liberté n'est pas l'absence de causes, mais la connaissance des causes qui nous déterminent à agir.
- Pour Kant, la morale suppose la liberté de la volonté.
- D'après Rousseau, la volonté générale est une volonté collective qui vise l'intérêt de la société.

La nature

Notes

La nature désigne, par opposition à la culture ou à la technique, ce qui n'a pas été modifié par l'homme. Est naturel ce qui est à l'état brut et non domestiqué. Mais, en un sens plus large, la nature désigne aussi le monde et l'univers, ou encore l'ensemble des propriétés qui définissent un être (la nature humaine).

1 Faut-il opposer nature et culture ?

A. La nature est-elle sauvage ?

Merleau-Ponty (1908-1961)

Tout est fabriqué et tout est naturel chez l'homme.

Ce qui est naturel s'oppose à ce qui est artificiel ou acquis, factice ou maniéré. Le naturel désigne donc à la fois ce qui n'a pas été transformé par le travail ou l'éducation et ce qui est sincère ou authentique. Le mot *natura*, en latin, est formé à partir du verbe *nascor* (« naître »). Il désigne le fait de la naissance, l'état naturel d'une chose, mais aussi le monde physique. La nature s'oppose donc à la culture, qui suppose une transformation, un apprentissage. Mais, comme le remarque Merleau-Ponty, ce qui semble naturel chez l'homme est, en réalité, institué : ainsi, il est *« conventionnel de crier dans la colère ou d'embrasser dans l'amour »*.

B. L'état de nature*

Pourtant, on peut distinguer en l'homme ce qui relève des mouvements spontanés, comme les passions, et ce qui relève de l'institution proprement dit. Pour ce faire, certains philosophes ont imaginé un « état de nature » : celui-ci n'a jamais existé en tant que tel, mais il permet de rendre compte du comportement des hommes en dehors de l'institution, sans discipline et sans instruction. Ainsi, pour Kant *(Traité de pédagogie)*, *« l'état sauvage est l'indépendance envers les lois »*.

2 Les lois de la nature

A. L'objet de la physique

L'idée d'une nature sauvage (celle des instincts et des pulsions), sans ordre ni discipline, doit pourtant être distinguée de la nature (*physis* en grec) étudiée par le physicien : qu'il s'agisse de la loi

Notes

universelle de la gravitation découverte par Newton, ou du principe thermodynamique de la conservation de l'énergie, la science nous montre que la nature n'est pas un chaos, mais qu'elle est soumise à des lois, même dans ses manifestations les plus spectaculaires (orages, tremblement de terre, raz-de-marée).

B. Un livre écrit en langage mathématique

Pour Galilée, il est possible d'étudier les phénomènes scientifiquement et d'en donner une formulation mathématique. Ainsi, la force d'attraction, phénomène* que chacun peut constater en lançant un objet au sol, peut également être exprimée par la loi d'attraction sous la forme d'une équation mathématique. D'ailleurs, pour Spinoza, qui considère que l'homme est une partie de la nature, il est aussi possible d'étudier ses passions comme s'il s'agissait de figures géométriques, car les passions ont des propriétés et obéissent à des lois.

Galilée (1564-1642)
La nature est un livre écrit en langage mathématique.

3 Faut-il prendre la nature pour modèle ?

A. Préserver la nature

Le retour à la nature a alimenté bien des rêves de l'homme moderne, en particulier depuis qu'il a pris conscience de l'épuisement des ressources naturelles et de l'impact de la dégradation de l'environnement sur sa santé, ainsi que de l'extinction progressive des espèces animales. Il ne s'agit plus seulement de comprendre la nature ou de la maîtriser, mais également de la préserver.

B. Ressources naturelles et environnement

Le retour à une nature non modifiée par l'homme est certainement impossible. Paradoxalement, la préservation et la création de nouveaux espaces naturels dépendent de l'action humaine, et de sa capacité à faire coexister progrès technique et respect de l'environnement, en favorisant la croissance verte.

À retenir !

- Selon Merleau-Ponty, il est impossible de séparer en l'homme ce qui est naturel et ce qui est acquis.
- Pour Spinoza, l'homme est une partie de la nature.
- Pour Galilée, les mathématiques permettent d'exprimer les lois scientifiques de la nature.

La raison

Fiche 14

Philosophie

Notes

La raison est, avant tout, une faculté de l'esprit, celle de l'être raisonnable, capable de bien juger et de faire preuve de bon sens. Mais elle désigne aussi la capacité de l'être rationnel à suivre des principes et des règles, comme dans la démonstration ou le calcul.

1 Juger et raisonner

A. Le bon sens et la raison

Lorsqu'il écrit que *« le bon sens est la chose du monde la mieux partagée » (Discours de la méthode)*, Descartes affirme que la raison est naturellement égale en chaque homme. Bon sens et raison sont, ici, des termes synonymes et correspondent à la *« puissance de bien juger et distinguer le vrai d'avec le faux »*.

B. Qu'est-ce que bien juger ?

Bien juger suppose une capacité naturellement présente en l'esprit de chaque homme, et qui, selon Descartes, nous distingue des animaux. Parce que chaque homme dispose de cette faculté, chacun s'estime en droit d'émettre un jugement. Mais chaque homme, quelles que soient son intelligence ou sa culture, est aussi soumis à l'erreur, car il ne fait pas toujours bon usage de sa raison.

Descartes (1596-1650)
La raison est la puissance de distinguer le vrai du faux.

2 Bien conduire sa raison

A. La méthode

Toute méthode s'acquiert car l'esprit n'est pas naturellement méthodique. Pour éviter les erreurs, il convient non seulement de se prémunir contre certains défauts, comme la précipitation, mais également de diviser la difficulté ou de commencer par le plus simple et, comme l'écrit Descartes, de *« conduire par ordre mes pensées » (Discours de la méthode)*.

B. La raison et la science

Faire usage de sa raison, c'est non seulement être raisonnable, c'est-à-dire prudent et attentif, mais également suivre les principes de la raison, qui sont des principes logiques : ni incohérents ni contradictoires. Comme dans une démonstration ou un raisonnement mathématique, les principes de la raison suivent

Notes

un ordre rigoureux qui doit nous permettre de découvrir la vérité. Ainsi, pour Descartes, les mathématiques sont le modèle de toute science.

C. Raison et parole

C'est parce qu'il est le signe de la raison que, selon Descartes, le langage est le propre de l'homme. Ainsi, lorsqu'un autre homme nous parle, nous savons que ce n'est pas une simple machine car la parole manifeste son intelligence. Le bon usage de la raison passe aussi par un usage correct du langage, en évitant les équivoques ou les contradictions. Apprendre à parler, c'est aussi apprendre à penser.

3 Rationnel et raisonnable

A. La raison n'est-elle qu'un calcul ?

Être rationnel*, c'est suivre un certain nombre de règles pour parvenir à un résultat correct, comme dans un calcul. Mais la raison ne se réduit pas à l'usage mécanique des règles : il ne s'agit pas simplement de calculer comme pourrait le faire une machine. Il faut aussi être capable de s'interroger sur le sens et les fins de nos actions.

B. Raison théorique et raison pratique

La raison théorique ou spéculative cherche à connaître : c'est elle dont on fait usage dans les sciences. La raison pratique se rapporte à la morale, à la politique et au droit. Elle concerne les domaines où l'homme est amené à s'interroger sur la valeur de ses principes et à élaborer lui-même les valeurs qui guident son action. La raison pratique ne concerne donc pas simplement l'application des règles, mais aussi la détermination de ce qui est moral et de ce qui ne l'est pas.

Kant (1724-1804)

Le domaine du rationnel appartient à la science, le domaine du raisonnable relève de la morale.

À retenir !

- Pour Descartes, bon sens et raison sont synonymes.
- Selon Descartes, la méthode consiste à conduire par ordre ses pensées.
- Selon Kant, la raison pratique se rapporte à la morale, à la politique et au droit.

La religion

Fiche 15

Philosophie

Notes

La religion désigne « la relation de l'homme au divin ». Elle se caractérise par des dogmes, des institutions, mais aussi par une foi, un sentiment religieux.

1 Origines, formes et fonctions de la religion

A. Donner une explication du monde

Les théogonies, récits mythiques qui racontent la formation du monde, tentent d'éclairer l'homme sur ses origines et de lui rendre l'univers familier, notamment en créant des divinités anthropomorphiques. Ces récits sont fondateurs d'une communauté et d'une culture.

B. Le sacré

Le sacré est une dimension essentielle de toute religion. Il se caractérise par l'affirmation d'un domaine séparé, opposé au profane, qui fait l'objet d'une vénération et d'un respect absolus. Le domaine du sacré repose sur un ensemble d'interdits ou de « tabous », et il suscite, à la fois, de la crainte et du respect. Comme l'explique Freud dans *Totem et Tabou*, est « tabou » ce qui inspire une terreur sacrée.

C. Foi, croyance et institutions

On peut distinguer, avec Henri Bergson, deux types de religions : la religion dynamique, c'est-à-dire le sentiment religieux (la foi), dont la forme la plus accomplie est le mysticisme, et le culte statique* des dieux primitifs, lié à la morale sociale et à l'habitude, qui a une fonction d'organisation au niveau collectif.

Bergson (1859-1941)

La religion dynamique est un élan d'amour qui transporte l'âme.

2 Religion, raison et aliénation

A. La philosophie, servante de la religion

La philosophie a longtemps été considérée comme la servante de la religion, l'autorité de l'Écriture ayant plus de valeur que celle de la raison. La lumière naturelle* de la raison était alors subordonnée aux lumières surnaturelles de la Révélation et de la foi.

Notes

B. La critique philosophique du dogme religieux

Le siècle des Lumières, en particulier à travers les encyclopédistes, critique la religion comme source d'obscurantisme, mais il s'agit surtout d'une critique du dogme et du fanatisme. Pour Kant, la pratique de la foi et l'existence de la raison sont compatibles *(La Religion dans les limites de la simple raison)*.

C. La critique de la religion comme aliénation*

La religion entretient les illusions et les mystifications. En projetant dans l'au-delà la possibilité du bonheur, elle rend impossible l'idée d'un bonheur ici-bas (Feuerbach). La religion console l'homme de sa misère sociale, mais elle entretient son aliénation : « *la religion* [...] *est l'*opium *du peuple* » (Marx).

3 Qu'est-ce que « *la mort de Dieu* » ?

A. Le sens historique de « *la mort de Dieu* »

Au Moyen Âge, la religion était un lien social et spirituel entre les croyants, unis par la foi, des valeurs communes et un texte (la *Bible* pour les juifs et les chrétiens, le *Coran* pour les musulmans). Avec la dissolution des structures traditionnelles de la société et la montée de l'individualisme, la religion voit son rôle affaibli.

B. Le sens philosophique de « *la mort de Dieu* »

La célèbre formule de Nietzsche désigne non seulement la perte de la croyance en un être transcendant*, mais également l'exigence, pour la libre pensée, de se débarrasser de l'adoration des idoles et de toutes les valeurs qui dévalorisent la vie (ascétisme*, abnégation, croyance dans les arrières-mondes*).

Nietzsche (1844-1900)
Dieu est mort, et c'est nous qui l'avons tué.

C. La philosophie conserve-t-elle des aspects religieux ?

La question qui est alors posée est de savoir si toute croyance en un idéal supérieur ne peut pas elle-même être soupçonnée de religiosité. Aimer la vérité comme le croyant a aimé Dieu, voilà ce à quoi doit renoncer une philosophie authentiquement athée (Nietzsche).

À retenir !

- Bergson distingue la religion dynamique (la foi) et le culte statique (lié à la morale sociale).
- Pour Kant, la foi et la raison sont compatibles.
- Nietzsche est le philosophe de « *la mort de Dieu* ».

La science

Fiche 16

Philosophie

Notes

La science désigne un ensemble de connaissances reposant sur une méthode rigoureuse et pouvant être démontrées ou vérifiées.

1 La science comme connaissance certaine

A. Qu'est-ce que démontrer ?

Démontrer, ce n'est pas simplement convaincre par des arguments, mais c'est chercher à établir la vérité en se fondant sur la seule cohérence du raisonnement. Ainsi, celui qui effectue une démonstration est attentif aux rapports logiques entre les propositions. La capacité de suivre une démonstration semble, tout d'abord, se fonder sur le bon sens et, en particulier, sur le principe selon lequel on ne peut affirmer en même temps une chose et son contraire.

B. Qu'est-ce qu'un raisonnement logique ?

Un raisonnement, en un sens courant, est logique lorsqu'il n'est pas contradictoire. Pour Aristote, le principe de non-contradiction, selon lequel on ne peut en même temps affirmer et nier une même proposition, est un axiome*, c'est-à-dire une vérité première que l'on ne peut démontrer, mais que tout le monde peut admettre comme une évidence. Ce qui est vrai aujourd'hui pourra être faux demain, mais une chose ne peut être à la fois vraie et fausse.

2 Expérience commune et expérience scientifique

A. L'exigence de la méthode : la rigueur

Dans l'expérience ordinaire, les sens suffisent ; cependant, il ne suffit pas d'entendre respirer pour comprendre le mécanisme de la respiration, de même qu'il ne suffit pas de voir le sang couler pour élaborer une théorie sur la circulation sanguine. Pour cela, il faut ne pas se fier aux premières impressions, mais faire preuve de méthode, c'est-à-dire suivre rigoureusement des règles pour bien conduire sa pensée (Descartes, *Discours de la méthode*).

B. L'exigence de précision

L'expérience scientifique prend la forme de l'expérimentation, c'est-à-dire de l'expérience conduite avec méthode et réalisée à l'aide d'instruments (microscope ou télescope, par exemple). Ces instruments permettent d'observer, de mesurer et de calculer de

Notes

manière beaucoup plus précise que ne le font l'œil ou l'oreille. De même, le laboratoire permet de réaliser des expériences dans des conditions stables, indépendantes des variations climatiques.

3 L'expérimentation comme méthode

A. La méthode expérimentale

L'expérience ne doit pas précéder la théorie, et l'on doit à Kant *(Critique de la raison pure)* d'avoir pris la mesure de l'apparition de la méthode expérimentale dans la science moderne : elle est un renversement des rôles entre l'expérience sensible et la théorie. La méthode expérimentale modifie notre rapport avec la nature : nous ne sommes pas des « témoins » des phénomènes naturels, ni ne sommes instruits par l'expérience comme un élève par son maître, mais nous sommes des enquêteurs qui obligent la nature à répondre aux questions que nous lui posons.

Kant (1724-1804)
La raison doit forcer la nature à répondre à ses questions.

B. L'art d'expérimenter

Pourtant, comme le rappelle Claude Bernard *(Introduction à la médecine expérimentale)*, en pratique, un chercheur se doit quelquefois de renouer avec le hasard, la rêverie, hors des rigueurs de la raison, et se livrer à ce qu'il appelle des « *expériences pour voir* ». Ces dernières ne s'appuient sur aucune hypothèse ou question préalable : elles laissent le soin à l'expérimentateur de s'interroger après coup sur les résultats. L'observation de l'expérience n'est, cependant, que la première étape d'une méthode, qui doit déboucher, dans une deuxième étape, sur des hypothèses, finalement validées ou non par l'expérimentation dans une troisième étape.

Bernard (1813-1878)
L'expérimentation doit permettre de valider des hypothèses.

À retenir !

- D'après le principe de non-contradiction, on ne peut affirmer en même temps une chose et son contraire (Aristote).
- L'expérimentation permet d'observer, de mesurer et de calculer de manière précise.
- La méthode expérimentale comporte trois étapes : observation, hypothèses, validation (ou non) par l'expérimentation.

La technique

Fiche 17

Philosophie

Notes

La technique désigne l'ensemble des procédés par lesquels l'homme transforme la nature pour répondre à ses besoins. Du grec *tekhnè* (« habileté »), elle comprend tous les procédés mis en œuvre pour la fabrication d'un objet*, dans l'art ou dans l'industrie.

1 Qu'est-ce qu'un objet technique ?

A. Un objet fabriqué par l'homme

Par opposition aux objets naturels, qui n'ont pas subi de transformation, les objets techniques sont fabriqués par l'homme pour répondre à ses besoins. L'objet technique suppose une transformation de la matière première. Cette transformation peut s'entendre en deux sens : soit en façonnant la matière pour lui donner une nouvelle forme (*ex. :* un clou), soit en donnant à l'objet un usage qu'il n'avait pas dans la nature (*ex. :* se servir d'un bâton pour frapper ou pour attraper des cerises en haut d'un arbre).

B. Outil, machine, automate

Les objets techniques sont plus ou moins complexes. On peut distinguer les simples outils, instruments de travail ou ustensiles dont se sert l'artisan, et les machines, qui sont capables de transformer une forme d'énergie pour produire du mouvement (*ex. :* la machine à vapeur). Enfin, les automates sont des machines capables d'exécuter un programme, c'est-à-dire un ensemble d'opérations déterminées qui peuvent imiter les mouvements d'un être vivant et intelligent (*ex. :* une poupée mécanique, une horloge ou un ordinateur).

2 Les caractères de la technique

A. Corps et instruments

Aristote fait de la main l'attribut de l'intelligence, la qualifiant d'« *instrument d'instruments* », dans la mesure où elle est capable de tout saisir et de tout tenir, selon une polyvalence inconnue de l'animal. La main est un préalable à la technique, à la fabrication et à la manipulation d'outils.

Aristote (384-322 av. J.-C.)

Polyvalente, la main est un « *instrument d'instruments* ».

B. La technique sans instruments

Comme le remarque Marcel Mauss *(Sociologie et Anthropologie)*, il est possible de perfectionner les techniques du corps comme la marche ou la nage, sans l'aide d'aucun outil. Ainsi, l'absence d'instruments n'est pas l'absence de technique.

3 L'homme technique

A. Le machinisme

Apparu au milieu du XIXe siècle, à la fin de la Révolution industrielle, le machinisme désigne l'importance croissante des machines dans la vie des hommes et le monde du travail. La mécanisation est bien un progrès technique, mais elle n'est pas un progrès social : loin de libérer les travailleurs, elle les asservit. Marx dénonce ainsi la « machinerie » industrielle qui a imposé le mode de production capitaliste. Les machines sont la négation historique de la forme du métier, c'est-à-dire du savoir-faire (*tekhnè*, en grec), qui repose sur l'habileté pratique. Le perfectionnement des machines permet d'augmenter la productivité du travail, mais les ouvriers habiles sont remplacés par des ouvriers peu qualifiés ou par des enfants.

Marx (1818-1883)
Le perfectionnement des machines diminue l'habileté technique du travailleur.

B. L'homme dans la technique

Non seulement la technique n'est pas un instrument dans la main de l'homme, mais encore il n'en maîtrise ni le développement ni la puissance car il est parfois dépassé par ses propres inventions. L'« *essence de la technique* », pour reprendre l'expression de Heidegger *(La question de la technique)*, n'est donc pas d'être au service de l'homme. L'homme technique contraint la nature à se présenter sous sa forme exploitable, mais il ne le fait pas librement car il devient dépendant des objets techniques.

À retenir !

- Contrairement aux objets naturels, les objets techniques sont fabriqués par l'homme et répondent à une ou plusieurs fonctions bien précises.
- Pour Aristote, la main est un préalable à la technique et à la manipulation d'outils.
- Pour Marx, l'essor du machinisme engendre une diminution des compétences techniques du travailleur.

Le temps

Notes

Nous disons parfois que nous ne voyons pas le temps passer, ou qu'il passe plus ou moins vite. C'est certainement parce que le temps n'est pas dans les choses : il est ce qui permet à une conscience de lier entre eux les phénomènes suivant ces rapports que sont la durée, la succession et la simultanéité.

1 Le temps est-il dans les choses ?

A. On ne perçoit le temps qu'à travers ses effets

Kant (1724-1804)

Le temps n'est ni un phénomène ni une réalité en soi.

Le temps est avant tout passage, puisque les moments ne peuvent coexister. En ce sens, le temps n'est pas un mode de l'existence*, mais sa substance même. Pour Kant, la difficulté d'appréhender le temps vient du fait qu'il n'est ni un phénomène* ni une réalité en soi : on ne peut pas avoir une expérience du temps, mais seulement une expérience des événements dans le temps. Ainsi, on ne perçoit le temps qu'à travers ses effets : l'usure, le vieillissement, la maturation. Le temps suppose un ordre irréversible des phénomènes, organisé selon un avant et un après. Je perçois ainsi la succession du jour et de la nuit selon un ordre temporel, mais je n'ai pas l'expérience du temps lui-même.

B. Exister dans le temps

La notion d'« existence humaine » implique un rapport au temps qui se distingue du simple naître-vivre-mourir, lequel marque le processus de génération* et de corruption qui caractérise la vie biologique. Exister dans le temps, c'est se projeter dans l'avenir, se retourner vers le passé, ou encore tenter de vivre dans l'instant, en donnant au présent toute la force créatrice qui permet de se tourner vers l'avenir. C'est ce rapport vécu au temps qui permet à l'homme d'imaginer et de réaliser ses projets.

2 La conscience du temps

A. L'expérience du temps

L'expérience du temps est subjective. Ainsi, la perception que j'ai du temps varie en fonction de mon occupation : à l'inverse de celui qui attend, celui qui joue ne voit pas le temps passer.

Notes

Ce temps vécu par la conscience et lié à la vie intérieure ou affective est ce que Bergson appelle « *la durée* », qu'il distingue du temps mesuré par le chronomètre.

Bergson (1859-1941)

Le temps de l'existence n'est pas le temps objectif mais le temps vécu.

B. Mesurer le temps

Le temps mesuré mathématiquement peut être décomposé et divisé ou fractionné. Le temps ainsi considéré est objectif, au sens où il ne dépend pas de la perception et de l'affectivité de chacun. Les minutes correspondent à un découpage arbitraire du temps, à la manière dont le mètre permet de mesurer l'espace. Enfin, il y a aussi un découpage social du temps : toute société s'organise à partir d'un temps social ou collectif (calendrier). Ce temps collectif correspond à un besoin à la fois pratique et symbolique, qui scande la vie sociale (fêtes).

3 Faire bon usage du temps

A. Le caractère irréversible du temps

Le caractère unique de l'existence est lié au fait qu'aucun moment ne peut se répéter. Comme le montre Vladimir Jankélévitch, le souvenir aiguise la nostalgie et confirme le caractère irréversible du temps.

B. Le temps donne du prix aux choses

Le caractère unique de chaque événement peut être source de tristesse et d'angoisse. Mais c'est aussi son caractère éphémère qui lui donne toute sa valeur. Aussi, la sagesse consiste-t-elle probablement à savoir vivre au présent plutôt qu'à se retourner – tel Orphée cherchant son Eurydice défunte – vers le passé qui n'est plus. Si le temps est insaisissable et s'il est impossible d'en arrêter le cours, il est, en revanche, possible d'être attentif à ce que chaque instant nous apporte de nouveau et d'imprévisible.

À retenir !

- Pour Kant, on ne peut pas avoir une expérience du temps, mais seulement une expérience des événements dans le temps.
- Bergson distingue le temps et la durée, qui est le temps vécu.
- Toute société s'organise à partir d'un temps social ou collectif.

Le travail

Fiche 19

Philosophie

Notes

Notre faiblesse naturelle nous impose de travailler pour nous nourrir et subvenir à nos besoins : le travail nous libère de la nature, et nous permet même de former une société grâce aux échanges économiques. Cependant, il peut aussi provoquer l'aliénation* des travailleurs, lorsqu'ils sont dépossédés du fruit de leur travail.

1 La nécessité du travail

A. Le travail comme punition et comme souffrance

Dans le chapitre 3 de la Genèse *(La Bible)*, le travail apparaît comme une punition infligée à l'homme déchu du paradis : pour se nourrir, il doit désormais produire son pain. Même si cette étymologie est contestée, on dit souvent que le mot « travail » vient du latin *tripalium*, qui désigne un instrument de torture : le travail est une souffrance pour l'homme.

B. Le dénuement des hommes leur impose le travail

C'est parce que l'homme est le plus faible des animaux qu'il doit travailler. En l'exprimant sous la forme d'un mythe, Platon *(Protagoras)* affirme qu'au moment de la création, la nature a oublié l'homme, oubli qui l'a contraint à travailler pour sa propre conservation. Dans la société grecque classique cependant, seuls les esclaves travaillent, les citoyens se consacrant, quant à eux, à la vie de la Cité.

Platon (427-347 av. J.-C.)
L'homme doit travailler car il a été peu doté par la nature.

2 Le travail, une source de liberté

A. Travailler pour maîtriser le monde

Si le travail est rendu nécessaire par cette faiblesse naturelle de l'homme, il suscite la possibilité d'une maîtrise de la nature. Selon la formule de Descartes, nous pouvons ainsi nous rendre « *comme maîtres et possesseurs de la nature* » *(Discours de la méthode)*. Autrement dit, de signe de notre faiblesse, le travail peut devenir moyen de notre puissance.

Notes

B. Le travail réalise et libère les hommes

Par son travail, l'homme extériorise ce qui est dans son esprit et exprime sa puissance. Ainsi, dans ce que les commentateurs ont nommé la *« dialectique* du maître et de l'esclave » (Phénoménologie de l'esprit)*, Hegel explique que, tandis que le maître se contente de jouir des choses que l'esclave a produites pour lui, ce dernier contemple son propre pouvoir dans le produit de son travail, et acquiert une supériorité sur le maître, qui devient esclave de l'esclave.

Hegel (1770-1831)
L'esclave se libère de son maître par le travail.

3 Le travail, entre aliénation et puissance

A. Technologie et rationalisation du travail

La rationalisation du travail consiste à découper une activité en plusieurs tâches individuelles, sans égard pour ceux qui les exécutent, comme dans le travail à la chaîne. Elle réduit à des formes élémentaires et stéréotypées les manières dont l'homme instrumentalise son corps, et c'est dans ce morcellement et cette automatisation que le travail devient aliénant : l'homme y perd de vue l'objet de son travail et, en fin de compte, est dépossédé de lui-même, de son humanité (Karl Marx, *Manuscrits de 1844*).

B. La valeur sociale du travail

Si le travail peut être aliénant, il a néanmoins une valeur sociale fondamentale, car il permet les échanges économiques (Adam Smith, *La Richesse des nations*). Dans la mesure où il est organisé socialement, il constitue une médiation entre moi et autrui, entre moi et la société, et permet de construire mon identité au sein d'un tissu social complexe. D'après Durkheim *(La Division sociale du travail)*, il manifeste l'union des forces individuelles et la répartition des tâches selon les aptitudes.

Marx (1818-1883)
Le morcellement du travail aliène le travailleur.

À retenir !

- Selon Platon, la nécessité du travail est due à la faiblesse naturelle des hommes.
- Pour Hegel, l'esclave peut se libérer du maître grâce à son travail.
- D'après Marx, la division du travail, qui morcèle le travail, aliène les travailleurs.

La vérité

Notes

La vérité est la qualité qui fait que les choses apparaissent telles qu'elles sont. Elle s'oppose à l'erreur, au mensonge et à l'illusion.

1 Les critères de la vérité

A. Sortir du monde des apparences*

L'homme doit s'efforcer, suivant Platon, de se défaire des opinions, illusions et désirs déréglés qui l'empêchent d'apercevoir la vérité, but ultime de la vie humaine. L'allégorie* de la Caverne *(La République, VII)*, où des prisonniers ne voient du monde extérieur que des ombres sur un mur, révèle qu'il est nécessaire de sortir du monde des apparences, lesquelles nous tiennent éloignés de la vérité.

Platon (427-347 av. J.-C.)
Il faut quitter le monde des apparences pour contempler la vérité.

B. L'idée vraie

L'idée vraie n'est pas seulement une image qui ressemble à la chose : avoir à l'esprit l'idée d'un triangle, ce n'est pas seulement se représenter mentalement un triangle, mais avoir l'idée d'une figure à trois côtés. Avoir une idée vraie du triangle, c'est donc savoir ce qu'est un triangle.

C. L'idée claire et distincte

Pour Descartes, les critères de la vérité *(Discours de la méthode)* sont la clarté (une idée claire est manifeste à un esprit attentif) et la distinction (une idée est distincte quand on ne peut pas la confondre avec une autre idée).

2 Les sources de l'erreur

A. L'erreur est-elle volontaire ?

Pour Platon, l'erreur est une forme d'ignorance : personne ne se trompe volontairement, car la vérité conduit au bonheur et personne ne souhaite son propre malheur. Cependant, en étudiant les mécanismes de l'erreur, Descartes montre que c'est la volonté qui est à l'origine de l'erreur. Plus exactement, c'est la disproportion entre le pouvoir infini de ma volonté et le pouvoir fini de mon entendement qui est source de l'erreur. Ainsi, comme il l'écrit

Notes

dans ses *Méditations métaphysiques*, ma volonté « *s'égare fort aisément, et choisit le mal pour le bien, ou le faux pour le vrai. Ce qui fait que je me trompe et que je pèche* ».

Descartes (1596-1650)

Notre volonté est infinie, mais notre entendement est borné.

B. Illusion et erreur de perception

Pour Descartes, le projet d'une connaissance vraie doit commencer par douter des sens, sources d'illusions fréquentes. Les sens en eux-mêmes ne sont pas trompeurs : la perception seule est trompeuse, en ce qu'elle comporte un jugement sur l'objet de la perception. Ainsi, un bâton à moitié immergé dans l'eau a l'air brisé : c'est ce qu'on appelle une « illusion d'optique ». Mais la sensation est vraie, puisque c'est effectivement ce que nous voyons. L'erreur serait d'affirmer que le bâton est réellement brisé.

3 Faut-il opposer la vérité à l'illusion ?

A. La raison, productrice d'illusions

Le projet de débarrasser la raison humaine de toute illusion est, selon Kant, impossible : la raison est elle-même productrice d'illusions. Notre entendement est victime d'une illusion lorsqu'il pense pouvoir connaître la chose en elle-même. « *C'est là une illusion qu'il ne nous est pas possible d'éviter, pas plus que nous ne saurions faire que la mer ne nous paraisse plus élevée à l'horizon qu'auprès du rivage* » *(Critique de la raison pure)*.

B. Le désir, producteur d'illusions

Dans *L'Avenir d'une illusion*, Freud s'intéresse à la genèse de l'illusion religieuse. La religion répond aux désirs les plus anciens, les plus fondamentaux de l'humanité. Elle apaise les craintes de l'homme face aux questions fondamentales sur la mort et l'origine de l'humanité, notamment. L'illusion n'est donc pas nécessairement fausse ; elle est une croyance qui nous permet de vivre et d'agir.

À retenir !

- L'allégorie de la Caverne de Platon montre qu'il est nécessaire de se défaire des illusions.
- Pour Descartes, les critères de la vérité sont la clarté et la distinction. C'est la volonté qui est à l'origine de l'erreur.
- D'après Freud, l'illusion est une croyance qui nous permet de vivre et d'agir.

Lexique

A

Abstrait : ce qui ne désigne pas un objet particulier.

Acquis : ce qui vient de l'expérience et de l'apprentissage.

Aliénation : asservissement de l'être humain, dû à des contraintes extérieures, et qui conduit à la dépossession de soi.

Allégorie : expression d'une idée par une image, un tableau, un récit.

Altérité : caractère de ce qui est autre. S'oppose à **identité**.

Apparence : peut désigner la forme ou l'aspect d'une chose, mais aussi l'image trompeuse que l'on en perçoit.

Arbitraire : dépendant du libre choix, de la seule volonté personnelle, ou de la convention.

Arrière-monde : ensemble des mondes fictifs qui dévalorisent le monde tel qu'il est.

Artifice : par opposition à la nature, désigne tout ce qui relève de l'invention, de la technique ou d'un art.

Artificiel : ce qui est produit par le travail de l'homme.

Ascétisme : méthode morale consistant à ne tenir aucun compte du plaisir, ni de la douleur.

Attribut : ce qui qualifie un sujet.

Autodétermination : processus où le sujet n'est déterminé que par lui-même.

Axiome : proposition primitive non démontrable.

C

Catégorique (Impératif) : commandement qui ordonne inconditionnellement et indépendamment de son contenu. Seul l'impératif catégorique est moral, car il n'est pas subordonné à un intérêt.

Cause efficiente : ce qui produit la chose ou lui donne son existence.

Chose : désigne tout ce qui est inanimé.

Chose en soi : ce qui subsiste en soi-même sans supposer autre chose et, à ce titre, doit être distingué des phénomènes qui n'existent que relativement à nos représentations.

Concept : idée conçue ou acquise par l'esprit, permettant d'organiser les perceptions et les connaissances.

Conscience pure : conscience indépendante des états de la conscience, c'est-à-dire de son contenu empirique.

Contingence, contingent : se dit de ce qui peut arriver ou ne pas arriver.

Corps : objet matériel.

Culte statique : désigne un culte fondé sur l'habitude et l'autorité de l'institution, par opposition à la **religion dynamique** qui repose sur la foi.

D

Déduction : raisonnement consistant à tirer, de façon nécessaire, une conclusion particulière à partir de propositions universelles ou générales. Le syllogisme en est un exemple.

Dialectique : art de raisonner ou progrès de la pensée par le dépassement des contradictions.

Notes

Droit naturel : droit que l'on prétend inscrit dans la nature de l'homme et qui a sa source dans la raison.

Droit positif : droit écrit dans le cadre d'une Cité ou d'un État.

E

Efficient : qui produit un effet.

Élan vital : dynamique propre à chaque être, sa durée propre, que l'on peut se représenter comme un élan.

Empirique : se dit de ce qui procède uniquement de l'observation de l'expérience.

Empirisme : courant philosophique selon lequel l'expérience est la donnée première et la source de la connaissance. Pour les empiristes, nos idées viennent de l'expérience. S'oppose à **innéisme**.

En-soi : manière d'exister de la chose.

Entendement : faculté de comprendre. Le terme est parfois pris comme synonyme d'« intelligence ».

Essence : désigne l'être ou la nature d'une chose.

Esthétique : ce qui a rapport au sentiment du beau et à sa perception ; discipline qui étudie le beau dans les productions de la nature ou de l'art.

Étant : ce qui est, et possède une identité et une existence particulières.

État de nature : fiction ou hypothèse dans laquelle on suppose que les hommes ne sont pas encore entrés dans l'état de société.

Éthique : souvent synonyme de « morale », terme désignant des règles de morales concrètes.

Éthologiste : spécialiste du comportement animal.

Être transcendant : ce qui est extérieur, supérieur ou éminent.

Eudémonisme : doctrine philosophique qui définit la sagesse comme une recherche du bonheur et le bonheur comme le Souverain Bien.

Existence : fait d'exister, c'est-à-dire d'avoir une réalité et une durée, mais également une valeur.

F – G

Finalité : caractère de ce qui tend à un but ou à une fin.

Formel : qui concerne la forme, et non la matière ou le contenu, et porte sur les relations entre les éléments plutôt que sur ces éléments eux-mêmes ou sur ce qu'ils désignent.

Génération : action d'engendrer, par opposition à la corruption (ou décomposition).

Grâce : désigne, dans la théologie chrétienne, l'aide surnaturelle qui rend l'homme capable d'accomplir la volonté de Dieu et de parvenir au salut.

H – I

Hédonisme : doctrine philosophique qui considère la recherche du plaisir comme le but de l'existence humaine.

Idée : désigne, chez Platon, une forme intelligible, un modèle (s'écrit alors avec une majuscule). Au sens large, toute représentation élaborée par la pensée.

Image : représentation mentale d'origine sensible.

Immanence : s'oppose à transcendance. « *Qui existe, agit à l'intérieur d'un être et ne résulte pas d'une action extérieure* » (Dictionnaire Hachette).

Induction : raisonnement consistant à tirer une conclusion générale à partir d'un certain nombre d'éléments particuliers.

Inné : s'oppose à acquis et désigne ce que l'on possède en naissant ou ce qui est inhérent à l'esprit. L'innéisme est un courant de pensée affirmant qu'il existe des idées innées.

Intelligible : qui ne peut être connu que par l'intelligence, par l'entendement, et non par les sens.

Intersubjectivité : ce terme désigne les rapports entre plusieurs sujets, essentiellement la communication avec autrui.

Intime : est intime ce qui est connu par le sujet seul ou ce qui tient à l'essence même d'un être. Le sens intime est synonyme de « conscience ».

Intuition : forme de connaissance immédiate, qui ne recourt pas au raisonnement.

L – M

Libre arbitre : capacité de délibérer par sa volonté et de choisir indépendamment de toute contrainte extérieure.

***Logos* :** en grec, désigne le discours, le raisonnement, la connaissance.

Lumière naturelle : désigne, au XVIIe siècle, et principalement chez Descartes, la lumière de l'entendement qui se trouve en chaque homme, quels que soient sa condition et son degré d'instruction.

Matérialisme : doctrine philosophique des matérialistes, selon lesquels il n'existe que des corps matériels.

Métaphysique : partie de la philosophie qui étudie des objets inaccessibles à l'expérience (Dieu, l'âme) ; recherche rationnelle ayant pour objet les premiers principes de la connaissance.

Milieu : espace dans lequel un être vivant se trouve placé ; ensemble des conditions dans lesquelles il vit et se développe.

Mondain : qui a un rapport à l'univers matériel.

Morale (loi –) : chez Kant, la morale est liée à l'idée de « loi », car elle suppose une nécessité et une universalité, et non un simple sentiment.

N

Naturel : ce qui n'a pas été modifié par l'homme.

Nécessité : est nécessaire ce qui est l'effet d'un lien logique et se produit donc immanquablement.

Non-contradiction (principe de –) : une chose ne peut être elle-même et son contraire.

Noumène : littéralement, « ce qui est pensé ». Le terme désigne, chez Kant, ce qui ne peut être objet d'expérience.

O – P

Objet : ce qui peut être perçu par les sens ou conçu par l'esprit.

Ontologique : relatif à l'être ou l'essence. L'argument ontologique (Descartes) déduit l'existence de Dieu de son essence.

Panthéisme : doctrine qui identifie Dieu à l'univers, c'est-à-dire à l'ensemble de ce qui existe.

Passion : état affectif intense.

Personne : individu responsable de ses actes et auquel on reconnaît la capacité d'être sujet de droit.

Phénomène : tout ce qui se manifeste à la conscience (du grec *phainesthai*, « apparaître »).

Phénoménologie : étude des phénomènes ou, chez Hegel, étude de la conscience comme « phénomène de l'esprit ».

Positivisme : doctrine considérant qu'il faut s'en remettre uniquement aux faits pour parvenir à des connaissances certaines.

Notes

Notes

Pour-soi : la conscience étant la manière dont le sujet s'apparaît à lui-même, le **pour-soi** se dit de « la manière d'être ou d'exister de l'être conscient », par opposition à l'**en-soi** qui désigne « la manière d'exister de la chose ».

Pratique : ce qui a trait à l'action (*praxis*, en grec). S'oppose à la **théorie**.

Prédicat : ce qui, dans un énoncé, est affirmé d'un sujet : « L'homme (sujet) est (relation) mortel (prédicat). »

Principe du tiers-exclu : principe de logique selon lequel une proposition est soit vraie, soit fausse.

Psychisme : système formé par les représentations et affections de l'esprit. Ce terme est usuel en psychologie, et particulièrement en psychanalyse.

Pulsion : terme freudien qui désigne une poussée faisant tendre l'organisme vers un but qui n'est pas biologiquement déterminé, contrairement à l'instinct.

R

Raisonnable : caractère de ce qui est mesuré et conforme ainsi à la raison, en tant qu'on l'oppose aux passions, désirs illimités des hommes.

Rationalisme : doctrine philosophique selon laquelle tout ce qui existe peut être expliqué par la raison. En un sens plus restreint, désigne les philosophies qui considèrent que la connaissance a sa source dans la raison (par opposition à l'**empirisme**).

Rationnel : ce qui est intelligible, ce qui correspond aux normes logiques de la raison.

Réminiscence : si la mémoire est conservation du passé, la réminiscence est le rappel par l'esprit du passé.

Rhéteur : homme de discours, qui sait user des moyens propres au langage pour la persuasion.

Rhétorique : ensemble des règles qui définissent l'art de parler ou l'art du discours.

S

Scepticisme : doctrine philosophique qui met en cause la possibilité, pour l'homme, d'atteindre la certitude et de parvenir à la connaissance de la vérité.

Scolastique : du latin *schola* (« école »), la scolastique désigne la philosophie enseignée au Moyen Âge dans les universités. Elle cherche à concilier l'enseignement d'Aristote et le christianisme. La scolastique est critiquée à partir de la Renaissance, parce qu'elle ne laisse pas assez de place à l'esprit de libre examen et à l'observation de la nature et se contente d'un savoir formel et abstrait.

Sensation : impression ou effet produit par les sens.

Sensibilité : recouvre les conditions de la perception sensible et de l'affectivité. S'oppose à l'**intellect**.

Sensible : capacité d'éprouver des sensations ou des sentiments.

Sentiment : du côté du cœur plutôt que de la raison, tendance affective propre à nous émouvoir, principe d'action ou de croyance.

Signe : élément matériel qui représente ou évoque autre chose que lui-même.

Simulacre : pâle copie ou image trompeuse. Chez Épicure, désigne les images des choses qui se détachent des corps en raison du mouvement des atomes.

Sophistes : ennemis de Platon, rhéteurs qui prétendent enseigner, moyennant finance, la sagesse et l'habileté politiques. Leur doctrine est la sophistique.

Spontané : ce qui se fait de soi-même, sans avoir été provoqué par une cause extérieure.

Substance : ce qui existe en soi, de manière permanente ; ce dont un corps est fait.

Substrat : partie matérielle de la substance, qui est un composé de matière et de forme (Aristote).

Sujet : désigne l'être humain capable de langage et d'action.

Syllogisme : raisonnement en trois propositions. Des deux premières propositions (prémisses), on en tire une troisième (conclusion). *Exemple :* « Tous les hommes sont mortels ; or, Socrate est un homme ; donc Socrate est mortel. »

Symbole : signe ou objet matériel lié par un rapport de correspondance ou de ressemblance à ce qu'il représente.

T

Tempérance : vertu qui consiste en la modération des désirs.

Temporalité : caractère de ce qui est dans le temps. La temporalité est propre à l'existence.

Théorie : ensemble de concepts organisés, qui permet de connaître et d'expliquer un phénomène.

Transcendant : qui fait référence à un ordre extérieur et supérieur à l'homme ou à la nature.

V

Vertu : disposition ou habitude de bien agir et de se conduire conformément à la raison. S'oppose à **vice**, qui est une disposition contraire.

Volonté : faculté de déterminer librement ses actes.

Grand oral

Sommaire

Comprendre l'épreuve

Préparer l'exposé durant l'année

Préparer les deux phases de l'entretien

Maîtriser les langages (verbal et non verbal)

Notes

Le déroulement de l'épreuve

Fiche 1

Grand oral

Notes

1 La place de l'épreuve

■ À partir de 2021, les bulletins scolaires et les épreuves de contrôle continu de Première et de Terminale comptent pour 40 % de la note finale du bac. Les 60 % restants consistent en six notes : deux en français en fin de Première et quatre en Terminale. Les deux enseignements de spécialité retenus sont évalués en mars ; l'épreuve de philosophie et le Grand oral ont lieu en juin.

■ Le Grand oral est rattaché, par le choix des sujets, au programme de Terminale mais aussi aux réflexions concernant l'orientation menées durant les heures dédiées (54 h réparties entre la Première et la Terminale).

	Coefficient
Série générale	**10**, soit l'équivalent du français

2 Les finalités de l'épreuve

L'épreuve donne au candidat l'occasion « de montrer sa capacité à prendre la parole en public de façon claire et convaincante ». Il montrera aussi qu'il est capable de mettre les savoirs acquis au service d'une argumentation et d'une réflexion sur son parcours envisagé après le bac.

3 Les deux questions

■ Durant l'année de Terminale, le candidat formule et prépare deux questions.

■ Pour la voie générale, elles portent sur les deux enseignements de spécialité, soit pris isolément, soit abordés de manière transversale.

■ Ces deux questions sont problématisées, ce qui les différencie d'une question de cours que le candidat se contenterait de réciter. Outre une maîtrise de l'oral, le jury attend une réflexion et une argumentation.

■ Le candidat choisit ses deux questions en fonction de ses centres d'intérêt personnels et de ses projets d'avenir. Au cours de l'épreuve, il devra expliquer le choix de ses questions (voir ci-dessous).

■ Le jury choisit une des deux questions. Seul un des membres du jury enseigne la spécialité correspondant au sujet ; le candidat

Notes

devra donc veiller à ce que l'autre professeur comprenne aussi son exposé.

4 Le jury

Deux professeurs de disciplines différentes constituent le jury qui évalue le candidat. L'un d'eux au moins représente un des enseignements de spécialité de Terminale choisis par le candidat.

5 Les étapes de l'épreuve

■ Choix de la question par le jury parmi les deux sujets préparés durant l'année par le candidat.

■ Préparation : 20 minutes

Le candidat dispose de vingt minutes pour rassembler ses idées et se remémorer le contenu de son exposé.

Il a des feuilles de brouillon à sa disposition mais il ne pourra pas les avoir en main quand il parlera. La première partie du Grand oral est un court discours sans notes.

> **Préparation :** 20 min
> **Exposé :** 5 min
> **Échange sur l'exposé :** 10 min
> **Échange sur le projet d'orientation :** 5 min

Durant les vingt minutes de préparation, le candidat peut, s'il le souhaite, préparer sur une feuille qui lui est fournie un support qu'il remettra au jury au début de son exposé. Ce support ne fera pas l'objet d'une évaluation.

■ Première partie de l'épreuve : un exposé de 5 minutes

L'exposé débute par l'explication du choix de la question problématisée par le candidat et se poursuit avec une réponse argumentée et illustrée à cette question. Le candidat se tient debout, sauf aménagement spécifique pour raisons médicales, et montre sa maîtrise de l'expression orale.

■ Deuxième partie de l'épreuve : un échange de 10 minutes avec le candidat dans le prolongement de l'exposé

Le jury revient sur l'exposé, demande des précisions, des justifications, aborde éventuellement de nouvelles perspectives. Il vérifie la solidité des connaissances, la capacité à argumenter et l'aisance à l'oral.

■ Troisième partie de l'épreuve : un échange de 5 minutes sur le projet d'orientation du candidat

Le candidat explique le choix de sa question en lien avec son projet d'études. Il présente les différentes étapes de sa réflexion. Le jury n'évaluera pas le choix lui-même mais la capacité du candidat à l'analyser.

Les compétences évaluées

Notes

Le jury valorise la solidité des connaissances du candidat, sa capacité à argumenter et à relier les savoirs, son esprit critique, la précision de son expression, la clarté de son propos, son engagement dans sa parole, sa force de conviction.
Cette épreuve vous donne l'occasion de vous exprimer sur un des sujets que vous avez choisis et de montrer le sérieux de votre travail.

1 Les connaissances et compétences disciplinaires

■ Les deux questions sont rattachées au programme de Terminale de vos enseignements de spécialité. Durant l'exposé, vous serez amenés à mobiliser les connaissances et compétences spécifiques acquises dans une ou plusieurs disciplines.

Attention !
Vous avez passé en mars les écrits de spécialités mais vous devez continuer à réviser ces disciplines pour être à l'aise durant le Grand oral.

■ La première partie de l'entretien prolonge l'exposé et le jury revient sur les notions que vous avez convoquées. Il vérifie que vos connaissances sont solides et que les méthodes pratiquées (démonstrations, conclusions d'expériences….) sont maîtrisées.

■ Il ne s'agit pas simplement ici de restituer (réciter une démonstration ou décrire une expérience) mais d'utiliser vos connaissances. Si vous avez du mal à dépasser le stade de la restitution, le jury pourra vous guider lors de l'entretien. Il évaluera ainsi précisément votre degré d'autonomie, d'adaptation (à votre sujet, à la question d'un professeur) et de réactivité.

2 La capacité à argumenter

■ Vous devez avoir choisi des questions problématisées et le jury vérifiera que vous avez cerné ces questions qui méritent une réflexion approfondie et peuvent parfois faire débat. Où se situe le problème de votre sujet ? Quels domaines sont impliqués ? Quelles réponses apparaissent ?
En soignant votre introduction (présentation de votre question et justification de ce choix ; annonce du plan), vous pourrez montrer que vous dominez les enjeux de la question et que vous avez su dégager les grandes perspectives qui y répondent.

Notes

■ Le jury attend des arguments fondés sur des connaissances et étayés par des exemples pertinents. Vous ne pourrez sans doute pas multiplier les arguments et les exemples durant l'exposé qui ne dure que cinq minutes mais la première partie de l'entretien vous donnera l'occasion de développer certains points.

■ Votre réflexion doit être cohérente et votre démonstration pertinente. Évitez les plans décousus, les listes d'arguments ou d'exemples sans lien. Soyez clair en vous rappelant qu'un des deux professeurs n'enseigne pas la discipline concernée.

■ Le jury appréciera particulièrement votre implication personnelle dans la réflexion.

3 La maîtrise de l'oral durant l'exposé

■ Vous parlez sans notes, debout face au jury.

■ Vous devrez faire preuve des qualités d'un orateur :
- élocution claire, voix posée, rythme et niveau sonore adaptés ;
- correction de la langue et pertinence du lexique employé, maîtrise de la rhétorique au service de la persuasion ;
- maîtrise de la gestuelle, du regard, des codes de l'examen oral.

> **Citation**
> « Il n'y a pas moins d'éloquence dans le ton de la voix, dans les yeux et dans l'air de la personne, que dans le choix des paroles. »
> François de La Rochefoucauld

■ Dans le cas de la spécialité « Langues, littératures et cultures étrangères et régionales », l'exposé et le premier entretien, ou une partie de ceux-ci, peuvent se dérouler, si vous le souhaitez, dans la langue étudiée. Assurez-vous d'être compris par les deux professeurs.

4 La maîtrise de l'oral durant l'entretien

■ Vous choisissez de rester debout ou bien vous vous asseyez face au jury.

■ Le jury attend de vous :
- une qualité d'écoute et une attitude respectueuse ;
- une implication personnelle et une spontanéité contrôlée ;
- de la réactivité aux questions ;
- une facilité à développer les réponses en argumentant ;
- la capacité à rebondir sur les questions pour maintenir une position ou la nuancer.

Les modalités de l'entraînement

Fiche 3

Grand oral

Notes

Le travail et l'entraînement sont, sans aucun doute, les deux clés du Grand oral.

1 Les différents objectifs de l'entraînement

S'entraîner pour améliorer sa diction

En pratiquant différents exercices d'articulation et en lisant régulièrement à voix haute des textes, notamment des discours, vous améliorerez sensiblement votre diction et gagnerez en fluidité et en assurance.

Citation

« Hâtez-vous lentement, et, [sans perdre courage,
Vingt fois sur le métier [remettez votre ouvrage :
Polissez-le sans cesse et le [repolissez ;
Ajoutez quelquefois, et [souvent effacez. »

Nicolas Boileau

S'entraîner pour prendre confiance en soi

Si l'oral vous inquiète parce que vous êtes naturellement réservé, voire timide, et que vous ne prenez pas spontanément la parole, la meilleure solution est de multiplier les occasions de vous entraîner pour acquérir une bonne maîtrise de l'oral. Pour motiver vos efforts dites-vous :

- le Grand oral est affecté d'un coefficient 10 (voie générale) ;
- je peux réussir cette épreuve car j'ai choisi deux questions qui m'intéressent et que je domine convenablement ;
- je dois progresser à l'oral car c'est important non seulement pour mes futures études mais aussi pour le métier que j'aimerais exercer et pour ma vie personnelle ;
- il est possible de progresser en étant volontaire et en s'entraînant régulièrement.

S'entraîner pour mettre au point l'exposé

C'est en lisant votre exposé à voix haute que vous verrez s'il est adapté au temps imparti (5 minutes).

En le lisant avec le ton, vous pourrez améliorer le style. Vous remplacerez alors les phrases maladroites par des formules plus percutantes.

C'est en reprenant sans cesse oralement vos exposés, en les lisant ou les récitant que vous parviendrez à les ajuster et les mémoriser de façon à les restituer avec spontanéité.

Notes

■ **S'entraîner pour acquérir les bons réflexes**
Qu'il s'agisse de l'élocution, de la posture, de la gestuelle, de la présentation de l'exposé ou de la réactivité lors de l'entretien, en vous entraînant, vous découvrirez les attitudes qui sont efficaces et finirez pas les adopter automatiquement.

Attention !
Le Grand oral n'est pas un exercice d'improvisation !

2 Les différentes façons de s'entraîner

Il est important de diversifier les exercices et de saisir toutes les occasions de pratiquer afin de développer les différentes compétences attendues.

■ **Saisissez toutes les occasions de prendre la parole.**
- Participez régulièrement en classe et prenez la peine de développer vos réponses de façon claire et précise.
- Exprimez-vous également lors de réunions, à table avec vos proches, sur les sujets qui vous intéressent.
- Efforcez-vous de sortir de votre zone dite « de confort », c'est-à-dire de l'attitude dans laquelle vous vous sentez en sécurité. Vous ne risquez rien à vous manifester davantage !

■ Pratiquez la lecture à voix haute après avoir écouté des discours. Écoutez les orateurs enregistrés sur le site de l'INA (ina.fr) ou bien les scientifiques du Collège de France (college-de-france.fr).

■ Parlez devant votre miroir pour corriger vos gestes et apprivoiser votre image.

Ressources
Le site brightness.fr/les-meilleurs-discours-des-plus-grands-orateurs réunit des discours (textes ou vidéos) variés qui pourront vous inspirer.

■ Enregistrez-vous, filmez-vous à plusieurs reprises pour traquer les tics de langage, les maladresses, les gestes gauches, les postures peu assurées… Comparez les enregistrements et vous verrez que vous avez progressé.

■ Récitez vos exposés sous la douche ou dans le bus, avec ou sans crayon dans la bouche, tout bas ou très fort…

■ Multipliez les occasions de présenter vos exposés. Vous les présenterez à vos professeurs mais demandez aussi à vos proches de vous écouter cinq minutes et de vous donner leur avis.

■ Travaillez régulièrement en groupe et, à tour de rôle, jouez un des professeurs ou le candidat.

Choisir les deux questions

Notes

À la différence des autres épreuves du baccalauréat, le Grand oral vous offre la possibilité de **choisir vous-même vos sujets**. Pour être convaincant(e) et réussir cet oral, il est donc essentiel de saisir cette chance et de choisir des **thèmes qui vous intéressent et vous stimulent**. Soignez la **formulation** de chaque question.

1 Choisir les deux thèmes

■ Chacun de vos sujets devra se rattacher à l'une de vos deux spécialités de Terminale ou bien aux deux, de manière transversale.

■ Chacun des thèmes que vous choisirez doit prendre en compte les deux critères suivants :

– éclairer un des enjeux des programmes de Terminale ;

– s'inscrire dans une réflexion liée à votre projet d'orientation puisque, durant la seconde partie de l'entretien, vous serez amené(e) à justifier le choix de votre sujet dans le cadre de ce projet.

Conseil

Recherchez vos thèmes dès le début de l'année et fixez assez tôt (mais avec discernement !) vos sujets. Vous disposerez ainsi de temps pour effectuer les recherches nécessaires, préparer et composer votre exposé et vous entraîner efficacement.

■ Posez-vous les questions suivantes :

– Quel aspect de chaque spécialité vous intéresse le plus ?

– Quelles études envisagez-vous de poursuivre l'an prochain ?

– Quelles métier pensez-vous exercer ?

■ Vous devrez vous montrer convaincant(e). Pour éveiller la curiosité de votre jury, votre sujet doit donc commencer par vous intéresser vous-même.

– Quels sont vos centres d'intérêt ?

– Quels sont vos loisirs ? Dans quelle mesure croisent-ils les spécialités que vous avez choisies ?

– À quelles causes, à quels engagements êtes-vous sensible ?

Ex. : Vous suivez la spécialité Mathématiques et vous consacrez une partie de vos loisirs au dessin sur ordinateur. Pourquoi ne pas choisir un sujet qui croise ces deux domaines ?

■ Consultez sur Internet les sujets de TPE qui ont été choisis les années passées par les lycéens. Vous découvrirez la variété des thèmes abordés et cela pourra vous donner des idées.

Notes

■ Vous pouvez aussi partager vos centres d'intérêt avec vos camarades de façon à effectuer ensuite des recherches en commun. Mais soyez prudents : ce travail en équipe ne doit pas conduire à un exposé partagé car le jury valorise une réflexion personnelle.

■ Demandez conseil à vos professeurs, à vos amis, à votre famille. Soumettez-leur vos idées et écoutez leurs propositions.

■ Vous pourrez affiner au fil des semaines et en fonction de vos recherches vos problématiques et la formulation de vos questions mais pour éviter tout stress inutile, ne revenez pas sur les thèmes choisis au départ.

2 Formuler les deux questions

■ Il existe deux types de questions.

– Vous pouvez proposer une interrogation totale qui vous permettra de bâtir un plan dialectique et d'adopter différents points de vue durant votre exposé.

Ex. : Les recherches sur l'embryon sont-elles l'avenir de la médecine ?

– Vous pouvez aussi choisir un mot interrogatif et proposer une interrogation partielle : *en quoi, dans quelle mesure*….

Ex. : Dans quelle mesure devons-nous investir dans la recherche spatiale ?

Rappel

Une interrogation **totale** admet deux réponses possibles (oui/non) alors qu'une interrogation **partielle**, introduite par un mot interrogatif (*pourquoi*, *comment*, *de quelle manière*, *qui*...), peut avoir de nombreuses réponses.

■ Comme votre plan proposera une réponse à la question que vous aurez posée, réfléchissez à la progression de votre exposé pour formuler de façon pertinente votre question.

■ Évitez les questions qui, appelant une démarche trop descriptive, ne vous permettront pas de bâtir une progression dynamique.

Ex : La question « Comment fonctionne un panneau photovoltaïque ? » ne convient pas. Sur ce thème, préférez : « Quel avenir pour les panneaux photovoltaïques ? ». Cette question vous donnera l'occasion d'expliquer le fonctionnement et les évolutions techniques de ces panneaux tout en les reliant à votre engagement en faveur des énergies renouvelables.

■ Privilégiez les questions larges qui offrent des perspectives que l'entretien pourra approfondir.

■ Écartez les formulations trop ambitieuses ; elles risqueraient de vous mettre en danger lors de l'échange avec le jury.

Réunir les connaissances nécessaires

Fiche 5

Grand oral

Notes

L'exposé que vous devez présenter ainsi que les réponses aux questions qui vous seront posées nécessitent une connaissance solide du sujet que vous avez choisi. La maîtrise de la langue et l'aisance à l'oral ne seront des atouts qu'à condition que vous dominiez au préalable le thème retenu. Il est donc nécessaire de vous appuyer sur une **documentation sérieuse** avant de bâtir votre plan.

1 La diversité des sources d'information

Pour approfondir votre réflexion, tournez-vous vers des sources d'information variées.

Ressources

Le site podcastfrance.fr propose une classification thématique des podcasts publiés en France.

Le site my-mooc.com/fr/ répertorie les MOOC (Massive Open Online Courses) et vous pourrez y trouver des cours en ligne qui concernent votre sujet.

- Le CDI de votre lycée : interrogez le documentaliste et vos professeurs. Certains établissements sont abonnés à des revues qui peuvent vous intéresser.
- La bibliothèque/médiathèque de votre ville possède aussi des ouvrages susceptibles de concerner votre sujet. Vous pourrez également consulter des revues et les bibliothécaires qui y travaillent sauront vous guider.
- Pour un travail historique, rendez-vous aux archives municipales ou départementales. Certains documents sont accessibles sur Internet en allant sur le site des archives concernées.
- Consultez les bibliographies qui accompagnent les articles, les ouvrages ou les sites que vous découvrez : elles vous proposent d'autres pistes.
- Certaines émissions de radio ou de télévision peuvent vous aider à cerner votre sujet : documentaires, interviews… Le plus souvent elles sont accessibles en différé (podcasts ou replay). Pensez aussi aux MOOC qui sont de véritables cours en ligne. Nombre d'entre eux sont gratuits.
- Si vous avez l'occasion de rencontrer un spécialiste, au sein d'une entreprise ou d'un cabinet d'experts par exemple, demandez-lui de la documentation : brochures, conférences lors d'un colloque,

Conseil

Lors d'un entretien avec un spécialiste, prenez des notes ou demandez à votre interlocuteur s'il accepte d'être enregistré. À l'issue de l'entretien, faites un petit compte rendu dans lequel vous écrirez vos impressions et réactions pour ne pas les oublier.

Notes

comptes rendus d'expérience... Interrogez-le sur son métier : faire référence à cet échange sera apprécié lors de l'entretien notamment s'il vous a aidé à définir votre parcours d'étude.

■ Bien sûr, Internet **(voir fiche 6)** est une source d'information très riche à condition de bien savoir s'en servir. Dans certains cas, vous serez plus efficace en prenant des notes dans un livre, ce dernier étant le fruit d'un travail abouti, vérifié et validé par un éditeur, ce qui n'est pas toujours le cas sur Internet. Renseignez-vous à ce sujet auprès de votre documentaliste.

2 La diversité des types de documents

■ Vous privilégierez les documents spécialisés, éventuellement techniques, en lien direct avec votre sujet : sites officiels, articles et livres, documents professionnels...

■ Rappelez-vous que vous devrez susciter la curiosité de votre auditoire et toucher un jury qui ne sera pas nécessairement sensible au thème que vous avez choisi. Pour cette raison, parcourez un champ culturel large en quête de documents (films, romans, tableaux...) capables d'accrocher l'attention d'un non-spécialiste.

***Ex.* :** Pour un sujet concernant la façon dont les sociétés prennent en charge la vieillesse et la dépendance liée au grand âge, vous pouvez vous intéresser aux romans *Les Gratitudes* de Delphine de Vigan, *La formule préférée du professeur* de Yôko Ogawa, ou encore *Samedi* de Ian McEwan. Pensez aussi à *Gran Torino* (2008), le film de et avec Clint Eastwood. Et pourquoi ne pas évoquer également la célèbre scène dans laquelle Énée (Virgile, *Énéide*) fuit Troie en flammes en portant son père Anchise sur ses épaules ? La fresque *L'Incendie de Borgo* peinte par Raphaël et ses disciples représente ce moment de l'épopée. On y voit Énée portant Anchise et accompagné du jeune Ascagne.

Effectuer des recherches sur Internet

Fiche 6

Grand oral

Notes

Pour effectuer vos recherches, votre premier réflexe sera sans doute de consulter Internet. Certaines **précautions** s'imposent si vous voulez **être efficace**.

1 Le travail préalable

■ Avant de vous précipiter sur le clavier, examinez votre sujet et préparez votre recherche. Certaines informations ne sont-elles pas accessibles dans les revues ou les ouvrages que le CDI met à votre disposition ? Vous gagnerez du temps en consultant des synthèses déjà effectuées.

■ Vous devez définir les mots-clés que vous allez entrer dans le moteur de recherche. Partez de votre sujet et notez sur une feuille ou un fichier les termes sur lesquels va porter votre enquête. Notez également leurs synonymes car en modifiant la saisie de la recherche, d'autres sites vous seront proposés.

2 L'utilisation du moteur de recherche

Entrez deux ou trois mots-clés en privilégiant les noms. Il est inutile d'entrer les déterminants qui accompagnent les noms.

Pour que tous les mots entrés apparaissent dans les résultats. Plus vous entrerez de mots, plus le moteur filtrera les résultats pour ne vous présenter que les sites proposant tous les termes, et moins vous aurez de résultats.	Écrire **+** ou bien **AND** entre les termes mais le plus souvent, il suffit de laisser un intervalle. ***Ex. :*** *Balzac Flaubert Zola* : vous accéderez aux sites où le nom des trois auteurs est mentionné.
Pour que l'un ou l'autre des termes apparaisse dans les résultats. Plus vous entrerez de mots séparés par OR, plus le moteur vous présentera de résultats : tous les sites proposant au moins un des termes.	Écrire **OR** entre les deux termes. ***Ex. :*** *Balzac OR Flaubert OR Zola* : vous accéderez aux sites où figure au moins un de ces auteurs.
Pour réduire votre recherche, il existe plusieurs solutions selon le moteur de recherche utilisé.	Lancer la recherche avec le terme que vous voulez voir apparaître puis dans les paramètres (recherche avancée), indiquez le mot que vous ne voulez pas voir dans les résultats. ***Ex. :*** *Naturalisme* puis *Zola* supprimé dans la recherche avancée : vous accéderez aux sites qui abordent le naturalisme sans parler de Zola.

Pour définir une période chronologique.	Placer le signe **:** entre les deux dates qui délimitent la période. ***Ex. :*** *Mode 1900 : 1920*
Pour qu'une citation ou une expression apparaisse intégralement.	La saisir entre guillemets. ***Ex. :*** *« Notre maison brûle. »*

3 Les précautions à prendre

■ Évitez les premiers sites répertoriés souvent en tête de la liste pour des raisons publicitaires, ce qui est signalé. Ne vous contentez pas de la première page.

■ Examinez l'adresse du site pour vous assurer de sa fiabilité.

■ Tenez compte de la date des articles publiés : les chiffres donnés et les situations évoquées ne sont peut-être plus d'actualité.

Citation

« Quiconque a essayé un jour d'entrer dans Internet sait qu'il ne faudrait pas parler d'"autoroutes" de l'information mais plutôt de labyrinthes. »

Jacques Attal

4 Sauvegarder vos recherches

■ Pour accéder à tout moment aux informations que vous avez rassemblées, pensez à les sauvegarder.

■ Enregistrez le site dans vos « Favoris » ; pour le retrouver aisément, modifiez son nom sur la barre d'enregistrement en choisissant des mots représentatifs du contenu.

■ Vous pouvez imprimer les documents quand ils vous semblent essentiels et que vous pensez en faire un aide-mémoire ou une ligne directrice.

■ Pour plus de sécurité et de simplicité, enregistrez les pages Internet dans un autre format sur votre ordinateur. Cette solution vous permet de disposer des informations hors connexion ou en cas de fermeture du site. Il vous sera surtout possible d'annoter les documents, c'est-à-dire de les surligner ou ajouter en marge des commentaires.

Attention !

Quand vous copiez ou imprimez, pensez à noter l'adresse du site afin de pouvoir vérifier et citer vos sources. Dressez dans un répertoire (carnet ou fichier) la liste et les références des documents que vous réunissez.

Enregistrer la page en PDF.	• Avec un PC, cliquer sur « imprimer » puis, pour « destination », demander « enregistrer au format PDF ». • Avec un Mac, aller dans le menu déroulant « Fichier », puis choisissez « Exporter au format PDF ».
Copier et coller les pages dans un fichier de traitement de texte.	Vous pouvez ensuite modifier la présentation afin de faciliter l'accès aux informations qui vous concernent.

Bien utiliser les sources d'information

Fiche 7

Grand oral

Notes

Rassembler des documents est une étape indispensable qui mérite toute votre rigueur car la fiabilité de votre travail en dépend. Ne perdez pas de vue que, dans l'intérêt de tous, **l'utilisation des sources obéit à des règles strictes**.

1 La fiabilité des sources

■ Certains livres, certains articles et surtout certains sites, ne constituent pas des sources fiables et vous devez être prudent. Par négligence ou malveillance, des données erronées, des faits inexacts apparaissent dans certains documents. Vous devez vous assurer de la fiabilité des informations recueillies.

Wikipédia

Les articles de l'encyclopédie Wikipédia sont très pratiques au début de votre recherche mais pensez à vérifier les informations contenues en consultant les notes et les sites référencés à la fin de la page. Les auteurs sérieux citent leurs sources.

■ Lorsque vous effectuez des recherches sur Internet, croisez les sources. Entrez dans votre moteur de recherche l'information relevée sur un site et assurez-vous qu'elle apparaît sur d'autres sites fiables. Lorsqu'il s'agit d'une citation, vérifiez son exactitude en l'entrant entre guillemets et examinez alors en priorité les sites qui affichent des livres (Gallica, Google books).

■ Sur Internet, consultez les sites d'organismes officiels, les articles universitaires. Quand les syllabes « ac- », « gouv », « édu », « cndp » figurent dans l'adresse d'un site, il est en général sérieux. Consultez les sites des journaux, revues, chaînes de télévision reconnus.

■ Méfiez-vous des blogs et des sites personnels.

■ Effectuez des recherches sur l'organisme qui a publié le document. Une industrie – un laboratoire pharmaceutique par exemple – risque de vous proposer une analyse intéressante mais peut-être orientée.

Évaluer la fiabilité d'un site

Utilisez les sites qui vous aideront à détecter les fausses informations. Nous vous suggérons, celui du journal *Le Monde*, le Décodex (www.lemonde.fr/verification/) : en entrant l'adresse d'une page Web, vous pouvez être informé de sa fiabilité.

■ Qu'il s'agisse d'un livre, d'un article ou d'un site, prenez en compte la date de publication.

■ Interrogez vos professeurs ou des spécialistes.

Notes

2 L'utilisation des documents : le plagiat à proscrire

■ Consulter des documents et s'en nourrir ne veut pas dire les recopier (le « copier-coller »), c'est-à-dire tout simplement les voler. Le plagiat, qui désigne le fait de s'approprier le travail de quelqu'un d'autre, est une infraction punie par la loi.

■ De plus le plagiat, s'il peut vous sembler pratique et discret, est en réalité contre-productif car vous ne pourrez à l'oral défendre une analyse qui n'est pas la vôtre. Cette attitude malhonnête ne manquera pas de vous mettre en difficulté durant l'entretien.

3 La précision des références

■ Lorsque vous vous appuyez sur un article ou sur un ouvrage ou bien lorsque vous proposez une citation, donnez les références avec précision. Vous pouvez vous contenter de donner le nom de l'auteur dans votre exposé pour ne pas l'alourdir. Mais tenez-vous prêt à apporter des précisions lors de l'échange.

■ Quand vous répondrez aux questions que l'on vous pose, donnez des références précises. Votre jury saura apprécier le sérieux de votre travail et votre rigueur intellectuelle.

4 La sélection des informations : l'exposé et l'entretien

L'exposé ne dure que cinq minutes et vous devez être à la fois synthétique (les grandes perspectives qui répondent à la question) et précis (les exemples, les chiffres…). Pour cette raison, distinguez dans les informations que vous avez réunies, d'une part celles qui vont nourrir votre réflexion durant l'exposé et illustrer vos arguments et d'autre part celles qui enrichiront et étaieront vos réponses durant l'entretien.

ENTRAÎNEMENT

Préparez une fiche pour un article qui concerne votre sujet en complétant le tableau.

Titre de la revue, du site…	....
Titre de l'article	....
Auteur : nom et qualifications	....
Date de publication	....
Idée directrice	....
Perspectives utiles pour mon sujet (avec citations ou numéros de lignes)	....

Classer et exploiter les informations

Notes

Les documents que vous avez réunis vont nourrir votre analyse et vous permettre de bâtir un plan cohérent. Vous y puiserez des arguments et des exemples. Vous devez d'une part **assimiler les connaissances rassemblées** et vous les approprier afin d'élaborer votre réflexion et d'autre part **citer vos sources** pour garantir vos propos.

1 La classification des documents

■ Lorsque vous trouvez un document intéressant, pensez à le répertorier tout de suite en relevant de façon exacte ses références et en notant en quelques phrases en quoi il éclaire votre analyse. Prévoyez une feuille ou un fichier spécifique sur lequel vous récapitulerez ces documents intéressants : vous gagnerez ainsi beaucoup de temps.

■ En notant précisément les références du document, vous pourrez par la suite le citer dans votre exposé ou en réponse à une question. Pensez, de plus, à indiquer dans le répertoire que vous avez constitué l'endroit où vous pouvez retrouver ce document quand vous en aurez besoin : s'agit-il d'un fichier dans votre ordinateur, d'un article glissé dans une chemise, d'un ouvrage ou d'une revue consultable au CDI ou dans telle autre bibliothèque ?

■ Tenez à jour avec rigueur la liste des documents ou sites consultés sans exclure les pages qui vous sembleraient marginales au départ mais qui pourraient s'avérer éclairantes quand vous aurez avancé dans vos recherches.

■ Qu'il s'agisse de feuilles ou de fichiers, les documents doivent être classés de façon thématique. Prévoyez des dossiers et des sous-dossiers dans votre ordinateur, des chemises cartonnées et des chemises intercalaires pour une classification papier. Tenez à jour un sommaire de vos différents dossiers. Si un document vous semble relever de deux domaines, vous pouvez le dupliquer pour le ranger aux deux endroits.

2 L'utilisation des documents

■ Ne vous contentez pas d'accumuler des articles et des fichiers. Lisez-les attentivement, surligneur (feutre ou souris bien sûr) en main. Cernez l'idée générale du document et la place qu'il va occuper dans votre analyse : dans quelle partie de l'exposé ou

Notes

bien à quel sujet durant l'entretien ? En quoi éclaire-t-il votre problématique ou bien en quoi vous amène-t-il à l'infléchir dans une nouvelle direction ?

■ Vous devez vous approprier les connaissances. Pour cela, elles doivent avoir été bien comprises. Cherchez dans un dictionnaire le sens exact des mots que vous ne connaissez pas ; consultez si besoin un professeur qui pourra vous éclairer. Et si un article continue de vous résister, il est préférable de le laisser de côté et d'aborder des documents plus accessibles.

Attention !

Ne présentez jamais au jury des arguments qui vous échappent en imaginant que vos examinateurs vont les comprendre et penser que vous les dominez aussi. Les dix minutes de l'entretien suffiront à démasquer cette démarche maladroite.

■ Notez sur une page les réflexions que le document vous inspire, la façon dont vous pensez l'utiliser. C'est à partir de vos lectures et de ces annotations que votre réflexion s'élaborera et pourra s'organiser.

■ Soyez précis en annotant : indiquez les numéros des lignes intéressantes et, si vous surlignez avec plusieurs couleurs, pensez à préciser à quoi elles correspondent. En procédant de cette manière au fil de vos lectures, vous gagnerez un temps précieux car il vous sera plus facile ensuite de synthétiser vos recherches et de retrouver les appuis que vous avez repérés.

■ Confrontez des points de vue différents pour affiner ou orienter/réorienter votre propre réflexion.

■ Représentez-vous clairement ce qu'impliquent les informations, les images que vous avez trouvées. Pour toucher votre jury, vous devrez donner relief et vie à votre propos.

Citation

« Il n'y a plus de choses dans l'univers d'Internet, il n'y a plus que des informations et des images. »

Alain Finkielkraut

ENTRAÎNEMENT

À partir de trois documents que vous avez trouvés, dressez une liste, non organisée encore, des idées, arguments ou exemples que vous pensez reprendre dans votre exposé ou durant l'entretien.

Construire un plan cohérent

Notes

Si l'élaboration d'un plan clair et efficace est nécessaire, elle n'entrave en rien votre créativité. **Chaque plan doit répondre aux trois exigences développées ci-dessous.**

1 La progression

■ L'exposé doit présenter une progression pour être convaincant.

***Ex.* :** *Les réseaux sociaux sont-ils nocifs ?*

1. Les réseaux sociaux sont incontournables
2. Ils sont sources de dangers
3. Mais facteurs de progrès

■ Chaque partie développe une idée essentielle et comprend des sous-parties incluant les idées secondaires. Ces dernières ne constituent pas un catalogue mais s'enchaînent de façon cohérente.

■ Le plan le plus équilibré comprend trois parties mais la démarche en deux étapes n'est pas interdite.

■ L'ordre des arguments n'est pas laissé au hasard : procédez du plus simple au plus complexe, du plus attendu au plus subtil. Vous pouvez aussi adopter l'ordre nestorien selon lequel les arguments les plus forts sont placés au début et à la fin pour une meilleure efficacité.

Attention !

Votre exposé ne doit pas dépasser 5 minutes : nous vous déconseillons les plans en quatre parties ainsi que la multiplication des sous-parties.

Ordre nestorien

Nestor, roi de Pylos, est un héros de la guerre de Troie qui organisait son armée en présentant en première et dernière ligne ses meilleurs soldats.

2 La cohérence

■ Veillez à la cohérence du plan : l'enchaînement des parties doit refléter une logique d'ensemble. Les connecteurs logiques, les transitions sont donc essentiels, gages de fluidité et de clarté.

■ À l'oral, vous mettrez en relief cette cohérence par l'insistance sur certains mots ou par des silences bien placés.

***Ex.* :** *La pauvreté dans le monde est-elle une fatalité ?*

1. Une triste réalité
2. Qui n'est pourtant pas une fatalité
3. D'ailleurs, il y a des avancées

Notes

3 Le lien avec la problématique

■ Il convient de déterminer les limites du sujet, et de traquer le hors sujet. Revenez constamment à la problématique présentée dans l'introduction. Posez-vous toujours la question : ce développement concerne-t-il mon sujet ? Si ce n'est pas le cas, écartez-le.

■ Gardez de côté les arguments, les exemples, les perspectives qui ne sont pas directement en lien avec la question que vous avez posée car vous pourrez peut-être les approfondir durant l'entretien si l'occasion vous en est donnée.

Ex. : *Quel est l'intérêt de la transposition filmique d'une pièce de théâtre ?*
On n'évoquera pas le cas de la transposition théâtrale d'un film (*Les Damnés*, d'après Visconti) ou seulement en conclusion si l'on souhaite que cette piste soit abordée durant l'entretien.

ENTRAÎNEMENT

→ *Corrigés p. 359*

1 Présentez un plan en soulignant les articulations logiques.

Le handicap, un enjeu de société ?

2 Surlignez les mots de liaison et entraînez-vous à lire à voix haute ce discours en les mettant en relief.

Discours du président de la République Emmanuel Macron, prononcé le 29 mars 2018 au Collège de France.

« Donc, vous l'avez compris, je souhaite que la France soit l'un des leaders de cette intelligence artificielle, je souhaite que l'Europe soit l'un des leaders de cette intelligence artificielle. Nous en avons les moyens et nous allons en créer les conditions, d'abord, parce que je pense que c'est bon pour notre pays, ensuite parce que je pense que ça crée des opportunités, enfin parce que je pense qu'il n'y a aucune chance de prétendre en contrôler les effets ou avoir son mot à dire sur tel ou tel effet pervers si on a raté la bataille du début, c'est-à-dire d'être un acteur de cette aventure. »

3 Retrouvez les connecteurs effacés et lisez les phrases à voix haute pour les mettre en relief.

Balzac : « Les mines d'or ne sont plus au Mexique, … place de la Bourse. »

Confucius : « Tous les hommes pensent que le bonheur se trouve au sommet de la montagne … il réside dans la façon de la gravir. »

Flaubert : « Je crois que le succès auprès des femmes est généralement une marque de médiocrité, et c'est celui-là … que nous envions tous et qui couronne les autres. »

Diversifier les arguments

Fiche 10

Grand oral

Notes

Quel que soit le thème de votre exposé et quelles que soient les spécialités auxquelles il se rattache, vous devrez étayer votre réflexion en présentant différents arguments. N'hésitez pas à recourir à des **stratégies variées**. Vous en retiendrez certaines pour votre exposé et pourrez en utiliser d'autres en réponse aux questions qui vous seront posées.

1 Argumentations directe et indirecte

■ Vous avez étudié en français les deux grandes stratégies argumentatives employées par les écrivains pour défendre leurs idées : l'argumentation directe consiste à exposer sans détour la thèse et les arguments qui la soutiennent tandis que l'argumentation indirecte a recours à une fiction.

■ Pour l'oral de Terminale, vous privilégierez bien entendu l'argumentation directe mais rien ne vous empêche de recourir à un récit pour enrichir votre analyse. Il pourra notamment s'agir d'un exemple illustrant votre propos.

2 Les différents types d'arguments logiques

Pour défendre votre point de vue, pensez à examiner d'autres domaines (économique, culturel, de valeur…) que celui auquel se rattache votre thème d'étude.

Ex. : Ainsi, pour défendre une innovation scientifique dans le domaine environnemental par exemple, ne vous contentez pas d'évoquer la nécessité de protéger notre planète (argument de valeur).

- **Argument économique :** les énergies fossiles devenant rares, il est essentiel de trouver des ressources pérennes qui ne grèveront pas le budget des États ou des particuliers.
- **Argument politique :** les hommes politiques doivent soutenir les innovations dans le domaine des énergies renouvelables car leur électorat y est de plus en plus sensible.
- **Argument d'expérience :** le parc de centrales photovoltaïques de la Colle des Mées dans les Alpes-de-Haute-Provence alimente près de 12 000 foyers. Il ne porte pas atteinte à l'agriculture et le recyclage des panneaux a été prévu dès la conception du site.
- **Argument culturel :** le recours aux énergies renouvelables est très ancien. Une machine à eau est représentée sur un bas-relief du IIIe siècle trouvé en Turquie. Les moulins à eau puis à vent se développent au Moyen Âge.

Notes

3 L'argument d'autorité

Pour convaincre votre auditoire, vous pouvez aussi recourir, en marge de la logique de votre raisonnement, à un argument d'autorité en vous référant à une personnalité qui inspire confiance. Appuyez-vous sur des spécialistes reconnus, citez leurs propos pour soutenir votre démonstration. Mais ne multipliez pas les références et choisissez-les de façon pertinente.

Citation

Molière se moque de ceux qui abusent de l'argument d'autorité en faisant parler Lysidas qui s'en prend à *L'École des femmes*.

« Ceux qui possèdent Aristote et Horace voient d'abord, Madame, que cette comédie pèche contre toutes les règles de l'art. »

Molière, *La Critique de L'École des femmes*, 1663.

4 L'argument *ad hominem*

Pour réfuter la thèse adverse, l'orateur discrédite la personne qui la défend. N'abusez pas de cet argument qui ne concerne pas directement la position que vous voulez défendre et rabaisse le débat.

Ex. : Pour critiquer le traité de Rousseau, *Émile ou De l'Éducation*, Voltaire s'en prend à son auteur en écrivant dans une lettre datée de 1766 que le philosophe a abandonné ses propres enfants « pour s'attacher à l'éducation du seigneur Émile ».

ENTRAÎNEMENT

→ *Corrigés p. 359*

1 Caractérisez les arguments suivants.

A – Comme l'affirme Jean-Jacques Rousseau, l'homme est naturellement bon.

B – Le retour à une vie frugale n'est pas envisageable car il occasionnerait la fermeture de nombreuses entreprises.

C – Le génie de l'homme a su mettre en valeur la beauté de la nature en créant de magnifiques jardins.

2 Sur une ou plusieurs des thèses suivantes, entraînez-vous à présenter deux arguments de nature différente.

Pour/contre l'énergie nucléaire
Pour/contre le port de l'uniforme au lycée
Pour/contre le vote obligatoire

Réussir l'introduction

Fiche 11

Grand oral

Notes

L'introduction est un moment essentiel du discours. Les premiers mots prononcés ont un **impact décisif sur l'auditoire**. Aussi convient-il de la travailler avec soin, de la lire et de la relire, de la mémoriser.

1 Les trois étapes de l'introduction

L'introduction s'organise en **trois temps** :
- l'exorde ;
- l'énoncé du sujet ;
- l'annonce du plan.

2 L'exorde

■ Au début de la prise de parole, il s'agit de **capter l'attention** de l'auditoire, de marquer les esprits. Plusieurs possibilités s'offrent à vous.

> **Définition**
> Du latin *exordium*, qui signifie « commencement », notamment pour un discours, l'exorde désigne l'entrée en matière.

■ Un **appel à l'auditoire.**

Ex. : « Mes amis, au secours… », Abbé Pierre, *Appel de l'hiver 1954*.

■ Un **exorde *ex abrupto*** : vous commencez par une phrase d'accroche à forte résonance, qui surprend, un coup de tonnerre (effet dont vous n'abuserez pas !).

Ex. : « Quousque tandem abutere, Catilina, patientia nostra ? » (Jusques à quand enfin, Catilina, abuseras-tu de notre patience ?)

Cicéron, première *Catilinaire*, 63 av. J.-C.

> **À savoir**
> La conjuration de Catilina est un complot qui vise la prise de pouvoir de Rome en 63 av. J.-C. Le consul Cicéron dénonce Catilina au Sénat.

■ Une **phrase solennelle** qui prépare l'auditoire.

Ex. : « Il est, dans la vie d'une nation, des moments qui blessent la mémoire, et l'idée que l'on se fait de son pays. »

Discours prononcé par le président de la République Jacques Chirac, le 16 juillet 1995, lors des commémorations de la rafle du Vel'd'Hiv'.

■ Un **rappel narratif** : l'exposé s'ouvre sur un récit qui capte l'attention.

Ex. : « Il était environ onze heures ce vendredi 23 mars 2018, lorsque le lieutenant-colonel Arnaud Beltrame s'est présenté avec ses hommes devant la grande surface de Trèbes dans l'Aude. »

Discours du président de la République Emmanuel Macron en hommage au lieutenant-colonel Arnaud Beltrame, prononcé le 28 mars 2018.

Notes

3 L'énoncé du sujet

La deuxième étape de l'introduction présente le sujet et la problématique abordée. Vous devez justifier le choix de votre question sans empiéter toutefois sur la seconde partie de l'entretien.

Ex. : « Nous nous interrogerons sur le lien entre tradition et modernité en architecture. Faut-il pour être moderne s'être libéré de la tradition ? Cette question croisant technique et arts nous a paru correspondre à notre projet d'une recherche scientifique humaniste. »

Je ou nous ?

Vous pouvez choisir la première personne du pluriel (*nous* dit « de majesté ») pour donner plus de solennité à votre exposé mais le *je*, plus personnel et intime, convient également.
Lors de l'entretien, vous éviterez le *nous* qui apparaîtrait pompeux et décalé.

4 L'annonce du plan

En dernier lieu, vous indiquez avec clarté les différentes étapes de l'exposé.

Ex. : « J'organiserai mon intervention autour de trois points : d'abord, pourquoi sommes-nous là ? Ensuite, qu'allons-nous faire de l'unité ? Enfin, comment le faire ? »

Discours prononcé par François Mitterrand
au congrès d'Épinay, le 13 juin 1971.

ENTRAÎNEMENT

→ *Corrigés p. 359*

1 Qualifiez ces exordes en repérant les procédés employés. Lisez-les à voix haute.

Exorde A – « Je ne suis pas, Messieurs, de ceux qui croient qu'on peut supprimer la souffrance en ce monde ; la souffrance est une loi divine ; mais je suis de ceux qui pensent et qui affirment qu'on peut détruire la misère. »

Discours à l'Assemblée nationale législative prononcé par
Victor Hugo, le 9 juillet 1849.

Exorde B – « Je vous ai compris ! »

Discours du général de Gaulle au Forum d'Alger,
prononcé le 4 juin 1958.

2 Mémorisez l'introduction de votre exposé et présentez-la à vos proches.

Réussir la conclusion

La conclusion est bien sûr une étape décisive qui doit **marquer les esprits et entraîner l'adhésion**. Travaillez la rédaction, les effets de style, lisez votre texte à voix haute et mémorisez-le.

1 Les deux étapes de la conclusion

La conclusion, ou **péroraison**, se présente en **deux temps** :
- le rappel de la position défendue : la **synthèse** ;
- l'**ouverture** : une nouvelle problématique qui découle de la prise de position adoptée.

> **Définition**
> La péroraison est à l'origine un terme de rhétorique qui désigne la dernière partie d'un discours dans le cadre de l'éloquence religieuse ou judiciaire.

2 La synthèse

■ Si on considère l'ensemble de l'exposé, on voit que la synthèse des idées exposées fait écho à la présentation du plan dans l'introduction.

> **Conseil**
> Commencez votre conclusion par *Ainsi* plutôt que par *En conclusion* ou *Pour conclure* qui sont beaucoup plus lourds.

■ Dans la conclusion, vous devez d'abord rappeler brièvement les idées principales de votre exposé et réaffirmer votre opinion. Attention à ne pas réduire cette première étape à un résumé. Il faut plutôt **souligner la logique de la progression**. Une phrase peut suffire à retracer le cheminement intellectuel de la démonstration.

***Ex.* :** « Ainsi la démocratie grecque nous a, malgré ses limites, ouvert la voie ; il nous appartient maintenant d'élargir et de conforter les bases de ce mode de gouvernement. »

3 L'ouverture

■ L'ouverture peut se faire sur des **perspectives d'avenir**, sur un **contexte géographique élargi**, ou bien sous la forme d'une **nouvelle problématique**.

> **Conseil**
> Pensez à l'entretien qui va suivre : évoquez une perspective sur laquelle vous aimeriez être interrogé et évitez surtout toute allusion à un domaine que vous maîtrisez mal.

Notes

■ La dernière phrase, ample ou brève, sera particulièrement travaillée. Une question, une citation sont possibles, à condition d'être pertinentes.

■ Vous pouvez donner de l'ampleur à votre ouverture en recourant à une énumération par exemple.

Ex. : « Oui, pères conscrits, c'est votre sort que vous allez décider aujourd'hui ; c'est le sort du peuple romain, de vos femmes et de vos enfants, de vos autels et de vos foyers, des temples sacrés, de la ville, de l'empire, de la liberté, de l'Italie, de la république entière. Prononcez donc avec cette fermeté qui a signalé vos premières délibérations. Vous avez un consul qui ne craindra pas d'exécuter vos arrêts, qui les défendra toute sa vie, et qui en accepte pour toujours la glorieuse responsabilité. »

Cicéron, péroraison de la quatrième *Catilinaire*, 63 av. J.-C.

■ Vous pouvez aussi choisir une formule percutante, créant la surprise, générant l'émotion, emportant la conviction.

Ex. : « Soyez insatiables. Soyez fous. »

Steve Jobs, discours à l'université de Stanford, prononcé devant les étudiants de l'université américaine le 12 juin 2005.

ENTRAÎNEMENT

→ *Corrigés p. 359*

1 Lisez à haute voix la péroraison du discours de Malraux ci-dessous. En quoi est-elle pathétique ?

« Aujourd'hui, Jeunesse, puisses-tu penser à cet homme comme tu aurais approché tes mains de sa pauvre face informe du dernier jour, de ses lèvres qui n'avaient pas parlé. Ce jour-là, elle était le visage de la France. »

André Malraux, discours du transfert des cendres de Jean Moulin au Panthéon, le 19 décembre 1964.

2 À quelle question pourrait répondre la dernière phrase de la conclusion suivante ?

« La beauté sera CONVULSIVE ou ne sera pas. »

André Breton, *Nadja,* 1928.

3 Lisez à haute voix et commentez la péroraison du discours de Napoléon Ier lors de la bataille d'Austerlitz, le 2 décembre 1805.

« Soldats, lorsque tout ce qui est nécessaire pour assurer le bonheur et la prospérité de notre patrie sera accompli, je vous ramènerai en France ; là vous serez l'objet de mes plus tendres sollicitudes. Mon peuple vous reverra avec joie, et il vous suffira de dire : "J'étais à la bataille d'Austerlitz" pour que l'on réponde, "Voilà un brave". »

Mémoriser l'exposé

Fiche 13

Grand oral

Votre exposé est solidement construit et clairement rédigé. **Entraînez-vous à le présenter à l'oral en travaillant la posture, la gestuelle.** Cet entraînement donnera toute son efficacité à l'étape essentielle de la mémorisation. Il la facilitera et la libérera.

Définition

La mémoire, *memoria*, est le cinquième principe de la rhétorique traditionnelle retenue par Cicéron dans son ouvrage *De oratore*.

1 Que faut-il mémoriser ?

■ Dans le temps de préparation (20 minutes), vous avez rassemblé vos idées et restitué l'architecture de votre exposé. Vous ne pouvez pas disposer de vos notes dans l'épreuve du Grand oral. La mémorisation préalable de l'ensemble de votre exposé est donc incontournable.

■ Dans un premier temps, vous mémoriserez l'introduction de l'exposé puis le plan et les titres de chaque partie, enfin la conclusion.

À savoir

Ce schéma d'ensemble pourra correspondre au support proposé aux examinateurs.

■ Vous retiendrez ensuite la ligne directrice de chaque partie et les grandes idées qui les nourrissent.

■ Vous vous attacherez enfin au développement détaillé de l'argumentation en tentant de le restituer de manière expressive. Retenez les mots de liaison qui marquent les étapes du raisonnement et facilitent la fluidité du discours. Soyez attentif à la parfaite restitution des citations.

■ En présentant votre exposé, il faut absolument éviter de donner l'impression d'une récitation. Pour se libérer d'un discours oral appris par cœur, il convient de travailler la voix, les attitudes, la mélodie de l'élocution.

À savoir

Pour se remémorer des discours souvent fort longs à prononcer devant le Sénat, les orateurs romains pratiquaient la méthode des *loci memoriae* (lieux de mémoire). Ils créaient le parcours mental d'une maison, déposant dans chaque pièce les images qu'ils voulaient retenir.

2 Comment y parvenir ?

■ Pour mémoriser votre exposé, retenez différents procédés plus simples. L'utilisation combinée de plusieurs de ces méthodes est bien sûr possible et souvent très utile !

Notes

Notes

■ La mémoire visuelle. La répétition reste le principe de base. Il faut lire et relire, réviser plusieurs fois la même fiche.

Vos fiches seront claires et aérées. Les supports visuels doivent être réalisés avec soin. Utilisez les couleurs, les surligneurs. Vous pouvez aussi entourer, encadrer, faire des schémas, autant de moyens mnémotechniques visuels efficaces.

■ La mémoire auditive. Lisez votre texte à voix haute. Vous assimilerez les données en les écoutant et les réécoutant. C'est ainsi que s'entraîne un candidat dans le film *À voix haute* (voir fiche 22). Il est utile de s'enregistrer ou de se filmer afin d'écouter plusieurs fois l'exposé et mieux l'intégrer.

■ La mémoire scripturale. Cette méthode préconise d'écrire plusieurs fois le texte pour l'apprendre, en le scindant, en s'attachant aux passages les plus délicats à retenir.

■ Une approche kinesthésique. Certains ont besoin de marcher pour apprendre, de mettre en scène leur discours.

Hésiode

Avec le poète grec Hésiode (VIIIe siècle av. J.-C.), la mémoire est déifiée : Mnémosyne, fille d'Ouranos (le Ciel) et de Gaïa (la Terre), unie à Zeus donna naissance aux neuf Muses. La mémoire permet l'accès au passé dans une civilisation qui est d'abord orale et qui reste marquée par l'oralité après le passage à l'écriture. C'est du nom « Mnémosyne » que sont dérivés les mots relatifs à la mémoire (*mémoire, mnémotechnique, amnésie*).

ENTRAÎNEMENT

Le meilleur entraînement consiste sans aucun doute à présenter votre exposé devant un public varié (amis, famille). L'exercice vous permettra de consolider la mémorisation et de bénéficier de conseils sur votre prestation.

Préparer le document à remettre au jury

Vous avez la possibilité de remettre au jury, sur une feuille qui vous sera fournie, un document que vous aurez préparé durant les vingt minutes qui précèdent votre exposé. **Ce n'est pas une obligation.**

1 Les fonctions du document

- En même temps que vous préparez le document destiné au jury, vous pouvez réactiver l'exposé que vous avez mémorisé.
- Le document permet au jury de bien suivre votre exposé. Vous ne devez pas reprendre l'intégralité de votre analyse mais donner des indications utiles.
- Pensez aussi à accrocher l'attention des professeurs : le document doit être clair et agréable à regarder.

Conseil

Utilisez efficacement le temps de préparation : outre la rédaction de la fiche destinée au jury, vous pouvez noter les premières et les dernières phrases de votre exposé, rappeler le plan, ce à quoi vous devez absolument penser (le regard, les tics de langage, le rythme…).

- Le cas échéant, votre jury pourra utiliser ce document pour vous donner un coup de pouce si vous perdez le fil durant cet exposé conduit sans notes.
- Certaines des indications notées sur la feuille (chiffres, dates, citations…) pourront susciter des questions durant les deux parties de l'entretien.

2 Le contenu du document

Vous êtes libre d'inscrire ce que vous voulez sur votre document et les éléments qui suivent, comme l'**exemple proposé page suivante,** ne sont que des suggestions à adapter :
- la question et son lien avec le programme de spécialité ;
- le plan de l'exposé, de façon traditionnelle ou avec un schéma ;
- un récapitulatif des faits importants : dates, chiffres (sans en abuser) ;
- un graphique qui sera le point de départ de votre réflexion ;
- des citations pour accrocher l'attention du jury.

3 La présentation soignée du document

Écrivez lisiblement et utilisez des couleurs. Pensez que cette feuille sera sous les yeux du jury durant la durée de l'oral.

Notes

Conseil

Indiquer précisément la spécialité et les notions concernées permet de montrer que vous avez pris en compte les contraintes de l'épreuve. Cette précision appelle, lors de l'entretien, des questions sur cette (ou ces) partie(s) du programme.

QUESTION

« Les Lip » : quel éclairage le conflit Lip nous apporte-t-il aujourd'hui sur l'évolution sociologique du monde du travail ?

Spécialité Sciences économiques et sociales (Sociologie et sciences politiques – Regards croisés)

1867 : Naissance de l'entreprise horlogère « Lip » à Besançon.
1971 : L'entreprise suisse Ébauches S.A. devient actionnaire majoritaire.
1973 : Début du conflit suite à l'annonce de licenciements.
1974 : Claude Neuschwander devient PDG.
1976 : Fermeture de l'entreprise.
2018 : Renaissance de Lip.

Conseil

Soyez capable de préciser et d'analyser ces informations si on vous le demande.

INTRODUCTION

DÉVELOPPEMENT

1 Le rappel des faits et des circonstances : un conflit emblématique

« 480 à dégager. » (Note manuscrite d'un administrateur)

2 Les groupes en présence : une certaine vision du monde du travail

A – « Les Lip » et leurs soutiens

« C'est possible, on fabrique, on vend, on se paye. » (Slogan des ouvriers)

B – Claude Neuschwander : une réflexion sur le patronat

« J'ai encore en tête, comme vous et comme beaucoup, la phrase que j'ai lue sur les murs de Mai 68 : Soyez raisonnable, demandez l'impossible. L'impossible, c'était sauver Lip. Pour tous les gens de tête et de sérieux, c'était là qu'était l'impossible. Et il fallait être fous comme l'avaient été les ouvriers, fous comme nous l'avons été pour dire : Non, c'est possible. » (Claude Neuschwander, *Patron, mais…*, Éditions du Seuil, 1974)

C – Le rôle de la presse

3 Quelles conséquences aujourd'hui ?

A – Les acquis sociaux dus aux « Lip »

« Les années 1970 : créer la solidarité. Face à la crise, les organisations professionnelles d'employeurs créent l'AGS au service des entreprises en difficulté et de leurs salariés. » (Article publié sur le site de l'AGS en 2014 pour célébrer les 40 ans de la fondation de l'association)

B – La place de Lip dans l'évolution des mouvements sociaux

C – La place de Lip dans une réflexion sur le monde de l'entreprise

L'Assurance Garantie des Salaires a été créée suite au conflit Lip : cette citation, comme celles qui précèdent, provoquera une question.

CONCLUSION

Se préparer aux questions du jury

Notes

Au terme de votre exposé de cinq minutes, un échange est prévu avec le jury. Vous devez donc vous préparer à répondre à des questions vous invitant à **enrichir ou rectifier votre prise de position**.

1 Les différents types de questions

■ **Un approfondissement.** Il s'agit d'une invitation à creuser certaines perspectives : vous n'avez pas suffisamment insisté sur tel ou tel point, ou des lacunes se sont même glissées dans votre exposé. Ces questions, loin de vous dérouter, doivent être perçues comme une chance qui vous est donnée.

Ex. : **1.** Dans l'examen des limites de la démocratie grecque, vous n'avez pas suffisamment développé le statut de la femme. Le professeur vous invitera à une nouvelle présentation de cette mineure juridique et pourra même vous interroger sur le gynécée, le mariage, la femme dans le théâtre d'Aristophane…

2. Vous vous êtes contenté de citer Botero comme contre-exemple de la beauté classique. On attend quelques précisions supplémentaires sur son art, son œuvre de peintre et sculpteur qui dilate les formes.

■ **Un élargissement.** En conclusion, vous n'avez pas choisi d'élargir le sujet. Il peut d'ailleurs être judicieux de ne pas tout dire et de garder quelques idées « en réserve » !

Ex. : En étudiant l'implantation des éoliennes en France, vous n'avez pas abordé la question en Europe. Vous pouvez être interrogé sur ce sujet.

■ **Une rectification.** Un chiffre avancé semble contestable, un rejet trop catégorique. Vous serez invité à nuancer ou rectifier vos propos par une question du type : « Êtes-vous certain que… ? ».
Votre prise de position peut sembler contestable au professeur (ce qui est rare). Il vous demandera alors de changer de cap.

Ex. : **1.** Votre chiffre tient-il compte du sondage réalisé le mois dernier ?

2. L'Inde vous semble-t-elle vraiment sur la bonne voie écologique ?

■ **Des précisions sur votre cheminement personnel :** on souhaite un retour sur vos choix, votre méthodologie, le lien entre les questions retenues et votre projet professionnel.

Ex. : Vous avez choisi un sujet sur le virtuel en lien avec la spécialité « Sciences de l'ingénieur » et vous nous annoncez être inscrit en médecine. Pouvez-vous nous dire s'il y a un lien entre votre sujet et votre projet professionnel ? Expliquez-nous votre démarche.

Notes

2 La préparation de l'entretien durant l'année

- Vous pouvez anticiper une partie des questions qui vont vous être posées : dressez-en la liste et préparez les réponses.
- Retenez les références des articles ou sites auxquels vous vous référez durant votre exposé afin de justifier précisément votre analyse si nécessaire.
- Effectuez des recherches sur les auteurs que vous mentionnez. Cherchez la définition exacte des termes techniques que vous employez. On pourra vous la demander.
- Assurez-vous de bien maîtriser les notions abordées dans vos programmes de spécialités, notamment celles qui sont en jeu dans votre sujet. Un des membres de votre jury est un professeur de la spécialité concernée et pourra souhaiter vérifier votre bonne connaissance du programme.
- Lorsque vous collectez des informations pour traiter votre thème, gardez de côté certaines d'entre elles pour l'entretien. Elles vous permettront d'approfondir ou d'illustrer votre propos. L'exposé est bref alors que votre sujet est sans doute vaste : il est bon de disposer d'autres arguments ou exemples pour répondre aux questions.
- À partir de votre sujet, imaginez les perspectives voisines qui peuvent être abordées.

Ex. : Votre sujet porte sur le fonctionnement de la démocratie en France. Faites des recherches sur les origines de la démocratie en Grèce, sur les régimes européens…

ENTRAÎNEMENT

1 En préparant votre exposé, exercez-vous à répondre à des questions susceptibles de vous être posées. Profitez-en pour enrichir vos connaissances et votre culture générale.

2 Vous pouvez aussi solliciter votre entourage et procéder à plusieurs à un jeu de questions-réponses.

Bien réagir lors de l'entretien

Fiche 16

Grand oral

La première partie de l'entretien porte sur le contenu de votre exposé tandis que la seconde aborde votre projet d'études en lien avec le sujet que vous avez choisi. Vous préparerez durant l'année les questions que vous pouvez imaginer mais l'entretien reste un **échange spontané** dans lequel seront évaluées **votre capacité d'écoute et votre réactivité**.

1 La correction de la langue

■ Vous devez vous exprimer de façon naturelle mais soignée. Vos phrases seront correctement construites : pour cette raison, privilégiez les phrases courtes. Le lexique sera également maîtrisé. Le registre familier est proscrit.

Attention
Le jury attend de vous une attitude respectueuse. Vous trouverez des conseils pratiques dans la **fiche 24**.

Notes

■ Vous pouvez commencer par reprendre les mots de la question au début de votre réponse, ce qui vous donne le temps d'organiser votre réflexion. Mais évitez les lourdeurs et veillez à vous montrer réactif.

2 L'utilisation des connaissances

■ Durant l'année, vous avez réfléchi aux questions qui peuvent vous être posées. Vous avez fait des recherches sur les auteurs que vous citez, les exemples que vous avancez. Vous avez confronté vos sources et construit une position personnelle argumentée. Vous devez donc être en mesure de répondre à des questions du type de celles données en exemple.

Ex. : **1.** Que savez-vous de Narendra Modi dont vous évoquez les mesures en faveur de l'environnement ?
2. Pourriez-vous nous présenter André Breton que vous citez en conclusion ?

■ Durant l'entretien, développez vos réponses même si les questions vous semblent étroites. Les réponses oui/non sont à proscrire.

■ Ne reprenez pas mot pour mot ce que vous avez dit dans votre présentation mais argumentez en faisant appel à vos connaissances et en vous appuyant sur d'autres exemples que ceux que vous avez déjà mentionnés.

■ Évitez, dans vos réponses, d'aborder des perspectives que vous dominez mal car vous risquez de provoquer des questions qui

Notes

vous mettront dans l'embarras. Sans sortir du cadre de la question que le jury vous a posée, orientez plutôt votre réponse vers des domaines que vous êtes disposé(e) à approfondir.

3 L'attitude à adopter

■ Tout d'abord, il est essentiel de bien écouter votre jury, de ne pas l'interrompre. Soyez disponible, prêt(e) à entrer dans le dialogue, voire à revenir sur certaines de vos positions pour les nuancer. Sachez aussi montrer votre conviction personnelle.

> **Conseil**
> Le baccalauréat n'est pas un concours sélectif mais l'évaluation d'un niveau de connaissances et de compétences. **Le jury ne cherche pas à vous déstabiliser mais à vous aider.**

■ Si vous butez sur la question posée, n'hésitez pas à tenter une reformulation, voire à dire modestement que vous ne pouvez pas répondre. Les professeurs sont bienveillants et leurs questions sont aussi un moyen de vous permettre d'améliorer votre prestation !

Ex. : Je suis désolé(e) mais je n'ai pas bien saisi votre question. Voulez-vous dire que… ? Je vous prie de m'excuser mais le sens du mot que vous avez employé m'échappe.

■ Il peut arriver qu'une question vous déconcerte et que vous ne sachiez pas y répondre. Ne vous affolez pas et optez pour l'honnêteté : il vaut mieux reconnaître que vous ne connaissez pas la réponse plutôt que de vous aventurer et dire des sottises. Vous pouvez toutefois, ensuite, émettre avec prudence différentes hypothèses ou bien aborder une perspective qui vous semble voisine.

Ex. : Je crains de ne pas savoir répondre à cette question concernant cet événement précis mais d'autres faits similaires se sont produits comme par exemple…

■ Si on conteste votre prise de position, soyez ferme mais habile, en prenant en compte les arguments opposés dans un raisonnement concessif : *certes… mais*.

■ Si vous apercevez une erreur dans votre démonstration, n'hésitez pas à l'admettre en empruntant humblement la voie ouverte. Votre interlocuteur appréciera cette démarche d'auto-critique et votre nouvelle capacité d'argumentation.

■ Si la question concerne votre démarche personnelle, optez pour la spontanéité et la sincérité.

Présenter ses choix d'études

Fiche 17

Grand oral

Notes

Cette fiche n'a pas pour objectif de vous guider dans vos choix d'orientation mais de vous aider à construire la réflexion que vous pourrez présenter au jury dans la dernière partie du Grand oral. **Le jury n'évaluera pas vos choix d'études mais votre façon de les présenter** et le **recul adopté** par rapport à ces décisions personnelles.

1 Les sources de votre réflexion

Pour présenter la façon dont s'est élaboré au fil des mois votre projet, vous pouvez faire référence aux sources que vous avez rencontrées ou consultées :

- le stage en entreprise de 3e : a-t-il influencé vos choix d'orientation ?
- les séances consacrées à l'orientation au lycée ;
- les entretiens avec le professeur principal et la conseillère d'orientation ;
- les entretiens avec des professionnels du secteur qui vous intéresse ;
- les journées portes ouvertes des différents établissements susceptibles de vous convenir ;
- les fiches disponibles sur le site Parcoursup.

2 La démarche

■ Notez, mois après mois, les étapes de votre recherche et l'évolution de votre réflexion.

■ Dressez la liste de vos centres d'intérêt, de vos points forts et de vos fragilités. Quels métiers vous attirent particulièrement ? Quelles qualités nécessitent-ils selon vous ? Si ces métiers ne sont pas à votre portée, lesquels s'en approchent ?

■ Pensez aux voies que vous avez écartées et notez pour quelles raisons.

■ Si, à la date du Grand oral, vos vœux sur Parcoursup n'ont pas été satisfaits : quel parcours envisagez-vous pour rester dans le domaine qui vous intéresse malgré les refus que vous avez essuyés ? Ou bien quelle autre voie très différente pourriez-vous emprunter ?

■ Imaginez les questions que le jury pourra vous poser et préparez les réponses.

Notes

3 Les axes de votre réflexion

■ Les questions que vous avez choisies pour vos deux exposés sont rattachées aux enseignements de spécialité et manifestent votre intérêt pour un domaine particulier.

- Dégagez clairement le lien entre ces sujets et vos projets d'orientation car ce sera sans doute le point de départ de l'échange lors de la dernière partie de l'entretien.
- Si le parcours retenu s'avère différent des sujets choisis parce que vous avez évolué durant l'année, il est préférable d'expliquer sincèrement les raisons de ce changement plutôt que de vous efforcer de trouver un lien qui n'existe pas.

■ Votre réflexion devra s'adapter aux réponses reçues sur Parcoursup. Si l'un de vos vœux est satisfait, vous pourrez l'annoncer lors du Grand oral et défendre ce choix avec des arguments solides. Si, au contraire, vous devez attendre la phase d'admission complémentaire qui débute après les épreuves, réfléchissez aux solutions qui s'offrent à vous.

■ Pour préparer les questions qui vous seront posées, vous devrez approfondir les perspectives suivantes :

- le lien (ou non) avec les enseignements de spécialité ;
- le contenu de la formation : les matières au programme ;
- les débouchés de la formation : métiers, spécialisations complémentaires ;
- la durée des études : études courtes, longues, passerelles permettant de prolonger la formation ;
- la nature de la formation : cours, alternance, cursus à l'étranger ;
- le rythme de la formation et l'encadrement : classes préparatoires, écoles en cinq ans post-bac, université… ;
- les différentes étapes de la formation ;
- les différentes formes de sélection au début, en cours ou en fin de parcours : le dossier d'inscription, la lettre de motivation, les concours, les examens…

Proposer une réflexion personnelle sur le parcours envisagé

Fiche 18

Notes

Vous avez présenté votre choix d'études en relation avec les spécialités choisies. Il s'agit maintenant de proposer une **réflexion personnelle** sur ce parcours et sur la profession envisagée.

1 L'objectif

■ La réflexion que vous mènerez de manière sincère, personnelle, enthousiaste ou inquiète, éclairera le jury sur votre personnalité, vos expériences, vos attentes.

■ Si les examinateurs vous sentent hésitant, l'échange pourra donner lieu à des conseils.

■ S'ils vous découvrent volontaire, ils vous cèderont volontiers la parole. Vous pourrez alors consolider votre projet, vous projeter au-delà du parcours vers une profession choisie.

2 Des témoignages

■ **Laure, élève de Terminale, étudiant les spécialités SVT et SES en vue d'intégrer un IFSI**

« Depuis toute jeune, mon souhait est d'exercer une profession dans le domaine de la santé. Partager, remédier à la souffrance des autres, de la manière la plus concrète, la plus entière. Entretenir avec les patients des relations privilégiées. Devenir infirmière… »

■ **Fatima, élève de Terminale, ayant opté pour les spécialités SES et Histoire géographie, géopolitique et sciences politiques en vue d'intégrer Sciences Po et une faculté de droit**

« L'enseignement d'éducation civique au collège et au lycée a éveillé mon intérêt pour les institutions politiques. Comment fonctionne notre République ? Comment les pouvoirs s'équilibrent-ils ? Comment les lois et les décrets sont-ils adoptés ? Comment les droits de l'homme sont-ils protégés dans notre démocratie ? Deux voies complémentaires sont possibles :

– d'un côté, je pourrais, après l'obtention de mon baccalauréat, me tourner vers l'université pour suivre une formation strictement juridique, où ces problématiques seraient particulièrement approfondies en droit constitutionnel et droit administratif ;

Notes

– de l'autre, Sciences Po m'apporterait un socle solide de culture générale avec une mise en perspective des enjeux politiques, économiques et juridiques de notre pays, ainsi qu'une dimension européenne et internationale.

J'ai donc préparé, en parallèle de mes révisions pour le baccalauréat, l'examen d'entrée à Sciences Po. Je passe les oraux d'admission la semaine prochaine !

Plusieurs voies professionnelles s'offrent à moi : magistrat, avocat, fonctionnaire territorial…

Je pourrais aussi participer à l'élaboration de la loi, soit dans un cadre politique, soit dans l'administration de l'Assemblée nationale ou du Sénat. Je serais ainsi au cœur de la fabrique législative, au cœur de l'exercice démocratique…

Entre tous ces métiers mon cœur balance, mais ces études auxquelles je consacrerai toute mon énergie me laisseront le temps d'affiner mon choix ! »

Paul-Vinh, élève de Terminale ayant opté pour les spécialités Arts (histoire des arts) et Humanités, littérature et philosophie en vue d'intégrer une CPGE littéraire

« L'archéologie a progressivement occupé une place essentielle dans ma vie. Tout a commencé avec la découverte de l'Égypte en 6e. Christian Jacq m'a narré la vie de Ramsès II ; Pauline Guedj, celle d'Hatchepsout, la première femme pharaon. J'ai découvert avec émerveillement les trésors de cités englouties, ressuscitées grâce à des archéologues sous-marins tel que Jean-Yves Empereur ou Franck Goddio.

Le secteur professionnel s'est donc imposé avec évidence : l'archéologie, avec une spécialisation en égyptologie, même si toutes les civilisations disparues me fascinent.

J'ai eu la chance d'être admis en classe préparatoire, puis je suivrai une formation en histoire de l'art et archéologie, avec différents débouchés : archéologue, enseignant-chercheur au CNRS, conservateur de musée, archiviste, journaliste…

On m'a mis en garde sur l'incertitude des débouchés de ce secteur : avant de découvrir le tombeau de Cléopâtre, je vais épousseter des assiettes gallo-romaines… Je sais que je devrai m'armer de patience et d'humilité. »

Éviter les erreurs de vocabulaire

Notes

Le jury appréciera la qualité de votre réflexion, mais sera aussi sensible à la correction de l'expression : elles sont indissociables. Vous veillerez à un **maniement rigoureux de la langue**, notamment au **choix du vocabulaire**.

Attention

Certains mots (*gageure*, *manichéen*...) ont une prononciation particulière. Utilisez un dictionnaire et entraînez-vous devant un professeur.

	Erreurs à éviter	Vocabulaire à employer
Barbarismes (mots altérés)	**Aé**ropage	**Aréopage** (tribunal antique sur la colline d'Arès à Athènes) : assemblée de savants.
	Aréoport	**Aéroport** (du grec *aeros*, l'air)
	E**x**cetera	**Et caetera** (= en outre, en latin)
	Frust**r**e (confondu avec rustre)	**Fruste** (= grossier) « Quand on ne sait pas s'exprimer, quand on ne manie que de vagues approximations… il ne reste que les poings, la violence fruste, stupide, aveugle. » Jacqueline de Romilly
	O**mn**ubilé	**Obnubilé** (du latin *nubes*, le nuage, couvert de nuages, à la pensée obscurcie) : obsédé. « La connaissance tue l'action, pour agir, il faut être obnubilé par l'illusion. » Nietzsche
Pléonasmes	Au jour **d'aujourd'hui**	**Aujourd'hui**
	Voire même	**Voire** ou **Même**
	Car en effet	**Car** ou **En effet**
	Comme par exemple	**Comme** ou **Par exemple**
	Une **autre** alternative	**Une alternative** : un choix entre deux possibilités distinctes.
	Un **faux** prétexte	**Un prétexte** : une raison qui cache un motif réel.
	Au **grand** maximum	**Au maximum**. Le maximum est déjà la valeur la plus grande.
	S'avérer **vrai**	**S'avérer** : se faire reconnaître pour vrai (du latin *verus*).
	Saisir une opportunité	**Profiter** d'une opportunité. Une opportunité est déjà une occasion à saisir.
	Le tri **sélectif**	**Le tri** des déchets ménagers. Le tri est déjà le résultat d'une sélection.
	Prévenir **d'avance**	**Prévenir** : annoncer à l'avance.
Paronymes	Original – Originel	**Original :** 1/ qui vient directement de l'auteur, ne dérive d'aucun modèle : « *un document original* » ; 2/ excentrique, bizarre : « *une personnalité originale* ». **Originel :** qui remonte aux origines. « *Bien des scientifiques refusent l'idée d'un chaos originel.* »
	Attention – Intention	Attirer l'**attention** (la concentration). / Avoir de bonnes **intentions** (la volonté).

Notes

	Erreurs à éviter	Vocabulaire à employer
Paronymes	Acceptation – Acception	**Acceptation** : consentement. / **Acception** : sens d'un mot.
	Luxurieux – Luxuriant	**Luxurieux** : voluptueux. / **Luxuriant** : abondant, « *une forêt tropicale luxuriante* ».
Expressions à la mode	Porter un projet	**Promouvoir, défendre, soutenir** un projet
	Je gère (employé sans complément)	Je maîtrise la situation
	Toutes et tous	**Tous** (inclusif)
	Je reviens vers vous	Harcèlement linguistique et notion de déplacement inappropriée. **Je reprends contact**
	Ça marche	Je suis d'accord
	Que du bonheur !	Hyperbolique. **Un franc succès, un beau moment**
	Pas de souci	Rassurez-vous
	Je suis sous l'eau.	Je suis débordé de travail.
Impropriétés	Se baser sur	Se **fonder** sur
	Un espèce de…	**Une** espèce de…
	Une apogée	**Un** apogée
	Un échappatoire	**Une** échappatoire
	Être bourré de remords	Être **bourrelé** de remords
	Vous n'êtes pas sans **ignorer**	Vous n'êtes pas sans **savoir**
	Loin s'en faut	**Loin de là** ou **Tant s'en faut**
	S'avérer faux	**Se révéler** faux
	Amener un objet	**Apporter** un objet
	Avatar	Incident (avatar signifie « métamorphose »)
Anglicismes	Un salaire conséquent	Une rémunération importante
	Basique	Fondamental, élémentaire Un principe fondamental du droit, un vocabulaire de base.
	Un coach	Un professeur, un entraîneur, un mentor
	Un scoop	Une information unique
	Un staff	Une équipe, une réunion
	Un flyer	Un tract publicitaire
	Une conf-call	Une réunion téléphonique
	Un open space	Un bureau partagé
	Un challenge	Un défi
	En live	En direct
	Un manager	Un directeur
	Un casting	Une audition
	Un best-seller	Un succès en librairie
	Overbooké	Très occupé
	C'est top	C'est parfait
	Réaliser que	Comprendre que
	Faire du business	Faire du commerce
	Il faut me driver	Il faut me guider

Éviter les phrases incorrectes

Fiche 20

Dès lors que vous prenez la parole, pour présenter votre exposé ou répondre à une question, vous devez veiller à la **correction de vos phrases et à leur enchaînement**. Certes, la spontanéité de l'oral autorise quelques hésitations mais en aucun cas des incorrections. Le jury, outre la pertinence de vos propos, attend une utilisation rigoureuse de la langue.

Attention

Pour la spécialité LLCER, si vous choisissez de vous exprimer dans la langue étudiée, vous éviterez les incorrections et soignerez le lexique et le style comme les candidats s'exprimant en français.

Grand oral

Notes

1 Éviter les incorrections les plus courantes

Incorrections à éviter	Phrases correctes et conseils
Absence incorrecte de verbe conjugué (risque lié à une mauvaise utilisation de notes prises en style télégraphique). Les maladies rares : le peu d'intérêt des laboratoires.	Les maladies rares intéressent souvent peu les laboratoires pharmaceutiques. Sauf pour des effets oratoires marqués (*Des malades oubliés ! Une médecine à but lucratif ! L'humain au second plan !*), vous éviterez les phrases non-verbales.
Proposition subordonnée sans proposition principale. Quand soudain l'archiduc est assassiné à Sarajevo.	Une proposition indépendante : Soudain l'archiduc est assassiné à Sarajevo. Une proposition principale et sa subordonnée : Lorsque l'archiduc est assassiné à Sarajevo, rien ne peut plus arrêter le mécanisme des alliances.
Mauvais usage de la syntaxe impliquant le pronom relatif *dont*. Nous allons évoquer Paul-Émile Victor dont vous connaissez certainement **ses** expéditions polaires.	Nous allons évoquer Paul-Émile Victor dont vous connaissez certainement **les** expéditions polaires.
Locution négative incomplète. Si James Finley dépose en 1808 un brevet concernant la construction des ponts suspendus, il **est pas** l'inventeur de cette technique.	Si James Finley dépose en 1808 un brevet concernant la construction des ponts suspendus, il **n'est pas** l'inventeur de cette technique. Attention : *personne… ne, nul… ne, aucun… ne.*
Locution restrictive incomplète. Pierre Soulage peut suggérer la lumière en **peignant qu'**avec du noir.	Pierre Soulage peut suggérer la lumière en **ne peignant qu'**avec du noir.
Interrogation directe incorrecte. Est-ce que cette position extrême n'est-elle pas condamnable ?	Cette position extrême n'est-elle pas condamnable ?

Notes

Incorrections à éviter	Phrases correctes et conseils
Interrogation indirecte incorrecte. Nous verrons en quoi la lumière bleue **est-elle** un mal technologique du XXIe siècle.	Nous verrons en quoi la lumière bleue **est** un mal technologique du XXIe siècle. Soyez très vigilant quand vous présentez votre problématique ou annoncez le plan que vous allez suivre.
Mauvaise utilisation du groupe participial (participe présent ou passé). Ayant beaucoup progressé depuis les Purgon ou Diafoirus de Molière, les malades du XXIe siècle font confiance à la médecine.	La médecine ayant beaucoup progressé depuis les Purgon et Diafoirus de Molière, les malades du XXIe siècle lui font confiance. Dans la phrase incorrecte « ayant beaucoup progressé » se rapporte au sujet « malades », ce qui n'est pas le sens souhaité.

2 Veiller à la correction et à la clarté des reprises

Pour éviter les répétitions souvent lourdes tout en préservant la correction et la clarté de votre propos, dans l'exposé comme dans vos réponses, vous devez veiller au bon usage des mots de reprise.

Incorrections à éviter	Phrases correctes et conseils
Mauvais accord (en genre notamment) du pronom. Les **personnes** qui habitent dans de très grands ensembles sont souvent seules ; **ils** vivent de manière anonyme.	Les **personnes** qui habitent dans de très grands ensembles sont souvent seules ; **elles** vivent de manière anonyme.
Reprise d'un *nous* par un *on*. **Nous** voulons que la science améliore nos conditions de vie ; **on** pense qu'elle peut tout faire.	**Nous** voulons que la science améliore nos conditions de vie ; **nous** pensons qu'elle peut tout faire. **On** veut que… ; **on** pense qu'elle…
Confusion de sens possible. Gauguin fait le portrait de Van Gogh. **Il** semble triste.	Gauguin fait le portrait de Van Gogh. **Ce dernier** semble triste.

Bien utiliser les figures de style

Fiche 21

Grand oral

Notes

L'éloquence suppose de maîtriser le sujet traité et la langue employée. Mais, pour capter l'attention de l'auditoire, parler correctement ne suffit pas, il faut savoir **manier avec finesse le lexique, les rythmes, tout ce qui relève de la rhétorique**.

1 Maîtriser la rhétorique pour emporter l'adhésion

■ Choisissez avec soin la tonalité de votre discours et employez les procédés de style adaptés.

- La tonalité polémique convient pour prendre position dans un débat qui suscite des controverses passionnées : utilisez des hyperboles, des formules percutantes, un lexique mélioratif ou péjoratif.
- La tonalité comique peut contribuer à discréditer la thèse adverse en faisant rire ou sourire l'auditoire : utilisez des euphémismes (humour), des antiphrases (ironie), des antithèses, des hyperboles.
- La tonalité pathétique touche l'auditoire, l'amène à éprouver de l'empathie, voire de la compassion pour les personnes que vous évoquez : recourez aux hyperboles, au lexique de la souffrance ou de la misère.

Citation

« Il semble que la logique est l'art de convaincre de quelque vérité ; et l'éloquence un don de l'âme, lequel nous rend maîtres du cœur et de l'esprit des autres ; qui fait que nous leur inspirons ou que nous leur persuadons tout ce qui nous plaît. »

La Bruyère, *Les Caractères*, « Des ouvrages de l'esprit », 1688.

■ Durant le temps de préparation, il vous sera difficile de rédiger des passages de votre exposé en employant des procédés de style. Pour cette raison, pensez à rédiger et mémoriser votre discours durant l'année de façon à n'avoir qu'à noter des phrases-clés sur votre brouillon le jour J.

■ Vos intonations devront mettre en relief les procédés que vous avez employés. Il est nécessaire de vous entraîner plusieurs fois devant un auditoire pour vérifier que le rythme de vos phrases est satisfaisant et pour adapter votre élocution.

Conseil

Pour s'assurer du bon équilibre de ses phrases, le romancier Gustave Flaubert les soumettait à l'épreuve dite du « gueuloir » : il s'agissait de les hurler dans sa maison de Croisset puis de les corriger si besoin. N'hésitez pas à en faire autant pour ajuster votre discours.

Notes

2 Éviter les abus ridicules et trouver une juste mesure

■ Certains procédés, comme l'hyperbole, jouent un rôle dans plusieurs tonalités : ils peuvent être pathétiques si on les utilise avec mesure mais deviennent comiques si on force le trait. Soyez sensible à l'effet produit par le discours que vous avez préparé. N'hésitez pas à demander un avis à vos proches et particulièrement à des adultes.

■ Par ailleurs, vous vous adressez à des professeurs dans le cadre d'un examen et votre ton doit rester mesuré. N'abusez pas des procédés de style et choisissez les passages où ils seront les bienvenus.

■ Le jury n'attend pas non plus de vous une scène de théâtre ou le sketch d'un humoriste. Soyez prudent : ce qui accroche vos amis, notamment sur le mode comique, pourrait déplaire aux professeurs qui vous écoutent.

■ Il va de soi que certaines spécialités et certains sujets se prêtent davantage que d'autres aux effets de rhétorique. Ainsi, le jury pourra apprécier qu'un candidat qui annonce vouloir devenir avocat joue la carte de l'éloquence.

Citation

« Ampoulé
À l'heure où commencent à se gercer les doigts roses de l'aurore, je montai tel un dard rapide dans un autobus à la puissance stature et aux yeux de vache de la ligne S au trajet sinueux. Je remarquai, avec la précision et l'acuité de l'Indien sur le sentier de la guerre, la présence d'un jeune homme dont le col était plus long que celui de la girafe au pied rapide, et dont le chapeau de feutre mou fendu s'ornait d'une tresse, tel le héros d'un exercice de style. »

Raymond Queneau, *Exercices de style*, 1947.

Attention

Un recours brillant aux figures de style et une aisance devant le jury ne pallieront jamais un contenu défaillant.

Prendre confiance en soi

Fiche 22

Grand oral

La **confiance en soi** apparaît comme un atout à l'oral. Mais cette évidence mérite d'être examinée, approfondie et nuancée.

1 La place de la confiance dans l'épreuve orale

■ Avoir confiance en soi permet en effet d'aborder l'exposé avec conviction puis de ne pas se laisser dérouter par les questions lors de l'entretien. Au contraire, un manque d'assurance pourrait vous amener à croire que cet oral est insurmontable, ce qui n'est pas le cas.

> **Citation**
>
> « Ce n'est pas parce que les choses sont difficiles que nous n'osons pas, c'est parce que nous n'osons pas qu'elles sont difficiles. »
>
> Sénèque

Notes

■ Certains d'entre vous montrent plus d'assurance que d'autres et cela tient au caractère, au mode de vie, au passé de chacun. Mais rappelez-vous que :

- parfois, la confiance dissimule une certaine fragilité. Il est possible, avec de l'entraînement, de maîtriser sa timidité pour adopter une position plus assurée ;
- l'adolescence est une période de changements. La quête d'identité qui la définit explique la fragilité, la baisse de la confiance en soi. Le jury n'attend pas de vous l'aplomb d'un homme politique aguerri ou d'un ténor du barreau ;
- une trop grande assurance est un handicap plus qu'un atout : elle indispose l'auditoire qui risque de trouver l'orateur prétentieux ;
- savoir douter et se remettre en question est aussi une qualité précieuse car elle seule permet de progresser.

■ Faites aussi confiance aux professeurs qui vous écoutent. Ils mesurent la difficulté de l'épreuve et se montreront bienveillants. Ils verront le travail que vous avez fourni et n'attendront pas de vous des prouesses mais sauront apprécier vos efforts et votre investissement. Ils sauront également démasquer ceux qui penseraient pallier des connaissances insuffisantes avec une mise en scène et des mots bien choisis. À l'oral, le travail est toujours récompensé.

> **À voir**
>
> Regardez les films *Le Brio* et *À voix haute* : repérez le peu d'aisance des adolescents au début de leur entraînement et leur assurance à la fin, lors d'un concours d'éloquence beaucoup plus ambitieux que l'Oral de Terminale. Les progrès sont possibles à condition de s'entraîner.

Notes

2 Prendre confiance : mieux se connaître

Pour prendre confiance, il ne suffit pas de se répéter des phrases positives telles que « je vais réussir » ou « je suis sûr de moi et de mes multiples talents ». Il faut d'abord apprendre à se connaître. Pour cela, dressez la liste de vos points faibles et de vos points forts. La vraie confiance en soi suppose que l'on ait mesuré ses limites et que l'on ait adopté des stratégies pour surmonter les difficultés.

3 Prendre confiance : avoir une juste représentation de l'épreuve

Une des causes du manque d'assurance est souvent une mauvaise représentation de l'examen. Cet oral, exigeant mais accessible, est pour vous l'occasion d'avoir une bonne note si vous avez travaillé. Vous aurez le plaisir de parler de ce qui vous intéresse et de montrer de quoi vous êtes capable. C'est en effet vous qui choisissez le sujet ; de plus, vous le préparez à l'avance avec toute l'aide (livres, sites, professeurs…) nécessaire. Quant à l'entretien qui vous inquiète, il vise simplement à éclairer votre réflexion et vos choix.

Citation

« Une des clés du succès est la confiance en soi. Une des clés de la confiance en soi est la préparation. »

Arthur Ashe (champion de tennis américain).

4 Prendre confiance : travailler et s'entraîner

Cette épreuve n'est pas une surprise et vous disposez de temps durant l'année pour vous y préparer. Si c'est l'organisation de l'exposé qui pose problème, cherchez le meilleur plan et soumettez vos hésitations à vos professeurs. S'il s'agit de l'oral lui-même, c'est en vous entraînant avec constance que vous parviendrez au résultat souhaité.

ENTRAÎNEMENT

1 Notez ce qui vous semble difficile dans l'épreuve et, point après point, avec l'aide d'un camarade ou d'un adulte de votre entourage, trouvez une solution pour pallier votre fragilité.

2 Notez tout ce qui fait que vous allez réussir cette épreuve orale.

Maîtriser son stress

Notes

Qu'on l'appelle « stress » pour l'inscrire dans un champ d'expériences plus large ou « trac » pour se référer plus spécifiquement à ce qu'éprouve un comédien ou un musicien face à son public, **la peur est une donnée incontournable de l'épreuve orale**.

1 Cerner les causes du stress pour mieux le dominer

■ Rares sont ceux qui n'ont pas peur de parler en public. Plutôt que d'essayer (en vain) de chasser cette peur, il vaut mieux l'accepter comme faisant partie de l'épreuve elle-même ; vous pourrez même tirer profit de son effet stimulant. Pour dominer le stress, vous devez d'abord identifier ce qui vous effraie dans cet oral :

- S'exposer au regard des autres, risquer d'être jugé et craindre de ne pas être apprécié ?
- Ne pas pouvoir se dissimuler dans un écrit, montrer ce que l'on sait et ce que l'on ne sait pas, révéler sa personnalité ?
- Voir ceux qui vont vous noter alors qu'un correcteur que vous ne voyez pas vous inquiète moins ?
- Être seul devant un jury, ce qui n'est pas le cas en général quand vous faites un exposé ?
- Devoir présenter un exposé comme un orateur et non comme un lycéen qui récite une leçon ?
- Devoir être réactif car, à l'oral, on ne peut pas effacer ce que l'on a dit comme à l'écrit ?

■ Pour répondre à ce qui vous angoisse, dites-vous que :

- cet oral est l'occasion de montrer ce que vous êtes capable de faire car vous avez travaillé sur un sujet qui vous tient à cœur ;
- le jury est bienveillant et vous pouvez demander à ce qu'une question soit reformulée si elle ne vous a pas semblé claire ;
- si vous n'aimez pas parler en public, pensez que vos camarades ou vos proches, qui peuvent vous impressionner lorsque vous vous exprimez à voix haute, n'assisteront pas à votre oral. Les élèves réservés, voire muets en classe, sont souvent à l'aise devant un jury car ils voient là l'opportunité de montrer leurs capacités et leurs connaissances sans être, cette fois-ci, confrontés au regard de leurs camarades.

Notes

2 Anticiper

■ En anticipant, c'est-à-dire en vous représentant cette épreuve à l'avance, vous pourrez vous y préparer au mieux et réduire ainsi la part d'imprévu. Vous serez plus à l'aise si cet oral est un chemin balisé. Pour cela, vous devez :

– choisir un thème dont vous parlerez avec plaisir ;
– maîtriser votre sujet et composer votre exposé en amont de façon à ce que le temps de préparation soit un temps de révision ;
– imaginer les questions qui pourront vous être posées et préparer les réponses ;
– vous entraîner durant l'année en classe et chez vous.

Téléphone interdit

Vous avez peut-être pris l'habitude de regarder l'heure sur votre téléphone. Vous ne pourrez pas en disposer durant l'examen et toutes les salles ne sont pas équipées d'une horloge. Il est donc indispensable de penser à apporter une montre pour mesurer votre temps de préparation ainsi que la durée de votre exposé.

■ Une organisation matérielle en vue du jour de l'épreuve **(voir fiche 3)** contribue également à réduire la part de stress. Il est indispensable de :

– réunir à l'avance ce dont vous aurez besoin (convocation, pièce d'identité, stylos, montre…) le jour J ;
– repérer les lieux, établir votre trajet en prévoyant d'arriver tôt pour ne pas risquer un incident qui aggraverait votre stress.

■ Si ces conseils ne parviennent pas à apaiser vos angoisses, il faudra peut-être en parler à votre médecin et envisager des activités (sport, yoga…) ou une thérapie adaptée.

3 Le jour J

■ Pour apprivoiser – et non chasser – votre stress avant l'épreuve, respirez profondément. Adoptez de préférence une respiration abdominale. L'apport d'oxygène favorise la détente et, en fixant votre attention sur le va-et-vient de l'air, vous ne serez pas la proie de pensées anxiogènes.

■ Vous pouvez aussi imaginer des situations amusantes ou des moments heureux : vous prendrez ainsi du recul et relativiserez l'enjeu de l'examen.

■ Une heure avant votre oral, prenez un en-cas, par exemple une barre protéinée.

■ Buvez de l'eau durant votre temps de préparation.

■ Quand vous prenez la parole au début de l'exposé, efforcez-vous de parler lentement pour garder ensuite un rythme tranquille.

Maîtriser les codes d'un examen oral

Fiche 24

Grand oral

Notes

Un examen suppose des codes liés à différents domaines. Face aux deux professeurs qui vous interrogent lors du Grand oral, vous devez naturellement respecter ces codes.

1 Les codes vestimentaires

■ Quelle tenue adopter ? Si la question peut sembler anecdotique, elle a son importance. Avant d'être écouté, vous êtes vu et votre apparence ne doit pas surprendre. La première impression compte beaucoup. Privilégiez une tenue correcte et soignée, des vêtements de couleur sobre dans lesquels vous vous sentez à l'aise.

■ Évitez les coiffures excentriques, le maquillage excessif, les effets de mode (jeans troués, tee-shirts imprimés, ongles multicolores…) qui détournent l'attention de l'examinateur et risquent de brouiller le message. Gardez les cheveux attachés, ce qui découvre le visage.

■ Optez pour la discrétion !

2 Les codes de politesse

■ Vous vous adressez à des professeurs. Un comportement déférent et le respect des codes de politesse sont donc attendus. Si l'éloquence est l'art de bien parler, c'est aussi l'art de se conduire avec courtoisie.

■ En entrant dans la salle d'examen, n'oubliez pas, sous le coup de l'émotion, la formule de politesse élémentaire : « *Bonjour Madame, bonjour Monsieur / Bonjour Mesdames / Bonjour Messieurs* ». Le « *Bonjour m'sieurs-dames* » est naturellement à proscrire !

Citation

« Avec de la politesse, de l'égalité d'humeur, de la douceur et de la modestie, on réussit infailliblement dans le monde. »

Jean de La Bruyère, *Les Caractères*, « De la société », 1688.

■ En sortant de la salle, saluez de la même manière, sobrement, sans ajouter de remarques inutiles ou obséquieuses : « *Au revoir Madame, au revoir Monsieur / Au revoir Mesdames / Au revoir Messieurs* ». Vous répondrez ainsi à la courtoisie que l'on aura certainement manifestée à votre égard.

■ Ne commencez votre exposé que quand on vous y aura invité.

Notes

■ Au cours de l'entretien, vous écouterez attentivement les questions posées, les remarques formulées, en vous gardant d'interrompre l'examinateur, de présenter des moues désapprobatrices. Vous éviterez de laisser transparaître des émotions négatives et ne manifesterez aucun signe d'impatience, aucune mimique laissant supposer un rejet des propos écoutés. La parole et l'argumentation sont les seuls instruments de la réfutation.

3 Les codes de l'échange

■ En entrant, vous adopterez d'emblée une démarche assurée, une attitude avenante suggérant un désir d'ouverture, un accueil de la pensée de l'autre.

■ Au lieu de précipiter la prise de parole, vous prendrez le temps de regarder chacun des examinateurs. Un regard direct et franc instaure d'emblée des liens et invite à l'échange.

> **Citation**
> L'orateur romain Cicéron est le premier à évoquer le regard, essentiel à la communication : « Si le visage est le miroir de l'âme, les yeux en sont les interprètes. »
> *De Oratore*, III, Ier s. av. J.-C.

■ Maîtrisant votre stress, vous esquisserez un sourire, nouvelle marque d'ouverture. Un visage souriant et expressif est préférable à un visage lisse et neutre. La gamme des sourires est large. Proscrivez le sourire crispé, séducteur, ironique. Restez naturel !

■ Lors de l'exposé et de l'entretien, vous soutiendrez le regard, ne baisserez pas les yeux en regardant le sol. Il s'agit au contraire de prendre en compte l'auditoire, d'aller au-devant de lui avec confiance, avec un regard vif et un visage ouvert.

> **N'oubliez pas !**
> Un dernier conseil : restez vous-même !

■ Dominant votre timidité et vous interdisant toute arrogance, ayez confiance en vous, en vos capacités, au cours de l'échange que vous aurez sérieusement préparé.

Adopter la bonne posture

Fiche 25

Grand oral

Notes

Selon Cicéron, après en avoir choisi la matière (*inventio*), l'avoir organisée (*dispositio*), avoir arrangé les mots pour l'exprimer (*elocutio)* et éventuellement avoir mémorisé le tout (*memoria*), l'orateur doit présenter son discours à l'aide de sa voix et de ses gestes (*actio*).

Maîtriser le langage non verbal, c'est adopter la bonne posture. **Au lieu de vous encombrer, le corps doit être un allié.**

Citation

« L'action *(actio)* est ce qui atteint le plus profondément les cœurs. »

Cicéron, *Brutus*, Ier siècle av. J.-C.

1 La gestuelle

■ Évitez les gestes parasites. De même qu'il existe des tics de langage (« *euh* », « *voilà* »), il existe des gestes parasites. Souvent réalisés de manière inconsciente, ils perturbent votre discours et entravent l'attention de ceux qui vous écoutent.

Conseil

Le langage corporel doit être cohérent avec la parole. Les gestes renforcent la puissance des mots.

Ex. : – se balancer de droite à gauche ou d'avant en arrière ;
– jouer avec son stylo, son collier, ses bagues (mieux vaut donc éviter les bijoux ce jour-là !) ;
– toucher ses cheveux, relever une mèche ;
– se tordre les mains, signe de nervosité ;
– tapoter la table.

■ Maîtrisez vos mouvements. Pour ne pas indisposer votre jury avec des gestes exagérés, vous veillerez à :
- restreindre vos mouvements à l'intérieur d'un cercle imaginaire ;
- éviter l'abondance de gestes, les gestes déictiques qui montrent du doigt, les gestes métaphoriques qui accompagnent certaines expressions (« faire table rase du passé »).

■ Les mains informent sur la spontanéité du discours et aident à la transmission d'un message. Vous pouvez souligner l'importance de telle ou telle assertion par quelques gestes. Attention à ne pas en abuser : vous n'êtes ni un acteur, ni un avocat recourant aux « effets de manche ».

■ Debout, ne vous présentez pas les mains dans les poches, attitude désinvolte. Assis, ne cachez pas vos mains. Ne les joignez pas. Posez-les plutôt sur la table, écartées ou l'une sur l'autre.

Notes

2 La posture

Première partie de l'oral (5 min)	**Vous êtes debout, face au jury**
Deuxième et troisième parties de l'épreuve (15 min)	**Vous choisissez entre la position assise et la position debout**

Vous êtes debout

- Veillez à vous tenir droit, la tête haute, les jambes ancrées au sol, gage de stabilité.
- Évitez tout mouvement pendulaire d'un pied sur l'autre, tout déplacement intempestif. Le déplacement doit être significatif et limité.
- Gardez les épaules descendues et ouvertes, les bras plutôt ouverts en signe d'accueil de la discussion.

Vous êtes assis

- La position assise peut aider certains d'entre vous à se concentrer.
- Ne vous asseyez pas sur le bord de la chaise, mais sur sa première moitié. Il convient de s'installer sur le siège sans être avachi, le buste droit, légèrement penché vers votre interlocuteur, prêt à communiquer avec lui.
- Ne croisez pas les jambes, mais tenez-les bien posées au sol.
- Ne ramenez pas les pieds sous la chaise.
- Ne croisez pas les bras, autre attitude de repli.
- Vous pouvez appuyer vos avant-bras sur le bord de la table.
- Maintenez la posture bien droite, évitez de vous recroqueviller au fil de l'entretien !

ENTRAÎNEMENT

1 **Travaillez votre posture au quotidien, entre amis, au lycée.**

2 **Debout, devant un miroir ou devant un ami, racontez le dernier film que vous avez vu. Observez et commentez vos gestes.**

3 **Consultez en ligne les vidéos suivantes :**

– « Décryptez les gestes des politiques », Archive INA (ina.fr) ou YouTube ;
– « Les politiques en gestes », 18/06/2016, Public Sénat ou YouTube.

Acquérir une élocution fluide

Fiche 26

Grand oral

Notes

Pour intéresser votre jury, **vous devez être immédiatement compréhensible**. Il est donc essentiel de veiller à la **qualité de votre élocution**. Repérez au départ vos défauts puis entraînez-vous régulièrement comme le font les professionnels.

1 Le bon rythme

■ La tendance actuelle est à l'accélération y compris dans le débit de la parole. Le stress que vous ne pourrez écarter risque aussi de presser le mouvement. Rappelez-vous les récitations de votre jeunesse : on a dû vous dire plus d'une fois d'aller moins vite.

Conseil

Enregistrez-vous en train de lire un discours puis renouvelez l'opération en vous appliquant à le lire plus lentement. Comparez les deux lectures et tirez-en les conclusions.

■ S'entraîner à adopter un rythme posé, ni trop rapide ni trop lent, vous aidera à maîtriser votre stress. Vos arguments seront plus audibles et compréhensibles.

2 L'articulation

■ La tendance actuelle à l'accélération se double d'une articulation négligée. Les échanges entre jeunes de votre âge, rapides et peu articulés, sont parfois difficiles à comprendre pour les générations qui vous précèdent. Pour être compris, travaillez l'articulation.

■ Pour améliorer l'articulation, il est nécessaire :
– de parler lentement ;
– de prononcer toutes les syllabes ;

***Ex.* :** On s'dit → On se dit ; les p'tits commerces → les petits commerces.

– de s'entraîner comme les comédiens ont l'habitude de le faire.

3 Les liaisons

Pour bien vous faire comprendre et montrer votre maîtrise du français, n'oubliez pas les liaisons. Faites entendre les consonnes finales des mots quand le mot qui suit commence par une voyelle ou un *h* muet.

***Ex.* :** nous avons entendu, vous avez assuré, ils fleurissent en mai, d'autres auteurs, c'est Ambroise Paré….

Attention au *h*

Certains *h* sont dits muets et on effectue alors la liaison comme si le mot commençait par une voyelle. Au contraire, le *h* aspiré interdit la liaison. Vérifiez dans le dictionnaire.

***Ex.* :** un héroïsme (*h* muet),
un héros (*h* aspiré).

Notes

4 Les tics de langage

- En vous enregistrant, vous repérerez aisément vos tics de langage (*bon, bien, alors, voilà, euh*...) et il suffit souvent d'en avoir conscience pour parvenir à les éliminer.
- Pour vous en débarrasser, introduisez consciemment des silences dans votre propos. Vous verrez qu'ils remplaceront avantageusement les onomatopées inutiles.
- Entraînez-vous avec de très courtes présentations pour commencer.

5 Les troubles de l'élocution

Si vous avez des troubles de l'élocution, évoquez cette épreuve orale avec votre orthophoniste, votre médecin ou l'infirmière de votre lycée. Sachez qu'il est possible, à condition de ne pas attendre la dernière minute, de demander, pour raison médicale, une épreuve adaptée à votre handicap.

ENTRAÎNEMENT

1 Lisez plusieurs fois les mots suivants en distinguant nettement les sons-voyelles en rouge. Vous pouvez faire cet exercice en maintenant un crayon entre vos lèvres.

bateau, élève, joufflu, chapeau, bougon, cheveu, velours, autour, menton, dindon, partant, essai, péril, peureux, couleur, coton, mérite, genou, étendre, éteindre, enfreindre.

2 Entraînez-vous à articuler en répétant les virelangues suivants ou d'autres que vous trouverez aisément sur Internet. Un virelangue est une expression ludique qui présente des difficultés de prononciation.

– Papier, panier, piano
– Sachez, mon cher Sasha, que Natasha n'attacha pas son chat !
– Didon, dîna dit-on, du dos dodu d'un dodu dindon.
– Tata, ta tarte tatin tenta Tonton.
– Je veux et j'exige du juge d'exquises excuses.

3 Choisissez un texte et soulignez les liaisons. Lisez-le très rapidement puis très lentement. Lisez-le enfin posément, à un rythme adapté, en articulant et sans oublier les liaisons.

Utiliser sa voix pour retenir l'attention du jury

Fiche 27

Grand oral

Notes

Au-delà de la simple maîtrise de l'élocution, l'utilisation de la voix est un atout important à l'oral.

1 Le volume sonore

■ Vous ne devez parler ni trop fort ni trop bas. Adaptez votre voix à la taille de la salle et à la distance qui vous sépare du jury. Pour cela, entraînez-vous auparavant dans des pièces de taille variée. Si la salle est vaste, imaginez que vous vous adressez à une personne qui se tiendrait loin de vous et qui vous tournerait le dos.

■ Le volume sonore n'est pas constant. Sans exagérer, faites-le varier pour ne pas lasser votre auditoire. En haussant le ton, vous exprimerez aisément votre colère ou votre indignation si le contenu s'y prête. En le baissant, vous obligerez votre jury à rester attentif et donnerez l'impression de propos intimes, confidentiels.

■ Veillez surtout à adapter le volume sonore à vos arguments et exemples afin de suggérer la place qu'ils occupent dans votre démonstration.

■ Pensez à souligner les figures de style que vous utilisez en haussant ou baissant la voix.

2 Les silences

■ Si le solfège propose des signes pour indiquer les silences, c'est que ceux-ci font intégralement partie de la musique. Il en va de même pour l'éloquence. Les silences sont nécessaires même lorsque l'exposé ne dure que cinq minutes.

■ Marquez un temps d'arrêt pour indiquer les articulations de votre propos : à la fin de l'introduction, avant la conclusion et entre chaque partie.

■ Détachez les formules percutantes pour leur donner du relief.

3 Les variations de rythme

■ Adoptez un rythme posé ; évitez toute précipitation **(voir fiche 26)**.

■ En variant le rythme, notamment lors de l'exposé, vous éviterez la monotonie et maintiendrez éveillée l'attention du jury à condition que les variations

À écouter

Écoutez sur le site de l'INA (ina.fr) le célèbre discours qu'André Malraux, écrivain et ministre de la Culture, a prononcé en hommage au Résistant Jean Moulin.

Notes

soient pertinentes. Détachez les phrases importantes, notamment les formules brèves, percutantes, celles qui concentrent votre pensée ou doivent accrocher le jury.

Ex. : « Il [Jean Moulin] veut donc désigner ce successeur avec l'accord des mouvements, notamment de ceux de la zone Sud. Il rencontrera leurs délégués le 21, à Caluire. Ils l'y attendent, en effet. La Gestapo aussi. »

André Malraux, discours du transfert des cendres de Jean Moulin au Panthéon, Paris, le 19 décembre 1964.

■ Utilisez des procédés spécifiques pour soutenir votre argumentation :
– le rythme binaire donne de la force aux formules ;

Ex. : *« Nous sommes là pour dire que la **traite** et l'**esclavage** furent et sont un crime contre l'humanité. »*

Christiane Taubira, « La traite et l'esclavage sont un crime contre l'humanité », 18 février 1999, Assemblée nationale.

– le rythme ternaire, très prisé des orateurs, donne de l'ampleur à votre phrase.

Ex. : « Elle [la France] a donc pratiqué la traite, ce **commerce**, ce **négoce**, ce **trafic** dont les seuls mobiles sont l'or, l'argent, les épices. »

Christiane Tobira, *id.*

4 La musicalité de la langue

■ L'orateur joue sur la mélodie des phrases, sur les graves et les aigus.

■ Pour varier les intonations, vous pouvez tout simplement choisir des types de phrases différents. Les exclamatives, les interrogations rhétoriques, les injonctions pourront rompre de temps à autre la monotonie de l'exposé informatif.

Ex. : « Littérature, dira-t-on ?
Spéculation intellectuelle ?
Sans aucun doute. Mais ni la littérature ni la spéculation intellectuelle ne sont innocentes ou inoffensives. »

Aimé Césaire, *Contribution sur la négritude*, Miami, 26 février 1987.

ENTRAÎNEMENT

1 Lisez la phrase suivante en adaptant la puissance de votre voix à la taille des caractères.

Pensez à notre futur. Pensez à notre futur. Pensez à notre futur. Pensez à notre futur.

2 Lisez la phrase suivante en variant le ton : imaginez qu'elle est prononcée par un enfant, un homme d'affaires, un médecin.

Je suis avec vous.

Notes

Fiche 9 (p. 322)

1 I Un constat : 10 millions de personnes en France vivent en situation de handicap
II Si le regard sur elles a évolué
III Il reste cependant beaucoup à faire

2 « **Donc**, vous l'avez compris, je souhaite que la France soit l'un des leaders de cette intelligence artificielle, je souhaite que l'Europe soit l'un des leaders de cette intelligence artificielle. Nous en avons les moyens et nous allons en créer les conditions, **d'abord, parce que** je pense que c'est bon pour notre pays, **ensuite parce que** je pense que ça créé des opportunités, **enfin parce que** je pense qu'il n'y a aucune chance de prétendre en contrôler les effets ou avoir son mot à dire sur tel ou tel effet pervers **si** on a raté la bataille du début, c'est-à-dire d'être un acteur de cette aventure. »

3 **Balzac :** « Les mines d'or ne sont plus au Mexique**, mais** place de la Bourse. »
Confucius : « Tous les hommes pensent que le bonheur se trouve au sommet de la montagne **alors qu'**il réside dans la façon de la gravir. »
Flaubert : « Je crois que le succès auprès des femmes est généralement une marque de médiocrité, et c'est celui-là **pourtant** que nous envions tous et qui couronne les autres. »

Fiche 10 (p. 324)

1 A – argument d'autorité. B – argument économique. C – argument esthétique.

Fiche 11 (p. 326)

1 A – Une phrase solennelle. Procédé : parallélisme antithétique. B – Un exorde *ex abrupto*. Procédé : une phrase brève et percutante.

Fiche 12 (p. 328)

2 La question initiale pourrait être : « La laideur a-t-elle droit de cité en poésie ? »
La citation conclusive de Breton ouvrirait une perspective sur la beauté surréaliste, liée à l'amour fou.

Corrigés

Notes

